문명의 모자이크

유럽을 가다

1

북유럽

문명의 모자이크
유럽을 가다 1 북유럽

초판 1쇄 발행 / 2021년 11월 12일

지은이 / 정수일
펴낸이 / 강일우
책임편집 / 정편집실·김가희
조판 / 박지현
펴낸곳 / (주)창비
등록 / 1986년 8월 5일 제85호
주소 / 10881 경기도 파주시 회동길 184
전화 / 031-955-3333
팩시밀리 / 영업 031-955-3399 편집 031-955-3400
홈페이지 / www.changbi.com
전자우편 / human@changbi.com

ⓒ 정수일 2021
ISBN 978-89-364-8296-1 04920
ISBN 978-89-364-7948-0 (세트)

문명의 모자이크

유럽을 가다

1

북유럽

정수일 지음

창비

서양사의 통념에 의하면 5세기 게르만족의 이동과 서로마제국의 몰락을 계기로 유럽의 역사무대가 지중해에서 유럽대륙으로 옮겨가면서 명실상부한 유럽세계가 성립되었다. 이 새로운 세계에는 전래의 그리스·로마문명과 외래의 기독교 및 게르만적 문명요소가 융합된 이른바 '유럽문명'이 형성되었다. 30여개 문명을 탄생시킨 인류의 5~6천년 문명사에서 유럽문명은 생몰편년(生沒編年)으로 보면 가장 후발한 문명으로서 그 역사는 고작 1,500여년밖에 안 된다.

이러한 후발 문명지 유럽을 굳이 이 시점에서 답사한 동기는 어디에 있는가? 이는 한마디로 여러가지 가림색으로 켜켜이 덧칠해져 진위와 허실이 뒤범벅이 된 유럽문명의 민낯을 있는 그대로 한번 드러내보려는 시도였다. 유럽문명의 민낯을 드러내는 일은 작금 '중심문명'으로 둔갑한 유럽문명에 대한 바른 이해를 도모하고, 범세계적 문명교류에 관한 균형 잡힌 시각을 세우며, 인류의 올곧은 미래지향적 '보편문명'을 실현하고자 하는 데서 비롯한 시대적 요청이다. 필자는 이러한 시대적 요청에 부응코자 '유럽문명의 민낯 드러내기'를 졸저의 전편을 관류하는 화두로 감히 잡아본다.

미지의 세계는 더 말할 나위 없거니와 어지간히 안다고 하는 세계도 눈에 초롱불을 켜고 답사하면서 찬찬히 살피는 견문(見聞)과 밖에서 귀동냥으로 얻어듣거나 책갈피에서 어설프게 익히는 전문(傳聞) 사이에는 상당한 괴리가 있음을 종종 발견하게 된다. 더욱이 겉치장에 이골이 난 유럽 같은 '문명세계'를 거닐다보면 그러한 괴리를 현실에서 더욱더 실감하게 된다. 그런데 그러한 괴리는 겉치장에 감춰진 실상, 즉 민낯을 제대로 가려냈을 때만이 발견 가능한 것이다.

흔히들 민낯이라고 하면 허구나 위작을 함께 연상하고 부정적으로만 이해하는데, 실은 그렇지 않다. 어원으로 따지면 '민'은 꾸밈이나 덧붙임이 없다는 뜻의 접두사로서, 민낯은 화장을 하지 않은 본디 그대로의 얼굴을 가리킨다. 이렇게 민낯은 왜상(歪像)이나 허상이 아닌, 실상이나 본연이라는 긍정적 함의를 지닌 보통명사다. 그런데 허구나 위작이 난무하는 현대사회에 이르러 그 의미가 부정 일변도로 와전되어버렸다. 따라서 필자는 졸문에서 그 함의야 긍정적이건 부정적이건 간에 관계없이 제대로 드러나지 않은 사실에 한해서는 일괄 '민낯'이란 표현을 쓰려 한다.

무릇 학문이란 이론과 실천의 결합물이어야 하며, 그 결실은 문헌에 의한 이론 저술과 실천에 의한 허실(虛實) 검증으로 나타난다. 이러한 학문적 소신을 안고 필자는 지난 2006~19년 14년간 인류문명의 교류 통로인 환(環)지구적 실크로드를 따라 종횡 세계일주를 수행하는 과정을 엮은 7권의 지역별 현장답사 실록을 펴낸 데 이어 이번에 졸저를 상재하게 되었다.

주지하다시피 근현세 문명담론의 궁극적 발원지는 거개가 유럽이다. 18세기 후반 프랑스 계몽주의자들의 문명(civilization) 개념 창출로부터 시작해 19세기 중반의 문명진화론, 19세기 말엽의 문명이동론, 20세기 전반의 문명순환론, 20세기 후반의 '문명충돌론'에 이르기까지 굵직굵직한 문명담론은 예외 없이 유럽인들에 의해 발의되고 주도되었으며, 농락되기도 했다. 물론 개중에는 꽤 합리적인 담론도 끼어 있어 문명사의 발전에 무시 못 할 기여를 한 것이 사실이다. 그러나 아이러니하게도 그 오리엔탈리즘식 문명관으로 인해 유럽문명 자체가 폄하, 왜곡되는 자업자득의 결과를 초래했을 뿐 아니라, 이른바 유럽문명 '중심주의'와 '우월주의'의 허장성세와 편단(偏斷) 속에 비유럽문명이 여지없이 난도질당해온 것도 부정할 수 없는 사실이다.

이것이 필자 나름대로 짚어본 유럽문명의 현주소일진대, 애당초 무엇이 그 민낯이고 또 어떻게 하면 그 민낯을 제대로 드러낼 것인가가 난제로 떠올랐다. 책제목의 선택부터 그러했다. 문명사적 시각에서 아시아를 '문명의 용광로'로, 라틴아메리카를 '문명의 보고'로, 아프리카를 '문명의 요람'으로 규정 짓기는 그 문명의 단순성과 투명성으로 인해 비교적 쉽고 단출했다. 그러나 원래부터가 스펙트럼이 다양한 융합적 성격을 지닌 유럽문명에 한해서는 결코 가볍게 단정할수가 없었다. 그래서 장고 끝에 가까스로 짜낸 것이 '문명의 모자이크유럽을 가다'이다. 문명교류사적으로 유럽을 '문명의 모자이크'로 윤색한 셈이다.

필자는 이번 졸저에서 어떻게 인접 문명을 비롯한 여타 세계문명의 다종다양한 조각들이 상이한 계기를 타고 유럽에 유입되어 마침내 전래의 토착문명과 더불어 시공을 초월한 모자이크식 융합문명으로서 유럽문명을 일궈냈는가 하는 문명교류사의 시말을 추적해 그 본연(本然)을 밝혀내는 데 역점을 두었다. 이러한 추적이야말로 유럽문명을 있는 그대로 이해하는 실사구시의 첩경일 것이다. 이 첩경을 찾아 떠난 것이 바로 '문명의 모자이크 유럽을 가다'의 명제를 내건 유럽 답사이다.

이 답사는 경상북도의 선견지명으로 추진된 '코리아 실크로드 프로젝트'의 일환으로 수행되었다. 투어블릭 강상훈 대표와 함께 우리 일행은 총 48일간(2017.5.19.~7.7.) 15개국에 대한 답사를 무사히 마쳤다. 이번의 집중 답사에 앞서 필자가 지난 세기 50~70년대에 이집트를 비롯한 중근동과 북아프리카 일원에서 유학하고 외교관으로 근무할 때 인근의 유럽 여러곳을 두루 돌아보면서 쌓은 지식과 경험은 오늘에 와서 유럽문명을 보다 심층적으로, 보다 성숙하게 탐방하고 논할 수 있는 소중한 지적 밑천으로 남아 있었다.

차제에 한가지 꼭 밝혀둘 점은, 앞서의 다른 현장답사기도 마찬가지지만, 숱한 답사 대상에 비해 할애된 일정이 너무나 촉박하지 않았는가 하는 일부 독자들의 애정 어린 기우와 의문에 대해서이다. 그 뜻을 충분히 이해하고 호의와 기대로 받아들이는 바이다. 그럼에도 굳이 해명을 한다면 첫째는 경비의 제한으로 그럴 수밖에 없었고, 둘째는 필자 나름의 철저한 사전 준비로 그나마 촉박함을 상쇄할 수 있었다는 것이다. 관행대로라면 이만한 답사는 적어도 일년 전부터 준비에 들어가 소정의 답사 대상과 내용은 물론이거니와 세세한 일상사까지도 구체적으로 계획하고 점검, 확정함으로써 일분일초의 허송도 없이 일정이 톱니바퀴처럼 맞물려 돌아가게끔 짜놓아야 한다. 여유 작작한 소풍농월(嘯風弄月)의 여행이나 관광과는 차원이 다른 학구적 탐사니 말이다. 이런 의미에서 매번 우리의 답사는 한정된 일정에 대비한 극한치 혹사라고 말할 수 있을 것이다.

졸문을 접하는 독자 여러분은 혹여 유럽문명에 관한 필자의 시각이나 평가가 탐탁잖다고 나무라거나 의혹을 제기할 수 있을 것이다. 이는 우리 모두가 너무나 오랫동안, 너무나 깊게 필자의 시각과 평가의 대척점에 밀착해 유럽과 그 문명을 여과 없이 흡입해왔기 때문이다. 이것은 역설적으로 유럽문명이 그만큼 세계문명사를 현란하게 장식해왔음의 반증이기도 하다. 이 대목에서 분명히 밝히고자 하는 것은, 그렇다고 해서 필자가 인류문명사에 대한 유럽문명의 응분의 기여나 발자취를 무턱대고 일괄 무시하거나 과소평가하려는 것은 결코 아니라는 점이다.

유럽문명은 그 생성 과정에서 각양각색의 이질적인 외래 문명요소들을 그때그때 받아들여 고유의 정체성을 확보해온 모자이크식 융합문명이다. 그리하여 내재적 구조뿐 아니라 외연적 관계도 상당히 복잡다기하다. 게다가 수세기 동안 유럽이 선진문명이니 중심문명이니 하는 일방적 우월주의를 앞세워 편파적인 문명담론을 선도하는 바람에 진실이 왜곡되거나 은폐되는 폐단이 처처에서 나타나고 있다. 이러한 난관과 폐단을 객관적 문명타자론에 입각해 학문적으로 오롯이 밝혀낼 때만이 유럽문명에 관한 제대로의 이해에 다가설 수 있다.

필자는 지금까지 숱하게 쏟아져나온 국내외의 유럽문명 관련 이론서와 여행기, 담론 등과는 결을 좀 달리하는 졸저를 집필하는 과정에서 내내 이 점을 초지(初志)로 삼고 그 실천에 각별히 유념하였다. 그러나 곳곳에서 천식비재(淺識菲才)에 발목이 잡혀 초지를 제대로 실천하지 못한 아쉬움을 남긴 채 종지부를 찍지 않을 수 없었다. 직설하면 미흡한 점이 많은 졸저이니 독자 여러분의 엄정한 질정을 바라 마지않는다는 뜻이다.

끝으로, 필자의 유럽문명 답사라는 숙원에 비상의 날개를 달아준 경상북도의 후원과 장석 이사장을 비롯한 한국문명교류연구소 가족 여러분의 지원, 고된 답사의 안내를 맡아 고락을 함께한 강상훈 대표, 그리고 이토록 책을 꼼꼼히 잘 꾸며준 창비 편집팀, 이 모든 분들께 깊은 사의를 표한다.

학여불급(學如不及)을 재삼 되새기며
2021년 10월 30일
옥인학당에서
정수일

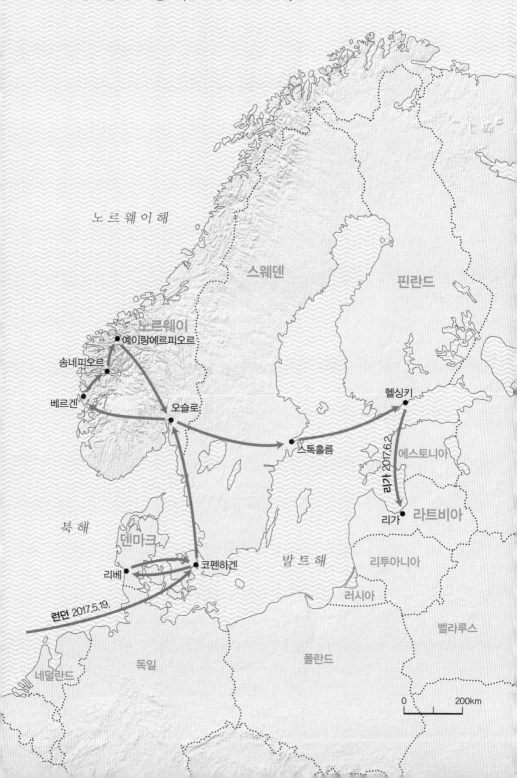

북유럽 답사 노정도(2017.5.19~6.2)

노르웨이 해

스웨덴

핀란드

예이랑에르피오르

송네피오르

베르겐

오슬로

헬싱키

에스토니아

스톡홀름

리가 2017.6.2.

라트비아

리가

북 해

덴마크

발트 해

리베

코펜하겐

리투아니아

러시아

벨라루스

런던 2017.5.19.

네덜란드

독일

폴란드

0   200km

차례

일러두기

이 책의 인명·지명과 외래어는 현지음에 가깝게 우리말로 표기하는 것을 원칙으로 했다. 단, 관용적으로 두루 쓰이는 국가명·지명·용어 등의 경우에는 국립국어원의 표기법에 따랐다. 용어별로 빈도와 중요도에 따라 원어를 병기했다.

여는 글
유럽문명의 바른 이해

I 유럽의 인문 개황

유럽의 인문지리와 사회문화에 관한 지식은 유럽문명을 바르게 이해하는 선결 조건이다. 더욱이 복잡다기하고 '여러가지 가림색으로 켜켜이 덧칠해진' 유럽문명을 있는 그대로 알려면 그 문명의 토양이고 배경인 유럽의 자연 및 사회 환경을 똑바로 이해해야 한다. 물론 이러한 자연 및 사회 환경의 어느 것 하나도 문명과 무관한 것은 없겠지만, 이 글에서는 모자이크식 융합(融合, fusion)을 특색으로 하는 유럽문명의 생성과 직접적인 관련이 있는 사실 추적에 역점을 둔다.

유럽(Europe)은 그 명칭의 유래부터가 '신화의 나라' 그리스의 몇가지 신화에서 비롯되었다고 한다. 그중 주신 제우스와 관련된 신화가 지금껏 가장 많이 회자되고 있다. 제우스가 '에우로페'란 이름의 아름다운 페니키아 공주를 애모한 나머지 유인하기 위해 흰 황소로 변신해 그녀를 등에 태우고 풍랑 사나운 바다를 건너 마침내 머나먼 땅으로 피신, 그곳을 공주의 이름을 따서 '에우로페'로 불렀다는 것이다. 보다시피 이 신화에 여신과 공주가 '에우로페'라는 같은 이름으로 등장하는데 그 이름이 오늘날의 지명 '유럽'으로 와전된 것이라고 한다.

오늘날 유럽에 대한 지칭은 문명권에 따라 여러가지가 분별없이 혼용되고 있다. 대체로 영어·라틴어 계통 지역에서는 'Europe' 외에 'the West'(서구)나 'Occident'(서양)를, 중국에서는 '어우저우(歐洲)'와 '시어우(西歐)' '시양(西洋)'을, 한국에서는 '구라파(歐羅巴)'와 '서양(西洋)' '서구(西歐)'를 섞어 쓰고 있다. 'the West'와 '서구'는 유럽과 남북아메리카를 아우르는 명칭이고, 'Occident'와 '서양'은 중세에 대양을 분계선으로 동양과 서양을 나눌 때 생겨난 개념으로서 그대로 습용되고 있다. 그런가 하면 근간에는 아시아대륙과 합쳐서 '유라시아대륙'이라는 조어(造語)도 널리 쓰이고 있다.

유럽은 세계 6대주 가운데 하나이며 오세아니아주를 제외하고는 가장 작은 대륙으로서, 면적은 약 1,018만km²로 중국 면적(약 960만 km²)과 엇비슷하다. 지리적으로는 통상 북유럽(스칸디나비아반도 일대), 남유럽(알프스산맥 이남에서 지중해 북안. 고대 유럽문명의 발상지), 서유럽(서부 대서양 연안), 중유럽(발트해 이남에서 알프스산맥 이북의 중부 유럽), 동유럽(러시아를 비롯한 동부)의 5개 지역으로 구분한다. 지역마다 지정학적 특색을 지니고 있으며, 유럽의 일체성과 다양성을 이루는 데 각기 나름의 기여를 해왔다.

유럽문명의 생성에 영향을 미친 지리적 특징을 통관하면 다음과 같다.

1) 삼면이 대양으로 에워싸여 있으며 변연해(邊緣海, marginal sea)와 내해(內海, inland sea)가 다수 분포해 있다. 변연해란 반도나 도서, 군도 등의 육지로 인해 대양과 분리되어 있으나 해협이나 수로로는 대양과 연결되어 있는 바다(예컨대 북해와 노르웨이해)를 일컫는다. 이에 비해 내해는 대륙 깊숙한 곳에서 육지에 에워싸여 있으면서 좁은 수로로만 외해나 대양과 연결되어 있는 바다(예컨대 지중해와 흑해)를 말한다. 또한 유럽은 다른 대륙에서는 찾아볼 수 없을 정도로 많은 반도와 도서를 거느리고 있는데, 그 면적만도 전체 대륙 면적의 3분의 1 이상(이 가운데 반도가 27%)을 차지한다. 이렇게 바다와 섬, 수로로 촘촘한 망을 형성하고 있는 대륙으로서 유럽은 일찍부터 해양문화가 발달했다.

2) 북위 36도에서 71도 8분 사이에 자리한 유럽은 6대주 가운데서 적도와 가장 멀리 떨어진 대륙으로, 인류문명의 진화에 비교적 유리한 자연환경을 갖고 있다. 6대주 가운데서 해양성기후가 가장 많이 나타나는 전형적인 중(中)온대 해양성기후가 특징인 유럽은 뜨거운 열대성기후나 메마른 사막이 거의 없는 유일한 대륙으로서, 한랭한 지역도 그리 많지 않고 온화하며 강수량도 비교적 균형적이다.

3) 유럽은 6대주 가운데서 지세가 가장 낮은 대륙으로 평균 고도가 340m에 불과하며, 고도 200m 이하의 평원지대가 전체 면적의 60%나 되어 6대주 중 평원 비중이 가장 높다. 대서양 연안에서 시작해 우랄산록까지 이어지는 대유럽평원의 너비는 수천km에 달한다. 이 대평원지대는 몇개의 비옥한 곡창지대를 품고 있다. 평원이 많은 만큼 산지는 흔치 않으며 높은 산도 몇 안 된다. 해발 2,000m 이상의 고산지대는 총면적의 2%에 불과하다.

4) 유럽의 지형은 발트해 동안에서 시작해 흑해 서안까지를 계선으로 동서 두 부분으로 나뉜다. 동부는 평원이 절대적으로 우세하기 때문에 지형이 비교적 단조로운 데 반해 서부는 산지와 평원이 뒤섞여 지형이 상대적으로 복잡하다. 이러한 지형적 분포는 지질구조와 밀접한 관련이 있다.

5) 제4빙하기에 이르러 유럽에는 두개의 대형 빙하중심이 조성되었는데, 그 하나는 스칸디나비아반도의 대륙 빙하중심이고 다른 하나는 알프스산맥의 산지 빙하중심이다. 그중 전자의 영향으로 인해 오늘날 보는 바와 같이 스칸디나비아반도를 비롯한 서북유럽 일원에는 광대한 빙하 지형이 장관으로 남아 있다.

6) 자고로 볼가강(3,690km)과 돈강(1,870km)처럼 하천망이 조밀하고 수량도 많은 큰 강들은 예외 없이 여러 나라를 경유하면서 중요한 내륙 수운(水運) 역할을 수행하고 있다.

이상에서 유럽문명의 생성에 미친 몇가지 지리적 특징을 정리해보았다. 이러한 특징과 더불어 다음과 같은 몇가지 인문적 특징도 유럽문명, 특히 모자이크식 유럽 융합문명의 생성에 일정한 영향을 미쳤다.

1) 인종 구성에서의 단일성이다. 유럽 인구(2018년 기준 약 7억 4천만 명)의 절대다수인 96%가 백인종이라는 사실은 그 어느 대륙에서도 찾아볼 수 없는 독특한 종족적 단일성을 보여준다.

2) 인구 분포의 상대적 균형성이다. 유럽 대부분 지역의 인구밀도는 평균 70명/km²로서 상대적 균형성을 유지하고 있다. 단, 라인강 중류 계곡과 빠리분지, 벨기에 동부, 템스강 하류 등 서유럽의 일부 지역은 200명/km² 이상에 달하여 인구밀도가 높은 편이다. 도시 인구가 대륙 인구의 64%를 점하여 6대주 가운데 오세아니아주와 북아메리

카주에 이어 세번째로 비교적 균형 잡힌 밀도를 보인다.

　3) 다양한 어종(語種)이다. 어족은 인도·유럽어족이 인구의 절대다수인 95%를 아우르는 단일성 어족이라고 말할 수 있다. 그러나 그 어족이 게르만어파, 이탈리아어파, 슬라브어파, 켈트어파, 그리스어파, 발트어파 등 여러갈래의 어종과 아(亞)어종으로 분화되어 있다. 문자는 90% 이상이 라틴문자를 위주로 한 키릴문자를 채용하고 있다.

　4) 이른바 유럽문명의 '주역'을 자처해온 열강은 앞다투어 세계 도처에서 식민지 경략에 혈안이 됨으로써 수탈로 막대한 부를 축적하는 과정에서 이질적인 여러 문명들과 불가피하게 접촉하지 않을 수 없었다. 이를 통해 의식적이건 무의식적이건 여러 이질 문명의 요소들을 수용하거나 그 영향을 받아 유럽문명 자체를 살찌웠다.

　5) 유럽은 상대적으로 일찍이 근대화와 산업화로 상징되는 이른바 '선진화'를 이루어냈으며, 그 힘에 의거해 세계적 자원과 재부의 큰 몫을 독식해왔다. 그 과정에서 역내 국가들 간에는 자멸적 갈등과 소모전이 지속되어 국지전이나 나라의 흥망성쇠가 연면부절(連綿不絶)했다.

　6) 작금 유럽인들의 정신적 지주로서 인구의 다수가 신봉하는 기독교는 실은 발상지인 서아시아 팔레스타인 지역에서 유입된 외래종교로서 유럽 지면(地面)이라는 캔버스 위에 그려진 한조각의 이색적인 모자이크, 즉 전통적 토착종교와 융합된 외래의 이질적 종교요소라고 말할 수 있다.

　7) 지역 내 44개 국가들은 국토와 인구·국력·선진화 수준에서 천차만별이고, 정치체제에서도 공화정과 왕정·신정(神政) 등 다양하며, 역사의 고비마다 숱한 이합집산을 경험해왔다.

8) 주지하다시피 사계(斯界)에서 헤브라이즘과 헬레니즘이 유럽 사상과 문화의 2대 근원이라는 주장은 마냥 의심의 여지가 없는 정설로 굳어졌다. 그러나 실상 이 두 사상의 발상지와 성숙지는 유럽이 아닌 서아시아 일원(오리엔트, 오늘의 팔레스타인과 이란)이며, 후출(後出)한 '유럽사상'과는 어느 모로 보나 직접적 연유성이나 계승성이 희박하다. 이 때문에 유럽 사상과 문화의 헤브라이즘과 헬레니즘 '2대 근원설'은 증빙성이 약한 가설로서 재고되어야 한다는 것이 필자의 일관된 지론이다. 굳이 유럽사상의 근원을 추적한다면 유입 사상인 헤브라이즘이나 헬레니즘이 아니라 에게문명이나 그리스문명으로 거슬러 올라가 찾아야 할 것이다.

이상에서 살펴본 바와 같이 유럽문명은 그 생성 과정에서 교류를 통해 이질적인 세계의 여러가지 문명요소들을 받아들임으로써 마치 화폭에 착지한 각양각색의 현란한 모자이크처럼 다채롭고 찬란한 문명으로 성장할 수 있었다. 역사가 이러한 사실들을 명백한 문헌 기록과 확실한 유적·유물로 고스란히 전하고 있음에도 불구하고 서구문명 '중심주의'나 '우월주의'의 주창자들과 추종자들은 이를 망각하거나 무시하고 있다.

차제에 분명하게 밝혀야 할 문제의 하나는 유럽의 지리적 경계다. 유럽의 북쪽과 서쪽은 각각 북빙양과 대서양에 임해 있기 때문에 자연스럽게 그 해안이 경계가 되고, 남쪽은 지중해를 사이에 두고 북아프리카와 접해 있어서 자고로 그 접점이 경계가 되어왔다. 문제는 동쪽으로 아시아와 접한 경계를 어떻게 설정할 것인가 하는 것이다. 이 문제는 16세기 제정러시아가 우랄산맥을 넘어 시베리아 원정을 단행하면서부터 논의의 도마에 올랐다. 이 논의에는 서구 학계도 동참

했다. 그러나 오리무중으로 지지부진하다가 18세기에 이르러 러시아 지리학자 따찌셰프(Tatishev)가 드디어 한가지 해결책을 내놓았다. 그는 서로 다른 수자원의 원천과 식물의 분포라는 자연지리적 환경의 경계를 근거로 우랄산맥-우랄강(2,534km)-카스피해-흑해-보스포루스해협(터키)을 기준으로 하는 경계 설정을 주장했고 그 설이 오늘날까지도 그대로 적용되고 있다. 그리하여 남북 길이 2,000여km에 평균 높이 300~500m의 나지막한 우랄산맥이 유럽과 아시아를 나누는 경계로 공인되고 있으며, 이를 확인하기 위해 경계선상에 경계탑 혹은 경계비를 세웠는데 그 수만도 44개에 달한다.

　보다시피 인위적으로 설정된 이 아시아로 이어지는 유럽의 동쪽 경계선은 문자 그대로 동서로 유럽과 아시아(비유럽)를 가르는 경계다. 역사상 기원전 4세기 알렉산드로스 동정군(東征軍)이 아시아의 페르시아를 잠시 점령한 전례는 있어도 아시아의 어느 나라나 지역이 유럽에 항구적으로 경략되었거나 편입된 적은 없었다. 자고로 서아시아 일원에 광범위하게 펼쳐진 아랍-이슬람세계가 인접한 서방 유럽세계와 간단없이 부대끼면서 일시 식민지란 굴욕을 당하기는 했지만, 어느 순간도 아시아의 아랍-이슬람세계가 세계지도에서 완전히 사라진 적은 없었다. 따라서 유럽과 아랍-이슬람세계의 엄연한 경계를 무시하고 무모하게 아랍-이슬람세계를 유럽사에 편입하거나 유럽사로 둔갑시켜 치환하는 작금의 유럽사 서술체계야말로 반역사적 아전인수식 어불성설로 지양되어야 마땅하다.

II 모자이크식 융합문명

다채로운 돌이나 유리 조각을 바닥이나 벽에 점착시켜 장식 효과를 나타내는 미술기법인 모자이크처럼 여러 세계문명의 다종다양한 요소들을 적시적지(適時適地)에 받아들여 융합한 다원적인 복합문명으로서 유럽문명은 다양성과 수용성, 융합성을 일체 속에 더불어 아우르고 있는 것이 두드러진 특성이다. 이러한 특성으로 인해 이질적인 다종다양한 문명요소들이 모자이크식 수용 과정을 거쳐 유기적으로 융합됨으로써 유럽문명 고유의 정체성이 줄곧 확보될 수 있었다. 이와 같이 문명교류사의 시각에서 보면 유럽문명은 분명 융합문명인 것이다.

문명은 교류 과정에서 각이한 접변(接變, acculturation)이 일어나는데, 이러한 접변은 크게 선과(善果)와 악과(惡果)의 두가지 결과로 나타난다. 두 문명의 교류 접변으로 인해 각이한 문명요소가 긍정적·건설적으로 혼합되어 순기능적인 선과를 나타내는 현상을 융합이라고 한다. 이에 반해 피전파문명의 해체나 퇴화 같은 부정적·파괴적인 역기능을 초래하는(악과) 현상이 있는데, 여기에는 접변으로 인해 피차가 아닌 제3의 문명이 형성되는 융화(融化, deliquescence)와 일방적 흡수로 나타나는 동화(同化, assimilation)의 두가지가 있다. 일반적으로 문명교류의 성격이나 결과는 이상의 세가지 접변 현상에 근거해 판단한다.

이러한 접변 현상들은 융합이면 융합, 융화면 융화, 동화면 동화의 단일성을 띠는 것이 상례다. 그러나 일부 문명의 경우 특수한 역사적 환경 속에서 문명주체들의 서로 다른 활동에 의해 단일성에 그치지 않고 두가지 내지 세가지 접변 현상이 동시에 복합적으로 일어나기도 하는데, 이러한 현상을 문명의 복합성이라고 일컫는다. 예컨대, 근세 식민주의시대에 이르러 식민지 종주국의 문명은 왕왕 자체의 융합성을 유지하면서도 동시에 식민지문명을 동화시키거나 융화시킨다. 이럴 경우 식민지 종주국의 문명은 보다 다양화되고 그만큼 모자이크의 폭도 넓어지게 된다. 음으로 양으로 식민지문명의 흔적이 각인될 수밖에 없는 유럽문명이 바로 그러한 복합성 문명의 전형을 보여준다.

복합성을 띤 유럽문명의 경우, 그 교류 과정을 추적해보면 이상의 세가지 접변 현상 가운데서 융합 현상이 두드러진다. 특히 중세 말엽 유럽세계의 정체성이 확립되고 독자적인 유럽사상이 부각된 후 근세의 산업혁명과 자본주의화–제국주의화 및 대외 식민활동의 본격화를 거쳐 이른바 '유럽문명중심주의'가 형성됨에 따라, 유럽이 범세계적 '문명맹주'로 군림함으로써 여타 이질 문명들은 유럽문명의 용해제가 되어 그 융합성만 키웠다. 급기야 유럽문명은 모자이크식 융합문명으로 확고하게 자리 잡았다. 그렇다고 하여 유럽문명이 순수 융합문명만은 아니다. 왜냐하면 이질 문명의 수용 과정은 시종 타 문명에 대한 우월주의나 중심주의, '선진성'을 표방하거나(융화), 일방적인 흡수를 강요해왔기(동화) 때문이다.

지금까지 대부분의 논자들은 왜곡된 유럽문명 우월주의·중심주의에 편승한 나머지 주로 세계문명에 대한 유럽문명의 일방적 '선도'나 주입을 논하는 데 급급했지, 반대로 세계문명에 대한 유럽문명의 부정적 영향이나 모자이크식 침식에 관해서는 외면해왔다. 이것은 문명교류에서의 상호성과 호혜성을 무시하는 작태로, 문명교류 본연에 대한 일탈로서 지탄받아 마땅하다.

필자는 유럽문명과 그 교류에 관한 이러한 기본 인식에서 출발해 문명답사 현장을 누비면서 시종여일하게 유럽문명이라는 고즈넉한 화폭에 다채롭게 모자이크된 비유럽문명의 흔적을 찾아내고 확인하는 데 우선적으로 집중했다. 그것은 유럽문명과 세계문명 간 교류의 진상에 대한 유의미한 복원일 뿐 아니라 분별없이 으쓱대는 유럽문명 중심주의·우월주의의 민낯을 드러내는 작업이기도 했다.

그런데 다종다양한 비유럽 문명요소들로 모자이크된 오늘날 유럽문명 특유의 융합성은 장기간 여러가지 가림색으로 교묘하게 덧칠되었기 때문에 그 속내를 제대로 파헤치는 데는 일정한 한계가 있을 수밖에 없다. 이것은 복잡다기한 유럽문명을 제대로 연구하는 데 있어 장애이고 도전이다. 이 장애와 도전을 극복하기 위해서는 유럽문명에 대한 시공을 초월한 넓고 깊은 망상적(網狀的) 조명과 입체적 관조가 필수다.

그 대상이 문자 그대로 그물망처럼 얼기설기 얽혀 있으며 생명체처럼 부단히 움직이며 변화하는데다 왕왕 교류의 삼라만상을 반영하고 있기 때문에, 이러한 조명과 관조가 있을 때만 유럽문명의 진정한 고갱이가 세상에 드러난다는 것이 필자의 일관된 지론이다. 이를 위해서는 이해의 편의상 일정한 구도를 설정하고, 그 구도 속에서 세심하게 따져보고 가늠할 수밖에 없다. 그러한 구도는 크게 지정학적 구도와 정신적 구도 및 물질적 구도의 세가지로 구분된다.

우선 유럽문명의 지정학적 구도를 보자. 그 의도가 무엇인지는 명백하게 밝혀진 바 없지만 서양의 역사와 문명에 관한 모든 저술은 한결같이 유럽의 지정학적 범주를 확대, 포장하면서 그것이 마치 유럽문명의 본연인 양, 전통인 양 호도하고 있다. 그리하여 그릇된 지정학적 구도가 그 부당성이 제대로 밝혀지지 않은 채 아직까지도 정설로 자리하고 있다. 그 대표적 사례를 서양사 서술체계에서 찾아볼 수 있다.

각급학교의 교과서나 시중에서 팔리는 이러저러한 서양사 관련 서적을 펼쳐보면 책제목은 분명 '서양……'인데 내용은 99%가 유럽에 관한 것뿐이다. 통상 서양이라고 하면 지구 서반구의 유럽과 동반구의 남북아메리카를 포함하는 지리적 개념인데 서반구의 서양(유럽)보다 몇배나 큰 동반구의 서양은 무시당하고 있는 형편인 것이다. 이 현실을 어떻게 설명할 것인가? 이것은 '서양……'이란 이름을 단 책을 펼치면 금방 눈에 띄는, 하도 어이없는 일이라서 본론에 앞서 마수걸이로 내뱉는 한마디 개탄이다.

이러한 개탄스러운 현실은 전혀 무관한 아랍-이슬람사를 서양사 속 몇군데에 양념 치듯 대충 끼워 맞춰 서술한 사실에서 극명하게 나타난다. 내로라하는 서양사 명저들을 펼쳐보아도 엉뚱하게 '오리엔트'란 이름으로 고대 아랍사(이집트와 메소포타미아 역사)를 유럽사의 서장(序章)쯤으로 둔갑시키고, 이슬람세계의 성립으로 암흑 속에서 헤매던 중세 유럽세계의 성립을 환치하다가 근세에 들어서는 아랍-이슬람세계를 아예 다루지도 않으니, 이것은 누가 봐도 얼토당토않은 역사 서술체계라 아니할 수 없다.

유럽사나 아랍-이슬람사에 웬만한 상식이라도 가진 사람이라면 이러한 비학문적 얼치기 서술은 다름 아닌 유럽문명중심주의의 잔영이라는 것을 한눈에 간파할 수 있다. 우리나라 속담에 '석이감여 금내고토(昔以甘茹 今乃苦吐)', 즉 '달면 삼키고 쓰면 뱉는다'는 이런 경우를 두고 하는 말이다. 제언하건대 유럽사 학계는 더이상 저만치 퇴조한 유럽중심주의 사관을 고집하지 말고 철저한 역사주의의 관점에서 허심탄회하게 성찰하고 창신(創新)하기 바라 마지않는다.

세계사가 고증하다시피, 5세기 로마제국의 멸망으로 인해 유럽 역사무대가 지중해로부터 유럽대륙으로 옮겨가면서 지중해를 중심으로 한 서방세계는 유럽문명권과 약 천년간의 동로마(비잔틴)문명권, 7세기 이래의 이슬람문명권의 3대 문명권으로 나뉜다. 게르만족이라는 새로운 역사의 주인공이 등장한 유럽문명은 그리스·로마문명과 기독교, 그리고 게르만적 요소가 접합된 융합문명의 성격을 띠게 된다. 문명사에서 보면 이렇게 해서 적어도 5세기부터, 이슬람문명은 말할 나위 없고 비잔틴문명마저도 그 구성 요소와 성격이 유럽문명과는 판판 다른 별개의 문명으로 성장한다. 흔히들 동서 로마라는 개념의 함정에 빠져 동로마, 즉 비잔틴문명을 유럽문명으로 착각하는데, 그 원인을 제공한 것 역시 잘못된 서양사 서술체계이다. 비잔틴 역사를 아전인수식 서양사 서술체계에 '편입'하는 것은 전술한 아랍–이슬람사에 대한 서양사의 작태와 진배가 없다.

사실 11세기까지만 해도 유럽세계는 비잔틴세계와 이슬람세계에 비해 '문화적으로 훨씬 뒤떨어져' 있었다. 특히 게르만족의 민족이동을 비롯한 여러 외래족의 침입으로 사회는 혼란과 무질서가 팽배했고, 사이비 종교세력에 의해 휘황찬란했던 그리스·로마의 고전문화는 여지없이 파괴되었다. 급기야 유럽은 전대미문의 '암흑시대'(Dark Ages)를 맞게 된다. 이 중세 유럽문명의 암울한 공백을 메우기 위해 작위적으로 안출(案出)한 것이 바로 비잔틴사나 아랍–이슬람사의 '차용(借用)'이라는 일침은 일리가 있어 보인다.

유럽문명의 정신적 구도 역시 마찬가지다. 유럽문명은 토착문명과 인근의 오리엔트문명, 페르시아문명, 비잔틴문명, 이슬람문명뿐 아니라 심지어 인도문명과 불교문명, 한자문명, 라틴문명, 아프리카문명 등 원근불문(遠近不問) 여러 외래 이질 문명요소들을 다채롭게 모자이크한 융합문명이다. 궁극적으로 이 문명은 문명의 2대 구성 요소인 정신문명과 물질문명의 여러 구성 요소들로 이루어진 정신적 구도와 물질적 구도로 그 민낯이 드러난다.

오랜 세월을 거치면서 굳어버린 융합문명의 구도 속에서 토착문명과 외래문명의 요소들을 가려낸다는 것은 결코 쉬운 일이 아니다. 여러 가림색으로 덕지덕지 덧칠해진 유럽문명 같은 융합문명에서는 더더욱 그러하다. 그러나 오만할 대로 오만해진 유럽문명의 민낯을 있는 그대로 드러내 시비와 진위, 허실을 분별하는 것은 유럽문명에 관한 온갖 과장과 오해, 맹종을 극복하는 첫걸음이며, 인류의 미래지향적 보편문명을 창출하는 데 절박한 시대적 요청이다.

통상적으로 문명의 정신적 구도는 토착문명의 정신적 요소와 여러 이질적 외래 문명에 속하는 사상과 학문, 예술, 종교, 철학, 윤리도덕, 세계관, 인생관 등 정신적 요소들 간의 장기적인 융합을 통해 형성된다. 이것은 문명교류에 의해 확증된 불변의 통칙이다. 그렇지만 유럽문명의 경우 왕왕 이러저러한 편단에 의해 이른바 토착문명의 '순수성'이나 '선진성'이 일방적으로 강조되고 '후진문명'의 수용이 부정됨으로써 이러한 통칙이 시종 불통되어왔다.

그러다가 근세에 이르러 유럽에서 다행스럽게도, 일부이기는 하지만 이러한 통칙에 수긍함으로써 유럽문명의 여러가지 폐단과 유아독존적 구태를 자성하고 중국문명을 비롯한 동양문명의 전통사상에 눈뜨기 시작했다. 그 대표적 일군이 바로 독일 고전 사변철학의 창시자라이프니츠(G. W. Leibniz, 1646~1716)와 프랑스의 백과전서파(百科全書派)다.

이들 모두의 선구자인 라이프니츠는 21세에 중국철학을 연구하기 시작한 이래 재화(在華) 선교사들의 저서와 보고서 등을 참고해 1697년 『중국근황』(中國近況, *Novissima Sinica*)을 저술, 출간하였다. 그는 송유이학(宋儒理學, 일명 송학宋學)에 심취해 자연신관(自然神觀)과 자연법칙론을 신봉하면서 서구 교회의 계시신학을 비판했다. 라이프니츠는 중국문명이 서구문명의 발달에 유용함을 주장한 최초의 서구철학자다.

『중국근황』 서문에서 그는 서구인들의 무지와 오만을 이렇게 개탄한다. "이때까지 우리 중 누구도 이 세상에 우리의 윤리보다 더 완벽한 윤리를 갖고 있으며 우리의 처세지도(處世之道)보다 더 진보한 처세지도를 걷고 있는 민족이 존재한다는 사실을 믿지 않았다. 그러나 이제 동방의 중국은 우리로 하여금 각성토록 하고 있다." "내가 보기에 지금 우리의 도덕은 자구(自救)할 수 없는 지경으로 타락했다. 심지어 나는 중국에서 사람을 보내와 우리에게 자연신학의 목적과 실천을 가르쳐주어야 한다고 주장하는 바이다. 마치 우리가 선교사를 중국에 파견하여 하느님이 계시한 신학을 전수하는 것과 마찬가지로 말이다."

그러면서 그는 서구문명과 중국문명을 비교하여 이르기를, "유럽 문화의 장점은 수학적이고 사변적인 과학이라는 데 있으며, 군사 면에서 중국은 유럽만 못하다. 그러나 실천철학 면에서는 유럽인들이 중국인들보다 퍽 못하다"라고 했다. 그는 중국의 '실천철학'을 실제에 적용하기 위해 베를린과 빈, 뻬쩨르부르그에 과학원 설립을 창도

하고 베를린과 뻬쩨르부르그 과학원 내에 중국학 연구를 필수과목으로 정하도록 했다.

라이프니츠와 거의 같은 시기에 근대 프랑스의 사상과 정치 혁명을 주도한 백과전서파도 중국의 인문사회학에 관해 큰 관심을 가지고 연구했으며, 그 합리성과 보편성을 인정하고 수용하는 데 진력했다. 볼떼르(Voltaire, 1694~1778), 몽떼스끼외(Charles de Montesquieu, 1689~1755), 돌바끄(P. H. D. d'Holbach, 1723~89)를 비롯한 백과전서파 주역들은 재화 선교사들의 저서와 보고서, 그리고 유럽에서 출간된 중국 관련 서적들을 섭렵하면서 중국의 역사·사상·정치제도·형법·사회풍습 등 여러 방면에 관해 깊이 연구했다. 그들 중 볼떼르의 연구와 대(對)중국관이 학문적 깊이에서 돋보인다.

볼떼르는 중국 역사와 『도덕경』에 조예가 깊은 재화 프랑스 선교사 푸께(Jean-François Foucquet, 傅聖澤, 1699년 내화)와 교분을 유지하고 중국 문명에 관해 연구하면서 폐쇄적인 기독교신학으로 인해 일그러진 유럽 사회를 비판했다. 그는 『철학사전』(Dictionnaire philosophique)의 '영광(榮光)' 항목에서 중국을 "세상에서 가장 아름답고, 가장 유구하고, 가장 넓으며, 인구도 가장 많은, 그리고 치세(治世)도 가장 잘된 국가"라고 격찬했다. 또한 그는 중국의 유구한 연대기를 근거로 성서의 하느님 창세설을 가차 없이 논박했다. 구약성서에 나오는 창세 연대는 기원전 3761년이지만 중국이 하나의 민족으로 집거(集居)하고 번영을 누린 지는 50세기 이상이나 된다. 중국인들이 드넓은 땅에서 완벽하고 명철한 제도를 가지고 국가를 다스리고 있을 때 유럽인들은 소군(小群)으로 무리지어 '삼림 속을 방황하는 야인(野人)'에 불과했다. 인류문명과 과학기술의 발달사는 모두 중국에서 시작되었으며 중국은 장기간 유럽을 앞서갔다. 중국의 역사기록에는 "조그마한 허구나 기담괴설(奇談怪說)이 거의 없다. 중국인들은 이집트인이나 그리스인처럼 스스로를 신의 계시를 받은 하느님의 대변자라고 절대 말하지 않는다. 중국인들의 역사는 처음부터 이성에 맞게 쓰였다.""전세계 민족들 중에서 유독 그들[중국인]의 사적(史籍)에만 일식(日蝕)과 천체의 회합이 끊이지 않고 지속적으로 기록되어 있다. 우리 천문학자들이 그들의 계산을 검증하고 나서 깜짝 놀라는데, 모든 기록이 거의 진실하여 신뢰할 수 있는 것이다."

볼떼르는 중국문명에 관한 격찬과 논평과 더불어 공자의 유학에 관해서도 사견을 밝힌다. 그는 공자의 유학은 일종의 자연신론(自然神論)으로서, 유럽에서 유행하는 미신적인 '신계시종교(神啓示宗敎)'와는 완전히 다른 '이성(理性)종교'라고 하면서, 스스로 숭고한 이성을 가지고 자연과 도덕에 부합하는 이러한 '이성종교'의 신봉자로 자처했다. 볼떼르가 말하는 자연신관은 천부(天賦)의 자연도덕과 상관성이 있는 개념으로 이성, 문명의 발달과 이성의 통일을 뜻한다.

백과전서파는 중국의 도덕정치를 찬양하면서 신권(神權)통치를 부르짖는 유럽의 군주정치를 부정했다. 돌바끄는 저서 『덕치 혹은 도덕을 기초로 한 정부』(Éthocratie ou Le gouvernement fondé sur la morale)에서 '덕치'(德治, éthocratie)라는 용어를 쓰면서 중국이 신봉하는 덕치주의를 극구 찬양했다. 그는 "중국은 세계에서 유일하게 정치와 윤리도덕을 결합시킨 나라이다. 이 제국의 유구한 역사는 모든 위정자들로 하여금 나라가 번영하려면 반드시 도덕에 의거해야 한다는 것을 명료하게 인식하게 했다"라고 하면서 "유럽 정부는 중국을 귀감으로 삼아야 한다"라고 주장했다. 이와 같이 중국 유가의 자연관과 도덕관, 정치관은 백과전서파의 지지와 공감을 얻었을 뿐 아니라 그들의 사상구도를 형성하는 데 직접적인 영향을 미쳤다.

필자가 유럽문명의 정신적 구도를 설명하면서 이렇듯 비교적 장황하게 근세 서구 계몽주의 선구자들의 파천황적(破天荒的)인 중국문명 관련 견해와 논평을 소개하는 것은 그들의 그러한 견해나 논평의 정당성 여부를 판단하기 위해서가 아니라 유럽문명에 내재하는 모자이크식 융합성을 방증하기 위해서다. 요컨대, 그러한 견해와 논평은 고질화된 유럽문명의 우월주의적이며 배타적인 속성에 대한 도전이자 거역으로서 유럽문명의 융합적 이해를 촉구한다.

마지막으로 유럽문명의 물질적 구도를 보자. 유럽문명이 오늘날처럼 남다른 풍요를 누릴 수 있게 된 것은 수세기 동안 여러 이질 문명으로부터 주로 교류나 수탈을 통해 숱한 물질적 자양분을 흡수했기 때문이다. 그러한 취득물은 유럽문명의 물질적 구도를 형성하고 다채로운 모자이크처럼 오늘날까지 그 흔적을 오롯이 남겨놓고 있다. 기수부지의 그러한 취득물 하나하나에는 유럽문명의 패덕(悖德)을 시사하는 사연과 더불어 모자이크식 구성 요소로서 유럽문명의 물질적 구도를 형성하는 과정이 고스란히 담겨 있다. 그 대표적 실례로 곡절 많은 감자의 유럽문명 정착기를 들 수 있다.

가짓과에 속하는 여러해살이풀인 감자(학명 Solanum tuberosum)의 영어 명칭 'potato'는 스페인어 'patata'에서 유래했다고 한다. 중국에서는 마령서(馬鈴薯), 토두(土豆), 산약단(山藥蛋), 양우(洋芋), 지단(地蛋) 등 40여가지 이름으로 불린다. 흔히 쓰이는 마령서(마령수)는 모양이 말방울처럼 생겼다고 해서 붙여진 이름이다. 감자는 밀, 벼, 옥수수 다음의 네번째로 중요한 농작물로 오늘날 세계 어느 곳에서나 식품과 약재, 공업용 재료로 널리 쓰이고 있다. 특히 식품으로서 감자가 공급하는 전분은 세계 전분의 25%를 차지하며, 단백질과 비타민C, 미네랄 등 영양소가 풍부하다. 감자는 여러가지 비타민을 골고루 함유하고 있어 서양, 특히 북아메리카 나라들에서는 두번째 주식으로 각광받고 있다. 감자는 고대 농경 초기부터 라틴아메리카는 물론 첫 도입지인 유럽에서도 위장 보호, 혈압 저하, 해독과 소염 등 여러가지 효능이 있다고 믿어 대량 재배가 이루어졌다.

감자는 비교적 한랭한 지역에서 토질의 척박도나 강수량에 크게 영향을 받지 않고 손쉽게 재배되며, 소출량도 밀의 2~4배에 달할 정도로 높다. 세계적으로 감자 생산량은 3억 4천만 톤에 달하는데, 그중 세계 제1의 생산대국인 중국이 약 20%, 7천만톤가량을 생산한다. 성장기간이 3~4개월로 비교적 짧고 재배와 저장도 별로 까다롭지 않으며 연작(連作)도 가능하다. 유엔은 감자의 중요성을 고려해 2005년 세계식량농업기구(FAO) 총회에서 2008년을 '세계 감자의 해'로 정하고 국제적 기념행사를 거행하기도 했다.

이러한 일련의 특성을 지닌 '안데스의 보물' 감자는 일찍부터 인간의 주목을 끌었다. 기원전 7000년경 남미 중앙안데스산맥의 남부 페루와 볼리비아 사이의 고도 3,800m 고원지대에 자리한 띠띠까까호수 주변에 정착한 원주민 인디오들이 처음으로 야생감자를 발견했다. 수백년에 걸친 그들의 희생적인 실험에 의해 약 200종의 무독성 감자를 선종(選種)해 재배하기 시작했다. 이후 16세기 초 이 지역에 침탈의 마수를 뻗친 스페인 원정군에 의해 감자 재배 소식이 유럽에 누설되었다. 이 신비의 작물은 무지하고 오만방자한 유럽인들의 불신과 혐오의 역경을 거쳐 불과 한세기도 안 되어 유럽 전역에 널리 알려지게 되었다.

바야흐로 대항해시대의 막을 열고 아시아와 '신대륙'(아메리카대륙)을 비롯한 '미지의 세계' 탐색에 열을 올리며 경쟁에 혈안이 되어 있던 스페인, 포르투갈, 네덜란드, 영국, 프랑스 등 신흥 유럽 열강은 스페인 원정군이 '미지의 세계'에서 연보라색과 흰색의 예쁜 감자꽃을 관상용 화초로 가지고 오자 반신반의로 그 배후를 캐면서 질투와 야욕의 눈총을 보내기 시작했고 급기야 감자에 대한 온갖 악의에 찬 불신과 혐오를 중구난방으로 쏟아냈다. '악마가 농간을 부린 식물' 감자를 먹으면 나병이나 폐결핵, 구루병에 걸린다' '노예가 먹는 비천한 음식이다' '개조차 맛이 없어 먹으려 하지 않는 것' '성경엔 감자란 말은 없다' '돼지 먹이' 등 온갖 괴담이 난무했다. 그러다보니 한때 감자는 보기만 해도 소름이 돋는 혐오와 기피의 대상이었다. 배타와 질투, 사리(私利)의 흑심에 사로잡힌 인간의 천혜지물(天惠之物)에 대한 철면피의 극치다.

이러한 무시무시한 괴담은 초기에 감자 도입의 걸림돌이 되지 않을 수 없었다. 감자에는 솔라닌(solanine)이라는 독성물질이 함유되어 있는데 감자가 햇빛에 노출될 때 표면이 녹색으로 변하면서 생긴다. 솔라닌은 감자 싹에 제일 많고 껍질에도 들어 있으며, 알 자체에는 아주 적게 들어 있다. 이 독성물질은 같은 가짓과에 속하는 토마토와 고추에도 있지만 양이 적어서 별 해가 없다. 보통 크기의 감자 100g에는 7mg 이하의 솔라닌이 함유되어 있는데 이 정도 양이면 사람에게 해를 끼치지 않는다. 그러나 햇빛을 쬐거나 보관 상태가 나빠서 솔라닌이 20mg 이상이 되면 식중독이나 구토, 현기증, 두통 같은 증상을 유발한다. 초기에 이러한 감자의 실체에 무지할 수밖에 없었던 유럽인들은 어쩌다 일어나는 탈에 겁을 먹거나 아니면 이를 구실로 나병 같은 악질(惡疾)을 낳는 식품이라고 무턱대고 매도했다. 사실이 보여주다시피, 싹을 도려내고 변색한 껍질만 멀리하면 아무 문제가 없다.

손바닥으로 하늘을 가릴 수 없는 것처럼 자그마치 두세기 이상 끌어오던 온갖 악성 괴담은 결국 근거 없는 황당한 거짓말로 끝나고 말았다. 그 단초는 프랑스가 열었다. 유럽 대국들 간에 벌어졌던 유명한 7년전쟁(1756~63) 때 프로이센군에게 포로가 된 프랑스군의 약제사 빠르망띠에(A-A. Parmentier)는 석방되어 귀국 후 한창 기아에 신음하던 고향 사람들을 구제할 목적으로 포로 병영에서 맛있게 먹었던 감자에 관해 홍보를 시작하면서 친히 재배한 감자를 유명인사들에게 보내주기까지 했다. 당시 프랑스는 국회가 법령으로 감자 재배를 금지하고 있었다. 어느날 루이 16세가 마련한 연회에 초청된 빠르망띠에는 국왕에게 감자꽃 한다발을 헌상했다. 곁에서 지켜보던 왕후 마리 앙뚜아네뜨는 그 꽃에 매료되어 외출할 때마다 감자꽃을 머리에 꽂았고 왕은 단추에 달고 다니곤 했다고 한다.

빠르망띠에의 노력 끝에 1772년에 빠리의과대학은 감자의 식용을 공식 승인했다. 1785년 그는 빠리 교외에 한뙈기 땅을 얻어 감자 재배를 시작했는데, 국왕이 경비병을 보내 밤낮으로 보호해주었다. 호기심에 찬 주변 농민들 사이에서 이 신기한 작물에 관한 소식이 입에서 입으로 전해졌고, 심지어 남몰래 뿌리째 훔쳐다가 자기 집 뜰에 심는 일까지 벌어졌다고 한다. 이것이 계기가 되어 감자는 '땅속 사과'라는 이름으로 프랑스 전국에 보급되었으며 연이어 유럽 전역에 퍼져 갔다. '감자의 전도사' 빠르망띠에는 빠리의 국립묘지에 안장되었고, 빠리의 한 지하철역과 빠리 제10구와 11구를 잇는 큰 거리가 오늘날까지 그의 이름으로 불리고 있다.

19세기 초 감자를 앞장서 받아들여 전국민의 주식으로 되게 한 나라는 아일랜드다. 빈번한 전쟁과 절대적 빈곤, 인구 과다, 척박한 토질, 이 모든 환경이 아일랜드로 하여금 감자를 주식으로 삼을 수밖에 없게 했다. 덕분에 두세기 동안 인구가 100만명에서 800만명으로 급증했다. 그러나 그 길은 순행만은 아니었다. 1845년부터 5년간 아일랜드를 비롯한 유럽 전역에 감자역병이 발생하여, 아일랜드 한 나라에서만도 100만명이 병사하고 150만명이 북미주로 이주하는 대재난이 발생했고 인구가 4분의 1이나 줄었다. 미국은 이들로부터 감자를 알게 되었다고 하니 언필칭 전화위복이 된 셈이다.

초기에 혐오와 기피의 대상이던 감자가 약 200년이 지나 그 실상이 드러나면서 유럽 사회에서는 마법에나 있을 법한 반전이 일어났다. 예컨대 이탈리아는 교회 미사 때마다 감자 재배법을 설교했고, 독일은 황제의 명령으로 농민들이 감자를 심도록 강제하고 위반시는 엄벌에 처했는데, 이것도 모자라 1746년에는 아예 법령을 고쳐 농민은 소유 토지의 15분의 1에 반드시 감자를 재배하도록 규정했다. 그런가하면 러시아는 뾰뜨르대제(재위 1682~1725) 때 감자를 들여왔으나 보급을 미루다가 19세기 중엽에 와서 농민들은 반드시 대규모로 감자를 재배, 식품화하도록 하며 우수 재배자들을 장려하는 법령을 반포하여 감자가 러시아에 뿌리내리는 길을 텄으며, 오늘날까지도 식단에서 주 메뉴의 한가지가 되고 있다.

여기 19세기 말엽에 감자가 유럽에 정착한 사실을 입증해주는 유화 한점이 있다. 바로 고흐(Vincent van Gogh)가 1885년에 그린 유명한 「감자 먹는 사람들」(네덜란드 암스테르담 반고흐미술관 소장)이다. 고흐 스스로가 이 그림을 그린 목적에 관해 이렇게 밝히고 있다. "램프 불빛 아래서 감자를 먹고 있는 사람들의 손, 그 손으로 땅을 팠다는 사실을 분명히 전하려는 것이 나의 목적이었다. 손으로 일군 노동과 정직하게 노력해서 얻은 식사임을 암시하는 것이다."

감자의 유입은 유럽 사회를 크게 변모시켰다. 감자의 보급으로 식량이 충당되면서 인구가 크게 늘어 산업혁명에 필요한 노동력을 공급할 수 있었다. 인구의 증가는 유럽 국가들로 하여금 해외로 세력을 확장하도록 충동하는 요인으로 작용했을 뿐 아니라, 산업혁명의 기선을 잡고 세계정복 활동을 펼칠 물질적 담보를 마련할 수 있게 해주었다. 더불어 감자의 보급과 풍성한 수확은 유럽인들로 하여금 곡물과 식량에 대한 압박감과 의존성에서 벗어나 안정된 음식문화를 누릴 수 있게 했으며 유럽인들의 건강한 체질 유지의 밑거름이 되었다.

필자가 앞에서 감자의 유럽 전파의 자초지종을 비교적 상세하게 설명한 것은 한마디로 감자의 전파야말로 유럽문명이 지닌 모자이크식 융합성의 축도이기 때문이다. 이 축도를 통해 우리는 이질적 잉카문명이 갈무리한 물질적 요소의 하나인 '안데스의 보물' 감자가 당초 우연히 '관상용 화초'의 이름으로 스페인 원정군에 의해 유럽에 알려진 후 장장 두세기 동안의 우여곡절 끝에 유럽문명의 운명을 좌지우지할 정도의 당당한 물질적 요소(식량)로 위상을 굳히게 된 과정, 환언하면 이질 문명인 감자의 수용을 통한 유럽문명의 융합성이라는 모자이크화의 한 단면을 생생하게 이해할 수 있다.

앞에서 융합문명으로서 유럽문명의 정신적 구도와 물질적 구도를 유럽의 동양 전통사상 수용과 감자의 전파라는 두가지 전형적인 예를 들어 살펴보았다. 사실상 이러한 수용과 전파의 실례는 유럽문명이라는 캔버스 전면을 화려하게 모자이크했을 만큼 다양하다. 그렇다면 그러한 다양성은 어디에서 기인한 것인가를 묻지 않을 수 없다. 그 답은 시각에 따라 각인각설이나 종합하면, 첫째는 유럽문명의 다원성(多元性)이다. 역사무대가 지중해로부터 유럽대륙으로 옮겨가면서 탄생한 유럽문명은 고전적 전통문명이라고 할 수 있는 그리스·로마문명과 기독교의 원조 격인 동방기독교에서 분립된 서방기독교(그리스도교), 그리고 남하한 게르만족의 고유문화 등 다종다기한 문명 계보와 요소들로 이루어졌다. 한편, 로마제국이 붕괴한 후 그 고지(故址)에는 유럽문명과 더불어 천년간의 비잔틴(동로마)문명과 7세기에 출현한 아랍-이슬람문명 등 3대 문명이 공존하여 서로 영향을 주고받음으로써 유럽문명은 미증유의 다양성을 띨 수밖에 없었다.

둘째로 그 원인은 유럽세계 안에서 끊임없이 일어난 사회적 변동이다. 동로마제국의 몰락에서 비롯해 11세기까지 지속된 이른바 유럽의 '암흑시대', 뒤를 이은 르네상스시대, 종교개혁, 16~17세기의 과학혁명, 프랑스대혁명, 열강 간의 해외 식민지 약탈을 위한 각축, 산업혁명, 각종 과학기술의 발명, 중세 봉건사회로부터 근세 자본주의사회로의 과도 등 천여년간의 각종 사회변동은 유럽문명의 다양성 생성에 직접적인 영향을 미쳤다.

셋째로 지적할 수 있는 원인은 광범위한 식민지 경략을 통한 여러 이질 문명의 유입이다. 15세기 대항해시대의 개막을 계기로 유럽대륙을 제외한 세계 5대주 6대양에 유럽 열강의 식민지 침탈의 촉수가 뻗치지 않은 곳이 없었다. 급기야 400~500년간 열강의 식민지 분할과 재분할의 과정을 거쳐 세계는 유럽 종주국 언어문화를 기준으로 하는 다수의 문명권, 즉 영어문명권, 프랑스어문명권, 스페인어문명권, 독일어문명권, 이탈리아어문명권, 포르투갈어문명권, 벨기에어문명권 등으로 산산조각 났다. 기본적으로 유럽문명의 동화정책에 의해 생성된 이러한 식민지 문명권들은 유럽 종주문명에 '수동적인 공급자 역할'을 강요당했고, 후안무치한 유럽문명은 이들로부터 다양한 영양소를 탐욕적으로 빨아들여 비대할 대로 비대해졌던 것이다.

Ⅲ 이른바 '선진' 서양과 '후진' 동양

원래 인간은 백인이건 흑인이건, 서양인이건 동양인이건 간에 생물학적으로 같은 종(種)에 속하여, 같은 지수의 뇌수량(腦髓量)을 가지고 생겨난 이래 불변의 육체적 속성뿐 아니라 정신적 속성도 공유하고 있다. 그러나 처한 자연환경이나 인문환경이 달라짐에 따라 서로 다른 문명을 창출하고 향유해왔다.

공자의 인(仁)과 예수의 사랑, 석가의 자비와 무함마드의 형제애가 모두 인간의 정신적 속성에 속하는 같은 맥락의 교조적 가르침이기는 하나, 서양과 동양이라는 다른 역사적 환경 속에서 그 설명과 치장은 그토록 다를 수가 없다. 절대적·배타적·원심적·능동적·외향적·논리적·분석적·개인적인 것이 서양문명이라면, 동양문명은 상대적·포괄적·구심적·수동적·내향적·직관적·종합적·관계적인 것이어서 정말로 음(陰)과 양(陽)처럼 대조적이다. 요컨대, 동은 동대로 서는 서대로의 사고와 행동 양식을 취하고 있는 것이다.

그런데 이러한 대조관계를 마냥 자연계의 수화불상용적(水火不相容的) 관계처럼 대립관계로 간주해서는 안 된다. 이것은 거의 상반(相

反)에 가까운 다름에서 오는 대조관계일 뿐이기 때문이다. 이렇게 다름에서 나타나는 대조관계를 우열관계로 오인하여 '선진' 서양이니 '후진' 동양이니 운운하거나, 또는 이러한 대조관계를 절대관계로 착각하여 서로의 넘나듦이나 섞임, 주고받음을 부정하는 것은 일종의 단견이며 어불성설이라 하지 않을 수 없다.

오늘날 '선진' 서양이니 '후진' 동양이니 하는 발상은 주로 최근 200년간의 근세에 동양문명보다 후발로 네상스(naissance, 탄생)했지만 운 좋게도 선발로 르네상스(renaissance, 재탄생·부흥)한 서양 기술문명이 일시 앞질러가고, 이에 부수된 이른바 '서구문명중심주의'의 환영(幻影)에서 비롯한 허망한 발작에 불과한 것이다. 돌이켜보면 이것은 어디까지나 역사에서 부침하는 일시적인 기선(機先) 현상일 따름이다. 반만년의 유장한 인류문명사는 그 활동 무대에서 동과 서가 서로 엎치락뒤치락하면서 만나고 주고받는 소통과 교류의 연속이다.

영국 킹스턴대학 사상사학과 학과장을 역임한 클라크(John James Clarke)는 역저 『동양의 계몽』(Oriental Enlightenment: The Encounter Between Asian and Western Thought, 1997)에서 서양과 동양의 조우는 "우리 시대의 가장 의미심장한 세계사적 사건 가운데 하나다"라고(12면) 지적했다. 현실적으로 20세기가 남긴 가장 큰 세계사적 의의는 하나가 된 세계 속에서 격폐되어 '벙어리 대화'만을 해오던 동양과 서양이 서로 떳떳이 만나서 나눔을 시작했다는 데 있다. 이제 '국제화'나 '세계화'란 새 조어 속에 함축되어 있는 이러한 만남과 나눔, 그리고 그 확대는 불가항력적인 역사의 추세로 굳어지고 있다.

동서 간의 오랜 문명관계사에서 마침내 '만남'이 그 변곡점이 된 이 시점에 우리는 동서 관계사를 기선 잡기와 부침의 연속으로, 그리고 오늘의 만남으로 이어지게 한 제반 요인에 관해 불편부당한 성찰을 요청받고 있다. 이에 관해 사계의 구구한 담론이 시도되고는 있지만, 시도에 그칠 뿐 납득할 만한 정론(正論)은 별로 눈에 띄지 않는다. 일시에 시대의 한계를 뛰어넘을 수 없는 필자도 종횡 세계일주, 특히 이번 유럽 답사 내내 이 난제의 해답 찾기에 잠심몰두했다. 지금까지의 얕팍한 식견에서 짜낸 결론은 동서를 포함한 세계의 일체성(一體性)과 그 일체성에서 상이한 자연환경과 인문지리로 인해 파생된 동서 간의 상이점을 제대로 파악(민낯 찾아보기)해야 한다는 것이다.

'사해시일(四海是一)', 즉 '세계는 하나'라는 세계의 일체성 주장은 다분히 색 바랜 역사인식일 뿐, 세계가 무시로 갈등과 분열을 겪고 있는 현세에는 짐짓 진부한 개념으로서 무의미하다고 생각하기가 일쑤다. 그러나 사고의 초점을 미래지향적 과녁에 맞추다보면 이 세계의 일체성이야말로 공생공영의 미래 사회를 건설하는 데 공통분모로 기능하리라는 사실을 포착하고 예단하게 될 것이다. 따라서 세계의 일체성은 미래를 향한 인류 공유의 세계관이 되어야 할 것이다. 이 '일체성 세계관'은 다음과 같은 네가지 공통 요소의 발현이다.

1) 인류가 공통 조상을 갖고 있다는 인류의 혈통적 동조(同祖)

2) 세계 역사가 공통의 발전법칙을 공유하고 있다는 역사의 통칙(通則)

3) 각이한 문명들 간에는 부단한 소통과 교류가 이어지고 있다는 문명의 통섭(通涉)

4) 숭고한 보편가치를 다 같이 누리려 한다는 보편가치의 공유(共有)

세계의 일체성을 규정 짓는 이 네가지 요소의 발현은 인류의 미래를 결정하는 시금석으로서 무한한 동력의 원천이 될 것이며, 궁극적으로는 일체성 세계관 확립의 필수적 전거가 될 것이다.

　동서 간의 문명관계사에서 전환기를 맞은 오늘날 지난 시기의 담론을 복기해보면, 이러한 일체성에 관한 논의도 있었지만 그보다 훨씬 많았던 것은 동서 문명의 상이점에 관한 논란이었다. 그것도 신통한 해답이나 정립은 없이 갑론을박 수준에 머물렀다. 그것은 사실 서로의 격폐 속에서 접근이 어려워서였다. 13세기에 마르코 폴로(Marco Polo)는 동방에 와 직접 본 여러가지 문명적 업적들을 『동방견문록』(*Il Milone*)에 소개했다. 서양인들은 당대는 물론 이후 수세기 동안 그 내용을 믿지 않았다. 폴로가 임종을 앞두었을 때 친구들이 그의 영혼의 평화를 위해 이 견문록에 수록된 '거짓말'들을 회개하라고 간곡히 권유했다. 그러자 그는 긴 한숨을 내쉬며 회개는커녕 그가 본 동양의 놀라운 일들을 절반도 기술하지 못했다고 아쉬운 표정을 지으면서 눈을 감았다고 한다. 한편, 근세의 시대정신을 파악했다고 자부한 철학자 헤겔(G. W. F. Hegel)조차도 "중국이란 나라가 존재한다는 것 외에는 중국에 대해 아무것도 이해하지 못했다"라고 솔직하게 고백했으니, 근세 이전 동서 간에 존재한 격색성이 얼마나 심했는가를 짐작하고도 남음이 있다.

　종래 많은 학자들, 특히 문명사가들은 비교론적 관점에서 동서 문명의 발생, 발전과 상호 영향관계를 여러모로 논해왔다. 논의의 초점은 동서 문명의 상이점 발생 원인과 존속 및 전망에 대한 평가에 맞춰졌는데, 많은 시각적 차이와 함께 미흡함을 그대로 드러냈다. 흔히들 가치관의 차이를 비롯한 동서 문명의 상이성 발생 기점을 동서 전통 문명의 정초기(동양은 중국의 춘추전국시대, 서양은 고대 그리스시대)로 설정한다. 그러면서 이러한 기점과 이후 전개 과정의 자연환경적·역사적 배경과 연원을 막연하게 동양은 '대륙문명', 서양은 '해양문명'으로 귀착시킨다. 그러나 이러한 대륙문명과 해양문명의 연혁적 실체가 궁극적으로 무엇인가 하는 것은 제대로 밝혀내지 못하고 있다. 또한 상이점의 존속이나 전망에 대한 평가에서 절대시(絶對視)와 상대시(相對視)하는 상반된 견해를 보이고 있다. 이른바 '서구문명중심주의'에 입각한 절대시는 동서 문명 간의 상이점을 고정불변의 '숙명'으로 낙인찍고 '선진' 서양 대 '후진' 동양의 우열주의를 표방한다. 이에 반해 역사와 문명 발전의 상대주의 원리에 입각한 상대시는 이러한 상이성을 역사 속의 부단한 부침 현상으로 인식하고 교류와 선의의 경쟁을 통한 격차의 축소와 소멸 내지 추월까지를 추구한다.

그렇다면 이러한 동서 간의 상이성은 왜 생겼을까? 그 연원은 어디에 있는가? 물론 거기에는 자연환경적 연원과 고고학적 연원, 사회경제적 연원 등과 함께 가치관적 연원이 있다. 이 가운데 가치관은 여타 연원의 개척이나 기능 및 활동에 대하여 심적 원천 역할을 하기 때문에 문명의 생성 전반에 가장 능동적인 영향을 미치게 된다. 따라서 문명의 연원 관련 담론에서 가치관적 연원은 가장 많이, 가장 중요하게 논의되는 주제이며 그만큼 논의도 분분하다. 이에 필자는 이른바 동서 문명의 우열주의를 논하는 이 「여는 글」에서 이에 관한 졸견을 피력해보고자 한다.

가치관이란 자연과 사회에 대한 인간의 주관적 요구를 만족시키는 가치를 중심으로 한 관점과 시각으로서, 여기에는 자연관·우주관·철학관·인생관·도덕관 등 다양한 내용이 포함된다. 이러한 가치관은 본질적으로 인간의 심적 활동에 의해 규제되며, 주로 종교·예술·학문 등 문명 영역에서 표출된다. 그런데 인간의 심적 활동은 원천적으로 자연환경에 대한 이해와 대응에서 비롯되며, 이러한 이해나 대응과 함께 전승과 교육에 의해 전개된다. 따라서 상이한 자연환경은 상이한 심적 활동을 유발하고, 상이한 심적 활동은 또 상이한 가치관을 산생하며, 상이한 가치관은 궁극적으로 문명에서의 상차(相差)를 결과한다. 그래서 동서 간의 상이한 가치관은 동서 문명을 낳은 연원으로 작용하게 되는 것이다.

동서는 선사시대부터 고온다습과 한랭건조, 대륙과 대양이라는 상이한 자연환경에 대응하여 석기 형태에서의 정형과 무정형, 세석기(細石器)와 조석기(粗石器), 목축과 농경, 맥류(麥類)와 벼라는 거의 상치되는 생활문화와 사회경제 활동을 전개해왔다. 이러한 과정은 크게 육체적 활동과 심적(정신적) 활동으로 전개되었고, 이 두가지는 상보적 관계를 유지하면서 육체적 활동은 인간의 실천능력을 키우고, 심적 활동은 인간의 가치관을 정립했다.

외람되지만 여기부터는 가급적 학문 연구와 의식에서의 사대주의를 멀리하고 주체의식을 체화하기 위한 작은 시도로서 철학적 개념과 표현을 지금까지 주입되고 관용되어오던 서양의 개념과 표현이 아닌, 조금은 생경한 동양의 개념과 표현으로 바꿔 쓰려고 한다. 여러 모로 어색하고 어설픈 졸문이지만 독자 여러분은 필자의 의도와 얕은 지식을 널리 헤아리면서 일독하시기를 바라 마지않는다.

인간의 심적 활동을 동양의 개념으로는 정관(靜觀, 영어·프랑스어 contemplation, 독일어 Beschauung)이라고 하는데, 이는 실천적 태도를 버리고 내외의 대상을 조용히 심적 혹은 영적으로 관찰하는 활동을 말한다. 정관에는 지관(止觀)과 관조(觀照), 사유(思惟)의 세가지 유형이 있다. 지관(산스크리트어 amatha-vipa yana, 불교 용어로 定慧·寂照·明靜)이란 온갖 망념(妄念)을 버리고 맑은 지혜로 사물을 관찰하는 것으로, 종교적 명상과 활동이 이에 해당한다. 관조(영어 enjoyment, 프랑스어 jouissance, 독일어 Genuss, Betrachtung)란 대상에 대한 직감에 의해 구체적으로 관찰하는 것으로, 예술적(미적) 감상이 이에 속한다. 사유(영어 thinking, 프랑스어 pensée, 독일어 Denken)란 경험을 통해 얻은 감각과 표상을 마음속에서 구분, 결합하여 판단을 내리는 이성의 작용으로서, 학문이 그 전형적인 표현이다.

일반적으로 동양문명은 지관과 관조를 근간으로 이루어진 문명이고, 이에 비해 서양문명은 사유를 근간으로 이루어진 문명이다. 자고로 지관이 인도인들의 세계관이라면 중국인들의 세계관은 관조다. 그래서 인도문명은 종교성이 강하고 중국문명은 예술성이 뛰어난 특성을 지니게 되었다. 반면에 서양은 주로 사유를 중심으로 세계를 이해해왔기 때문에 다분히 학문적 경향을 띠고 있다.

이와 같이 동양문명이 지관적이고 관조적인 것에 비해 서양문명이 사유적일 수밖에 없었던 근본 원인은 바로 상이한 자연환경에 있다. 동양의 자연은 천부적으로 인간에게 혜택을 주고 생업에 용이한 생활조건을 제공함으로써 동양인은 자연과 갈등하거나 대립하기보다 자연에 순종하고 자연을 찬미하게 된다. 따라서 정적인 지관과 관조를 자연관과 철학관, 인생관으로 채택하게 마련이다. 그러나 어렵고 변화무쌍한 자연을 극복하기 위해 자연과 투쟁하고 대립하지 않으면 안 되었던 서양인에게는 이러한 온정적 가치관보다 의지적 사유가 필요했다. 지관적이고 관조적인 동양문명과 사유적인 서양문명의 특색은 각각 두 문명으로 하여금 절대성과 상대성의 성격을 지니게 했다. 절대적인 동양문명은 주관과 객관, 내용과 형식, 물질과 정신, 자연과 인간을 대립이나 분리가 아닌 융화로 보는 반면, 상대적인 서양 문명은 서로를 융화가 아닌 대립과 분리로 간주한다.

서양문명은 지중해라는 해양을 중심으로 생성되고 계속해서 해양을 통해 발달해왔다. 반면에 동양문명은 아시아대륙에서 생성되고 발달해왔다. 서양철학에서는 물이 우주의 중심 요소로 인식되나 동양철학에서는 흙이 중심 요소로 취급된다. 서양신학에서는 바다가 먼저 조성된 후에 육지가 파생되나 동양신학에서는 대륙이 먼저 나타나고 해양은 이후에 분리된다. 이러한 의미에서 서양문명은 해양문명, 동양문명은 대륙문명이라고 말하는 것이다. 서양은 항해 기술을 발달시켜 열린 세계로 끊임없이 진출했지만, 동양은 세계의 지붕 히말라야 산맥과 항해가 어려운 태평양, 인도양에 막혀 닫힌 세계 속에서 농경에만 집중해왔다. 이러한 열린 세계와 닫힌 세계라는 상반된 자연환경 속에서 동서는 실로 대조적인 문명을 창출하지 않을 수 없었다.

중국 전한시대의 유안(劉安)이 편찬한 『회남자(淮南子)』(총 21권) 천문편(天文篇)에 실린 중국 천지창조 신화를 보면 우주 다음에 생긴 것이 하늘과 땅이고, 인간에게 가장 가까운 물체는 땅이며, 천지만물의 움직임을 기술한 『주역(周易)』에서도 세계의 중심은 흙이라고 한다. 중국인들은 우주의 구성 요소를 토(土)·금(金)·목(木)·수(水)·화(火)의 다섯가지로 보는데, 그중 제일 중요한 것은 역시 흙[土]이다. 그러나 서양의 구약성서 창세기나 그리스신화 속의 천지창조 과정을 보면 천공(天空, 하늘)은 물에서 갈라져 생겼고, 천지를 창조한 신들은 모두 물 표면을 춤추고 다니며, 메소포타미아 사람들은 하늘과 땅을 물 위에 떠 있는 것으로 생각하고 그렇게 최초의 점토판 세계지도를 그렸다. 또한 그리스 자연철학의 시조 탈레스(Thales)는 물을 우주를 구성하는 기본 물질로 간주하고 다른 구성 물질인 흙, 공기, 불은 물에서 파생되었다고 믿었다.

문명은 본질적으로 인간과 자연, 인간과 인간의 상호작용에 의해 발생, 발달한다. 서양문명에서 인간과 자연의 관계는 인간의 우위와 지배를 인정하는 주아적(主我的)인 관계다. 이러한 관계는 근본적으로 자연에 대한 인간의 분리 개념에서 출발한다. 항해자들은 자연의 은혜에 매달리는 농경민과는 달리 자연에 대한 존경심이나 복종심을 버리고 오히려 자연을 개조, 지배하려고 하며, 자신의 정신능력을 과신한다. 이러한 주아사상은 모두 인간과 자연의 분리, 정신과 육체의 분리에서 비롯된 것이다.

서양문명의 중추를 이루는 그리스·로마 전통이나 유대교·기독교는 모두가 인간과 자연, 정신과 육체의 분리로부터 출발한다. 서양 종교에서는 자연을 창조한 신의 형상을 한 인간은 자연보다 우월하다. 따라서 자연으로부터 인간의 분리는 당연시된다. 소크라테스와 플라톤, 아리스토텔레스의 철학은 자연으로부터의 인간의 격리나 육체로부터의 정신의 소외를 전제로 하고 있다. 근대 철학자 데까르트의 "나는 생각한다, 고로 나는 존재한다"라는 명제는 육체에 대한 정신의 우위와 분리를 의미한다. 칸트의 '순수이성'이나 헤겔의 '절대이성'도 분명 이러한 철학사상의 맥락에서 비롯된 것이다. 이같은 분리로부터 신·자연·인간·정신·육체 같은 격리된 개체들이 얻어지기는 하지만, 이들 상호간의 연관성은 간과된다. 서양문명이 갖는 절대적·배타적·논리적·대립적·투쟁적·정복적 특징은 바로 이러한 분리와 개체를 중시하는 기본 개념에서 연유한 것이다.

광활무제한 해양 무대에 나가 자유분방하게 동분서주하는 서양과 달리 대륙에 남아 구태의연하게 농경에만 집중해온 동양에서는 자연을 중요시하고 새로운 도전에서의 승리의 희열 같은 것을 별로 맛보지 못했기 때문에 인간의 정신능력에 대한 신뢰와 찬미 같은 데는 애당초 인색하며, 따라서 육체로부터의 정신의 분리나 인간과 자연의 격리 현상은 상상할 수가 없다. 동양에서 인간 대 자연의 관계는 도(道)의 개념으로 파악되고, 인간 대 인간의 관계는 두 사람을 뜻하는 인(仁)의 개념으로 설명되며, 정신과 육체의 관계는 이(理)와 기(氣)의 원리를 통해 자연과 인간, 사회의 존재와 운동을 설명하는 성리학의 이론체계인 이기론(理氣論)으로 정리된다. 이러한 관계들에 공통되는 기본 개념은 조화(調和)다.

동양문명에 뿌리 깊이 잠재하는 조화의 개념은 음양론에서 가장 뚜렷하게 나타난다. 동양에서는 양지와 음지, 남과 여, 해와 달, 여름과 겨울, 능동과 수동, 창조와 파괴 등 모순되는 두가지 요소들 사이의 관계를 음양론으로 개괄하면서 조화적 또는 상보적 관계로 이해하나, 서양에서는 이를 분리와 대립의 관계로 풀이한다.

인간과 인간의 관계에 대한 동서양의 시각도 대조적이다. 기본적으로 동양에서는 인간관계를 조화의 개념으로 파악하나, 서양에서는 역시 분리의 개념으로 처리한다. 그래서 동양에서는 조화로운 인간관계가 중요시되지만, 서양에서는 개인의 창의력이 권장된다. 몰아적(沒我的)인 동양문명이 갖는 상대적·포괄적·관계적·직관적 특징은 바로 이러한 조화와 관계 중시의 기본 개념에서 연유된다.

또한 지관적이고 관조적인 동양문명과 사유적인 서양문명의 특색은 각각 두 문명으로 하여금 주체성과 객체성의 특성을 띠게 했다. 주체적인 동양문명은 외계의 자극이나 제약에 크게 관계없이 지관과 관조를 중심으로 창조된 문명으로서 언제나 구심적(求心的)인 문명이다. 이에 반해 객체적인 서양문명은 변화무쌍한 외계의 자극과 제약을 의식하고 그에 대응코자 사유를 중심으로 창조된 문명으로서 필히 원심적(遠心的)인 문명일 수밖에 없다. 심적 활동으로서 정관은 공히 같지만 동양문명은 구심적이고 내향적인 주체를 지향해 인간과 정신에 관한 문제를 다루는 데 반해, 서양문명은 원심적이고 외향적인 객체를 추구해 자연과 물질에 관한 문제를 중시한다. 그리하여 동양의 예술은 표현적인 데 비해 서양의 예술은 모사적(模寫的)이고, 동양의 학문이 실천적이라면 서양의 학문은 탐구적이다. 동양의 주체적 문명은 실재라든가 세계에 약동하는 생명을 안으로부터 파악하고 그 성격을 체현하려고 노력하지만, 서양의 객체적 문명은 그것을 밖으로부터 파악하고 그 성격을 적발하려고 시도한다.

동양문명이 주체적이고 구심적인 성격을 띠기 때문에 명상적이고 소극적·수동적이며 정체적(停滯的)인 문명으로 비치는 데 반해, 이와 대조적으로 서양문명은 객체적이고 원심적인 성격을 띠기 때문에 능동적이고 적극적이며 진취적인 문명으로 평가된다. 계율과 고행에 의한 자아의 내적 순화를 목적으로 하는 인도의 종교문화나 예속(禮俗)을 중시하는 중국의 정치적·도덕적 문화는 모두 왕도낙토(王道樂土, 나라를 잘 다스려 백성이 안정하고 즐거운 생활을 누리게 함)를 이상으로 한 정신문명이다. 그러나 종교적 문화마저 현실에 참여하는 서양문명은 공리(功利)를 추구하는 물질문명이며 기계문명이다.

동양문명의 주체성과 서양문명의 객체성은 학문의 발달과 성격에 역동적으로 작용한다. 주체적인 동양 학문은 주로 인간과 정신에 관한 문제를 연구 대상으로 하기 때문에 그 범위가 상대적으로 좁고 한정적이다. 그러나 객체적인 서양 학문은 인간과 정신을 포함한 자연과 물질세계가 연구 대상이기 때문에 취급 범위가 동양 학문에 비해 넓고 덜 한정적이다. 또한 동양 학문은 실천을 중시하는 반면에 서양 학문은 주관적 요구를 떠나서 자연을 대상으로 객관적 실재성을 탐구하는 데 주력함으로써 과학, 특히 자연과학이 발달했다. 동양 학문은 주로 직관에 의해 사물의 실상을 직접적으로 파악하는 데 비해, 서양 학문은 사유를 통한 인식에 의해 그것을 분석하고 체계적으로 알아내려고 한다. 여기서 말하는 직관(영어·프랑스어 intuition, 독일어 Anschauung)이란 분석·판단·추리 등 사유작용을 거치지 않고 대상을 직접적으로 파악하는 것이고, 인식(영어 knowledge, 프랑스어 connaissance, 독일어 Erkenntnis)은 사유작용을 거쳐 대상을 파악하는 것을 말한다.

그밖에 동양 학문은 주체성을 강조하기 때문에 다분히 종교적·예술적 요소들이 혼입되는 데 반해, 서양 학문은 객체성을 기조로 하기 때문에 될수록 이러한 요소들을 배제한다. 고대 인도철학은 경전의 해석에서 연유했고, 불교는 종교이지만 그 바탕에는 인도철학이 깔려 있으며, 중국철학은 천(天)과 그밖의 종교적 개념을 도입하여 정치와 사회, 도덕의 이론으로 발달했다. 그러나 고대 그리스철학은 종교와 무관하게 발달해오다가, 비록 중세에 서양철학이 한때 기독교와 혼융되기는 했으나 근세에 와서는 양자가 분리되었으며, 그밖의 학문 분야도 종교와는 양립하고 있다.

이상에서 보다시피 동서 문명은 가치관 측면에서 신통하게도 대조적인 관계를 이룬다. 이것은 동서가 그 나름대로 고유한 자연환경과 전통문명에 최선으로 적응한 필연적 결과다. 그리하여 서로 장단점을 가지는 동서 문명 사이에 우열을 가릴 수는 없다. 예컨대, 동서의 가치관을 결정하는 기본 개념의 하나인 융화와 분리 개념은 우열을 따질 수 없다. 전술한 동서 문명의 여러가지 특성에 따라 동양문명을 음의 문명으로, 서양문명을 양의 문명으로 정의할 수 있을 것이다. 그런데 음과 양은 우주에 존재하는 두개의 근본적인 힘 내지 작용으로서 상호 대비되는 모든 현상은 이 음양의 작용과 관련된다. 따라서 음과 양은 상보적인 관계로서 그 사이에 우열이나 주종(主從)은 있을 수가 없다.

동서 문명 간에 우열이나 주종 관계가 있을 수 없다는 것은 문명 본연의 경험적이며 희망적인 논리다. 여기서 경험적 논리라는 것은 인류의 유장한 문명사에서 인간은 일찍이 이러한 우열이나 주종 관계는 경험하지 못했거나 도외시해왔으며, 희망적 논리라는 것은 미래지향적으로 있어서는 안 되는 현상이라는 뜻이다. 그럼에도 불구하고 이러한 우월론이 한 시대를 풍미하고 오늘날까지 그 잔영이 녹록찮게 남아 있는 원인은 무엇일까? 그 원인은 서양 과학기술의 선진성에 있다. 문제는 그 선진성은 어디서 왔는가 하는 것이다. 자타가 공인하다시피 14세기 르네상스 이전의 유럽은 그 과학기술 수준이 결코 당대의 동양보다 나은 것이 없었다. 동양은 고사하고 아프리카에 대해서도 자랑할 만한 점이 별로 없었다. 그렇던 유럽의 과학이 코페르니쿠스에서 케플러와 갈릴레이를 거쳐 뉴턴에 이르는 동안 엄청난 변화를 일으켰다. 특히 16세기부터 일어난 과학혁명은 유럽 과학기술에 일대 전환을 가져왔으며, 이로써 유럽 사회의 확고한 '선진화'의 기틀을 마련하게 되었다.

그렇다면 왜 유독 유럽에서만 중세에 이르러 과학혁명이 일어날 수 있었는가? 그것은 우선 그리스시대로부터 논리적 사고를 중시하는 지적 풍토가 있었기 때문이다. 그리스인들의 논리적 사고방식은 후세 유럽의 과학 발달에 중요한 지적 문명유산이 되었다. 예컨대, 유클리드는 인간의 생활 주변에서는 찾을 수 없는 이상(理想) 상태의 직선과 원, 삼각형 등을 연구 대상으로 삼고 순수한 논리적 사고만을 적용하여 기하학을 만들어냈다.

물론 이러한 지적 풍토가 있었다고 해서 언젠가 자동적으로 과학혁명이 일어나는 것은 아니다. 사실 중세 초 유럽이 '암흑시대'로 빠짐으로써 이러한 지적 풍토는 한때 감춰져버렸다. 그런데 다행히도 인접한 아랍-이슬람세계에서 그 풍토를 고스란히 받아들여 '저장, 보관'했을 뿐 아니라 어떤 면에서는 진일보 발전시켰다. 그것을 포착한 유럽은 12세기 '암흑'의 터널을 빠져나와 르네상스시대를 맞으면서 잠시 망각했던 선대의 논리적 사고방식을 복원, 발전시키는 과정에서 새로운 '실험정신'을 터득했다. 17세기 후반기에 들어와 크게 발달한 이러한 실험정신과 전승된 그리스의 논리적 사고방식이 결합한 결과 미증유의 과학혁명을 일으킴으로써 동양문명을 비롯한 세계의 여타 문명들에 앞선 과학기술문명을 창출할 수가 있었던 것이다.

그런데 유럽 과학기술문명의 선진성은 유럽 특유의 지적 풍토와 이를 계승한 실험정신에 의해 중세 르네상스시대에 일시 역사의 기선을 잡고 그 지평선 위에 부상한 현상이기는 하지만, 역사의 긴 안목에서 보면 동양문명을 비롯한 여타 문명들과는 일시적 선후의 상대적 대조관계이지 결코 절대적 우열관계는 아니다. 그럼에도 불구하고 다음의 몇가지 사례에서 보듯 이러한 상대적 대조관계를 절대적 우열관계로 착각하거나 고집하는 현상이 동서 어디에서나 이따금 돌출해 문명사 인식에 혼란을 불러오곤 한다.

우선, 많이 회자되는 오리엔탈리즘을 들 수 있다. 팔레스타인 출신의 문학평론가 사이드(E. Said, 1935~2003)는 저서 『오리엔탈리즘』(*Orientalism*)에서 소위 아시아문명의 '후진성'을 전제로 한 서구의 우월론과 침략론을 신랄하게 비판했다. 원래 오리엔탈리즘이란 개념은 근세 유럽에서 가까운 동방 지역인 아랍-이슬람세계에 관한 학문적 연구를 시작하면서 생겨났다. 아랍어로 아랍-이슬람세계의 학문을 '일름 샤르끄'(I'lem al-Sharq, 동방학)라고 하며, 그 연구자들을 '무슈타슈리끄'(al-Mushtashrique, 동방학 연구자)라고 지칭한다. 이렇게 당초 오리엔탈리즘은 서구의 우월론이나 서구문명중심주의를 내포한 개념이 아니라 순전히 서구인들의 아랍-이슬람세계에 관한 학문 연구에서 비롯된 용어였다.

그러나 현대에 와서 단순히 동방에 관한 학문적 연구 개념을 벗어나서 동방에 대한 서방의 우월주의적 인식이나 동방의 '후진성'에 대한 포괄적인 개념으로 그 뜻이 변질되었다. 이러한 민낯이 밝혀진 계기가 바로 사이드의 저서 출간이다. 그는 오리엔탈리즘에 관해 "동양을 지배하고 재구성하며 위압하기 위한 서양의 제도 및 스타일"(18면)이라고 정의했다. 이것은 동방에 대한 서방의 우월론적·식민주의적·지배주의적 인식이나 사고를 의미한다. 그러면서 그 폐해에 관해 서구의 식민지 지배를 합리화하는 수단일 뿐 아니라 그것을 재생산하고 정당화하는 이론적 근거로 악용되었다고 비판했다.

다음으로, 동방에서 일본이 주장한 탈아입구론(脫亞入毆論, 아시아를 벗어나 유럽에 들어가다)이 바로 서구의 '후진 동양론'의 판박이다. 근대 일본 최고의 계몽사상가라고 하는 후꾸자와 유끼찌(福澤諭吉)는 1884년 그가 성원한 김옥균(金玉均) 등 조선 개혁파의 갑신정변이 실패하자 1885년『지지신보오(時事新報)』에「탈아론(脫亞論)」이라는 글을 발표한다. 그 요지는 다음과 같다.

'일본은 조선과 중국의 개명(開明)을 기다려 함께 아시아를 흥하게 할 이유가 없다. 일본은 그들과 결별하고 서양의 문명국들과 진퇴를 같이해야 한다. 나쁜 친구를 사귀면 함께 오명(汚名)을 피할 수 없다. 우리는 아시아의 나쁜 친구를 사절해야 한다. 남루한 형색의 친지를 멀리하듯, 조선과 중국을 상대하지 말고 오로지 서양의 사상과 문명을 받아들여 일본을 근대화해야 한다. 청일전쟁은 문명(일본)과 야만(중국)의 전쟁이다……'

이 몇마디만 읽어봐도 일본이 추구한 탈아입구론의 실체가 무엇인가 하는 것은 구태여 사족을 달 필요 없이 명약관화하다.

이로부터 한세기 남짓 지나서 미국의 하바드대학 교수이자 전략문제연구소장 헌팅턴(S. P. Huntington)은 저서『문명의 충돌과 세계질서의 재편』(The Clash of Civilizations and the Remaking of World Order)에서 이른바 '일본문명권론'을 제기한다. 그 변인즉 일본은 '일본문명의 유일한 국가이자 핵심 국가'로서 '일본의 특이한 문화를 공유하는 국가는 전혀 없다'는 것이다. 이렇게 헌팅턴은 일본문명의 '특수성'을 내세워 기상천외하게도 일본문명을 하나의 독자적 문명권(제8문명권)으로 설정한다. 기상천외하다고 하는 것은 지금까지 숱한 내로라하는 문명사가들도 일본을 하나의 문명권, 그것도 '비아(非亞)'의 문명권으로 설정한 전례가 없기 때문이다. 역사가도 아니고 문명사가도 아닌, 오로지 미국의 안보만을 챙기는 전략 연구자로서 주제넘는 어불성설이 아닐 수 없다. 따지고 보면 그 주장의 본질은 일본이 시종 추구해온 탈아입구론의 재탕에 불과하며 철두철미 '아시아분열론'일 따름이다.

제1부

비크족의
잃어버린 위용을 되찾다

———

덴마크

01

행운의 해후

여행이란 설렘의 연속이다. 번번이 새로운 만남이 있기 때문이다. 제아무리 여행에 이골이 난 사람도 그 설렘이란 매번 더하면 더했지 덜한 법이 없다. 어쩌면 이것이 여행의 묘미이고 매력이기에 주책없이 오늘도 팔질(八耋, 여든살)이 넘은 노구를 던져 유럽일주라는 장도에 감히 나서게 된다. 특히 이번 길은 평생 숙원이던 종횡 세계일주의 대미를 장식하는 장도이기에 그 의미가 각별하다. 게다가 이역만리 낯선 곳에서 말로만 듣던 외손녀를 만나 여행 안내를 받는 행운이 찾아왔으니 그 설렘은 더할 수밖에 없다.

일정은 인천을 출발해 런던을 경유, 북유럽의 덴마크에서 시작해 시곗바늘 방향으로 동유럽과 중유럽, 서유럽의 15개 나라들을 두루 돌아보고 종착지인 런던에서 귀국길에 오르는 총 48일간의 녹록잖은 일정이다. 남유럽은 몇년 전 라틴아메리카와 아프리카를 답사할 때

들른 지역으로서 이번 답사에서는 거르기로 했다. 일행은 투어블럭 강상훈 대표와 집사람, 모두 셋이다. 북유럽 답사는 외손녀의 안내를 받도록 약속되었기 때문에 강대표와는 폴란드 바르샤바에서 만나 답사를 이어가기로 했다.

집을 두달쯤 비워야 하니 이것저것 챙길 일이 적잖다. 꼭두새벽에 일어나 서둘렀지만 통 시답지 않다. 대충 거둬놓고 인천국제공항을 향하는 리무진에 몸을 실었다. 하늘가에 구름 한점 없는 쾌청한 날씨다. 리무진은 붐비는 거리와 새싹의 파릇함이 짙어가는 초여름의 들판을 신나게 달린다. 공항에는 강대표와 연구소 오인영 총무가 배웅 나와 있었다. 이제 여행에는 성수기와 비수기가 따로 없는 듯 공항은 여행객들로 발 디딜 틈이 없다.

2017년 5월 19일 금요일 오후 13시 38분, 일행이 탑승한 런던행 대한항공 907편(좌석 34C)은 굉음을 내며 활주로를 벗어난다. 인천에서 런던까지는 약 96,000km의 거리다. 이륙하자마자 기수는 서북쪽으로 방향을 튼다. 기내 비행지도를 보니 직항기는 울란바토르와 타슈켄트, 헬싱키, 암스테르담 상공을 지나 런던에 이른다. 정상 고도는 약 11,500km, 속도는 800~900km 사이를 유지한다. 자정을 넘어 서울 시간으로 1시 17분 불야성을 이룬 런던공항에 안착했으니 총 11시간 39분을 비행한 셈이다.

4호 터미널에서 곧바로 환승버스를 갈아타고 10분쯤 걸려 2호 터미널로 옮겼다. 밖에는 초여름 가랑비가 활주로를 촉촉이 적시고 있다. 우선 환승표를 확인하고 게이트 지정을 기다려야 했다. 예정 시간보다 15분 늦게, 출발을 5분 앞두고서야 안내판에 '게이트 A26'이란 표시가 뜬다. 승객들은 일시에 그쪽으로 모여들었지만 웬일인지 서

두르지 않고 유유히 탑승한다. 알고 보니 이 시간의 탑승객 대부분은 런던을 제집 드나들듯 하는 출장원들이라서 그렇게 느긋하다고 한다. 스칸디나비아항공 1508편(좌석 22A) 여객기 입구에선 머리에 서리가 내기기 시작한 노련한 승무원이 탑승객을 맞이한다. 그 순간 저가항공임을 실감할 수 있었다. 200여명의 탑승객들로 만원을 이룬 기내에 승무원이라곤 이 한 사람뿐이다. 애당초 서비스란 기대할 수가 없었다. 음식은 일절 없고 약간의 음료도 카드로 계산한다. 좌석은 틈새없이 촘촘하고, 기내 공기도 이만저만 탁하지 않다. 마치 시외버스를 타고 출퇴근하는 직장인들처럼 이곳 사람들에게는 이것이 일찌감치 일상이 되어버린 성싶다. 런던 시간으로 밤 9시 정각에 이륙한 비행기는 10시 30분에 덴마크 수도 코펜하겐(쾨벤하운·København) 카스트루프 국제공항 활주로에 사뿐히 내려앉는다.

공항에는 둘째 누님 정인순(鄭仁順)의 외손녀인 송미혜(宋美慧, 당년 33세)와 그의 훤칠한 스웨덴인 남편 에리크가 마중을 나왔다. 미혜가 출국장 멀찌감치에서 "다주라오예(大舅老爺)!"라고 외치며 한달음에 뛰어와 울먹이면서 품에 안긴다. 중국어로 '다주라오예'는 '큰외삼촌 어른'이란 뜻이다. 이 호칭은 미혜가 어릴 적 어머니, 즉 필자의 외조카가 필자에 대해 자주 쓰던 것으로 지금껏 잊히지 않아 그대로 따라 썼다고 한다. 족보로 따지면 미혜와는 방계 친족이지만 무어라고 불러도 정겹고 기특해서 그대로 받아들이기로 했다. 누님은 일찍이 남편을 여의고 중국 동북 지린(吉林)에서 미혜의 어머니인 맏딸과 함께 살면서 미혜를 키웠다. 무남독녀 외딸로 귀엽게 자란 미혜는 남달리 총명하고 공부도 잘하며 품행도 좋아 고급중학교 졸업시 국가장학생에 선발되어 스웨덴에 유학을 와 회계학을 공부했다. 사실은 스웨덴 정부가 중국 시장의 전망을 보고 학비 일체를 부담하면서 중국 학생들을 유치한 것이다. 가히 선진국다운 선견지명이다.

미혜는 스웨덴에서 졸업하자마자 곧바로 유수의 해운회사에 취직이 되어 얼마간 일하다가 이곳 코펜하겐에 있는 본사로 발령을 받아 12년째 재직 중이다. 지금은 회사의 중견간부로 승진하고 해외 출장도 잦은 편이라고 한다. 정기 어린 눈매에 명석한 두뇌, 활달한 성격, 바른 예의, 넘치는 친화력, 게다가 현지 언어와 생활에 익숙할 대로 익숙한, 어느 모로 보나 사랑스럽고 의젓한 인기 만점의 젊은 공직자다. 혈통의 퍼즐로 말하면 3대 방계 친족인 그녀가 여기 유라시아대륙의 북단, '해적'으로 알려진 바이킹족들 사이에 끼어 온갖 재능을 마음껏 펼치면서 산다는 것이 실로 기특하기도 하고 신기하기도 하다.

미혜가 세 들어 사는 집은 공항에서 약 1시간 거리의 시내 중심에 자리하고 있었다. 밤늦게 도착했지만 자정이 훨씬 넘어서까지 피곤도 잊은 채 이야기꽃을 피웠다. 이야기가 한창일 때 미혜가 두툼한 봉투 하나를 들고나왔다. 미혜의 외할머니, 즉 필자의 누님이 맏딸인 미혜 어머니에게 보관을 부탁하고, 또 미혜 어머니가 외동딸인 미혜에게 넘겨준 그 봉투 안에는 누님 일가와 관련된 여러가지 해묵은 문서와 편지, 사진이 빼곡히 들어 있었다. 누님이 15년 전 운명하면서 언젠가 필자를 만나면 꼭 전해달라고 부탁했다고 한다. 놀랍게도 그 속에는 20여년 전인 1997년 7월 17일 필자에게 보낸 누님의 빛바랜 편지 한 통이 들어 있었다. 그 편지에서 누님은 대한민국 김영삼 대통령에게 동생의 면회를 바라는 요청서를 보냈다는 사실을 알리고 있었다. 그러나 그 면회 요청은 거부당하고 말았다. 그 순간 가슴이 뭉클하고 눈앞이 아찔해진다. 젊은 시절 주고받던 편지에서 익숙하던 누님의 활

누님의 면회 청원서에 대한 대한민국 법무부의 회신 봉투(1997.8.21.)

달한 필체가 한눈에 안겨왔다. 구겨지고 보풀이 인 얄따란 편지지에 잉크가 피어 엉겨붙고 게다가 서투른 중국식 한글체라서 몇군데는 해독이 안 되지만, 문맥을 파악하는 데는 별 문제가 없었다.

때는 바로 필자가 국가보안법 위반 혐의로 서울구치소에 수감되어 1심에서 사형선고를 받았을 무렵이다. 이 배경만으로도 독자들은 누님의 편지 개략을 짐작할 수 있을 것이다. 청와대 민정비서관실에 '친척방문을 위한 입국허용 요망'이란 이름으로 접수된 그 민원 편지의 요지는 누님으로서 죽기 전에 동생을 꼭 한번 만나게 해달라는 애끊는 절규였다. 편지를 접수한 지 한달이 조금 지난 1997년 8월 21일자로 한국 법무부는 장관 명의로 회신을 보내왔다. 회신은 중국인의 한국 방문에 관한 공식 절차를 소개한 다음 "친인척 방문 허용범위를 국내 거주 배우자, 6촌 이내 혈족 또는 4촌 이내 인척의 초청을 받은 55세 이상의 자로 규정"한다는 방문 제한 내용을 알려주고 있었다. 한국에 아무런 연고가 없는 우리 가족 누구에게도 방한의 문은 잠겨 있었다. 실망의 늪이 얼마나 깊었을까! 살아만 있으면 '산 사람은 만나게 된다'라는 출처 불명의 속담을 누님은 신념인 양 눈 감는 순간까지 되뇌었다고 한다.

돌이켜보면 우리 형제 6남매 중 둘째 누님은 어려서부터 효녀로, 성격이 활달하고 형제애가 남다르며 담력도 이만저만이 아니었다. 열여섯살에 집을 나선 가문의 맏아들, 이 불초의 동생을 대신해 평생 누님은 청상과부의 고단한 삶을 살아가면서도 드물게 출가외인이 아닌 '출가내인(出家內人)'으로 친정의 일을 도맡아 돌보고 이끌었다. 동생에 대한 무한한 사랑과 담력이 없었던들 일국의 대통령에게 사사로운 민원을 감히 전달할 수 있었겠는가! 그러한 누님과의 생애 마지막 작별은 54년 전 4월 지린역에서 젖먹이 미혜 어머니를 등에 업은 채 매형과 함께 필자의 환국(還國)의 앞길을 축복하며 시야에서 사라질 때까지 높이높이 저어주던 따뜻한 손짓이었다.

환국 후 몇년 지나서부터는 사정으로 인해 누님을 비롯한 가족들과 일체 음신(音信)을 주고받을 수가 없었다. 격조한 지 30여년, 그렇게 세월이 흘러가던 어느날 누님의 이웃이 친척 방문차 서울에 왔다가 우연히 어느 일간지에서 영어(囹圄)의 신세가 된 필자 관련 기사를 발견했다. 미심쩍어하던 끝에 그 기사를 잘라 가져가서 누님과 확인했다고 한다.

시간상으로 반세기를 훌쩍 넘긴 이 시점과 공간상으로 수만리 아득한 이 지점의 교차점에서 가까운 고인(故人)과 있었던 만남과 오감을 편지와 사진으로 재현하는 것은 뜻깊은 행운의 해후다. 마찬가지로, 불러일으키는 감흥 면에서는 좀 못하지만 우연히 이역만리에서 조카손녀를 면대면으로 만나는 것도 행운의 해후임에는 틀림없다. 오

노르웨이 송네피오르 휴게소에서 외손녀 미혜와 필자(2017.5.25.)

늘 밤 미혜와 할아버지는 이 두가지 해후를 한꺼번에 만끽하게 되었
으니 행운 중의 행운이 아닐 수 없다. 더욱이 미혜와의 해후는 그 값
어치를 배로 높였다.

　해후는 그 형식이야 어떻든 간에 사람에게 잊었거나 희미해진 추
억을 되살려준다. 사랑하는 가족 간의 해후는 더더욱 그러하다. 누님
이 고이 간직했다가 보내준 빛바랜 두장의 사진은 필자에게 가슴에
손을 얹게 했다. 누님과 두 동생이 어머님의 환갑연에서 어머님께 정
성스레 축하주를 올리는 장면이다. 보는 순간 갑자기 쇠망치로 뒤통
수를 얻어맞은 듯 멍멍하고 아찔하다. 여든 평생 나에게는 이러한 정
겨운 순간이 한번도 없었으니, 인생을 너무나 허무하게 살아온 탓일
까. 인생을 같이해온 할머님과 부모님, 여섯 형제, 조강지처, 세 자식,

10여명의 조카들…… 그동안 그들에게 숱한 크고 작은 경조사가 있었지만 얼굴 한번 내민 적이 없으니 자괴지심(自愧之心)이요 만시지탄이다. 그저 이 시대의 부름에 순응할 수밖에 없는 기박한 운명을 탓하며 일말의 푸념으로 삭여버리는 것이 오히려 마음 편하다.

미혜는 출장도 뒤로 미루고 2주간의 특별휴가를 얻어 이 할아버지의 북유럽 4개국 답사를 안내하겠다고 자진해 나섰다. 실로 고마웠다. 이제는 덴마크어와 스웨덴어, 영어는 물론이거니와 일상에도 익숙해 모든 것을 막힘없이 척척 처리한다. 구지욕(求知欲)이 강한 그녀는 동행 내내 조상의 뼈가 묻혀 있는 고국, 한국에 관해 많은 것을 알고 싶어했다. 그런가 하면 이 할아버지는 할아버지대로 그의 생생한 실담(實談)을 통해 자랑 많은 이곳 북유럽의 실상, 그 민낯을 제대로 파보고 싶었다. 이렇게 우리 둘 사이에 은연중 호혜관계가 이루어지다보니 대화는 끝을 모르고 시간에는 지루할 틈을 주지 않았다.

미혜의 조언을 받아가면서 북유럽 4개국 답사의 얼개를 대충 짜놓고 잠자리에 들었다. 누웠지만 잠이 오는 대신 편지와 사진으로 이루어진 누님과의 반세기 만의 해후가 파노라마처럼 꼬리에 꼬리를 물고 희읍스름한 안개 속을 유유히 스쳐지나간다. 그제야 참았던 눈시울이 촉촉해진다. 엎치락뒤치락, 잠은 저만치 쫓겨갔다. 어느새 먼동이 휘영휘영 트기 시작한다. 잠깐 눈을 붙였다가 일어났다. 덴마크에서의 첫날 밤을 이렇게 보냈다.

02
문화복지의 시혜장인 박물관

간밤에 느닷없이 찾아온 해후로 스산해진 마음을 추스르기 위해 일부러 일찌감치 자리를 박차고 일어나 집 주위를 한바퀴 산책했다. 초하의 신록과 마주하니 심신이 짐짓 상쾌해진다. 놀란 것은 출근하는 자전거의 행렬이다. 배기가스를 방지하기 위해 자전거 타기를 장려하는데, 공무원들이 앞장선다고 한다. 미혜도 30분 거리에 있는 회사에 자전거로 출퇴근한다. 선진국다운 모습이다.

덴마크는 면적(42,933km²)으로 보나 인구(2021년 기준 약 585만명)로 보나 북유럽 나라치고는 소국에 속하는데, 지명은 지형과 지정학적 특색을 잘 살려 지었다. 가령 덴마크라는 국명에서 '덴'(den)은 고대 독일어로 백사장이나 삼림을, '마크'(mark)는 국가나 토지를 뜻하여 덴마크는 북해 연안의 아름다운 '백사장의 나라'란 어원을 갖는다. 그런가 하면 수도 코펜하겐은 '상인'(kopen)과 '항구'(hagen)의 합성어

덴마크 국립미술관 외관

로 '상인들의 항구'란 뜻이다. 인구 79만여명(2021)의 코펜하겐은 자유무역항이며 세계적 교통 요지다. 유럽에서 왕족 통치가 가장 오래된 마르그레테 2세(Margrethe II, 재위 1972.1.4~) 여왕 가문이 대대로 이 도시에 거주했다고 하여 일명 '여왕의 도시'라고도 부르며, 풍부한 예술적·문화적 가치를 보전하고 있다는 이유로 1966년에는 '유럽 문화의 도시'라는 평가를 받았다. 12세기 중엽 발데마르왕국을 세울 때 슬라브인들의 침입을 막기 위해 셸란(Sjælland)섬에 구축한 성과 요새가 코펜하겐의 기원이니, 그 역사는 자그마치 860여년을 거슬러 올라간다. 이 유서 깊은 고도를 둘러본다는 것은 남다른 감흥을 자아낸다.

첫날(5월 20일 토) 일정은 인근에 있는 덴마크 국립미술관 참관으로 시작했다. 아늑한 호숫가의 현대식 3층 건물이다. 1층은 수시로 열리는 특별전시장이고, 2, 3층은 상설전시장으로 덴마크와 북유럽 나라

크리스토페르 에케르스베르의 「나탄손 가족」(1818)

들, 그리고 프랑스와 이탈리아를 비롯한 유럽 여러 나라의 19~20세
기 근대 명화들이 전시되어 있다. 로꼬꼬풍을 비롯한 여러 화풍의 유
화들이 뒤섞여 있다.

풍경화 「스카겐 해변의 여름 저녁」으로 유명한 덴마크 자연주의
화풍과 초상화의 대가 페데르 세베린 크뢰위에르(Peder Severin Krøyer,
1851~1909)의 작품을 만날 것이라는 기대를 가지고 미술관을 찾아갔
으나 만나지 못했다. 해설사에게 문의하니 그의 작품은 모두가 그가
창시한 덴마크 스카겐화파의 본향 스카겐 마을의 미술관에 소장되어
있다고 한다. 그 마을은 여기서 얼마쯤 떨어진 윌란반도(Jylland Halvø,
독일어로 유틀란트반도Jütland Halbinsel) 끝자락에 자리하고 있어 일정상
갈 수 없는 것이 아쉬웠다. 그 대신 미술관에서 덴마크의 또다른 유명
화가 크리스토페르 에케르스베르(Christoffer W. Eckersberg, 1783~1853)의

1672년이라는 건축 연도가 뚜렷한 로센보르 궁전의 정문

명화 「나탄손 가족」 등 여러 나라의 명화들을 감상했다. 화폭마다 상세한 영어 해설문이 첨부되어 있어 근대 유럽미술의 추이를 이해하는 데 큰 도움이 되었다.

여기서 15분 걸어서 도착한 곳은 349년 전에 지어진 로센보르 궁전(Rosenborg Slot)이다. 고색창연한 4층짜리 붉은 벽돌 건물로 아담하다. 돌을 깐 나선형 계단을 따라 올라가자 층마다 다채로운 모자이크로 장식한 방들로 꾸며져 있다. 어느 장식물 하나 값진 보석이 아닌 것이 없다. 특히 지하층 왕관실에는 화려함이 극치에 달한 실물 금관이 10여 구나 소장되어 있어 관람객들의 눈길을 사로잡는다. 삼엄한 경호병의 밀착 감시는 일보의 멈춤도 허용하지 않는다. 성은 해자로 둘러싸여 있고 그 앞에 정갈한 정원이 펼쳐져 있다.

코펜하겐에는 이 궁전 말고도 두 채의 궁전이 더 있다. 하나는 현 국

로센보르 궁전의 천장과 응접실,
화려한 금관

왕 마르그레테 2세의 집무실과 거처가 있는 아말린보르(Amalienborg)
다. 이 궁전은 시 중심의 자그마한 광장을 사이에 두고 프레데리크 교
회(Frederiks Kirke)와 마주한 4~5층 높이의 멋스러운 로꼬꼬 양식의 건
물 네채로 구성되어 있다. 그 가운데 두채는 여왕 부부의 거처이고 한
채는 집무실이며 나머지 한채는 공개된 박물관이다. 궁전은 흔히 보
는 위엄스러운 대문이나 성벽, 경호병이 없이 보통 거리의 광장과 붙
어 있다. 이 나라 왕실의 소박함과 친근함을 보여준다.

다른 한채의 궁전은 도심 한가운데에 자리한 작은 섬 슬로트스홀멘
(Slotsholmen)에 있는 크리스티안스보르 궁전(Christiansborg Slot)인데, 가
운데에 높은 탑이 솟아 있는 소박한 좌우대칭의 건물이다. 1167년에
지어진 이 궁전은 한때 왕실의 거처로 쓰이다가 1928년에 지금의 모
습으로 개축된 후 줄곧 국회의사당과 대법원, 총리 관저 등으로 사용
되고 있다. 이렇게 입법부와 사법부, 행정부가 한 건물 안에 모여 있는
것은 세계 어느 나라에서도 찾아볼 수 없는 덴마크만의 독특한 모습
이다. 이 나라의 평등과 민주주의, 화해의 상징으로 봐야 할 것이다.

로센보르 궁전을 나서서 택시로 15분쯤 가니 국립박물관이 나타났
다. 간판도 없는 ㄷ자형 3층 건물이다. 토요일이라 오후 4시에 문을 닫
는다고 해서 '말 타고 꽃구경하듯' 서둘러 3개 층을 휙 둘러봤다. 사
실 덴마크를 비롯한 북유럽 나라들을 소개하는 서적이나 안내서에는
이상하리만치 선사시대와 고대에 관한 기록이 별로 없다. 덴마크의
경우 역사 이야기는 뒤늦게 기원후 바이킹시대부터 나오기 시작한다.
과연 그것이 사실일까 하는 의문을 품고 이 박물관을 찾았다. 결과적
으로 의문은 한낮 기우에 불과했다. 사실대로 밝혀지지 않아서 그렇
지, 선사시대의 유골과 토기, 석기, 암각화와 뒤를 이은 청동기시대

덴마크 국립박물관 전경

유물들이 상당히 전시되어 있다. 다만 유물의 양이 얼마 되지 않고 편
년도 제대로 밝히지 않은 등 미흡한 점이 한눈에 들어온다. 관람객 수
도 앞의 국립미술관이나 로센보르 궁전에 비하면 어림없다. 어쩌면
이것은 현실의 복지에만 집착하고 지나간 역사엔 무관심한 덴마크인
들의 편식 때문이 아니겠는가 하는 의문도 가져본다.

　한가지 특기할 것은 1층에 전시된 토기 단지 표면에 그려진 빗살무
늬가 서울 암사동에서 출토된 신석기시대 빗살무늬토기와 형태와 무
늬가 상당히 유사하다는 점이다. 한반도와 덴마크 사이 중간 지점에
자리한 핀란드의 소로에서 동류의 빗살무늬토기가 출토된 점을 감안
할 때 한반도와 덴마크 사이에 있었던 토기문화의 상관성을 추단해볼
수 있을 것이다. 만약 이 박물관에 소장된 토기 무늬가 빗살무늬로 실
증된다면, 빗살무늬토기대의 서단이 핀란드라는 지금까지의 통설은

덴마크 국립박물관에 전시된 빗살무
늬 단지와 검, 채색 암벽화

깨지고 그 대신 덴마크가 서단이라는 새로운 이론이 정립될 것이다.

3층으로 구성된 이 박물관의 1층은 고대사관이고 2, 3층은 중세사
와 근현세사 전시관으로 배정되어 있다. 그런데 전술한 바와 같이 이
나라의 고대상은 거의 베일에 가려 있기 때문에 고대사 유물이 전시
되어 있는 1층부터 찾았다. 16시에 문을 닫는다는 규정을 까마득하게
잊은 채 1층 유물에만 정신이 팔리는 통에 그만 2, 3층은 잊고 있었다.
폐관 종소리가 들려 그제야 "아차!"하고 실기(失機)를 반성하면서 서
둘러 박물관을 빠져나왔다. 결국 2, 3층은 밟아보지도 못한 채 소략한

안내책자에 의존해 2, 3층의 전시 유물과 덴마크의 역사 개황을 대충 이해할 수가 있었다.

　박물관 국기 게양대에는 빨간 바탕에 하얀 십자가가 그려진 이 나라 국기가 산들바람에 나부낀다. 기네스북에는 덴마크의 국기가 "가장 오래, 계속 사용된 국기"로 등재되어 있다. 이를테면 근 800년의 역사를 가진 덴마크 국기는 현존하는 세계 국기 가운데서 가장 오래된 국기라고 하며 '덴마크의 힘'이라는 뜻의 '다네보르'(Dannebrog)라는 이름으로 부른다. 길이 대 너비의 비율이 37:28인 이 장방형 깃발과 관련해서는 다음과 같은 전설이 전해진다. 즉, 1219년 6월 15일 덴마크를 세운 '북해 대제국'의 왕 발데마르 2세(Valdemar II, 일명 '승리의 왕')가 이끄는 제국군이 리나니세전투에서 에스토니아군에 고전하고 있을 때 갑자기 하늘에서 빨간 바탕에 하얀 십자가가 그려진 깃발이 날아 내려오면서 승리했다는 것이다. 여기까지가 전설이라면, 이후 이 전설에 신빙성을 더하기 위해 그 깃발은 바로 로마 황제가 참전한 십자군에게 수여한 것이며 급기야 그 신력(神力)에 의해 승전했다고 윤색되기에 이른다. 이 윤색에 감흥을 얻은 북유럽 여러 나라들이 앞을 다투어 다네보르를 본떠 자국의 국기들을 유사하게 만들어냈다고 한다. 덴마크는 해마다 6월 15일을 '국기의 날'로 경축하고 있다.

　이 국기 하나의 연혁에서 우리는 작지만 강했던 덴마크 역사의 유구함과 그 위력을 가히 짐작할 수 있다. 국립박물관에 전시된 적지만 알찬 유물들이 이를 실증한다. 기원전 1만년경부터 윌란반도에 수렵을 생계로 한 인간들이 살기 시작한 흔적이 보이고, 기원전 4200~3400년쯤에는 신석기시대에 진입해 땅을 개간하고 농사를 짓기 시작했으며, 기원전 400년을 전후해서 청동기시대를 맞았다. 원주민 종족은 북게르만계 노르만족의 한 분파인 데인(Dane)족인데, 일찍부터 항해에 능해 흔히 해적으로 오인되어온 바이킹(Viking)족이 그 주류다. 언어는 고유의 덴마크어가 공용어이며, 종교는 바이킹시대에는 다신교적 상태였으나 9세기경 기독교가 전래되어 신봉하다가, 1936년 복음주의 루터교가 국교로 지정되어 국민의 75.8%(2020)가 그 신자다.

덴마크는 8세기 바이킹의 본격적인 약탈적 해상활동과 9세기 기독교의 유입으로 북유럽의 맹주로서 역사무대에 등장한 이래 주변국들과의 이합집산을 거듭하면서 굴곡과 부침 많은 역사를 헤쳐왔다. 8~11세기는 북유럽에서 덴마크에 본거지를 둔 바이킹의 전성시대로, 793년에 처음으로 잉글랜드를 공격한 바이킹은 100년도 채 안 되어 871년에 런던을 점령하는 파죽지세 속에서 878년 영국과 강화조약을 체결하고 영토의 절반을 넘겨받기로 했으며, 영국 동북부에 이주민을 위한 '덴마크 구역' 신설을 허락받았다. 여기에 그치지 않고 덴마크는 1016년 대규모 병력을 파견해 영국 전체를 점령하고 노르웨이와 영국, 스코틀랜드 대부분과 스웨덴 남부를 아우르는 이른바 '북해 대제국'(1016~42)을 세웠다. 이 대제국시대에 일어난 가장 불행한 일은 14세기 중엽에 몰아닥친 흑사병으로 인구의 근 절반을 잃은 대참사였다.

덴마크는 15세기까지는 대체로 흥망을 거듭하면서도 북유럽 전역을 지배하는 대국으로서의 지위를 유지했다. 그러나 1523년 스웨덴이 독립해 나갔고, 1814년 나뽈레옹과의 전쟁에서 노르웨이를 잃음으로써 약화일로를 걷게 되었다. 1448년에 덴마크 통치를 시작한 올덴부르크(Oldenburg) 왕조는 이러한 약세를 막아보려고 1849년 절대왕정 폐지와 의회 신설을 핵심으로 한 자유헌법을 제정하면서 절대왕정에서 입헌군주제로 권력구조를 변경했다. 이어 1901년에는 내각책임제를 채택하고 1915년부터 여성들에게 참정권을 부여함으로써 근대적 의회민주주의를 이루었다.

1차대전 때는 중립을 유지했으나 2차대전 때는 중립정책을 선언했음에도 불구하고 이를 인정하지 않은 독일의 침략을 받았다. 2차대전 후 1949년에 중립정책을 포기하고 북대서양조약기구(NATO)에 가담했으며 1973년에는 유럽경제공동체(EEC)에 가입(유로화는 채택하지 않고 있음)하는 등 탈중립 친서방 정책을 추구하고 있다. 국토는 1864년 프로이센과 오스트리아에 패해 전체의 3분의 1을 잃은 이래 북해 연안의 윌란반도와 셸란섬 등 500여개 부속 도서, 그리고 그린란드(Greenland, 그뢴란Grønland)와 페로(Faeroe, 페뢰르네Færøerne)제도의 2개 자치령과 5개 주(region), 98개 도시로 구성되어 있다. 이 행정구역과 도시들은 모두 자치권을 행사하고 있다.

국립박물관을 나서면서 새삼스레 느낀 것은, 이 나라의 박물관은 단순한 역사적 유물의 전시장이라는 통념을 벗어나 한 차원 높은 사회복지의 시혜장(施惠場) 기능까지 맡아 한다는 것이다. 그리하여 박제화된 역사적 유물을 전시하는 박물관과 더불어 다양한 사회생활 내용을 생동감 있게 재현할 뿐 아니라 관람객 스스로 감상하고 평가하게 하여 의식의 순화(醇化)로 유도하는 작으면서도 알찬 박물관이 도처에 있다.

덴마크 전역에 대소 박물관이 무려 271개나 된다. 인구 약 585만, 국토 면적이 42,933km²밖에 안 되는 자그마한 나라에 이만큼의 박물관이 있다는 것은 그 밀도가 대단히 높다는 것을 말해준다. 다양한 내용을 통해 보편적인 사회·문화복지를 지향하는 복지국가의 모습이라 하지 않을 수 없다. 한두가지 실례를 더 들어 그 민낯을 들여다보기로 하자.

코펜하겐의 콩엔스 광장 부근의 번화가에 위치한 기네스 박물관(Guinness World Records Museum)은 기네스북에 오른 다양한 분야의 최고를 전시물화하여 소개하는 박물관으로, 기네스북은 25개 언어로 세계 100여개국에서 출간된다. 수천 항목의 전시물을 자세한 설명과 사진자료를 곁들여 전시하고 있는 이 박물관에는 죽을 때까지 계속 자라 키가 272cm에 이른 세상에서 가장 키 큰 남자, 출생시 몸무게가 무려 10.2kg이나 되었다는 슈퍼 아기, 339cm까지 콧수염을 기른 남자, 15개 쇼핑 카트와 12개의 침대를 먹어버렸다는 금속 먹는 사람 등등 실로 다양한 분야의 괴이한 인물과 기록, 사건 들이 관람객들을 웃고 울리며 감동시킨다. 근처에 몰려 있는 공포체험 박물관, 안데르센 박물관, 믿거나 말거나 박물관을 함께 관람할 수 있는 콤비네이션 티켓을 구입하면 이 4개 박물관을 저렴하게 관람할 수 있다.

다른 하나는 관람객들의 특별한 흥미를 자아내는 믿거나 말거나 박물관(Believe It or Not Museum)이다. 다양한 인종이 한데 어울려 사는 지구촌에는 믿을 수 없는 놀라운 일들이 수시로 일어난다. 이러한 일들을 주제로 한 박물관이 바로 믿기 어려운 정보들로 가득 찬 익살스러운 이름의 이 박물관으로, 한쪽 눈에 동공이 두개인 남자, 두개의 머리를 가진 소, 30만개의 성냥으로 만들어진 인도의 타지마할, 반역죄로 새장에 갇혀 산 이집트의 왜소증 남자, 쌀알에 그림을 그려넣는 재간꾼 등 갖가지 기이한 사례와 비상한 재주까지 그 내용이 실로 다종다양하다.

이곳에서는 좋다 나쁘다, 옳다 그르다를 논하는 것은 무의미하다. 다른 세상, 다른 사람들, 그들이 만들어내는 특이한 현상을 있는 그대로 받아들이고 즐기면 그것으로 족하다. 내가 사는 사회와 다른 사람들이 사는 사회의 문화가 다를 수 있고 낯설고 놀라울 수도 있지만 그것은 단지 문화와 전통, 생활양식 등이 다른 것일 뿐 옳고 그르거나 좋고 나쁨의 기준이 될 수 없다. 즐겁고 유익한 여행과 관람을 위해서는 문화의 다양성을 인정하고 타인의 삶과 상황을 존중하는 포용력 있는 자세와 타자관(他者觀)이 필요하다. 어떠한 기담괴행도 그것이 일단 인간사회에 존재하는 한 여기 덴마크에서는 죄다 박물관의 전시품이 되어 사고력과 타자관을 키울 수 있다.

흔히 덴마크를 비롯한 북유럽 나라들을 사회복지의 수범(垂範) 나라로 치켜세우는 근거를 주로 개인의 높은 평균소득과 안정된 노후 보장, 편리한 사회복지시설, 무상 치료와 교육 등 물질생활에서 찾고 있는데, 물론 틀린 것은 아니다. 그러나 사회복지란 이것만은 아니라는 사실을 인지하고 시야를 넓혀야 한다. 그네들이 영원히 오늘날의 모범으로 남아 있으리라는 보장은 없으며, 멀지 않은 앞날에 많은 나라들이 그들을 추월할 것이라는 징조가 이미 보이고 있는 것이 사실이다. 문제는 복지의 시야를 너무나 물질 일변도로 국한시킨다는 것이다. 잘 먹고 잘 입고 잘 노는 것만이 복지가 아니다. 어쩌면 이보다 더 중요한 것은 건전한 정신적 양식(糧食)으로 사회복지의 균형을 잡아가는 일일 것이다.

덴마크가 다양한 내용과 형식의 박물관 운영으로 진부한 통념을 깨고 숭고한 정신적 가치 선양을 지향하는 것인지, 아니면 단순한 괴행이나 희학(戲謔)으로 메말라가는 인간의 감성을 달래려는 것인지가 궁금해 믿거나 말거나 박물관 같은 금시초문의 박물관이 품고 있는 속내와 민낯을 살펴보았다. 시도는 참신하고 창의적이나 물질적 복지와 정신적 복지 간의 괴리를 메우기에는 턱없이 부족함을 느꼈다. 이웃의 몇몇 복지국가를 둘러보면서 해답의 공유를 기하려 한다.

03

인어공주의 수난과 그 민낯

자고로 덴마크는 '동화의 왕국'으로 세인들 입에 오르내리는데, 이 나라를 '동화의 왕국'으로 등극시킨 장본인이 어린이문학의 아버지로 칭송받는 한스 크리스티안 안데르센(Hans Cristian Andersen, 1805~75)이다. 그의 동화집은 세계에서 성경 버금으로 많이 읽히는 책이다. 그래서 마치 성경 속에 등장하는 성지가 기독교 신자들이 필히 마쳐야 하는 신성한 순례 코스가 된 것처럼, 덴마크를 찾아오는 사람들은 으레 안데르센의 궤적을 밟는 것을 첫 일정으로 잡곤 한다.

우리 일행은 사정상 부득이하게 이튿날의 일정으로 안데르센의 사적지를 둘러보기로 했다. 아침 첫 코스로 퓐(Fyn)섬 중부에 자리한 오덴세(Odense)시를 찾아갔다. 이곳은 안데르센이 나서 자란 고향으로서 그의 탄생 100주년이 되던 1905년에 기념으로 그의 이름을 딴 박물관을 건립했다. 120년간의 풍진이 켜켜이 쌓인 속에서도 건물은 그런대로 본래의 형체를 고스란히 유지하고 있다. 작은 거위알처럼 생긴 자갈이 촘촘히 깔린 골목길을 얼마쯤 지나니 흰 벽에 붉은 기와를 얹은 평평하고 나지막한 건물이 나타난다. 그곳이 바로 18개 전시실을 갖추고 있는 안데르센 박물관이다. 얼마나 많은 사람들이 밟고 지나다녔는지 자갈은 미끄러질 정도로 윤이 나고 반들거린다. 큰 기대를 안고 출입문 앞에 이르니 웬걸, 오늘은 사정에 의해 휴관한다는 자그마한 팻말이 세워져 있지 않은가. 그제야 주위를 살펴보니 몇몇 관람객들이 언짢은 표정을 지으며 발길을 돌리고 있었다. 문화복지를 중히 여기는 이 나라에서 이런 일은 드물다고 한다. 들고 갔던 박물관 안내책자를 통해 박물관 내부 시설을 대충 머릿속에 그리면서 우리도 발길을 돌렸다.

다음 행선지는 안데르센이 가난했던 유년 시절을 보내고 청장년기에 수많은 동화를 지어 명성을 날리다가 편찮은 노년을 보낸 뉘하운(Nyhavn) 항구-운하 지역이다. 뉘하운은 덴마크어로 '새로운 항구'란 뜻이다. 지금으로부터 346년 전에 운하와 더불어 시공된 항구로서 당시에는 '새로운 항구'였을 것이다. 그런데 수백년이 지난 지금까지도 당초의 관행을 따라 '뉘하운'으로 불리고 있으니, 이 나라의 고집스러운 보수성의 단적인 예라고 하겠다. 이 지역은 코펜하겐의 대표적인 명소로서 일년 내내 관광객들로 붐빈다고 한다. 운하 양편에는 알록달록한 모자이크식 오래된 건물들이 즐비하며 양안에는 크고 작은 형형색색의 유람선들이 다닥다닥 붙어 있다.

이름과 더불어 과거 환락가의 풍경을 그대로 간직하고 있는 뉘하운 운하 지역을 떠나 도착한 곳은 유명한 인어공주 동상이 자리하고 있는 해안가의 긴 둑(Langelinie) 공원이다. 이 공원도 넓은 의미에서는

코펜하겐 관광명소의 하나인 뉘하운 항구

항구 지역에 속하는데, 원래 이곳에는 해안가를 따라 긴 방파제가 축조되어 있었다. '긴 둑 공원'이란 이름은 여기서 유래했다고 한다. 공원 입구의 해안가 돌무더기 속 한개의 큰 바위 위에 높이 1.25m의 인어공주 동상이 덩그러니 놓여 있다. 어깨를 움츠리고 아래로 떨어뜨린 시선으로 무언가를 응시하면서 두 무릎을 꿇고 다소곳이 앉아 있는 인어공주는 안데르센의 동화 『인어공주』(1837)의 주인공이다.

이 청동상은 1913년에 유명한 조각가 에드바르 에릭센(Edvard Eriksen)이 만든 것으로, 원래는 당대의 스타 오페라 가수 엘렌 프리세(Ellen Price)를 모델로 하려고 했다. 그러나 프리세가 자신의 나체 노출을 꺼려 얼굴을 제외한 몸체는 조각가의 아내 엘리네 에릭센(Eline Eriksen)

1913년에 건립된 코펜하겐의 상징 인어공주 동상

을 모델로 삼아 제작해 현재의 자리에 세웠다. 아이러니하게도 동상
은 세워진 후 온갖 수난과 수모를 당하면서 가까스로 생명을 이어오
고 있다. 몸체에 비키니가 그려지거나 전신이 페인트 세례를 당하기
도 하고, 팔이 절단되거나 머리가 잘린 채 도난당한 적도 여러번이었
다. 가깝게는 2003년에 폭파당해 통째로 바다에 추락하는 참변도 있
었다. 그럴 때마다 덴마크 정부가 포기하지 않고 원상대로 복원하곤
했다. 마지막 수난을 당하고 나서 2006년 덴마크 정부는 관람객들의
파손으로부터 보호하기 위해 동상을 바다 깊숙한 곳에 옮기기로 결
정했는데, 말뿐으로 아직까지 원래 자리에 그대로 남아 있다. 사실 관
람객 더러는 호기심에서일까 동상에 다가가 만지고 비비면서 카메라

긴 둑 공원 해안가의 저녁 풍경

플래시를 마구 터뜨리기도 한다.

멀찌감치 놓여 있는 벤치에 앉아서 공주와 시선을 마주친 순간, 그녀의 애처로운 수난사가 뇌리에 복기되면서 적이 마음이 심란해진다. 세계에서 복지와 평화, 안정의 으뜸 국가로 알려진 덴마크의 수도 코펜하겐의 상징인 인어공주상, 저토록 소박하고 가녀린 공주가 그토록 모진 수난과 참변을 줄줄이 당하다니. 추정컨대 그 원인은 여느 사회와 마찬가지로 모종의 사회적 갈등과 알력, 상잔의 소용돌이로, 그 가운데서 저 동상이 무모한 희생양의 운명을 강요당했을 것이다.

그렇다고 보면 애당초 가냘픈 그녀가 이 나라 수도의 상징이 된 것이 화근이었다. 만일 그렇다면 오늘의 덴마크가 자랑하는 복지니 평화니 안정이니 하는 것은 한낱 덧칠된 민낯으로서 서구 자본주의가 갈무리해온 온갖 불가역적인 불의의 속성과 진배없음을 드러낸 셈이라 할 수 있다. 이렇게 생각하니 저 공주의 신세가 더욱 측은하고 일국의 수도를 상징하는 상징물치고는 너무나 초라해 보인다. 이는 비단 필자만의 느낌은 아닌 듯하다.

이어 꼬리를 무는 것은 저 동상의 모티브에 관한 상념이다. 동상의 모티브가 된 안데르센의 대표작의 하나인 「인어공주」는 작가 자신이 겪어온 삶을 아름다운 환상의 세계, 따스하고 서정적인 휴머니즘의 세계로 승화시킨 작품으로, 인어공주의 자기희생적 비운의 사랑을 그리고 있다. 「인어공주」는 어린이는 물론 어른들에게까지 큰 감동을 주는 명작으로서 여러 나라에서 영화로, 연극으로 각색되어 성황리에 공연되어왔다.

이렇게 작품의 모티브와 그 주인공의 슬픈 운명을 음미하는 사이로 문호 안데르센의 굴곡 많은 삶과 괴팍한 성격, 이탈적인 사생활, 그리고 그 모든 것을 단순한 설화적 묘사가 아니라 품격 있는 해학적 언어로 그려낸 작품세계가 주마등처럼 눈앞을 스쳐지나간다. 안데르센은 1805년 4월 2일 덴마크의 두번째 도시 오덴세에서 구두수선공 아버지와 10년 연상인 어머니 사이에서 외아들로 태어났다. 아버지는 초등학교만 겨우 마쳤고 어머니는 문맹으로서 세탁부로 일했으니 집안 형편은 늘 어려웠다. 문학과 연극을 좋아했던 아버지는 자식에게 헌신적이어서 어린 아들에게 일찍이 프랑스 작가 라퐁뗀과 노르웨이 작가 홀베르의 작품, 『아라비안나이트』 같은 책을 읽어주곤 했다. 어린 안데르센은 밖에 나가 뛰어놀기보다 혼자 조용히 인형놀이나 즐기는 내성적이고 예민한 아이였다. 그는 마을의 빈민층 아이들이 다니는 초등학교를 다니다가 11세 때 아버지가 병사하고 어머니마저 재혼하자 초등학교도 제대로 마치지 못한 채 공장에 들어가 고된 노동으로 생계를 유지했다. 그의 이름은 어려서 루터교회에서 세례를 받을 때 대부모가 지어준 이름이다. 그만큼 신앙심도 깊었다.

어머니는 비록 가난한 보통 주부였지만 외동아들에게 어려서부터 바른 심지를 심어주는 데 게을리하지 않았다. 안데르센은 11세에 느닷없이 동화 한편을 써서 사람들에게 보여주었다. 그러나 다들 그때까지만 해도 평범한 아이에 불과하던 그의 글에 별 관심을 갖지 않았다. 이에 어린 안데르센은 무척 실망했다. 그 기미를 알아챈 어머니는 그를 인근의 꽃밭으로 데려가 파릇파릇한 새싹을 보여주면서 이렇게 말한다. "여기 이 작은 새싹을 보렴. 아직은 여리고 볼품없지만 곧 잎과 키가 자라고 아름다운 꽃을 피울 거야. 그러니 너도 실망하지 마라. 지금은 봉오리에 지나지 않지만 곧 세상에서 가장 아름다운 꽃을 피울 수 있을 테니까." 이러한 어머니의 위로와 격려는 훗날 안데르센이 동화 작가가 되는 데 큰 힘이 되었고 아들은 늘 그 따뜻한 모정을 되뇌었다고 한다.

일찌감치 마을에서 노래와 연기에 재능을 보인 소년 안데르센은 오덴세의 유력자 가문을 찾아다니며 재주를 팔아 모은 얼마간의 돈을 가지고 연기자의 길을 걷기 위해 14세의 어린 나이에 무작정 혈혈단신으로 수도 코펜하겐으로 온다. 상경하여 연기자의 길을 걷겠다고 작심한 데는 한가지 계기가 있었다. 그가 13세 때인 1818년 코펜하겐 왕립극단이 오덴세를 방문해 여러가지 오페라와 비극을 공연했는데, 이때 안데르센은 우연하게 조연으로 한두번 무대에 서게 되었던 것이다. 이에 고무된 소년 안데르센은 들떠서 무대를 동경하게 된다. 소프라노의 미성을 가진 덕분에 왕립극장에 들어갈 수 있었으나 곧 변성기가 찾아왔고, 설상가상으로 초등교육도 제대로 받지 못하다보니 문법이나 발음이 엉망이어서 배우 선발에 번번이 낙방하고 만다. 실망 끝에 자살까지 생각했다고 후일 안데르센은 그때를 회상했다. 절망 속에서 허구한 나날을 보내던 어느날, 옛 극단 친구 한 사람으로부터 시를 써보라는 우정에 넘치는 권유를 받게 된다. 이때부터 그는 몇 편의 시를 연거푸 발표한다. 다행스럽게도 그의 시작 재능을 발견한 국회의원이자 예술애호가 요나스 콜린이 대성하려면 학력이 꼭 필요하다고 설득하여 안데르센에게 왕실 장학금을 얻어주며 수도를 멀리 떠난 곳에서 중등학교 과정을 마치고 돌아오도록 당부한다. 그리하여 안데르센은 1822년 수도에서 멀리 떨어진 슬라겔세로 가서 동급생들보다 대여섯살이나 더 많은 17세의 나이에 늦깎이로 그래머스쿨(중등 교육기관)에 입학했고, 열심히 문학을 공부한 끝에 드디어 대학 입학 시험에 합격했다.

그런데 그 과정은 학교장과의 갈등으로 인해 순탄치 않았다. 학교 장은 안데르센의 재간을 하찮게 여기면서 모든 창작활동을 금지했으며, 헤어지는 순간까지 그에게 악담을 내뱉었다고 한다. 그 골이 얼마나 깊었으면 이 학교장은 훗날 60세가 넘은 안데르센의 악몽에도 가끔 등장하는 등 오래도록 트라우마로 남았다고 한다. 이러한 드라마틱한 내용은 그가 1843년에 발표한 유명한 동화 『미운 오리 새끼』의 모티브가 되었다.

비록 어린 나이지만 홀로 모진 세파를 헤쳐온 다재다능한 문학청년 안데르센 앞에는 드넓은 광야가 펼쳐진 것처럼 보였다. 그는 내키는 대로 자의 반 타의 반으로 소설 쓰기부터 열정을 불태웠다. 1828년 코펜하겐에 돌아온 후 이듬해에 짤막한 여행기 「1828년 홀름 운하에서 아마게르 동쪽 끝까지 도보 여행」을 발표해 작가로서 이름을 알리기 시작했다. 그러다가 1833년에는 국왕의 후원을 받아 독일과 프랑스, 이탈리아, 스위스 등지를 두루 주유하는 기회를 얻었다. 이때 그는 이탈리아에서 받은 강렬한 인상을 소재로 첫 소설『즉흥시인』을 발표(1835)했다. 이탈리아의 아름다운 풍광과 질박한 서민들의 일상 생활, 독특한 예술적 풍취를 바탕으로 젊은 시인의 사랑과 모험을 맛 깔나게 묘사한 작품으로서, 출간되자마자 큰 호평을 받으면서 안데 르센을 일약 인기 작가의 반열에 올려놓았다. 안데르센은 평생 모두 29번이나 세계여행을 다녔다. 여행은 그의 지혜를 보듬는 영양소이 자 활력소였다.

04
어린이문학의 아버지 안데르센

안데르센은 30세가 되던 1835년부터 동화를 쓰기 시작해 3년이 지난 1838년에 첫번째 동화집 『어린이들에게 들려주는 이야기들』을 펴냈다. 그러나 뜻밖에도 "창조적이지 못하다" "허황한 이야기"뿐이라느니, "『즉흥시인』 같은 걸작을 써낸 작가가 왜 이런 속류의 책을 펴내는지 모르겠다" "더이상 이따위 이야기는 쓰지 말라"라는 등의 혹평이 터져나왔다. 이러한 모욕적인 평가 앞에서 또 한번 절망에 빠진 안데르센은 한때 동화 쓰기를 그만 접을까도 생각했다. 그렇지만 사람들은 자신의 동화를 즐겨 읽는다는 사실을 알고 있었던데다가, 자신의 천부적 재간은 그래도 동화 쓰기에 있으며 오로지 동화만이 자신에 대한 사회적 모멸과 하대를 반전시킬 수 있다는 자신감과 오기로 분발을 결심한다. 그리하여 그는 그때부터 거의 해마다 성탄절 전야까지 동화집 한권씩을 펴냈다.

어린이문학의 아버지 안데르센

　필자의 계산에 따르면 1835년부터 그가 사망한 1875년까지 40년간 총 212편, 약 295,000자의 동화를 세상에 내놓았으니 일년에 5편 이상 쓴 셈이다. 그 질적인 면은 차치하고 양만으로도 '어린이문학의 아버지'란 명성에 걸맞고도 남음이 있다. 안데르센은 자타가 인정하다시피 다재다능한 작가로서 그 작품세계는 동화 말고도 소설 6권, 희곡 25권, 시집 4권, 여행기 4권, 자서전 3권 등 실로 다양한 장르를 포괄하는 방대한 양이다. 안데르센의 동화는 세계 150여개 언어로 번역 출간되었으며 여러 연구자들의 집계가 들쭉날쭉한 것으로 미루어 이 문호가 남긴 유작들은 아직도 발굴 중이라는 추측을 낳고 있다.

　안데르센의 인생과 작품을 평가하기에 앞서 그의 최고 걸작이라는 「미운 오리 새끼」를 간략하게나마 훑어보면 이 문호에 대한 제육감(第六感)까지를 예비하는 데 조금이라도 도움이 될 것이다. 그의 작품세계와 인생을 함축한 독백이 특히 그러하다. 이 동화는 1843년에 출간된 동화집에 수록된 것으로 작품이 대대적인 성공을 거두면서 안데르센의 명성은 그야말로 일취월장으로 높아만 갔다. 출간 3년 후에는 덴마크 국민으로서는 최고의 영예인 다네보르 훈장을 받았을 뿐아니라 이것을 계기로 그는 오매불망 꿈꿔오던 왕족과 귀족을 비롯한 상류층과의 교제가 공식적으로 허용되는 명사가 되었다. 이러한 신분 상승은 이후 안데르센의 작품세계와 인생에 획기적인 변화를 가져왔다.

그의 신분을 일거에 뒤바꾼 이 동화의 창작에 얽힌 이야기는 대략이러하다. 어느 해 여름 안데르센은 한 귀족의 집에 초대되었다. "가난해서 공부도 제대로 못 할 뻔했던 내가 귀족의 만찬에 초대되다니!" 그는 흥분을 가라앉히면서 그 집을 찾아갔다. 녹음방초가 우거진 정원을 거닐다가 우연히 연못에서 헤엄치고 있는 우아한 백조와 그 옆의 못생긴 아기 백조를 발견한다. 그리고 물에 비친 자신의 모습을 보고 사색에 잠긴다. '얼마 전까지만 해도 나는 무척 초라했는데, 이런 날도 오는구나.' 그 순간 가난 때문에 사람들에게 멸시당하고 고생했던 지난 일들이 주마등처럼 눈앞을 스쳐지나갔다. '지금은 볼품없지만 곧 어미처럼 멋진 백조가 되겠지.' 즉흥적으로 일어난 이런 생각을 모티브로 써내려간 것이 바로 명작 「미운 오리 새끼」다.

삶의 궤적이 복잡다단하고 성정이 괴팍한데다 작품마저 창의성과 은유성이 풍부하다보니 인간 안데르센과 그의 여러 장르의 작품에 관한 분석과 평가는 종잡을 수 없을 정도로 다양하다. 안데르센은 당대 세계 아동문학의 거장이었으나 아이러니하게도 조국 덴마크에서보다 영국을 비롯한 유럽 각국에서 더 인기가 높았으며 후한 평가를 받았다. 19세기 영국에서 셰익스피어 버금가는 인기를 누리던 당

재키 울슐라거의 『안데르센 평전』 한국어판

대 최고의 작가로 안데르센과 동시대인인 찰스 디킨스(Charles Dickens, 1812~70)는 그의 열성 팬으로 여러번 만나 문학에 관해 허심탄회한 담론을 나누면서 친밀한 우정과 유대를 유지했다. 안데르센은 디킨스뿐 아니라 하이네, 그림 형제, 리스트, 슈베르트 등과도 친밀한 교우관계를 맺었으며 그들로부터 19세기 유럽 낭만주의 영향을 적잖게 받았다. 이들의 우정과 유대에 깊은 감명을 받은 영국의 예술평론가 재키 울슐라거(Jackie Wullschlager)는 2000년에 『안데르센 평전』(Hans Christian Andersen: The Life of a Storyteller)을 펴냈으며 그 공로로 2002년 안데르센의 고향 오덴세에서 '안데르센 특별상'을 받기까지 했다.

사실 안데르센에 관해서는 고국 덴마크를 비롯한 여러 나라에서 몇종의 평전이 출간되었지만 울슐라거의 평전은 그중 백미로 평가된다. 1848년 이후 유럽에 불어닥친 혁명과 전쟁의 거센 바람 속에서 안데르센의 삶과 문학이 변화하는 과정을 이 평전은 밀도 있게 다루고 있다. 또한 안데르센이 주변 인물이나 경험을 어떻게 작품 속으로 끌어들였는지, 어떤 식으로 작품의 초고를 수정했는지도 상세히 소개하고 있다. 주제별 색인과 풍부한 참고문헌을 첨부했을 뿐 아니라 안데르센과 주변 인물들의 초상화, 풍경화, 작품의 삽화 등도 함께 실었다. 더욱 놀라운 것은 저자가 덴마크어를 새로이 공부하여 작품들을 직접 번역, 해독하면서 저술했다는 사실이다. 그리하여 이 평전을 통해 안데르센의 작품세계와 인생사에 관한 정확하고 엄밀한 분석과 평가에 가장 가까이 근접할 수가 있다는 것이 중론이다.

안데르센의 작품 대부분, 적어도 그 기저에는 굴곡 많은 그의 다채로운 인생사가 고스란히 반영되어 있다. 안데르센은 평소에 "내가 살아온 인생사가 내 작품에 대한 최상의 주석이 될 것이다"라고 강조하곤 했다. 동화를 비롯한 여러 작품에서 그만이 가꾸고 누려온 인생역정 대부분이 그대로 작품의 표제가 되고 모티브가 되어 생동감 있게 재현된다. 울슐라거의 평전에 따르면 그는 "성공한 '미운 오리 새끼'이고, 고결한 '인어공주'이며, '꿋꿋한 양철 병장'이자 왕의 사랑을 받는 '나이팅게일'이며, 악마 같은 '그림자'다. 또한 우울한 '전나무'이기도 하고, 불쌍한 '성냥팔이 소녀'이기도 하다". 그런가 하면 그는 당시 유행하던 낭만주의의 환상적인 문학 시류에 편승하여 항상 행복한 결말을 약속하기보다 때로 음산하고 기괴한 분위기마저 풍기곤 했다.

총체적으로 보면 안데르센은 '성냥팔이 소녀'처럼 외롭고 버거운 삶의 무게를 꿋꿋이 이겨내면서 영욕이 뒤섞인 한생을 여한 없이, 뜻대로 살았다. 그리고 다양한 장르의 문학세계를 자유자재로 넘나들면서 명수죽백(名垂竹帛)할 동화세계를 펼쳐놓았다. 그러나 이러한 평가는 후세인들이 내린 것일 뿐, 생전의 그는 범상찮은 포부가 따로 있어 '아동문학가'로만 낙인찍히는 것을 싫어했다. 그는 말년에 사람들이 그가 아이들과 함께 있는 모습의 동상을 세우려고 하자 화를 내면서 "나는 한번도 아이를 내 등에 태우거나 무릎 위에 올려놓은 적이 없다. 내가 쓴 이야기들은 어린이를 위한 것일 뿐 아니라 어른을 위한 것이기도 하다. 어린이는 단지 내 이야기의 표면만을 이해할 수 있으며, 성숙한 어른이 되어서야 온전히 내 작품을 이해할 수 있기 때문이다"라고 말하기도 했다. 이 대목을 상기하자 코펜하겐에 있는 안데르센의 동상들 가운데 어느 하나에도 있을 법한 어린이와의 상이 없는 이유가 비로소 이해되었다.

재키 울슐라거는 평전에서 안데르센의 괴팍한 성격과 자유분방한 행동거지에서 오는 모순, 즉 내면의 불안과 외면의 허영 사이에서 겪는 희학적(戱謔的) 모순을 신랄하게 파헤친다. "일생 동안 그는 전형적인 아웃사이더였다. 그는 비천한 배경과 불확실한 성적 정체성 때문에, 그리고 외로움에서 벗어나기 위해 끊임없이 싸웠으며, 그로 인해 괴로워했다. 그는 못생긴데다 눈치도 없는 사람이었다." 안데르센은 어려서부터 자기보다 사회적·경제적으로 우월한 사람들 앞에 나가 시선을 끌어모음으로써 생계를 유지하고 출세를 도모했다. 이것이 습벽으로 몸에 배어서인지 아니면 그가 발견한 출세가도가 그래서였는지, 그의 내면에는 불안감과 자괴심, 외면에는 출세욕과 허영심이라는 모순적 정서가 공존하면서 심신을 괴롭혔다. 그의 천성적인 순진무구함은 남다른 이색적인 동화를 쓸 수 있게 한 원동력이었을 수 있으나 또 한편으로 가끔은 이것이 어린애 같은 자기과시나 오만으로 나타나 비난을 자초하고 웃음거리가 되기도 했다.

그럼에도 불구하고 그의 처신에서 한가지 찬사를 보내고 싶은 것은 그가 '백조'가 된 이후에도 '미운 오리 새끼' 시절의 근본만은 잊지 않고 유전인자처럼 평생 깊이 간직하고 있었다는 점이다. "25년 전에 나는 작은 짐꾸러미 하나를 들고 코펜하겐에 왔다. 그때는 가난한 이방인 소년이었다. 그런데 오늘 나는 식탁에서 왕과 여왕을 마주하고 앉아 함께 코코아를 마신다." "가난한 구두수선공과 빨래하는 여인의 아들인 내게 러시아 황제의 손자가 다가와 입을 맞춘다. 생각하니 눈물이 쏟아진다. 서로 완전히 다른 존재가 만나고 있었던 것이다." 이렇듯 자신을 세상에 알리려는 욕구가 강했던 안데르센은 27세가 되던 해인 1832년에 첫 자서전을 내놓은 데 이어 거의 10년마다 증보판을 펴내면서 모두 3권의 자서전을 상재했다. 자서전마다에서 그는 자신의 성공담을 시시콜콜 구구절절 묘사하고 있다.

울슐라거는 평전에서 안데르센의 사생활에 관해 감춰졌던 기담 몇 가지를 소상히 밝히고 그동안 의문으로만 남아 별로 주목을 받지 못했던 그의 성정체성 문제도 거론한다. 안데르센이 평생 독신이었던 까닭은 그간 그의 괴팍하고 변덕스러운 성격으로 인해 마음에 둔 여성들로부터 번번이 청혼을 거절당했기 때문으로 알려져왔다. 그러나 그가 동성애자인데다 때론 '엉뚱한' 애정행각까지 벌였기 때문이라는 일설이 나돌기도 했는데, 이에 대해 울슐라거는 "안데르센은 우정과 성애를 확실히 구분하지 못했다"라고 다소 모호한 해명을 남기고 있다.

한편, 저자는 평전에서 안데르센은 평생 사람과 가족의 정을 그리워한 고독한 사람이었다며 측은지심을 발동해 그의 기행과 무능, 괴팍한 됨됨이까지를 두루 감싸고 변명한다. 그에게는 평생 가족이 아무도 없었다. 고독을 달래려고 한때 대체 가족을 찾으려고 시도했으나 그마저도 실패했다. 이와 같이 어려서부터 주위 사람들의 호감을 사서 후원을 이끌어내는 데는 도가 튼 사람이었지만 정작 누구와 진실한 인간관계를 맺는 데 있어서는 영 서툴렀다는 아이러니의 소유자가 바로 천하의 문호 안데르센이다. 예술을 제외한 다른 부문에서는 무능한 것이 예술가라는 말을 따른다면 안데르센은 '초일류급' 예술가인 셈이다. 평소에 재정 관리는 물론이고 원고 정리조차도 남의 손을 빌려야 했다.

특히 은인인 요나스 콜린의 아들 에드바르 콜린에게 만사를 전적으로 맡겼다. 죽어서도 콜린 부부와 같은 묘지에 나란히 묻히고 싶다는 유언을 남길 정도로 그들 사이는 실로 우답불파(牛踏不破), 동고동락하는 우정의 모범이었다. 안데르센은 말년에 류머티즘에 걸려 시름시름 앓다가 1875년 8월 4일, 향년 70세를 일기로 한 많은 세상을 떠났다. 8월 11일에 열린 장례식에는 국왕과 왕자를 비롯한 수백명이 찾아왔지만 정작 그와 혈연관계에 있는 사람은 아무도 없었다. 유언대로 안데르센과 콜린 부부 세 사람은 같은 묘지에 나란히 묻혔다. 그러나 몇년 뒤 콜린 가문의 후손들의 뜻에 따라 콜린 부부는 다른 곳으로 이장됨으로써 안데르센은 한적한 북망산에 홀로 남게 되었다. 그렇지만 생전처럼 고독하지는 않을 것이다, 전세계에서 수많은 사람들이 찾아오는 순례지가 되었으니까.

울슐라거의 평전을 비롯해 여러 연구자들의 연구 결과를 종합하면 한스 크리스티안 안데르센이 명실상부한 어린이문학의 아버지라는 데는 의심의 여지가 없다. 그 이유는 한마디로 동화에 끼친 그의 창의적 영향, 즉 그가 '창작동화의 개척자'이기 때문이다. 통상 기존의 동화는 민담을 재구성하거나, 명확지 않은 이야기를 축약하거나, 왜곡된 구전을 바로잡거나 하는 것이 주 내용이었다. 안데르센도 초기에는 이러한 경향을 보였으나 점차 그러한 구태에서 벗어나 직접 창작한 기발한 이야기들로 작품세계를 채워나갔다. 그저 교훈적이고 도구적인 의미로만 흘러가던 동화라는 장르에 새롭게 예술성을 불어넣음으로써 동화가 민담의 하위 장르가 아니라 그 자체로 훌륭하게 문학적으로 승화된 장르가 될 수 있다는 것을 많은 작품을 통해 여실히 증명했다. 요컨대 문학적·예술적 자율성과 상상력을 부여함으로써 동화를 새로운 문학 장르로 자리 잡게 했던 것이다. 오늘날까지 전통으로 이어지는 창작동화의 틀, 구성, 문체 등 제반 규범은 안데르센의 창작동화에서 비롯된 것이다. 오늘날 '안데르센상'이 어린이문학의 노벨상으로 자리매김된 소이연(所以然)이 바로 여기에 있다.

윤후남의 번역으로 『안데르센 동화전집』(2016)을 통해 그의 동화 168편 완역본을 펴낸 출판사 현대지성은 다음과 같은 논평으로 책을 마무리한다. "안데르센 동화는 모든 세대가 함께 읽는 책이다. 안데르센 동화는 삶의 모습들을 거울에 비치듯 있는 그대로 비춰줌으로써 독자들이 자신들의 모습을 되돌아보도록 해준다. 아이들은 상상과 공상의 세계를 즐기면서 이러한 세계를 자연스럽게 경험하고, 어른들은 작품 속에서 그려지고 있는 보편적 진리와 사회적 진실을 통해 인생의 심오한 진리를 깨닫는다. 안데르센 동화가 시대를 초월하여 어른들과 아이들 모두 즐겨 읽는 세계적인 고전으로 자리 잡을 수 있었던 것은 바로 그의 작품이 지니는 이러한 보편성 때문일 것이다."

05

덴마크 중흥의 할아버지 그룬트비

덴마크는 여러모로 유럽 역사에 유의미한 흔적을 남긴 나라다. 면적은 한반도의 5분의 1이 채 안 되고 인구도 약 585만명밖에 안 되는 작은 나라지만 오늘날 뛰어난 사회복지제도 덕에 세계에서 행복지수 1, 2등을 다투는 가장 살기 좋은 선망의 나라로 꼽히고 있다. 그러나 처음부터 모든 사회환경이 월등하여 이렇게 좋은 나라가 된 것은 아니다.

150년 전만 해도 험악한 자연환경 속에서 허다한 사회문제를 안고 숱한 갈등을 겪어야 했던 가난하고 보잘것없는 나라였다. 일년 중 6~8월 여름 석달을 제외한 나머지 9개월, 특히 12~2월의 겨울 석달은 하늘이 뿌얀 안개와 구름으로 가려 해를 전혀 볼 수 없는 '깜깜 세계'다. 여름철에도 서늘한 북풍이 불어오고 서리가 내려 농사를 제대로 지을 수 없다. 지하자원도 변변한 것이 없다. 건국 주역인 해양민족 바이킹들의 태생적 호연지기와 외향성으로 인해 대제국의 맹주가 된 행운도 있었지만, 반면에 연면부절한 난과 전쟁으로 피폐와 절망, 소요의 불행도 수없이 겪어야 했다.

이제 이 나라의 영욕에 찬 역사를 한번 훑어보면 개척정신과 평등, 복지 같은 인류문명사가 공유하고 귀감으로 삼아야 할 귀중한 보편가치를 발견하게 된다. 바로 그러한 보편가치 때문에 모든 것이 부족하고 척박한 이 작은 나라가 오늘날까지도 풋풋한 생명력을 잃지 않고 선진국 대열의 앞자리에 당당히 서 있을 수가 있는 것이다.

기원전 1만년경 윌란반도에 수렵하는 구석기인들이 거주하기 시작한 이래 기원전 4200~3400년쯤에는 그들이 신석기인으로 진화해 농경에 종사한 흔적이 남아 있으며, 기원전 400년경 유적에서는 청동기 유물이 출토된다. 요컨대 덴마크인들도, 비록 시기적으로 좀 후발이기는 하지만 여느 민족들과 마찬가지로 일반적인 인류 진화 과정을 거쳐 문명시대·역사시대에 진입했던 것이다. 기원 전후에는 남하해 로마인들과 자웅을 겨루면서 대서양과 지중해 일원에서 해상교역을 주도하는 해양인, 즉 바이킹으로 변신하여 일약 서북유럽의 해상세계를 발호하는 강대한 해양세력으로 부상했다.

그들은 건장한 체격과 우수한 항해술에 의거해 인근 제국에 대해 침범과 노략질을 일삼았다. 특히 8세기 말부터 잉글랜드 인근 해역에 무단으로 침입하기 시작한 바이킹들은 드디어 잉글랜드의 심장 런던을 손아귀에 넣고는(871) 앨프리드 대왕(Alfred the Great, 849~899)에게 강화조약을 강요했다. 이 조약에 따라 잉글랜드는 두토막이 나서 동북부에 식민지형 '덴마크 이민구'가 생겨났다. 그러나 이것도 성에 차지 않은 바이킹들은 1016년 잉글랜드 전역을 무력으로 점령하고 잉글랜드와 노르웨이, 스코틀랜드 대부분, 스웨덴 남부 지역을 망라한 이른 바 '북해 대제국'을 건설함으로써 한때 북유럽의 맹주가 되었다.

그러나 1523년에 스웨덴이 독립을 선포하고 잉글랜드와 7년간의 '북방전쟁'(1563~70)을 치른 이래 약 180년간 인근 제국과의 수차례에 걸친 대소 전쟁에서 패전만을 거듭해오다가 1814년 나뽈레옹전쟁에서의 참패로 노르웨이를 잃으면서 국력이 급속하게 약화되었다. 이렇게 풍전등화의 신세가 된 바이킹의 후예들은 1864년 두번에 걸친 프로이센의 북진 앞에서 속수무책으로 당할 수밖에 없었다. 망국의 비운을 맞은 그들은 이제 모든 것이 풍비박산 난 인고의 세월을 보내지 않을 수 없었다.

프로이센과의 전쟁에서 패한 결과는 덴마크 역사상 전무후무한 참사의 극치였다. 남부의 옥토를 비롯한 국토의 3분의 1을 프로이센인들에게 내주고 북방 연해 일대의 황무지로 쫓겨났다. 막대한 전쟁보상금을 물게 되어 국립은행은 완전히 거덜이 났으며 국민들에 대한 모든 보상은 일시에 중지되었고, 생산시설이 파괴되어 생산활동이 졸지에 중단되었다. 혹심한 기근과 불안, 빈곤이 닥쳐왔다. 급기야 백성들은 정부에 원망과 불신을 토로하면서 저항의 기미를 보였고 술과 도박, 유랑으로 절망을 달래는 말세의 풍조가 사회를 지배했다. 한마디로, 대국의 영광과 위세는 순식간에 온데간데없이 송두리째 증발하고 나라는 생사의 기로에서 허덕이게 되었던 것이다. 신앙심이 돈독했던 백성들은 이 기로에서 구제되는 길은 오로지 하나, 구세주의 손길이라 믿고 그 출현을 일일천추로 고대하고 있었다.

동서고금의 역사를 펼쳐보면 왕왕 난세는 영웅과 현자를 배출하며 선각자를 훈육한다. 이제 덴마크도 역사의 변곡점을 눈앞에 두고

덴마크 중흥의 할아버지 그룬트비

앞장서 난국을 타개할 영웅이나 현자, 선각자를 역사의 필연으로 불러내고 있었다. 처음으로 등장한 이가 바로 덴마크 '중흥의 할아버지' 그룬트비(Nikolai Frederik Severin Grundtvig, 1783~1872)다. 목사의 아들로 셸란섬의 코펜하겐에서 태어난 그룬트비는 코펜하겐대학 신학부를 수석으로 졸업하고 1821년까지 여러곳을 전전하면서 목사로 지내다가 고향에 돌아와 아버지의 대리목사로 임명되고, 이듬해에는 코펜하겐에서 이름난 주교좌교회에 초빙되기도 한다. 이 무렵 혁신적인 루터교를 신봉하던 젊은 목사 그룬트비는 당시 유행하던 유리파(唯理派)의 합리주의를 공개적으로 비판한다. 심지어 공개적으로 '덴마크 교회 목사들이여, 회개하라'라는 제하의 설교까지 마다하지 않음으로써 주류를 이루던 유리파 목사들의 심기를 건드린다. 그리하여 그들은 자질을 구실로 삼아 그룬트비의 목사직 수행을 저지한다. 결국 그는 7년간 설교권을 박탈당하고 만다.

심한 열등감과 분노에 휩싸인 그는 우울증에 빠져 신경쇠약에 걸리고 만다. 이러한 자학적인 자괴감에서 벗어나기 위해 홀연히 영국으로 떠난 그는 그곳에서 문학에 전념하면서 격동하는 영국 사회를 체험하고 난세의 덴마크 사회를 구출할 구상을 품고 귀국한다. 귀국 후 1839년 코펜하겐의 바르토우 병원 교회의 목사로 임명되고, 재직하면서 사회 참여를 통해 세상사에 크게 개안하기 시작한다. 미래를 작심한 듯 1848년 코펜하겐 제11구에서 국회의원 선거에 출마하지만 56표 차로 낙선의 고배를 마신다. 그러나 좌절하지 않고 곧이어 실시된 보궐선거에서 무투표로 당선되었으며 1866년의 의원 선거에서도 연이어 당선되었다.

그룬트비는 활발한 의정활동을 통해 난세의 '구세주' 출현을 간절히 고대하던 덴마크인들에게 하루속히 더 나은 길을 제시하고자 했다. 그는 풍부한 신학 지식과 성직자로서의 체험과 신뢰를 활용해 각 방으로 현세에서의 '구세주' 역할, 덴마크 '중흥의 할아버지' 역할을 극대화하려고 지략을 모았다. 일찍이 23세 되던 1806년 어느날 그는 약체로만 여겨오던 영국 함대의 포격에 수도 코펜하겐이 불바다가 되는 광경을 보고 깜짝 놀란 바 있었다. 그리하여 그는 영국이 그렇게 삽시간에 해양강국이 된 비밀을 캐고자 영국으로 떠났던 것이다. 때마침 영국은 산업혁명의 붐이 일고 있었는데, 그 주역은 농촌에서 도시로 밀려든 청년들이었다. 그룬트비는 여기서 하나의 중요한 암시를 얻는다. 당시 덴마크는 선진 산업국을 향해 발돋움하던 영국과 달리 후진 농업국이었다. 따라서 영국의 조처와는 반대로 도시의 청년들을 농촌으로 돌아가게 해 중흥의 역군으로 키워 농산물을 다량 생산해 유럽 국가에 수출할 수 있게 되면 덴마크는 당면한 피폐에서 벗어나 영국 같은 선진국이 될 것이었다.

희망의 실체를 확신한 그룬트비는 귀국하여 '구세주'로서 자신의 위상을 세우기 위한 두가지 종교적 체험을 선포한다. 하나는 신병에서 자유로워지고 허황한 교만이 깨져버리는 극적인 성령 체험이고, 다른 하나는 덴마크는 잘살 수 있다는 환상의 현현이다. 이것은 마냥 '구세주'처럼 존경받던 한 신망 높은 목사의 자발적인 신앙고백이라 많은 사람에게 거의 절대적인 믿음을 얻고 실천의 목적이 되었으며, 목마름에 시달리는 신자들에게는 소생의 청량제였다. 사람들의 믿음과 기대를 한 몸에 받게 된 그룬트비는 '나라가 잘살 수 있는 중흥의 길'을 교육과 농업에서 찾고 청년들을 장차 그 주역으로 키우고자 했다.

그리하여 청년 교육에 중점을 둔 그는 청년들의 혼을 깨우쳐 그들 스스로가 황무지를 개척하고 농업을 일으키도록 했다. 이러한 청년 교육은 이른바 '국민고등학교'(folkehøjskole)에서부터 시작되었는데, 그 창시자는 크리스텐 콜(Christen M. Kold, 1816~70)이라는 유명한 교육자로 교육으로 덴마크를 일으킨 인물이다. 그는 18세 때 초등학교 보조교사로 교직을 시작해 평생 교직자의 한길만을 걸었다. 평시 그룬트비의 교육철학에 영향을 많이 받은 그는 '바른 교육을 하려면 관(官)에서 지급하는 국정교과서로는 학생들을 제대로 깨우치기 어렵다'고 생각하고 손수 교재를 만들어 학생들을 가르쳤다. 콜의 이러한 행동에 불만을 품은 교육청은 즉각 그를 교직에서 파면했다.

15년 동안 무직으로 방황하던 콜은 35세 되던 해에 "살아 계신 하느님의 말씀으로 살아 있는 아이들의 혼을 깨우칠 때만 이 나라는 새로워진다"라는 그룬트비의 설교에 확신을 품고 시골에 내려가 헌 방앗간을 교실로 개조해 국민고등학교를 세운다. 전하는 바에 의하면,

학생 수를 15명으로 계획하고 1851년 11월 1일을 개교일로 정해 모집했는데 당일 입학식을 앞두고 도착한 학생은 단 한명뿐이었다. 콜은 뒷산 숲속에 들어가 제발 15명 전원을 모집할 수 있게 해달라고 기도를 올렸고, 기도를 마치고 교실에 돌아오려는 순간 동네 청년 14명을 실은 마차가 교문을 들어섰다고 한다. 이렇게 계획대로 신입생 15명 전원으로 개교식을 무사히 치렀다. 이것이 덴마크의 운명을 바꿔놓은 위대한 국민교육운동의 시발점이었다. 교육과정은 지식의 전수만이 아니라 3애(하느님·겨레·이웃 사랑)정신과 개척정신, 도전정신 함양을 중시했다. 또한 학생들과 숙식을 같이하면서 농사에 직접 참여하는 등 산 교육에도 힘썼다.

그룬트비는 나라를 중흥하는 길을 이러한 교육과 더불어 농업에서 찾았다. 그의 설교에 의해 전개된 영적 대각성운동을 통해 나라의 부흥에서 농업이 차지하는 중요성과 절박성을 깨우치게 된 예비역 공병 소령 엔리코 달가스(Enrico Mylius Dalgas, 1828~94)는 사회부흥운동가이자 농업혁명가로 청사에 이름을 남겼다. 그는 황무지(heath)를 옥토로 변화시키는 일에 도전하였다. "윌란의 모래언덕을 장미꽃 향기 가득한, 젖과 꿀이 흐르는 옥토로 바꾸자"라는 캐치프레이즈를 내걸고 아들과 함께 30년간 히스를 심어 황무지 7,380km² 가운데 4,260km²를 개간, 버려진 땅을 3,120km²로 줄였으며 해안가 습지에 배수시설을 마련하고 나무를 심어 옥토로 바꾸는 데 성공했다. 달가스를 비롯한 농촌 귀환자들의 피나는 노력으로 덴마크는 드디어 패전과 불안, 궁핍과 피폐의 나락에서 선진 농업국, 낙농국, 화훼국, 조림국으로 일약 변모하여 선망의 부국이 되었다.

교육과 농업이라는 두 트랙으로 달려 기적적인 부국이 된 덴마크의 창의적 사례는 유사한 환경에 처해 있던 원근 여러 나라에 큰 반향을 불러일으켰다. 그 가운데는 동방의 한구석에 자리한 한국도 끼어 있었다. 일제의 식민지 압제하에 신음하던 한반도에 덴마크로부터 부흥의 불빛이 희미하게나마 비치기 시작한 것은 1920년경이다. 일군의 민족주의적 선각자들이 일제의 탄압 책동에도 불구하고 덴마크의 선진 경험을 연구하고 그 실천 방도를 모색하는 사회계몽운동에 나섰다. 그들 가운데 필자가 직접 만나서 교감을 나눈 이가 우리나라 현대사의 대표적인 농촌계몽운동가이자 교육자, 수필가인 성천 유달영(星泉 柳達永, 1911~2004) 선생이다.

지금으로부터 근 30년 전, 필자가 단국대학교 사학과 교수로 재직하고 있던 어느 봄날, 생면부지의 선생으로부터 한통의 전화가 걸려왔다. 사연인즉 선생이 주도하는 성천문화재단의 연속 강좌에 출강해 달라는 초청이었다. 필자는 초청에 흔쾌히 응하여 격주로 몇회 출강했다. 장소는 서울 63빌딩이고, 강의 내용은 이슬람과 문명교류사였다. 강의 후에는 함께 식사를 하면서 많은 대화를 나누던 광경이 지금도 눈앞에 선하다. 이미 여든을 넘긴 연세에 여전히 노익장을 과시하듯 어제와 오늘, 내일까지를 종횡무진 화통하고 논리 정연하게 회상하고 설명하며 예단하시는 모습을 보고 선생이야말로 심원한 비전과 포부를 품고 한생을 살아온 이 시대의 참다운 지성인이며 사표(師表)라는 것을 직감했다. 지금 세세한 기억은 아리송하지만, 선생이 그토록 깊은 자부심을 가지고 역설하시던 농촌계몽운동가의 길은 곧 망국의 비운에 허덕이는 조국 한반도를 '동양의 덴마크'로 만들려는 원대한 꿈의 길이었다는 사실을 재삼 확인하게 된 순간 선생에 대한 존경심은 더욱 깊어졌다.

성천 선생은 1911년 경기도 이천에서 태어나 고향에서 죽남공립보통학교를 마치고(1928), 서울 양정고등보통학교를 거쳐(1933) 1936년에 수원고등농림학교(서울대학교 농과대학 전신)를 졸업했다. 선생은 양정고보 4학년 때 『동아일보』가 주도한 농촌계몽운동인 브나로드(Vnarod)운동에 직접 참여하면서 평생을 농촌 부흥에 헌신하겠다는 초지(初志)를 가다듬는다. 우수한 성적으로 고보를 졸업한 후에는 상급학교 진학을 앞두고 명문으로 꼽히던 세브란스의학전문학교와 당시 조선 유일의 고등교육기관이던 수원고농 사이에서 고민을 거듭하다가 결국 농학도로 일생을 보낼 결심을 굳히고 수원고농을 선택한다.

성천은 수원고농에 들어가서부터 구체적인 미래의 농촌 개발 모델을 구상하기 시작하는데, 그 결정적 계기는 은사 김교신(金教臣)으로부터 『덴마크 이야기』란 소책자를 받아 읽게 된 것이었다. 이 책은 무교신자(無教信者)인 김교신의 스승이자 일본의 유명한 무교회주의 신앙인 우찌무라 칸조오(內村鑑三)가 일본에 농업국가 덴마크의 부흥담을 처음으로 소개했던 책이다. 성천 선생은 이 책을 감명 깊게 읽고 또 읽으면서 조선을 '동양의 덴마크'로 만들겠다는 이상을 굳혔다고 회상하곤 했다. 선생은 1950년에 출간한 『새 역사를 위하여: 덴마크의 교육과 협동조합』이란 저서에서도 귀감으로 삼아야 할 덴마크의 선진 교육과 농촌 부흥상을 소상히 소개하고 있다.

초기에 선생이 주창한 덴마크식 농촌부흥운동과 1930년대에 청년 학생들 속에서 광범위하게 일어났던 농촌계몽운동인 브나로드운동은 맥락을 공유해 쌍벽을 이룬 조선 농촌의 변혁운동이었다. 실은 브나로드운동도 그 원류를 따지고 보면 덴마크의 농촌부흥운동에 연(緣)이 닿은 농촌계몽운동이라고 해도 무리가 아닐 성싶다. 이렇게

1930년대를 전후해 일제 식민지라는 열악한 환경 속에서 일군의 선각자들에 의해 불길이 지펴진 조선 농촌의 변혁운동은 아직까지 그 중요성에 비해 관련 연구가 상당히 부실하여 실태가 제대로 밝혀지지 않고 있다. 그 원인의 하나는 아마 균형 잡히지 못한 종교적 편견이라고 사료된다.

1902년 대한제국이 외국과 맺은 마지막 수호조약인 한국덴마크 수호통상조약(韓丁修好通商條約)의 체결을 계기로 한국과 덴마크 양국 간 수교의 역사는 110여년에 이르며, 이는 한국과 유럽 국가들 간에는 보기 드문 긴 역사다. 그 역사만큼이나 양국 관계의 내용도 거의 모든 분야를 아우를 정도로 다양하다. 예컨대, 기술 분야만 보더라도 수교 3년 만인 1905년 덴마크의 기술 지원에 의해 한국 최초로 전신이 가설되었으며, 1985년에는 한국 내 최대 규모의 우유공장인 서울우유 파주공장과 정읍의 한정유(韓丁油)가공주식회사가 준공되었다. 연구 분야에서는 1968년 코펜하겐대학에 한국어 강좌가 개설되었고, 7년이 지난 1975년에는 덴마크 동아시아연구소에 한국어학과가 공식 설치되었다. 상대적으로 좀 늦기는 했지만 1995년 한국외국어대학교 내 스칸디나비아어과에 덴마크어과가 부설되어 덴마크 전문가들을 양성해오고 있다. 이렇게 양국 간에는 한세기가 넘는 화려한 교류의 역사가 끈끈히 맥을 이어왔지만, 어찌된 영문인지 한국의 근대화와 한국-유럽 간 교류사에 빛나는 족적을 남긴 덴마크의 농촌부흥운동과 그것이 한국을 비롯한 동방세계의 근대화에 미친 영향 같은 흥미로운 문제는 관의 홍보 자료와 민간 연구 어디에도 별로 반영되어 있지 않다.

그래서 필자는 양국 간행물에 영성적(零星的)으로 널려 있는 조각

사료들을 수합해 종합적인 조명을 시도했다. 특히 덴마크를 부강한 나라로 만든 위대한 농촌부흥운동에 초점을 맞추어 이 운동과 지난 세기 전반 우리나라에서 일어났던 농촌변혁운동(농촌계몽운동과 농촌부흥운동)의 상관성을 발견했을 때, 역시 '세계 속의 한국'이라는 자부심과 더불어 그 상관성의 속내를 들춰보자는 구지욕이 생겼다. 사실 그 조명은 문명의 모자이크로서 유럽문명사가 겪어온 명암과 허실을 있는 그대로 들여다보는 계기이기도 하다.

들춰낸 대로라면, 우선 시기와 단계 면에서 1920~60년대에 한국 농촌에서 일어난 농촌변혁운동을 전기와 후기로 나누되 전기는 1920~30년대 농촌계몽운동으로, 후기는 1940~60년대 농촌부흥운동으로 명명과 더불어 개괄해본다. 내용 면에서 전기는 초기 계몽운동과 브나로드운동 시기로, 후기는 덴마크식 농촌부흥운동으로 대별한다. 이 두 운동의 공통점이 청년 지식인들이 상대적으로 낙후한 농촌에 직접 들어가 문맹퇴치와 생활환경 개선 등 사회문화적 변혁운동을 전개하는 것이라면, 차이점은 사회제도의 개혁 여부다. 즉 계몽운동은 사회문화적 환경의 개선을 목표로 하며, 부흥운동은 사회경제제도의 근본적인 개혁을 통해 나라의 선진화 실현을 종국적 목적으로 삼는다. 이러한 목적의 차이에 따라 각 운동의 성격과 전개 형태 및 전략·전술이 달라진다.

일제강점기에 한국 농촌변혁운동의 2대 산맥 중 하나인 브나로드운동이란 1930년대 『동아일보』가 선도한 농촌계몽운동을 말한다. 『동아일보』는 1931~34년 동안 4차에 걸쳐 전국적인 문맹퇴치운동을 전개했는데, 3차까지는 이 운동을 브나로드운동이라고 불렀으나 4차부터는 우리말로 '계몽운동'이라고 바꿨다. 원래 브나로드는 러시아어로 '민중 속으로'라는 뜻인데, 제정러시아 말기에 러시아 지식인들이 이상사회를 건설하려면 민중 속으로 들어가 그들을 깨우쳐야 한다는 취지로 만든 구호다. 이 구호를 앞세우고 1874년 수많은 러시아 청년학생들이 농촌으로 가서 계몽운동을 벌였다. 이후로 이 말이 동양 일원에서는 계몽운동의 별칭으로 사용되었다.

그 영향을 받아 한국에서도 1920년대 초 서울의 학생들과 문화단체들, 일본 토오꾜오에 유학 중이던 학생들이 중심이 되어 처음으로 이 애국주의적 계몽운동을 벌이기 시작했다. 이어 1926년 천도교 조선농민사에서 유사한 운동을 펼쳤으며, 1930년대에 들어와서는 수원 고등농림학교의 한국 학생들이 문맹퇴치운동을 몇차례 벌이기도 했다. 이러한 시류에 영합해 동아일보사는 1928년 창간 8주년 행사의 하나로 문맹퇴치운동을 펼치려다 식민지 노예교육에 혈안이 된 조선총독부에 의해 제지당하기도 했다.

이러한 경험을 바탕으로 1930년대에 동아일보사가 4차례에 걸쳐 전개한 브나로드운동은 고등보통학교 4, 5학년의 어린 학생들로 이루어진 학생계몽대, 전문학교 이상의 학생들이 주축이 된 학생강연대와 학생기자대 등을 중심으로 널리 퍼져나갔다. 이들은 야학을 열고 음악과 연극, 위생생활을 가르치면서 계몽운동과 문화운동을 병행했다. 또한 1931년에 조직된 조선어학회의 후원으로 전국 주요 도시에서 조선어강습회를 열기도 했다. 이러한 민중계몽운동은 언론계와 문화단체, 청년학생 들의 힘을 모아 일제의 식민통치와 노예교육에 저항하고 독립의 문화적 토대를 다지기 위한 일종의 거국적 민족자강운동이었다.

이제까지 성천 선생이 주도한 한국에서의 덴마크식 농촌부흥운동이 발생한 역사적 배경을 이해하기 위해 브나로드운동 등 한국 농촌 계몽운동의 이모저모를 살펴보았다. 선생은 수원고농을 졸업하고 약 20년간 농학자로, 농촌부흥운동가로 활동하다가 지식의 보충과 학문의 심조(深造)를 위해 1956년 미국 미네소타대 대학원으로 유학을 갔다가 돌아와서는 1972년 건국대학교에서 명예 농학박사 학위를 받았다.

이제 선생 앞에는 선진 농업국의 꿈을 마음껏 펼칠 수 있는 탄탄대로가 활짝 열리게 되었다. 선생은 대소경중을 가리지 않고 오로지 그 꿈의 실현에 도움만 된다면 기꺼이 소임을 받아들이고 그 수행에 최선을 다했다. 선생은 1936년 개성 호수돈여고 교사를 거쳐 1959~79년 20년간 서울대학교 농과대학 원예학 교수로 교직을 지킨 것 말고도 '재건국민운동본부' 본부장에 위촉되어 이 단체가 '새마을운동'에 흡수되어 '재건국민운동중앙회'로 되면서 본부장에서 밀려날 때까지 약 19년간(1961~80) 전국농업기술자협회 총재, 국토통일원(현 통일부) 고문, 한국원예학회 회장(1975), 국정자문위원 등 15개 공사직(公私職)을 맡아 사회에 봉사했다.

물론 선생이 박정희 군사독재 시절 봉직한 데 관해 이러저러한 평가가 있을 수 있다. 그러나 단 하나, 어떤 자리에 있건 간에 그의 삶을 시종여일 받쳐준 심지는 식민지 후진 농업국인 조국을 덴마크식 선진 농업국으로 발전시키겠다는 꿈과 이상, 열의와 헌신이었다. 여기 이 말의 진의를 뒷받침해주는 일화 하나가 있다. 26쇄까지 찍은 선생의 명저 『새 역사를 위하여: 덴마크의 교육과 협동조합』을 읽고 깊은 감명을 받은 박정희 국가재건최고회의 의장은 선생을 이 최고회의 산하기관인 재건국민운동본부 본부장으로 위촉하고 싶다고 했다.(초대

본부장인 고려대 총장 유진오는 위촉 3개월 만에 이 운동이 '전체주의 체제'의 일환에 불과하다는 이유로 사직했다.) 그의 면전에서 선생은 세가지 조건을 걸고 수락했는데, 그중 하나가 바로 "국민운동은 나의 이념대로 하되 박의장이 간섭하지 않을 것"이었다고 한다. 그리고 오로지 이 땅에 '동양의 덴마크'를 건설하겠다는 일념에 불타던 선생은 숙소에 덴마크 부흥의 할아버지 그룬트비의 초상화를 걸어놓고 출근 전에 한번씩 기도하는 마음으로 바라보고 집을 나섰다고 한다.

성천 선생은 국민운동이 단순한 덴마크의 흉내가 아니라 덴마크 농촌 부흥의 교육과 협동사업 정신을 한국화하여 한국을 선진국으로 재건하자는 것이라고 늘 강조하곤 했다. 이를 위해 운동본부 산하에 국민교육·향토개발·생활혁신·사회협동 등 4개 부서를 설치하고 사업 전반을 이끌어나갔다. 그러나 전체주의자들과의 갈등과 국민의 냉소적 반응으로 인해 사업을 제대로 펼쳐보지 못한 채 1964년 국민운동본부는 해체되어 새마을운동에 흡수, 재건국민운동중앙회로 재편되는 바람에 선생은 유명무실한 허수아비로 밀려났다. 이로써 선생이 수십년간 지성의 양식으로 지탱해오던 공직 봉사는 덧없이 막을 내리고 말았다.

선생은 박식한 농학자이자 행정의 달인이었을 뿐 아니라 필재가 뛰어난 수필가이기도 했다. 다양한 내용을 포괄하는『새 역사를 위하여』외에도 대표적인 수필집으로『인생노우트』(1960)『유토피아의 원시림』(1958)『흙과 사랑』(1964) 등의 '류달영 인생논집' 전7권, 자서전『소중한 만남』(1998)『만남의 인생』(2003) 등이 있다.

필자가 선생을 만났을 때는 이미 공직에서 물러나 (사)성천문화재단 이사장이라는 한가로운 직함만을 지니고 계셨다. 그러나 선생에게

성천 유달영 선생으로부터 받은 도자 필갑과 표면의 친필 휘호 '好學爲公'

서는 영욕으로 점철된 기나긴 개인사에 관해 추호의 후회나 낙심의
잔영을 찾아볼 수 없었을 뿐 아니라, 여전히 그 시절의 꿈과 이상이
살아 숨 쉬고 있었다. 그 존경스러운 모습은 세월이 지나도 눈앞에 선
하다. 헤어지면서 만남의 기념으로 주신 선물 도자 필갑에는 '호학위
공(好學爲公, 공무를 위해 잘 배우다)'이라는 선생의 활달한 친필 휘호가
새겨져 있었다. 사표다운 격려사다.

06

'바이킹'의 '비크'로의 복명(復名)

　해적의 별칭으로 알려진 바이킹은 대서양 항행과 무역의 개척자이지만, 아마도 연구의 난점 때문인지 정사건 야사건 간에 그 정체가 별로 밝혀진 바 없다. 구색을 맞추느라고 언급하지 않을 수 없는 경우에도 근거 없이 떠돌아다니는 부언유설(浮言流說)이 태반이다. 작금 대학 교재로 널리 쓰이는 어느 서양사 개론서는 고대 오리엔트시대에 동지중해 국가들을 침범한 정체불명의 민족을 '해상민족'(Sea Peoples)이라고 얼버무리고, 서양문화의 지식을 소개하는 번듯한 사전 역시 그 어디에서도 '바이킹'이나 '해적'이란 낱말은 찾아볼 수가 없다. 그런가 하면 교양총서 격인 세계사 사전에서는 "바이킹은 중세 유럽 역사에서 상업과 교통의 발전에 크게 기여했다"라고 운은 뗐지만 내용은 몇줄밖에 안 된다. 그마저도 바이킹(Viking)과 해적(pirate)을 혼동한 나머지 바이킹만을 표제어로 올리고 있다. 한마디로 바이킹이나 해적

카리브해 바하마 수도 나소의 해적박물관 외관

에 관한 지식은 오리무중 상태다.

　고대 해양사의 시원과 관련해 중요한 단서를 제공하는 바이킹에 관해 일찍부터 특별한 관심을 갖고 있던 필자는 2014년 6월, 세계 해적의 중요한 활동 거점의 하나로 알려진 카리브해 바하마의 수도 나소(Nassau)에 있는 유명한 해적박물관을 부푼 심정을 안고 큰 기대 속에 찾아갔다. 그런데 박물관 이름부터가 '바이킹'이 아니라 '해적'박물관이었다. 현지 가이드도 바이킹이란 말을 알아듣지 못한다. 알고 보니 그 박물관은 17~18세기 나소를 근거지로 삼아 약 200년 동안 활동하던 해적들의 실상을 재현하기 위해 만들어진 박물관이었다.

　그 박물관은 당시 대서양과 카리브해를 중심으로 활동한 10대 해적 기지와 유명했던 해적 두목 10여명의 활동상을 유물을 통해 생생하게 소개하고 있었다. 사실 이들 해적의 활동에 관해서는 엇갈린 평가가 무성하다. 그들의 불법성과 비도덕성, 잔인성을 지적하면서도 '해적 사업'이니 '해적민주주의'니 해적의 '도덕경제'니 '정의의 분배'니 '새로운 종류의 공동체'니 하면서 의적(義賊)을 연상케 하는 아리송한 평가가 난무한다. 특이한 것은 당시 해적들이 정부로부터 소위 '약탈면허장'(Letter of Marque)을 발부받아 대형 선박을 이끌고 세계 5대양을 누비면서 공개적이고 집단적으로 무소불위의 노략질과 약탈을 일삼았다는 것이다. 때로는 정부와의 유착 속에서 식민지 개척의 척후병 노릇을 자행하기도 했다.(졸저 「66 해적은 '의적'인가」, 『문명의 보고 라틴아메리카를 가다』 2, 창비 2016, 472~86면)

그 박물관은 중세 대항해시대가 개막된 이후 서구 열강의 본격적인 해양 진출이라는 새로운 역사시대에 새로운 모습으로 나타난 해적들의 활동상을 증언하고 있었다. 이것은 그들보다 500~600년 전에 서북유럽 일원에서 나타나 진취적인 해외 진출과 약탈적인 해적 행위를 겸행한 바이킹들과는 엄연하게 구별되는 해양공동체다. 그렇다면 바이킹의 선조는 누구이며, 바이킹들의 사회상과 생활상은 어떠했고, 그들은 어떻게 해적화되었는가? 해양민족으로서 바이킹이 세계 해양사 전개에 미친 영향과 기여는 무엇인가? 해적의 성격을 띤 바이킹과 중세 해적 간의 계승성 내지 전통성은 무엇인가? 의문점이 끝이 없다.

그 박물관을 떠나면서 해양교류사 연구에서 필히 알아야 할 바이킹과 해적에 관한 지식이 얼마나 천박한가를 새삼스레 절감하고 자성하지 않을 수 없었다. 이러한 물음들에 대한 대답은 오로지 서북유럼 현지를 답사할 때만 가능할 것이라고 믿으면서 그날이 다가오기를 마음속 깊이 기원했다.

드디어 그로부터 꼭 3년이 지난 2017년 5월 22일 월요일, 그날이 오고야 말았다.

설렘 속에 여느 때보다 일찍이 잠에서 깨어 창문을 활짝 열어젖히고 하늘부터 봤다. 습관적으로 여행에서의 첫 관심사는 그날그날의 날씨다. 왜냐하면 날씨는 정서나 기분의 문제이기도 하지만 왕왕 그 결과가 그날의 여행에 영향을 미치기 때문이다. 날씨가 좋으면 마음의 여유가 생기고 걸음이 가벼워지지만, 반대로 궂으면 괜히 짜증이 나고 조바심이 일며 걸음이 무거워진다.

여기 코펜하겐은 여행의 계절이라고 해서 5월에 찾아왔건만, 소문과 달리 어제까지만 해도 뿌연 구름덩어리가 하늘을 휘저으면서 햇볕을 차단하고 갑작스레 빗방울을 뿌리곤 한다. 우리네 스산한 늦가을처럼 조금 을씨년스럽기까지 하다. 몇년을 이곳에서 살아온 미혜조차도 이것은 근년에 가끔씩 나타나는 이상기후 현상이라고 한다. 그러한 곰살갑지 않은 날씨는 아침까지도 심술을 부리는 것 같았다.

'하필이면!' 하는 원망을 삭이면서 8시에 집을 나섰다. 그런데 한 30여분쯤 달리니 구름 속으로 아침 햇살이 부챗살처럼 서서히 피어오른다. 그러자 구름덩어리는 산산조각이 나면서 북녘 하늘이 수평선 너머로 자취를 감추고, 대지는 대지대로 아롱다롱 햇빛으로 곱게 물들기 시작한다. 마치 오색찬연한 물감을 뿌려놓은 캔버스 같은 덴마크의 농촌 풍경이 한눈에 안겨온다. 경이로운 자연의 조화다. 알고 보니 이곳 특징인 온대 해양성기후 덕에 대서양으로부터 따스한 계절풍인 서남풍이 불어오면서 한기를 머금은 구름떼를 멀찌감치 북녘

덴마크 최초의 비크족(바이킹) 정착지 리베 근교의 비크촌 입구 조형물

으로 밀어낸단다. 신비로운 자연의 연출이다. 사실 덴마크는 국토 전체가 이 대서양의 서남풍 영향을 받아 겨울은 1월 평균기온이 영하 1.5도로 온화하고 여름은 7월 평균기온이 17도 정도로 서늘한 편이다.

오늘 바이킹의 역사적 행적을 찾아가는 곳은 덴마크에서 가장 오래된 도시의 하나이자 최초의 바이킹 정착지로 유명한 리베(Ribe)다. 리베는 코펜하겐의 서쪽 맞은편, 윌란반도의 북대서양 연안에 자리하고 있는 항구도시로, 오늘날에는 옛터 자리에 조성된 현대 도시와 근교에 이른바 '바이킹문화센터'(일명 '바이킹촌')가 있다. 시내에 있는 바이킹박물관과 함께 바이킹촌은 스칸디나비아반도 일원에 뿌리를 둔 바이킹 연구의 핵심 산실이다. 특히 바이킹촌은 8~11세기 바이킹

비크족의 삼각지붕 집과 다락방, 화덕

시대의 생활모습을 그대로 재현하고 실습으로 체험까지 할 수 있는 현장이어서 바이킹 연구자들과 관심 있는 이들이 필히 탐방하는 곳이다.

할애된 하루뿐인 시간을 쪼개 쓰려면 리베시에 있는 박물관보다 근교에 있는 바이킹촌을 가보는 것이 더 유익할 것이라는 판단하에 차로 약 3시간 걸려 촌 정문에 도착했다. 월란반도 서해안에 위치한 리베는 퓐섬을 사이에 두고 동부의 셸란섬에 자리한 코펜하겐과 연결되고 그 사이에는 크고 작은 2개의 해상 현수교가 가로놓여 있다. 덴마크는 셸란섬을 비롯해 500여개 부속 도서로 구성된 섬의 나라며 항해와 어업에 유리한 자연환경인 해안선의 길이가 무려 7,314km에 달한다.

바이킹촌은 외형상으로는 여느 덴마크 농촌처럼 평지에 자리한 한적한 마을이다. 입구에는 밧줄로 서로를 묶은 흑색의 대형 남자 목각상을 가로 세워 대문 역할을 한다. 가축 방목장 말고는 울타리가 없으며 개방적이다. 바이킹의 전통 문화와 생활을 복원할 뿐 아니라 현장 실습과 체험을 통해 그것을 보존하고 계승하려는 운영 목적을 갖고 있다. 그리하여 모든 것을 전통 방식으로 제작하고 복원하여 풀무를 갖춘 대장간과 목공소, 맷돌, 풍차, 물레방아 등을 갖추고 바이킹에게 필요한 (주로 농경과 어업 관련) 일체의 생산 용기와 도구, 생활필수품의 제작 과정을 생생하게 보여주고 있다. 유명한 바이킹 검을 담금질하고 이물이 용의 머리처럼 생겼다는 용두선(龍頭船)을 건조하는 기술은 대단히 신기로웠다. 아낙네들이 양털에서 실을 뽑아 천을 짜고, 염소에서 젖을 짜내는 모습도 흥미로웠다. 전시대에 진열해놓고 기념품으로 팔기도 하는 여러가지 색깔과 모양새의 장식품은 이들의 생활이 상당한 수준에 이르렀음을 보여준다. 건초로 이엉을 얹은 나지막한 토벽 살림집은 아늑하고 정갈하다. 관람의 마지막 순서로 젊은 남녀가 부엉이를 날리는 시범은 난생처음 보는 묘기로서 관람객들의 박수갈채를 받기에 충분했다.

마을을 대충 둘러보는 데만 4시간 반이나 걸렸다. 요소마다에 안내원이 배치되어 유머와 몸짓을 섞어가면서 친절하게 해설을 곁들여준다. 촌은 기본적으로 관광 수입으로 운영되는데 상시 운영인력이

맷돌과 각종 도기, 사륜 수레, 매사냥 시범을 보이는 남녀

100여명에 달한다고 한다. 그중 절반은 한두가지 기술을 소유하고 있는 바이킹의 후예로 상주 직원이고, 나머지는 여가 시간에 체험차 오는 직장인들이다. 사실 옷차림은 바이킹 전통대로이나 더러는 해맑은 얼굴에 비지땀을 흘리며 유난히 열심히 일하는 모습이 눈에 띄는데, 그들은 예외 없이 임시 체험생들이다. 체험 기간은 보통 주말의 1박 2일이지만 몇주간 지속하는 경우도 있다고 한다.

입구 전시실에서 바이킹에 관한 사료와 자료를 있는 대로 몽땅 구입했다. 가뭄에 단비 같은 큰 소득이다. 그들이 사용하던 전통 뿔잔도 선물로 몇개 거머쥐니 자못 뿌듯했다. 지금까지 우리는 북방 유목민들이 소나 양의 뿔로 만들어 쓰던 술잔이 헬레니즘시대에 그리스나 페르시아를 거쳐 가야시대에 우리나라에 처음 전해진 것으로 알고 있었는데, 이렇게 우리와 바이킹 간에 뿔잔이라는 동서 문명교류의 중요한 징표의 하나인 역사적 유물을 공용했다는 사실에 새삼 놀라지 않을 수 없었다. 또 한번의 고고학 수업을 받은 셈이다. 그제야 다들 출출해하는 것을 느끼고 입구 옆의 간이식당에서 바이킹 전통 빵과 수프를 주문했다. 빵은 그런대로 먹을 만한데 수프는 어찌나 짠지 물을 타고서야 간신히 넘길 수 있었다. '전통'이라고 주문했기 때문에 더 사족을 붙이지 못한 채 자리를 뜨고 말았다.

정문을 나서니 멀리 서쪽으로 대서양의 일렁이는 파도가 시야에 어렴풋이 들어온다. 온 김에 대서양에 발이라도 담그고 싶어 발길을 그쪽으로 돌렸다. 무연한 갯벌 한가운데를 가로질러 바닷가 둑에 이르렀다. 30여명의 초등학교 저학년 꼬마둥이들이 먼저 와서 왁자지껄 바닷가 모래톱을 즐기고 있다. 그런데 그들이 타고 온 버스가 희한하다. 트럭이 끄는 대형 2층 버스로 천천히 갯벌이나 모래톱을 산책하는 데 적격인 전용 버스라고 한다. 기름도 절약되니 일석이조인 셈이다. 명실상부한 복지국가다운 기발한 발상이다.

돌아오는 길에 리베시에 들러 바이킹박물관과 대성당을 한바퀴 돌아보고 해가 뉘엿뉘엿 저물어갈 무렵 서둘러 귀로에 올랐다. 하루 종일 바이킹 세계라는 판판 딴 세상에서 부대낀 일들이 주마등처럼 눈앞을 스쳐지나간다. 천여년이라는 길고도 긴 역사의 풍진 속에서 자칫 흔적도 없이 사라질 뻔한 역사와 문화, 삶의 전통을 꿋꿋이 이어가려는 바이킹 후예들의 고매한 정신과 의지, 남다른 용맹과 고군분투의 기상에 누군들 감복하지 않으랴. 그러면서 아직까지도 난마로 뒤얽혀 있는 바이킹의 실체를 제대로 한번 밝혀봤으면 하는 충동이 더욱 강하게 치밀었다.

필자는 3년 전 카리브해 바하마의 나소 해적박물관 참관을 전후해 수집한 사료와 이번 리베 바이킹촌을 현장 답사하면서 얻은 생생한 지식을 취합해 바이킹 세계의 조잡한 밑그림이나마 한번 그려봐야겠다는 용단을 오랜 주저 끝에 내렸다. 전술한 바와 같이 바이킹의 역사에 관해서는 서양사 개설서는 물론 공인 교재마저도 원인은 알 수 없으나 응분의 탐색이나 납득할 만한 기술을 피하고 있는 왜곡된 현실이 더더욱 이러한 용단에 불을 당겼다. 비록 전공자는 아니지만 무언가 그려보자는 발상이 일종의 학문적 만용이나 과욕이 아니겠는가 하는 걱정이 행여 기우가 되었으면 하는 기대 속에 초야(初野)를 일구는 심정으로 감히 도전장을 내밀어본다. 그 이면에는 적반하장이나 아전인수 같은 얄팍한 기교로 역사의 진실을 가리려는 근현대 서구 문명의 요사스러운 민낯을 한번 적나라하게 드러내 보이려는 학자적 충동이 절절하게 작동한 것도 사실이다.

우선, 우리가 흔히 말하는 바이킹, 즉 해적이라는 비칭(卑稱) 자체가 그러한 민낯을 가려내는 시금석이 된다. 필자는 일찍부터 유럽의 중세 암흑기 한때를 쥐락펴락했던 선진 해양세력 일파를 역사의 주역의 하나가 아니라 변두리 '해적'으로 명명하고 정사에서 그 존재를 아예 탈락시켜온 사실에는 필경 어떤 꿍꿍이셈이 도사리고 있지 않겠는가 하는 의혹의 눈초리를 곤두세워왔다. 언젠가는 그 속내를 한번 샅샅이 밝혀봐야겠다는 야심 아닌 선심을 품은 적도 있었다. 작금 해양사를 통한 문명교류사 연구를 지향하면서 북유럽 바이킹에 대한 관심은 더 절박해졌다. 그리하여 이번에 특히 그 현장인 북유럽 주유의 첫 과녁을 바이킹 해명에 맞춘 것이다.

해명은 이 해양세력의 참이름을 찾아내는 것부터다. 지금까지 회자되어온 유설(謬說)에 의하면, 바이킹은 8세기 중엽부터 11세기 초엽까지 스칸디나비아반도 연해 일대에서 활동하던 노르만족(북게르만족) 가운데 일부 해양에 진출한 해양민에 대한 유럽인들의 비칭이다. 그들이 해상에 진출해 생계를 위한 기습과 약탈을 일삼게 되자 주변 유럽인들은 그들을 일괄하여 라틴어로 '바이킹', 즉 '해적'이라 불렀다. 이것은 노르만족계 해양민에 대한 유럽인들의 공포와 기피, 비하의 복합적 의미가 라틴어로 갈무리된 명칭이다.

아이러니하게도 역사는 왕왕 부당한 와전을 관행이랍시고 묵인할 뿐 아니라 때로는 공식 명칭으로까지 둔갑시킨다. 바이킹의 경우가 바로 그러하다. 그러나 당시는 물론 오늘날까지도 바이킹의 후예들은 자신들을 해적으로서의 바이킹이 아니라 본연대로 스칸디나비아 연해 일대에 산재하는 비크(vik)에서 유래한 바이킹, 게르만족 해양민으로 자임하고 있다. '비크'는 고대 스칸디나비아어로 만(灣)이나 강어귀, 좁은 강(夾江)이란 뜻으로서 그들이 본래부터 어민들이었음을 시사한다.

여기서 명약관화한 것은 바이킹이란 명칭은 같은 유럽세계, 같은 유럽문명권 내에서 이주하여 혼거(混居)하게 된 동조동근(同祖同根)의 선진 해양민에 대해 인접 유럽인이 붙인 기시와 멸시의 비칭에 불과하다는 사실이다. 설혹 초기의 명명은 그렇다손 치더라도 그 비칭이 오늘날까지도 민낯을 드러내지 않고 마냥 정식 명칭처럼 비호, 회자되고 있는 사실은 무어라고 변명해도 유럽문명사의 한 치부라고 질타하지 않을 수 없다. 만시지탄이지만 이 유구한 역사와 찬란한 문화를 간직한 해양민의 본향을 복원한다는 뜻에서, 그들 스스로 자임하는 대로 비크족 혹은 비크인으로 이름을 되돌려놓는 것, 바이킹(해적)의 비크로의 복명(復名)이야말로 이 시대를 살아가는 우리 문명인들이 수행해야 할 역사적 책무라고 믿어 의심치 않는다. 후술하겠지만, 비크인들은 장구한 역사발전 과정에서 흩어져 소집단을 이루어 살아왔음에도 사회 각 방면에 걸쳐 하나의 민족공동체를 구성할 수 있는 제반 요소를 공유하고 있다는 사실에 주목해야 한다. 모두가 이것을 인지할 때만 비크인들은 바이킹이라는 누명을 벗어던지고 당당하게 유럽 문명인들의 반열에 함께 서게 될 것이다.(바이킹의 명명 유래를 비롯한 해적사에 관해서는 앞의 졸저 참고)

비크인들이 스칸디나비아반도를 비롯한 해안지대에 정착하여 활동한 역사시대를 '비크시대'(Vik Age)라고 부른다. 이 시대의 구체적인 상한선과 하한선에 관해서는 아직 정설은 없지만 대체로 8세기 중엽부터 11세기 초엽까지의 270여년간으로 보는 것이 중론이다. 지금까지 남아 있는 비크족에 관한 첫 기록은 영국의 유명한 중세 역사서 『앵글로색슨 연대기』(Anglo-Saxon Chronicle, 저자 미상, 9세기)에 실린 789년 비크인들의 잉글랜드 습격 기사이다. 이 책에 따르면 영국인들은 생면부지의 그들을 상인으로 오인했으며, 그들을 현지의 징세관(徵稅官)을 살해하고 재물을 마구 빼앗아간 바이킹(해적)으로 묘사하고 있다. 그로부터 4년 후인 793년의 기사에도 비슷한 내용이 반복된다.

일단 내륙에서 해안가로 진출해 정주하기 시작한 비크인들은 강렬한 해양정복 의지를 불태우면서 고유의 호전성과 용맹성, 출중한 무기와 발달한 조선술과 항해술 등에 의거해 불과 2~3세기밖에 안 되는 짧은 기간 내에 넓은 해역을 누비면서 문자 그대로 동정서벌(東征西伐)의 전승가도를 달렸다. 그리고 스칸디나비아반도를 중심으로 한 서북유럽 일원에 숱한 비크 정착지와 소규모 왕국 들을 건설함으로써 문자 그대로 일세를 풍미했다. 이 대목에서 역사가들이 중구여일(衆口如一)로 경악을 금치 못하는 것은 그들이 전장에서 발휘한 높은 기동성과 민첩성이다. 그들의 신출귀몰한 진격과 전광석화 같은 퇴각은 그 누구도 저지하거나 추격할 수가 없었다고 한다. 그래서 '무적의 바이킹'이란 말이 나왔다. 이와 더불어 그들은 주변 국가들, 지역들과 활발한 무역거래를 진행하고 멀리 아메리카대륙에까지 진출함으로써 세계 무역사와 해양사에 불멸의 업적을 남겼으며, 인류 공동의 문화유산 창조에도 불후의 기여를 했다. 다행히 지금까지 베일에 싸였던 이 모든 것이 이제 조금씩 벗겨지고 있다.

비크족의 해상을 통한 동정서벌사를 지역별로 살펴보기로 하자.

1) 동정: 동정은 비크인들의 최초 해상 진출로서 그 대상은 주로 오늘날의 러시아 중부 우크라이나 지역이다. 러시아측 고문서 기록과 출토 유물에 의하면, 비크족은 6세기부터 발트해 동부 연안으로 이동해 얼마 동안 정착했다가 8세기 말경에 오늘날의 러시아 돈강 하류를 따라 내지로 침투하면서 정착지와 방어 요새를 축조했다. 그들은 계속 동진해 9세기 중엽에 이르러서는 동유럽 평원에 끼예프를 수도로 한 봉건국가 끼예프 루스(Kiev Rus, 일명 고古루스, 루스국, 또는 비크대공국大公國)를 건국했다. 당시 현지 슬라브인들은 훗날 러시아의 어원인 '루스'란 말의 뜻을 항해에 정통한 사람, 즉 비크인으로 이해하고 있었다. 따라서 이 끼예프 루스, 즉 비크대공국은 최초의 러시아 국가인

셈이다. 현존 러시아의 가장 오래된 연대기인 『원초 연대기』(*Primary Chronicle*)의 912년과 945년 항목에는 루스를 무역에 종사하는 상인으로 묘사하면서, 그들과 그리스인들 사이에 체결된 통상조약 두가지를 기록으로 남겼다. 끼예프 루스를 대표해 이 조약에 서명한 이의 이름은 틀림없이 비크인들만이 사용하는 인명이다.

그러나 정착 생활이 길어짐에 따라 비크족들은 정치적 위상은 그런대로 유지했지만 기타 생활의 여러 영역에서는 점차 슬라브인들에게 흡수, 동화되어갔다. 그러다가 11세기 초반에 비크인들은 동방을 향해 새로운 이동을 시작했는데, 여기서 주목되는 것은 끼예프 루스를 거점으로 그 세력을 비잔틴제국으로 확장했다는 점이다. 비잔틴과 유럽 간의 교통 요지에 자리했던 끼예프 루스는 두 지역의 무역을 비롯한 교류(넓은 의미에서는 동서방 교류)의 중계 역할을 수행했다. 급기야 비크인들은 2천대의 선박과 8만명의 군사를 동원해 비잔틴제국의 수도 콘스탄티노플까지 진출했는데, 비크족으로 추측되는 '바라크'라는 사람들은 이미 용병으로서 황제의 근위대로 복무하고 있었으며 그들 가운데서 비크 출신 군총사령관이 배출되기까지 했다고 한다.

2) 잉글랜드 침입: 앞에서 주로 9세기 이래 스칸디나비아반도의 맹주로서 덴마크 해양제국의 잉글랜드 통치에 관해 이야기했다면 이 절에서는 데인인을 비롯한 덴마크 비크인들의 잉글랜드 침략과 해적 행위에 관한 기술에 초점을 맞춘다. 덴마크 비크인들이 해양활동을 시작하면서 세운 첫번째 목표가 지리적으로 가까울 뿐 아니라 당시로서는 가장 발달한 해양국의 하나로 얻을 것이 많은 잉글랜드 공략이었다. 789년 일군의 비크인들이 처음으로 잉글랜드 서남부 도싯 해안 일대에 나타나 소란을 피우고 재물을 약탈해갔다. 이것을 시작

으로 잉글랜드 해안에 비크인들이 자주 출몰하기 시작했다. 그럴 때마다 현지인들은 다네겔(danegeld, 덴마크어로 세금의 뜻. 침략자 데인인 비크족들에게 바치는 세금)이라는 속금(贖金)을 지불하고 침략자들을 돌려보내곤 했다. 그러다가 웨섹스왕국의 앨프리드 대왕 시대에 이르러 침입한 몇몇 주요 비크인 부족과 협약을 맺고 잉글랜드 동북부 지역에 그들이 덴마크어로 다넬라겐(Danelagen, 영어 Danelaw)이라고 부르는 거주 지구를 법적으로 허용했다.

865년 비크인들은 덴마크 대군을 앞세워 잉글랜드에 대대적인 침략을 감행한 이래 200년(865~1066) 동안이나 잉글랜드 영토 대부분을 강점하고 비크식 통치를 강행했다. 이 200년은 비크시대의 3분의 2에 해당하는 전성기였다. 그러나 아이러니하게도 이 가장 왕성하게 활동하면서 번영기를 누리던 땅에서 비크인들은 스스로 무덤을 파고 말았다. 1066년 9월 25일 잉글랜드 앵글로색슨의 마지막 왕 해럴드 2세(Harold II) 지휘하의 영국 군대와 노르웨이 국왕 하랄 3세(Harald III)가 이끄는 비크 침략군 간에 유명한 스탠퍼드교(橋)전투가 벌어졌다. 이 전투에서 노르웨이 왕이 전사하고 비크군은 거의 전몰하는 비운을 맞게 되었다. 급기야 200여년간 서북유럽을 발호하던 비크시대는 역사의 뒤안길로 사라지고 말았다.

3) 아일랜드 침입과 정착: 아일랜드를 비롯한 북유럽 서해 일원에는 일찍부터 동쪽 노르웨이 방면에서 이주한 비크인들의 팽창의 손길이 미치지 않은 곳이 거의 없었다. 795년에 서해에서 가장 큰 섬인 아일랜드의 부속 섬 레크루(위치 미상)를 내침한 비크인들은 이 섬을 거점으로 더블린을 비롯한 아일랜드 전역에 몇개의 왕국을 건설하고 정착지를 마련했다. 이어 통치 기반을 확대, 공고히 하기 위해 1014년

에는 내전까지 일으켜 통합을 시도했으나 뜻을 이루지 못했다. 비록 통합에는 실패했지만 아일랜드의 영토 대부분은 비크 세력의 지배하에 놓이게 되었다. 12세기에 이르면 비크족은 영국의 아일랜드 침공을 막아낼 수 있을 만큼 강력한 해양세력으로 성장한다.

지금까지도 아일랜드 사람들 사이에는 이곳 비크인들이 세계 최대 섬인 그린란드를 발견한 이른바 '에리크 이야기'(Eiriks saga)가 전승되고 있다. 이 '이야기'에 의하면, 아일랜드에 살고 있던 노르웨이 출신의 레이브 에리크(Leiv Erik)라는 비크인이 살인죄를 범해 3년간 쫓겨나게 되자 982년 가축과 가족을 배에 싣고 정처 없이 항해하다가 280km 떨어진 곳에 표착했는데 그곳이 바로 오늘날의 그린란드다. 그는 3년의 형기를 마치고 아일랜드에 돌아와서 자기가 발견한 땅이 풀과 숲이 우거진 살기 좋은 곳이라고 널리 알렸다. 그의 이야기에 이끌린 350여명의 아일랜드인들이 그를 따라 그린란드에 도착했다. 그들은 작은 포구에 첫 비크 마을을 이루고 비크식 개척에 나섰다. 얼마 안 가서 300여개의 농장이 생겨나고 인구는 약 4,000명까지 불어나 상당한 비크족 정착지가 형성되었다.

4) 아메리카대륙의 발견: 에리크 이야기에 따르면, 그의 세 아들 중 둘째인 레이브 에릭손(Leiv Eriksson)은 1000년경 그린란드에서 노르웨이로 돌아와 기독교로 개종하고, 이듬해 그린란드의 비크 정착민들에게 기독교를 보급하라는 노르웨이 왕 올라프 1세(Olaf I)의 명령을 받고 1002년 그린란드로 돌아가기 위해 노르웨이를 떠났다. 그는 항해 도중 의도적으로 항로를 바꿔 북아메리카대륙을 향했다. 이때 상륙한 곳이 바로 현재 북아메리카 캐나다의 동안 빈란(Vinland)이다. 에릭손이 의도적으로 항로를 바꿔 빈란으로 향했다고 보는 근거는 이미

14년 전에 그곳에 갔다 돌아온 아일랜드인 비아르니 헤리올프손을 통해 그곳 사정을 알고 있었으리라는 추론이 가능하기 때문이다.

북아메리카 동북부 대서양과 북극해 사이에 위치한 그린란드는 북아메리카에 속하는 세계 최대의 섬으로서 지리적으로 북아메리카대륙과 그리 멀지 않은 거리에 있다. 비크인들이 이미 그린란드에 정착기지를 꾸리고 주변 해양에서 활발한 해상활동을 전개했다는 사실 등을 감안하여 오랫동안 역사학계에서는 사실 그들이 북아메리카 어딘가에 활동 흔적을 남겼으리라는 개연성을 추정하고 있었다. 그럼에도 1898년 미국에서 출토된 북유럽 석조물은 1958년에 가짜라는 것이 판명되었으며, 1965년 아메리카대륙 해안선 윤곽이 뚜렷하게 그려져 있어 학계를 일시 흥분케 했던 「비크 해도(海圖)」 역시 위조품이라는 것이 확인되었다. 그러다가 1969년 덴마크의 한 해적 묘에서 석제 활촉 한점이 발견되었는데, 다행히 그것이 아메리카산이라는 것이 고증되면서 비로소 비크인들이 아메리카대륙에 도착했었다는 물증으로 간주하게 되었다.

이러한 물증과 더불어 문헌에서 증거를 찾아내는 것은 역사고고학 연구의 상례다. 여기서도 예외 없이 학자들은 비크인의 아메리카대륙 도착 관련 기록을 찾아내는 데 연구의 끈을 놓지 않았다. 여러 가지 관련 기록들이 상정되었지만 그 가운데서 가장 신빙성 있는 기록으로는 노르웨이의 역사학자 헬게 잉스타드가 발굴한 『노래책』(Plateyjarbok, 13~14세기)에 실린 「그린란드인들의 이야기」(Groenlendinga)가 꼽힌다. 이 책은 레이브 에릭손이 이끄는 비크인들이 낯선 바다를 건너 새 땅을 발견했는데 그 땅을 '빈란'이라고 불렀다는 내용을 전하고 있다. 실제로 1000년 이후 에릭손 일행은 북아메리카 땅에 닿았으며, 헬룰란(Helluland, 현 래브라도)과 마르클란(Markland, 현 뉴펀들랜드), 빈란을 두루 탐방했다.

이렇게 레이브 에릭손의 아메리카 도착은 지금까지 알려진 콜럼버스의 이른바 대서양 횡단 항해에 의한 아메리카대륙 발견보다 약 500년이나 앞서 일어난 역사적 장거이며 세계 원양해양사의 선구적 업적이다. 이 '사건창조적 인물'들의 운명에 관해서는, 훗날 아메리카의 토착민이 되었다거나 토착민 인디언들에게 추방당했거나 죽임을 당했다는 등 여러가지 낭설이 있다.

이와 같이 8세기경에 스칸디나비아의 척박한 협강지대를 탈출해 드넓은 해양세계로 진출한 노르만족(북게르만족)의 일족인 비크인들은 불과 200년도 채 안 되는 기간에 뛰어난 조선술과 항해술, 누구도 따를 수 없는 높은 기동력과 약탈술로 중세 유럽을 휩쓸어 유럽의 서북부 대부분과 중부와 남부의 광활한 지역, 이어 북아메리카 일원까지 진출해 정착지를 확보했다. 구체적으로 그 영역을 보면, 서쪽으로 영국과 아일랜드, 북쪽으로 발트해 연안, 동쪽의 러시아, 남쪽으로 프랑스 노르망디와 이탈리아 남부, 비잔틴제국, 지중해의 시칠리아, 팔레스타인, 더 나아가 그린란드와 북미까지 실로 북반구의 광활한 여러 지역을 아우른다.

그렇다면 비크족은 왜 대대손손 뿌리내린 본향을 떠나 이역에서 해양민으로 변신했으며 어떻게 저러한 광활한 영역을 약 200년 동안이나 확보할 수 있었는가? 사실 지금까지 비크인들에 대한 서구인들의 의도적인 시기와 편견 내지 멸시로 인해 그들의 역사는 어느 것 하나 제대로 밝혀진 것이 없다. 예컨대 비크인들의 해양 진출 요인에 관해서는 그저 한마디로 야만족의 약탈 본성 때문이라는 왜곡에만 급급해왔다. 그들의 부족 명칭을 바이킹, 즉 해적이라는 비칭으로 일괄했을 뿐 아니라 그들의 모든 행적을 잔인무도한 약탈이나 편취(騙取) 등 비인간적 만행으로 치부했다. 이것이 오늘날까지도 유럽인들에 의해 겹겹이 가려진 비크족의 민낯이다. 이제는 그 민낯을 제대로 드러내야 하지 않겠는가.

'비크족의 해양 진출'이라는 의제의 역사적 요인을 고찰하는 데는 보편요인과 특수요인의 두가지로 나눠 접근해야 한다. 보편요인이란 인류 역사에 보편적으로 작동한 요인이며, 특수요인이란 특정 민족이나 지역의 역사에 특수하게 작동한 요인을 말한다. 역사 분석의 하나의 기제로서 이를 비크족의 해양 진출 요인에 대입시켜 그 실체를 알아보자.

동서고금의 역사를 훑어보면 비크족의 해외 진출과 유사한 역사상이 적잖게 눈에 띤다. 대체로 인류 역사는 씨족사회가 해체되고 부족연맹공동체인 국가와 그 주역인 민족이 형성되는 과도기에 이르면 부족이나 민족 간에 갈등이 생기고 분쟁이 일어나는 등 사회적 불안이 조성되면서 전래의 사회적 균형이 깨지고, 약자와 강자 간의 대립과 경쟁이 심화된다. 이러한 사회적 분화 과정에서 약세로 몰린 일부 구성원들은 부득이하게 족장 같은 우두머리의 인솔하에 '신천지'를 찾아 집단적으로 진출(이주)하는 현상이 종종 일어난다. 이러한 진출은 다분히 선택적인 것이 아니라 강요에 의한 것으로서 역사에서는 하나의 보편요인으로 간주된다.

고대 게르만족의 일족인 비크족은 여러 씨족으로 구성된 부족복합체로서 부족국가연맹을 결성하는 과정에서 부족들 간에 필히 대립과 경쟁 등 갈등이 있었으리라 짐작되는데, 사료와 연구의 미흡으로 단정할 수는 없다. 요컨대 그들의 해양 진출을 유도한 보편요인에 관해서는 아직 왈가왈부할 수 없는 것이다. 다만 그들이 스칸디나비아반도 일원에 진출한 후 얼마 되지 않아서 왕들의 지휘하에 여러개의 왕국 단위로 해양활동을 전개했다는 기록이나 전설로 미루어, 그들의 해양 진출 역시 열세에 몰린 우두머리 족장들의 인솔에 따라 '새 천지'를 찾아 이루어졌을 개연성을 생각하게 된다. 그것이 사실이라면 그들의 진출은 전술한 바와 같은 보편요인에 의해 단행된 것이라 추론할 수 있다.

이러한 추론과 더불어 그들의 해양 진출을 특수요인의 작용으로 보는 견해가 지금으로서는 중론으로 부상하고 있다. 즉, 비크족의 명칭 유래에서 십분 가능한 추단은 좁고 척박한 협강지대에서 구차하게 살아오던 농경민들이 인구가 증가하자 비옥한 농토를 찾아 탈향하여 인근 해안가에 진출했다는 사실(史實)이다. 이러한 외래 이민 비크족은 '굴러온 돌이 박힌 돌을 빼'듯이 해안가 원주민들을 몰아내고 그곳에 비크족이 주인이 된 여러 소왕국들을 세우고 선진 조선술과 항해술을 앞세워 서북유럽의 드넓은 해역을 완전히 제패하면서 200여년의 번성한 비크시대를 열었다. 그들이 해안가에 세운 소왕국들이 오늘날의 노르웨이와 덴마크를 비롯한 북유럽 제국(諸國)의 시조인 것이다.

07

비크인들이 영위한 삶의 궤적

1,500여년 전, 스칸디나비아 한구석에서 해양민으로서의 운명을 타고난 비크인들은 주변의 오만한 유럽 이족(異族)들로부터 따돌림을 당하면서 본명마저 무시되는 지난한 환경 속에서도 이르는 곳마다 작지만 강한 민족공동체를 이루어 그들 나름으로 역사의 궤적을 개척해왔다. 비록 만고풍상(萬古風霜)으로 그 흔적들이 적잖게 마멸되었지만 여러곳에 남아 있는 유적·유물과 전승에 의해 비크인들의 실체가 조금씩 드러나고 있다. 스칸디나비아 전역 여러곳에 아직까지도 이른바 '비크촌'이라고 하는 그들의 전통적 집단거주지가 산재한다.

그 대표적인 곳으로 우리가 직접 탐방한 덴마크 리베시 근교의 바이킹문화센터와 스웨덴 남부 해안가에 자리한 포테비켄(Foteviken)촌을 들 수 있다. 오늘날은 이러한 비크 마을들이 공공 관람지로 개방되어 비크인들의 전통적 생활상이 세상에 속속 알려지고 있다. 흥미로운 것은 이곳의 전통 생활을 하는 비크인들이 느슨한 울타리 하나를 사이에 두고 현대 비크인들과 분리된 상태에서 공존하며 자신들의 전통문화를 보존, 선양하고 있다는 점이다. 어찌 보면 개명과 비(非)개명의 대조에 주눅이 들 법도 한데, 그러한 기색은 조금도 내비치지 않은 채 오로지 자신들의 전통을 지키고 이어가려는 이들 비크촌 촌민들의 철심석장(鐵心石腸)에 절로 머리가 숙여진다. 그럴 때면 그들의 실체를 있는 그대로 세상에 알리고픈 마음이 굴뚝같다.

이제 보고 읽고 들은 자료들을 한데 모아 '비크인들의 삶의 궤적'이라는 한줄에 엮어 종합적으로 투시하려고 한다. 그 과정에서 독자들과 함께 행여 지금껏 알지 못했던, 혹은 잊힌 한 문명의 전형을 발견하지나 않을까 하는 기대를 가져본다. 해적이 아닌 진정한 해양민이 창출한 문명 말이다.

비크족 사회는 기본적으로 3대 계층, 즉 다수가 대영주(Iird)인 왕후나 세습귀족(Jarl), 군인 위주의 무사들과 자유인(Karl), 그리고 최하층 노예(Thrall)로 구성되었다. 그러나 이러한 사회계층적 분화는 고정 불변한 것이 아니라 변경될 수 있었다. 가령 자유인이 가진 땅을 모두 상실했을 경우에는 노예로 전락할 수 있었다. 그런가 하면 노예가 주인을 잘 시중들어 속죄의 기회를 얻으면 그는 자유인으로 승격할 수 있었다.

공동체의 운영체계를 보면, 왕의 주최로 귀족과 자유인은 정기적인 집회(Thing)를 열어 중대한 국사를 결정하고 분쟁을 해결했다. 아일랜드처럼 왕이 없는 경우는 해마다 정기적으로 지방에서 2주간의 부족대회를 열기도 했다. 비크인들은 최고통치자인 왕이나 부족집회에서 결정한 법령과 조처는 무조건 받아들여 숙지하고 집행했다. 이

탁월한 장인들이던 비크족의 공방

에 반하는 자는 부락에서 쫓겨나 한뼘의 땅도 부칠 수 없고 어떤 사
람의 도움도 받을 수 없이 사회에서 버린 자가 되어 산속 동굴에서 홀
로 살며 오로지 도둑질로만 잔명을 유지했다. 사적이 전하는 바에 의
하면 비크족 사회구성원 모두는 탁월한 수공업 장인이고 배꾼들이며
탐험가이자 상인이기도 했다.

종교생활에서 비크인들은 다양한 남녀 신령(神靈)을 신봉했는데,
각이한 신령들은 신자들의 일상생활 영역에 수시로 나타나 '적당한
일이 적당한 시간에 적당한 곳에서 이루어지도록' 했다. 신령들은 모

두가 아스가르(Asgard, 천당 소재지)라는 곳에 모여 살며, 지하세계에는 니플하임(Niflheim)이란 지옥도 있다. 비크족 남자가 영광스럽게 전사 했다면 그의 영혼은 으레 천국 아스가르의 발할라(Valhalla)라는 신궁 (神宮)에 들어가 연회를 즐기고 노래하며 다른 영혼들에게 전기(傳奇) 를 들려준다. 그가 보통의 전사로 살다가 평범하게 침대 위에서 죽었 다면 그저 황천(黃泉)에나 갈 뿐이다.

비크족에게 있어 사람의 죽음이란 다음 세계로의 여행에 불과하며 사자는 자신의 묘에서 부장품을 꺼내 여비로 충당한다. 그리하여 왕 이나 대영웅이 죽으면 그가 생전에 애용하던 전선(戰船) 같은 것을 함 께 매장했다. 비크인들은 미래를 예언하는 이들의 존재를 믿고 그들 을 진언자(眞言者, soothsayer)로 존경하면서 따랐다. 이들 진언자는 멀 리 떨어진 궁벽한 산촌에 은거하며 주변 숭배자들로부터 공양을 받 아 생계를 유지했다. 비크족은 사람뿐 아니라 동물에도 신성이 있다 고 믿어서 동물을 선한 동물과 악한 동물로 대별했으며 그들의 신화 에는 왕왕 악귀 같은 괴물이 등장하기도 한다.

그밖에 전하는 신화 몇가지를 보태면, 인간 창조와 관련해 비크인 들은 인류 최초의 남녀는 한 거인의 겨드랑이에서 흘러나온 땀에서 탄생했으며, 천공(天空)은 동서남북이라는 네 난쟁이가 네개의 높은 산봉우리에서 떠받들고 있다고 믿었다. 또한 천둥의 신 토르(Thor)의 신성한 쇠망치를 거인이 도둑질해갔는데, 토르가 여장을 하고 가서 도로 찾아왔다는 신화가 회자되고 있다. 전사자는 천당에서 온갖 아 름다움을 만끽하게 됨을 강조하는 반면에 비전사자는 죄인으로 나락 에 떨어져 먹을 것이라곤 산양의 오줌밖에 없고 머리 위에서는 독수 (毒水)가 줄줄 흘러내리는 꽁꽁 얼어붙은 비좁은 방에 쇠고랑을 찬 채

비크인들의 놀이판

로 갇혀 있게 된다는 지옥의 이야기를 듣고 자란다.

낙천적인 비크인들은 자신들이 즐기는 이야기와 노래, 춤으로 역사를 기록하고 묘사하는 등 뛰어난 예능의 보유자들이다. 부락마다 전문적으로 이야기를 기록하는 서기가 있어 새로운 이야기나 전설을 빠짐없이 기록으로 남겼다. 그들은 장편 이야기를 자기들 고유의 문자로 뼛조각에 새겨두었고 긴긴 겨울철이면 집 안에 틀어박혀 선조들로부터 전승되는 이야기들을 주고받았다. 직업적 예인들이나 음유시인들은 가는 곳마다 민요를 수집하고, 해마다 세차례의 명절 행사와 혼례나 각종 연회에 하객으로 참석했다. 이러한 모임에는 노래와 춤, 이야기가 빠질 수 없다. 이야기꾼에게는 사례로 반지나 목걸이 같은 선물을 주었다. 물론 이야기 중에는 오늘날의 시각에서 보면 과장되고 우스꽝스러운 내용이 없지 않다. 예컨대 집채만 한 멧돼지를 포

획했다든가, 주부 혼자서 하루에 천마리의 염소젖을 짰다든가 하는 황당한 이야기도 있다.

비크인들은 문자 유희를 좋아하는 탓에 그들의 사가(saga, 중세 북유럽에서 발달한 산문문학)는 온통 비유적 복합어 일색이다. 어떤 사물을 지칭할 때 직접 이름으로 부르지 않고 약속된 관용어로 비유적으로 간접 표현한다. 예를 들면 검(劍)을 검이라 부르지 않고 엉뚱하게 '전투의 조미료'라는 관용어로 비유하는 식이다. 그래서 비크족 유물과 문헌 기록을 연구하는 고고학자, 역사학자에게 가장 큰 난점이 바로 이러한 임의의 비유적 관용어를 풀이하는 일이라고 한다. 비크족은 또한 문자 수수께끼에도 일가견이 있어 서로 간의 의사소통이나 교류에 이를 이용했다. 이 모든 것은 비크족이 지닌 뛰어난 지혜의 표상이라고도 말할 수 있을 것이다. 오늘날 영어 요일명의 연원이 고대 비크족이 사용하던 요일명에 있다는 일설도 있는데 확실치는 않다.

고대 민족들의 가족제도에서 흔히 보다시피 비크족도 대가족제를 좇아 부모와 자녀, 조손이 한 지붕 밑에서 함께 생활하면서 서로의 충정을 중히 여겼다. 가족 성원 중 한 사람이 친족 이외의 사람으로부터 수모를 당하면 가족 성원 전체가 부락 집회에 몰려가 공정한 판결을 요청했다. 한 남자가 피살된 경우 피해자의 가족은 대체로 금전이나 토지를 배상으로 요구했으며, 가해자의 가족이 동의하면 그로써 사건은 마무리되었다. 그러나 피해자의 가족이 판결이 불공정하다고 느끼면 몰래 가해자의 가족 성원 중 한명을 암살하기도 했는데, 이렇게 되면 양가의 상호 복수는 대대로 이어졌다고 한다. 여성의 혼담은 가족 단위에서 결정되지만 여성은 가족 중에서 중매자를 선택할 권리를 가졌다. 여자는 결혼 후에도 자신의 재산을 소유할 수 있었으며, 남편

가족 단위로 운영되는 비크인의 소농장

이 멀리 출타했을 때는 아내가 가족의 소유지를 관리했다. 이혼은 매우 간단하여 부부가 공증인 면전에서 사유를 밝히기만 하면 곧바로 성사되었다. 남편이 아내가 바지만 입고 치마를 입지 않는 것에 불만을 가지면 그것도 이혼 사유가 되었다.

아이들은 성년이 되어 집을 떠나 가정을 이룰 때까지 어른들과 함께 살아야 했다. 출가 전 남자아이들은 반드시 농사짓는 법과 전투기술, 항해술, 도구 다루는 법, 무기 제조법 등을, 여자아이들은 길쌈과 바느질, 버터와 요구르트 만드는 법을 배워야 했다. 대다수 비크인들의 평시 직업은 농업이기 때문에 시골에 살았으며, 황막한 대지에 큰도시를 건설한다는 것은 애당초 상상 밖의 일이었다. 많은 사람들은 가족과 함께 소농장에서 살았다. 문헌 기록과 발굴된 유구(遺構)에 따르면 농장들의 형태는 거의 비슷했다. 주 건물은 장방형이며 축사나

각종 목제 식기들

공방 용도로 자그마한 건물을 따로 짓기도 했다. 농민들은 공방에서 농사 도구나 무기를 만들었다.

대부분의 농장은 가족 단위로 운영되었고 규모가 작았다. 비교적 큰 농장은 노동력이 달렸기 때문에 농장주는 땅 없는 자유인을 고용하거나 노예를 구입해 농장을 운영했다. 이러한 농장 운영 방식은 오늘까지도 노동력 수급을 빼면 큰 변화 없이 줄곧 그대로 이어지고 있다. 보통 이모작으로 봄에 파종했다가 가을에 수확하며, 추운 겨울을 나기 힘든 가축들은 농작물 사료로 한껏 살찌웠다가 도살해 훈제하거나 염장하여 보존했다. 농장을 운영하는 농부는 농업 외에 해적(바이킹)이라는 직업 하나를 더 가져서 약탈과 농경의 두가지 일을 엇바꿔 했다. 비크인들에게는 약탈도 농경과 같이 일종의 생업이었기 때

비크인들의 초기 주택인 장방형 통간집

문이다.

발굴되는 집터와 아직까지 생생하게 남아 있는 쓰레기더미에서 비크인들의 식생활 구조와 식성을 어림잡을 수 있다. 그들의 주식은 육류와 어류로 돼지와 닭, 오리, 거위, 소, 양을 길러 고기와 젖, 알을 얻었다. 가끔씩 수렵과 어업에도 나섰다. 호밀과 보리로 빵을 만들어 먹었고, 양배추와 양파, 마늘을 조미료로 쓰기도 했다. 그들은 나무잔이나 구멍이 뚫린 소뿔잔으로 맥주나 소젖, 꿀을 넣은 술을 마셨고 하루에 두끼씩 먹었는데, 오전 8시경에 아침을, 밤 8시경에 저녁을 먹었다. 식사는 온 가족이 한데 모여 했으며, 식기는 몽땅 목제이고 나이프는 사용했지만 포크는 없었다.

초기의 주택은 대체로 온 가족이 한데 모여 사는 통간집으로 가축들과 함께 살기도 했다. 보통 이러한 집은 길이가 20m, 너비는 6m쯤 되며 화장실은 욕실과 겸용이었다. 북유럽인들은 자고로 증기욕을 즐기는데, 집의 정문 맞은편에 바닥을 파서 만든 화로가 설치된 방이 있어 가정의 취사라든가 난방 문제를 이것으로 해결했다. 이 방은 창고로도 쓰였다. 사면 벽에는 긴 나무의자가 고정되어 있어 낮에는 거기 앉아 휴식하고 밤에는 그 위에서 자기도 했다. 그밖에 집집마다 한두 개의 높은 등받이의자가 마련되어 있는데, 가장이나 특별한 귀빈만이 앉을 자격이 있었다. 비크족에게는 침대라는 개념이 없었다.

이 장방형 통간집 내부를 잠깐 살펴보면, 어두컴컴하고 습하며 바닥을 따로 깔지 않아 맨 진흙땅을 그대로 밟고 다녔다. 북유럽은 몹시 추운 동토라서 목재가 귀하고 평평한 돌을 구하기가 여간 어렵지 않다. 그래서 주민들은 풀과 진흙을 섞어서 구워낸 투르프(turf)라는 풀 벽돌로 벽을 쌓았는데 이것은 겨울에 보온 기능이 뛰어나다. 어떤 집은 벽돌벽 내측에 약간 사이를 띄워 목판으로 겹벽을 쌓았다. 사이를 두는 것은 통풍으로 목판의 부식을 막기 위해서다. 얼마나 실용적인 지혜의 소산인가.

집에는 보통 앞뒤 문 두개만 달려 있고 창문은 몇개 안 된다. 작은 구멍 하나라도 더 냈으면 좋으련만 그러질 않았다. 마음대로 여닫을 수 있는 창문 하나가 그들에게는 쓸모없는 장식으로 비치기 때문이다. 어쩌면 이러한 그들의 소박한 사고방식이 이웃 유럽인들로 하여금 그들에게 '비크인'이 아닌 '바이킹'이란 낙인을 찍게 한 명분이 아니었을까 하는 생각도 든다. 이러한 구조를 가진 집은 주로 자그마한 문 두개로밖에 채광의 혜택을 받지 못하다보니 어두컴컴하고 습할 수밖에 없었다. 그래도 있을 것은 다 있어 화로 위에는 연기를 뽑아내

방적을 위한 가축들의 털 깎기

는 작은 연통이 있으며, 밤이면 동물의 지방으로 만든 초로 집 안을
밝혔다.

　비크인, 특히 부녀자들은 복식에서 원색적인 선명한 색깔을 선호
했다. 가족의 옷가지는 모두 부녀자들이 집에서 양털이나 아마로 실
을 자아 짠 천으로 만들어 입었다. 채소즙으로 염색한 옷 색깔은 노란
색이나 검정색, 푸른색, 하늘색, 갈색의 몇가지 단색으로 제한되었다.
한벌의 옷을 짓는 데는 방사로부터 방적, 염색, 마름질과 바느질까지
적잖은 시간을 요하는 여러 과정을 거쳐야 하므로 한 사람이 여러벌
의 옷을 가질 수가 없었다. 그래서 한벌 옷을 몇년 내내 입는 것이 다

반사였으며, 따라서 패션에는 별로 신경을 쓰지 않았다. 그러다보니 비크족의 복식은 수백년을 지나도 별 변화 없이 전통이 고스란히 유지되었다고 한다.

이상으로 비크인들이 중세의 광활한 해양세계에 진출해서 형성한 민족공동체 사회의 이모저모를 살펴보았다. 그들의 사회는 여느 북유럽 민족들에 앞서 부족대회라는 통일적 권력구조에 의한 공동체 운영체계를 수립했고, 농장제(農場制)가 도입되어 기본적인 사회경제체제가 안정적으로 작동했으며, 당시로서는 뛰어난 농경술과 해양술을 겸유한 특이한 농경사회였다. 그러한 사회가 더 넓은 해양세계와 만나면서 분화를 일으켜 일부 농민들이 약탈을 주로 하는 이른바 바이킹(해적)으로 변신했지만, 본향을 지킨 다수 농민들은 산업사회로 진입하기 전까지 본래의 기조를 유지했다. 비크족은 이러한 본질적 사회변천사가 제대로 이해되지 못한 탓에 '해적'이라는 엉뚱한 누명을 뒤집어쓴 채 기나긴 세월 억울하게 살아야 했던 것이다.

중세 북유럽의 해적으로 오도된 비크족이라고 하면 대명사처럼 떠오르는 것이 전법에 빗대서는 불가사의니 신출귀몰, 전광석화, 기습, 미친 전사, 육중한 바이킹 도끼 같은 단어들이고, 외모와 관련해서는 뿔 달린 투구에 험상궂은 얼굴을 한 '괴물'로 표현된다. 이 모든 단어와 이미지는 비크인들의 무자비한 해상활동에 관해 유럽인들이 후세에 남겨놓은 공포와 분노에 찌든 증언인 동시에 그들이 왜 멀쩡한 비크인들을 난폭한 해적으로 매도했는가 하는 이유의 방증이기도 하다. 그럴수록 우리는 중세 해전사에 남긴 비크인들의 전적(戰跡)이 궁금해진다.

비크인들은 어려서부터 승마술과 역기, 카누, 범선 타기, 수영 같은 치열한 경쟁을 요하는 유희를 즐겼다. 해마다 거행되는 부족대회는 동시에 북유럽 올림픽이기도 했다. 그들이 가장 즐긴 운동은 레슬링이다. 널찍한 마당 한복판에 끝이 뾰족한 경계석을 세워놓고 쌍방이 그 경계석을 사이에 두고 엎치락뒤치락 승부를 겨뤘는데, 승자건 패자건 간에 너나없이 온몸이 피투성이가 되었다. 그밖에 한랭지대에 사는 사람들답게 스키와 스케이팅 같은 시합도 마다하지 않았으며 겨울철에는 집 안에 틀어박혀 아랍에서 들어온 체스로 소일했다. 이 모든 경기와 유희는 공격과 방어의 기교를 연마하는 것으로 목적은 단 하나, 건장한 전사를 키우는 데 있었다.

이러한 환경에서 자라난 비크인들은 자연히 강철 전사가 되어 전투시에는 비범한 전의를 불태우며 죽음을 불사하고 싸웠다. 통상 그들은 전투에서 수적으로 열세여서 주도면밀한 전술과 사전 준비가 필수였고 돌격이나 기습 같은 높은 기동성과 민첩성을 요하는 전법을 구사했다. 돌격전에 임해서는 우선 원거리에서 긴 창을 투척하거나 횃불을 한데 묶은 화살을 발사한 후에 근거리에 접근해서 도검이나 전투도끼로 육박전을 벌이기가 일쑤였다.

해양민으로서 비크인들이 겪는 전투의 대부분은 해전으로, 그들의 용맹성과 전술·전법을 여실히 보여준다. 특이하게도 그들은 허장성세를 앞세워 선상에 몰려들어 마구 난투극을 벌이는 고금의 일반 해적들과 달리 고전적인 전법을 구사했다. 소리 소문 없이 적선에 접근해 적군과 아군의 배를 한데 묶고 이물 사이에 도약판을 설치하고는 쌍방에서 한명씩 도약판에 올라가 단독으로 무예를 겨뤘다. 한명이 죽으면 다음 한명이 뒤따라 올라가 역시 혈혈단신으로 대결했다.

어떤 경우든 집단대결이나 후퇴는 허용되지 않았다. 모두에게 주어진 임무는 적을 몽땅 쓰러뜨리는 것이었다. 만약 겁에 질려 바다에 뛰어내려 도망간다 해도 아무도 추적하지 않지만 모두가 그를 비겁자로 취급하며 멸시의 눈총을 보냈다. 이러한 전법은 고대 중국에서도 유행했는데, 한적(漢籍)에는 '타뢰태'(打櫑台, 무술 겨루기)라는 이름으로 유사 전법이 기록되어 있다.

비크인들의 해양활동에서 필수불가결의 수단은 배다. 따라서 조선술은 비크문화의 중요한 구성 요소를 이룬다. 당시로서는 그들 특유의 용두선 같은 선진적인 조선술이 있었기에 광활한 해양을 제패할 수 있었으며, 그들의 조선술은 후일 유럽의 대항해시대를 여는 선도적 토대가 되었다. 덴마크와 노르웨이의 몇몇 해양박물관에는 크고 작은 각양각색의 용두선들이 선을 보이고 있다.(이에 대해서는 후술하겠다.) 배의 주 건조 재료는 곧게 뻗는 참나무(oak)의 일종인 상수리나무였다. 배에는 전선(戰船)과 화물선의 두 종류가 있었는데, 전선은 선체가 비교적 좁고 경쾌하여 풍랑에 강하다. 반면에 화물선은 선체가 높고 넓으며 육중하여 풍랑이 거센 대양을 항행할 때도 균형과 안정을 보장한다. 개중에는 상수리나무에 통째로 정밀한 조각을 새겨 뱃머리에 부착해 화려함을 돋보이게 한 것도 눈에 띈다. 전선이건 화물선이건 간에 겉모습은 대단히 화려하다.

2003년 9월 11일 로이터 통신은 노르웨이 남부의 어느 호수에서 소나무 목선을 발견했다는 소식을 보도했다. 현지 고고학자들에 의하면, 이 배는 800~1,200년 전 비크시대에 제작된 것으로 길이는 약 3.5m에 달한다. 남아 있는 유물의 길이가 이 정도이니 당초의 길이는 약 4.5m로서 몇사람이 탈 수 있었을 것으로 학자들은 추정했다. 처음 발견된 비크선 유물이라서 학계의 큰 관심을 불러일으켰다.

뛰어난 조선술을 자랑한 비크인들의 통나무배

　이어진 연구에 의하면, 비크선은 흘수(吃水)가 얕기 때문에 항속이 빠르고 방향 전환이 민활해 적지에서 기습적인 약탈 행위를 하는 데 여러모로 적격이다. 그러나 갑판이 드러나 비바람을 막지 못하고, 폭우와 풍랑의 추위와 습기에 노출되어 동사하거나 바다에 떨어져 익사하는 일이 불가피했다. 비상한 용기와 의지, 자기희생 없이는 한치의 바다도 누빌 수 없었던 것이다.

　농경민에서 해양민으로 일약 변신한 비크인들은 천부적인 조선술 및 항해술 재능을 해전과 해상활동에 신속하게 접목해 불과 한세기도 되기 전에 용두선 같은 선진 조선에 성공하고, 여러가지 기민한 전

망중한의 목공

법으로 해상에서 불패전을 벌였다. 이와 동시에 그들은 영토 확대와 정착지 개척, 부의 축적을 위해 해상교역에도 시종일관 관심을 가져 두각을 나타냈다. 그들이 이렇게 할 수 있었던 요인은 본향과 해외 정착지에서의 발달된 각종 교역품의 제작과 공급이었다. 교역이란 어디까지나 상호성이 전제이기 때문에 상대방에게 제공 가능한 교역품이 마련되어 있어야 하는 법이다. 자체 교역품이 우수할수록 교역에서 능동적으로 주도권을 행사할 수 있다는 것은 상식이다. 비크족의 해상교역 활동은 이 평범한 상식을 그대로 입증해준다.

해외에 진출하기 전에도 비크족 사회는 상당히 발달된 농장제하에서 모든 일상용품과 의류, 도구 등 필수품을 농장 자체에서 생산, 제조하는 명실상부한 자급자족적 부족공동체 사회였다. 시간이 지남에 따라 농장 내에는 전문 공방이 생겨나 보다 정교하고 수준 높은 장식품과 도구, 무기, 금속가공품 들을 제작했다. 제품의 질은 물론이거니와 수량도 자급분을 초과한 잉여분이 생산되어 수출과 교역을 가능케 했다. 오늘날까지 전해지는 백랍(白蠟, 표백한 밀랍) 브로치, 상감채색보석(象嵌彩色寶石), 호박 목걸이, 흑석(黑石)과 녹송석(綠松石) 주사위와 셈판(수효를 셈하는 데 쓰는 기구) 등은 해양 진출 전 농장제 시대부터 비크인들이 손수 만들어온 귀중한 장식품들이다. 그들은 은을 특별히 선호해 상인들은 항시 손저울을 휴대하고 다니면서 은과의 교역률을 책정했다고 한다. 그들이 진출해서 정착했던 여러 유적에서 이러한 귀중품 유물이 발굴되고 있다는 사실은 그러한 유물들이 십중팔구 수출 교역품(일부는 정착지에서 제작)이었을 개연성을 짙게 시사해준다.

비크인들이 언제부터 해외교역에 종사했는가는 미상이나, 남아 있는 첫 기록은 860년 볼가강을 따라 루스(현 러시아)에 이르러 현지의 슬라브인들과 교역을 하고, 계속 강을 따라 남하해 도착한 폴가(Polga)라는 곳에서는 노예와 꿀이나 모피를 교환했다고 전한다. 교역선은 여기에서 멈추지 않고 볼가강을 따라 더 남하해 카스피해에 이른다. 해로의 종착인 여기서 하선한 비크인들은 낙타로 이라크의 바그다드까지 가서 비단과 향료를 교역해오곤 했다. 한편, 다른 교역로로는 러시아의 드네프르강을 따라 끼예프를 지나 흑해에 진입해서 그곳에서 생산되는 포도주, 비단과 비크의 정교한 귀금속 장식품을 교환했다. 당시 다른 나라들의 배는 선체가 육중해 웬만하게 작은 하천은 다닐 수가 없어 교역활동에 제약이 많을 수밖에 없었다. 이에 비해 비크 교역선은 경쾌한데다 상대적으로 선체가 좁아서 작은 하천도 자유자재

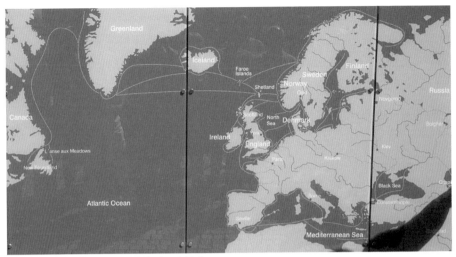
오슬로대 문화사박물관의 비크선 항해도

로 항행할 수 있었다. 비크 상인들은 교역지 곳곳에 현지 상인들과 촘촘한 교역망을 형성해 다양하고 폭넓게 교역을 진행했다.

이상에서 필자는 지금까지 무시되었거나 제대로 알려지지 않았던, 그러나 인류 역사의 한때를 빛나게 장식했던 비크족의 역사와 문화에 관한 단편적이고 영성적인 조각들을 한데 모아 그들의 실체를 있는 그대로 한편의 모자이크처럼 부각해보려고 시도했다. 미흡하기 그지없지만 이 시도가 후학들의 연구에 디딤돌이 되었으면 하는 바람이 간절하다. 그러자면 그 출발선에서 비크인들이 인류사에 남긴 족적을 제대로 헤아려야 하겠기에, 끝으로 그들의 업적을 다음 몇가지로 정리해본다.

첫째, 중세 전제주의 국가로서는 보기 드물게 왕 1인체제의 중앙집권적 권력구조와 부족대회를 바탕으로 하는 집단적 권력구조 등 다양한 국가체제 운영으로 정치사에 값진 경험과 교훈을 남기고 있다.

둘째, 콜럼버스의 대서양 횡단 항행보다 500년 앞서 북아메리카대륙에 도착함으로써 인류의 항해사에서 개척자적 역할을 수행했다.

셋째, 비록 약탈성을 면치 못했지만 용두선 같은 선진 전선을 제작, 운용하고 당시로서는 상상할 수도 없는 신출귀몰의 기습 해전법을 창안, 도입하여 적을 제압하고 해상권을 통제했다.

넷째, 영역 내 도처에 교역 거점을 건설하고 전문 무역선에 의해 유럽(동유럽 제외)과 지중해 및 북아메리카 사이에 촘촘한 해상 교역망을 형성, 활발한 교역활동으로 중세 유럽의 경제적 부흥의 기틀을 마련했다.

다섯째, 정교한 보석 가공술과 장식예술, 비유적 관용구 사용을 특징으로 하는 사가 문학과 뛰어난 가무, 사회적 신분 변경, 겹벽 주택 등 비크인들이 사회·문화·생활 분야에 남긴 우수한 유물들은 인류 공동의 귀중한 사회문화 유산으로 남아 있다.

제2부

자연의 변화를
순치(馴致)하는 지혜

노르웨이

08
북극의 험지 노르웨이

자타가 인정하다시피 노르웨이는 세계 일등 복지국가다. 그것은 적어도 세가지에 근거를 두고 있다. 첫째는 최신 정보통신기술의 발전 정도를 비교 분석하는 발전지수(IDI)에서 단연 으뜸(2009~18, 2014)이고, 둘째는 국민 개인이 얼마나 행복한가를 스스로 측정하는 행복지수에서 2위(2018, 2017년에는 1위)를 차지하고 있으며, 마지막 세번째로 연속 6년간(2001~07) 유엔이 선정하는 가장 살기 좋은 나라로 뽑힌 것이다. 게다가 1인당 GDP는 최상위권에 속하는 약 68,000달러(2020)에 달한다. 노르웨이는 이러한 계량적 지수를 놓고 덴마크와 스웨덴, 핀란드 등 주변의 북유럽 3개국과 앞서거니 뒤서거니 내내 자웅을 겨루고 있다. 그래서 이들 북유럽 4개국을 일괄적으로 '복지국가' 앞줄에 함께 세우는 것이다.

그럼에도 미시적으로 따져보면 노르웨이가 조금 앞서는 편이다.

그래서 졸고에서는 노르웨이를 복지국가의 전형으로 간주하고 그 사정을 속속들이 파헤쳐보려고 한다. 내용은 북극의 험지(險地) 노르웨이가 으뜸 복지국가로 되게 한 요인과 이모저모의 사회구조 탐구에 초점을 맞췄다. 어떤 요소가 역기능적일 때는 그것을 순기능으로 치환한 노르웨이인들의 지혜와 저력에 관심을 몇곱절 더 돌렸다. 독자 여러분이 읽기 전에는 '도대체 어땠기에 그렇게 되었는지'를, 읽다보면 '아, 그래서구나' 하는 자문자답에 이르기를 바라며, 자연과 사회의 구조적 대비나 수적 비교를 통해 참 복지의 개념을 터득하여 미래 복지의 꿈을 설계하고 이루는 데 참고가 되었으면 한다.

지구의 가장 북쪽 유사 동토지대에 자리한 노르웨이를 비롯해 북유럽의 복지국가는 여타 지역 국가들보다 더하면 더했지 결코 덜하지 않은 열악한 자연환경 속에서 험난한 역사의 궤적을 헤쳐와 오늘날 세인이 부러워하는 현실의 복지세계를 펼쳐 보이고 있다. 어쩌면 불가사의하게까지 보이는 그 비결은 과연 무엇일까? 필자는 그러한 절실한 구지욕을 품고 이곳에 다시 찾아왔다. 그러나 지적 한계와 촉박한 시간은 해답의 문을 쉽게 열어주지 않는다. 고민 끝에 '지식백과식 나열법'으로 이 고민에 대한 공략을 시도하기로 했다. 즉 이 복지세계를 이해하는 데 필요한 주제들을 연역하거나 귀납하는 주관적 방법이 아닌, 백과사전처럼 객관적 서술방식을 도입해 독자들로 하여금 자력으로 비교 분석을 통해 내용을 파악하도록 유도하는 것이다. 따라서 독자들이 내용 전개와 이해에서 다소 딱딱하고 무미건조하며 지루하게 느낄 수 있으나, 한편으로 구체적 사항에 대한 주체적 비교 분석과 판단을 통해 복지국가 건설의 과정과 방도, 교훈과 특징, 상이점과 공통점 같은 필요지식을 심층적으로 습득, 활용할 수 있다는 유

노르웨이 서부 피오르 분포도

용성이 그런 염려를 상쇄하기를 바라본다.

　노르웨이의 공식 국명은 노르웨이왕국(Kongeriket Norge 혹은 Kongeriket Noreg, 영어로 the Kingdom of Norway)이며 줄여서 노르웨이(노르웨이어로 Norge 혹은 Noreg)라고 부르는데, '북방으로 통하는 길'이란 뜻이다. 유럽 서북부에 위치한 노르웨이는 연해에 섬들이 무려 239,057개로 '다도국(多島國)'이라는 별칭을 갖고 있으며, 21,000km나 되는 긴 해안선(피오르 포함)에 에워싸여 삼면이 바다인 해양국으로서 세계 최대 어업국의 하나인 동시에 세계 3대 수산물 수출국의 하나이기도 하다.

　노르웨이가 좁은 국토 면적에 비해 긴 해안선을 가지게 된 이유는 북해와 맞닿은 남서 해안에 피오르(fjord)라는 원시적 빙하 지형이 형성되어 있기 때문이다. 빙하의 두께가 30m 이상이 되면 지표에 상당한 하중이 가해지면서 중력에 의해 이동해 지표면이 깎이게 되는데, 이러한 빙하의 침식으로 생긴 것이 피오르다. '내륙 깊숙이 들어온 만'이란 뜻의 노르웨이어인 피오르는 빙하가 깎아 만든 U자형 골짜기에 바닷물이 유입되어 형성된 좁고 기다란 만을 가리킨다. 오늘날 노르웨이 남서 해안선이 길고 복잡한 것은 약 200만년 전부터 여러번 빙하로 뒤덮이며 심한 침식으로 형성된 피오르가 발달했기 때문이다. 이 나라에는 약 1,700개의 빙하가 있는데, 그 총면적은 만년설을 포함해 3,400km²에 달한다. 요즈음 지구온난화의 영향으로 빙하가 빠르게 녹으면서 피오르의 지반이 거대한 하중의 압력으로부터 벗어나 100년에 1m씩 빠르게 융기하고 있다고 한다. 미증유의 이상기후가 부리는 변덕이다. 아직 그 변덕에 대처할 방도를 찾지 못하고 있는 것이 복지국 노르웨이의 불안한 현실이라고 매체들은 입을 모은다.

노르웨이는 북위 57~81도 사이에 위치하여 국토의 근 3분의 1이 북극권에 속한다. 북위 62도의 북단에서 남북으로 길게 뻗은 산지국(山地國)으로 고원과 산지, 빙하가 국토의 75%를 점하고, 절반 이상이 해발 500m 이상의 산지다. 남부는 구릉지대로서 호수와 소택지가 곳곳에 널려 있다. 이렇게 바다와 산, 호수가 어울려 한폭의 아름다운 그림처럼 수놓인 나라 노르웨이, 여기에 빙하의 침식 현상으로 빚어진 피오르는 이 나라만이 누리는 천혜의 풍광으로, 세인이 선망하는 유수의 관광명소가 되고 있다.

북극권에 가까운 노르웨이에서 일어나는 특이한 자연현상의 하나로 백야(白夜)와 극야(極夜)를 들 수 있다. 북부 지방에서는 4월 말부터 7월 말까지의 기간에 해가 지지 않는 백야, 11월 말부터 1월 말까지는 해가 뜨지 않고 밤만 지속되는 극야라는 신기한 자연현상이 일어난다. 노르웨이는 알래스카와 거의 비슷한 위도상에 있지만 멕시코만류의 영향을 받아 대체로 알래스카보다 따뜻한 편이다. 피오르에 묻혀 있는 수도 오슬로를 비롯한 남부 일대의 온대 해양성기후를 제외하고 본토의 대부분은 아(亞)한대 침엽수기후에 속해 설한풍이 부는 추운 겨울이 길고 적설량도 많다. 온난한 여름과 눈이 수북이 쌓이는 겨울을 가진 오슬로는 연간 평균기온이 섭씨 7도(6~8월 19~24도, 11~3월 영하 3도)이며 연간 강수량은 763mm 정도다.

노르웨이의 국토 면적은 약 385,000km²로 세계 순위 61번째다. 국토의 3분의 1이 북극권에 자리하고 있어 가경지는 고작 국토의 3%에, 기경지는 2.6%에 불과하며, 목축지는 기경지의 약 67%에 달한다. 그리하여 목축업 위주의 농업 생산은 극히 미미하며 부식품은 기본적으로 자급자족하지만 식량과 과일류는 전적으로 수입에 의존한다. 국토의 37%가 나무로 뒤덮여 있어 임업은 그런대로 자체 수요를 만족시키고 있으며, 재래로 어업이 크게 발달해 세계적 어업국의 면모를 줄곧 유지하고 있다. 농업 생산액은 GDP의 1%가 될락 말락 하고, 어업 생산액은 GDP의 0.6%밖에 안 되지만 수출액은 4%에 달한다. 농림어업에 종사하는 노동자 수는 전체 노동자 중 3.3%(2007)를 점한다.

인구는 약 540만명(2021)인데, 인종적으로는 그중 게르만족계 노르웨이인이 96%를 차지하며 소수민족인 약 3만명의 사미(Sami)인들은 주로 북부 지대에 살고 있다. 전형적인 산악국이라서 인구밀도는 km²당 14(2021)로 세계 평균 인구밀도 47의 약 3분의 1 수준이다. 인구의 94%가 교리와 의례 면에서 개신교보다 천주교에 더 가까운 개혁교단인 루터교를 신봉하고 있어 헌법상 국교로 명문화되었다. 그러나 2017년 1월 종교 간의 형평성 보장을 이유로 루터교의 국교 지위를 취소하고 종교의 자유를 인정했다. 그 결과 루터교회 성원은 인구의 75.6%로 줄어들었으며 이런 하향세가 이어지고 있다고 한다.

노르웨이의 언어 구성은 비교적 복잡하다. 오늘날의 공식어는 노르웨이어(Norsk)로, 사용자는 본국의 420만명 말고도 미국에 이주한

사미족의 전통의상

60만명의 노르웨이인들이 있다. 그러나 14세기부터 1814년까지는 덴마크의, 이후 1905년까지는 스웨덴의 지배를 받으면서 3국의 언어가 공히 혼합기를 겪는다. 16세기부터 19세기까지의 오랜 기간 덴마크어가 노르웨이의 표준어로 기능했다. 그래서 지금의 노르웨이어는 어법과 발음에서 덴마크어, 스웨덴어와 매우 유사해 별도의 학습 없이 의사를 소통할 수 있을 정도다. 현행 노르웨이어는 '서면(書面) 노르웨이어(Bokmål)'와 신(新)노르웨이어(Nynorsk) 두가지를 공용어로 하고 있다.

노르웨이는 고도로 발달한 자본주의 공업국가로서 가장 부유한 나라의 하나가 되었으며, 국민들은 세계 최고 수준의 복지 혜택을 누리고 있다. 1971년에 완성된 '국민사회보장계획'에 따라 전국민에게 무

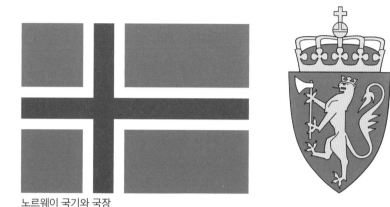

노르웨이 국기와 국장

상 교육과 의료 혜택이 주어지고 실업급여, 노후연금 등에서 완벽에 가까운 사회보장 정책이 시행된다.

국기와 국장(國章)은 노르웨이의 역사와 정체(政體)를 상징적으로 표현하고 있다. 국기는 일찍이 종주국이었던 덴마크의 십자가 국기를 기본 도안으로 만들어졌다. 길이와 너비 비율이 11:8인 장방형의 붉은색 기면 왼쪽에 치우쳐 남색과 백색의 십자가가 겹쳐 그려져 있다. 이 3색은 자유와 독립의 상징으로 미국의 성조기와 프랑스의 3색기를 참고했다고 한다. 실은 노르웨이에는 2종의 국가가 있는데, 정부기관은 연미식(燕尾式) 국기를, 기타 장소에서는 이 장방형 국기를 건다. 1280년에 제정된 국장은 붉은색 방패 안에 은색 도끼를 든 금색 사자가 그려져 있고 방패 위에는 왕관이 올려져 있는 형태다. 여기서 금색 사자는 힘을, 은색 도끼는 자유수호자의 무기를 상징한다. 금색 사자의 머리 위에 올려진 왕관의 조형은 스칸디나비아 지역에서 발달한 금속공예술의 소박한 성격을 보여준다.

복잡다기하고 특이한 자연환경을 갖고 있는 노르웨이는 역사도 그만큼 기복과 우여곡절을 겪어왔다. 노르웨이인의 조상은 북게르만족 일파인 노르드인(Nordmän, 라틴어로 normanni)으로, 8세기까지 남부 지역에서 몇개의 소왕국을 이루며 살아왔다. 9세기에 들어와 비크인들의 해외 진출이 시작되면서 872년에 하랄(Harald) 왕에 의해 첫 통일왕국이 건립되어 1066년까지 중세 비크시대가 이어졌다. 전성기인 11세기 중엽에는 한때 노르웨이 왕이 덴마크 왕을 겸하는 강성국의 면모를 보여주기도 했다. 그러다가 국력이 쇠퇴해 14세기부터 약 700년 동안 덴마크와 스웨덴의 지배를 받으며 망국의 운명에 시달리다가 1905년 스웨덴으로부터 독립하면서 오늘의 입헌군주제 국가가 시작되었다.

2차대전 중에는 파쇼 독일의 강점하에 신음하다가 전후에야 비로소 독립을 회복했다. 대전 후의 혼란 속에서 1949년에는 종래의 중립 정책을 버리고 친서방 정책을 채택, NATO에 가입했다. 이어 1952년에는 북유럽 5개국이 참가하는 북유럽이사회(Nordic Council) 창설을 주도했다. 이 조직은 통합의 이념 아래 현실의 격차를 무시하는 유럽 경제공동체와는 대조적으로, 무리한 협력을 피하면서 필요한 분야에서만 협력한다는 일종의 실용적 통합 경향을 표방했다. 이렇게 독자적 발전을 지향하며 실용적이며 창의적인 이념을 고수하고 있는 노르웨이는 1962년과 1967년, 1992년 세번에 걸쳐 경향성을 달리하는 유럽연합(EU)에 가입 신청을 했으나 번번이 거부당했다. 1994년에 실시한 국민투표에서는 유럽연합 가입안이 부결되었고, 이후에는 대체로 중도좌파적 외교정책을 견지하면서 복지국가 건설에 매진했다.

09
복지국 노르웨이의 사회구조

우선, 노르웨이는 복지국가 건설을 효율적으로 이끌고 통제할 수 있도록 정치권력구조를 합리적으로 개편하는 데 착수했다. 이 나라의 정치체제는 입헌군주제하의 내각책임제다. 1814년에 통과된 후 여러 차례의 수정을 거친 헌법에 따라 입헌군주제를 실시하되, 국왕은 상징적 국가원수인 동시에 군 통수권자로서 총리를 임명하나 국회 해산권은 없다. 철저한 삼권분립 국가로서 그 현황을 살펴보면, 입법부인 국회는 비례대표 직선제에 의해 169명의 의원으로 구성하며 임기는 4년이다. 1814년부터 상하 양원으로 운영되다가 2009년 10월 국회의결을 거쳐 단원제를 채택했다. 2017년 9월에 출범한 현 국회는 노동당(49석)과 보수당(48석)을 비롯한 9개 정당의 의원들로 구성된 다당제 국회로서 의장은 보수당이 맡고 있다.

최고법원과 6개 고등법원, 64개 초심법원의 3개급 법원으로 나뉜

사법부는 완전히 독립적으로 권한을 행사한다. 그밖에 특이하게도 노사분쟁법원과 사회보장법원, 토지인증법원 등 사회문제 해결을 위한 법원들이 따로 설치, 운영되고 있다. 검찰청은 사법부에 속해 있다. 근간에 사법부가 공표한 눈에 띄는 한두가지를 소개하면, 노르웨이는 2009년 1월 1일부로 동성결혼법이 공식 발효됨으로써 세계에서 여섯번째 동성혼 합법국이 되었다. 또한 2014년 9월 8일에는 사법부 명의로 거리에 공고문이 나붙었는데, 내용인즉 네덜란드로부터 감방을 차용한다는 내용이었다. 수감 공간이 부족해 1,300명의 기결수가 장사진을 치고 수감을 기다리고 있으며, 몇년째 네덜란드가 벨기에에 감방을 대여해주는 선례를 따랐다는 얘기가 돈다. 이 희한한 전대미문의 '감방 거래'는 복지국 노르웨이의 민낯의 한 단면을 고백하는 성싶다. 노르웨이는 지금 수감 공간을 더 줄인답시고 교도소 보수 작업이 한창이라는데, 이 보수 작업과 '감방 거래'의 상관성에 관해 의문을 던지지 않을 수 없다. 2018년 1월에 조각된 현 행정부는 보수당(10명)과 진보당(7명), 자유당(3명) 등 3당 출신의 각료 20명이 구성원이며, 총리(보수당)를 비롯해 재무장관과 외교장관, 문화장관 등 주요 부서 장관이 모두 여성이다.

다당제를 실시하는 노르웨이에는 등록된 대소 정당만도 20여개나 된다. 여러갈래의 정치성향을 대표하는 정당들로서 서로 갈등과 경쟁이 없지는 않지만, 복지국가 건설이라는 하나의 지향성을 공유하기 때문에 정강상의 분명한 상이점에도 불구하고 대국적 차원의 국사에서는 협력과 공존 관계를 유지하고 있다. 몇개 주요 정당들의 강령을 훑어보면, 1884년 창립한 최초의 정당인 자유당은 중소부르주아지의 이익을 대변해 자본의 사회화를 반대하고 국제적 협력을 강조한다. 1887년에 창립한 가장 큰 정당(당원 7만명)인 노동당은 사회복지 강화와 충분한 취업, 지속적인 발전, 공정분배 실현 등을 주장하는데, 2005년 사회주의좌파당과 중앙당을 포섭해 연합정부를 구성한 바 있다. 그런가 하면 현 집권당인 보수당은 금융과 해운 및 상공업 독점자본의 이익을 대변한다. 한편 유럽연합 가입 문제에 있어서는 정당별로 찬반 의견이 분명하다.

노르웨이는 외교정책에서 자국과 지역의 이익에 충실하다. 북유럽 국가들과의 협력을 외교와 안보 정책의 기조로 삼고 대외활동을 활발하게 벌이고 있다. 북대서양동맹과 유럽위원회(EC), 북유럽이사회, 유럽자유무역연합(EFTA) 등의 기구를 통해 아직 가입하지 않은 유럽연합과의 협력관계를 적극 추진하고 있으며, 인접한 러시아와도 선린관계를 유지하고 있다. 나아가 아시아 태평양 국가들과의 관계 발전도 중시하며, 140여개 나라와 외교관계를 맺고 유엔을 통한 국제활동에도 적극 동참하고 있다.

20세기의 치열한 냉전시대에 험지 북극권에 3분의 1의 영토를 가진 산악국 노르웨이를 으뜸 복지국으로 일으켜 세우는 데서 정치구조와 사회문화구조가 그 나름의 몫을 담당한 것은 물론이지만, 그 원동력과 주축, 견인차는 어디까지나 혁신적이며 진취적인 경제구조였다. 일반적으로 한 사회의 경제구조의 바탕은 천혜의 지하자원이지만 이것이 절대적 요소는 아니다. 지하자원이 넉넉하다고 해서 사회가 덩달아 발전하거나 복지가 절로 이루어지는 것이 아니며, 역으로 모자란다고 해서 숙명적으로 뒤처지는 것도 아니다. 경제발전은 주어진 환경을 어떻게 능동적으로 활용해 넉넉함과 모자람이 조화를 이루게 하는가에 달린 것이다. 이러한 면에서 노르웨이를 비롯한 북유럽 복지국가들은 하나의 생생한 전범을 보여주고 있다.

　노르웨이는 천연가스를 포함해 원유와 수력, 삼림, 어업 자원이 풍부한 나라다. 특히 원유는 서유럽 최대 산유국이자 세계 3위 수출국으로서, 2007년 말 현재 원유와 천연가스 매장량은 130억㎥에 달하는데 이미 그 35%가 채굴되었다. 낙차가 큰 폭포와 수량이 풍부한 빙하 및 호수가 많은 이 나라의 수력발전 용량은 약 127TWh(2011)에 달하여 세계 7위, 유럽 1위의 수력발전국이다. 국토의 38%를 덮고 있는 삼림에서는 해마다 GDP의 1%를 차지하는 약 820만㎥(2008)의 목재가 채벌된다. 또한 노르웨이는 전통적으로 수산업으로 유명하다. 2008년 연간 어업 생산액은 GDP의 0.6%를 차지하는데, 그 절반 이상이 수출된다(생산량 210만 톤). 또한 광물자원인 알루미늄과 마그네슘의 유럽 내 주요 생산국이자 수출국으로 각광받고 있으며, 실리콘합금 물품의 대부분을 수출한다. 그밖에 석탄과 철, 티타늄도 얼마간 채굴된다.

　노르웨이는 이렇게 주어진 지하자원을 효과적으로 활용함으로써 고도로 발전한 자본주의 공업국, 복지국으로 발돋움했다. 특히 1970년대에 뒤늦게 걸음마를 뗀 석유공업은 오늘날 국민경제의 지주로서 중요한 역할을 하고 있으며, 얼마 안 가서 세계 3위의 천연가스 수출국이자 8위의 원유 수출국으로 도약했다. 인근 북해의 해저에서 뿜어져나오는 원유는 석유화학제품의 원료로 가공되며 노르웨이가 세계 최대 화학비료 생산국의 하나가 되게 했다. 전통적으로 공업에서 노르웨이가 자랑하는 분야는 조선업으로, 영국과 덴마크, 미국에 이어 세계 4위의 해운대국이다. 대형 선박은 물론이거니와 각종 특수 용도의 선박을 건조하며 세계 각지에 선박 부속품과 항해에 필요한 서비스를 제공하는 것이 특징이다. 8~10세기 비크시대에 노르웨이 범선은 이미 원양항해를 시작해 콜럼버스보다 500년 앞서 아메리카 대륙에 족적을 남겼다.

금융과 무역 분야에서도 노르웨이는 명실상부한 복지국다운 면모를 보여주고 있다. 2008년 현재 수입은 14,350억 크로네(한화 약 19조 원)이고 지출은 8,570억 크로네로서 흑자가 무려 5,780억 크로네에 달한다. 같은 해 총 자산 12,878억 크로네인 노르웨이 중앙은행과 5개 민간 상업은행의 국제 저축액은 3,573억 크로네에 이른다. 자유무역을 주장하는 노르웨이에서 대외무역은 중요한 위치를 차지하고 있다. 주요 수출품은 원유, 천연가스, 석탄, 석유제품, 금속, 각종 기계, 수산물 등이며, 주요 수출국은 영국, 독일, 네덜란드 등이다. 이에 비해 수입품은 기계, 전동차, 전자광학품, 화학 원료와 제품, 식료품 등이며, 주요 수입국은 스웨덴, 독일, 중국 등이다. 중요한 것은 2017년 현재 대외무역 흑자가 전년에 비해 12.7%, 1,599억 크로네나 증가했다가 2019년부터 감소했다는 사실이다.

이와 더불어 눈여겨봐야 할 것은 투자와 원조 문제다. 2008년 현재 국외 직접투자액은 약 9,500억 크로네로, 주요 투자국은 인접 국가들과 서유럽, 북아메리카, 아시아 태평양 지역이며, 투자는 공업과 금융업에 집중되었다. 이에 비해 노르웨이에 대한 외국 투자액은 3,800억 크로네로서 대외투자가 대내 외국투자의 약 2.5배나 된다. 주요 대내 투자국은 스웨덴, 미국, 영국, 독일 등이며 투자 분야는 공업과 상업이다. 같은 해 노르웨이의 대외원조액은 GDP의 0.96%, 2,230억 크로네이며, 유엔 기구를 통한 이 원조의 주요 수혜국은 아프가니스탄, 탄자니아, 모잠비크, 우간다, 에티오피아 등 아프리카 국가들이다. 이러한 대외원조액은 2017년 들어 국민총수입의 1%, 341억 크로네로 줄었으며 수혜국도 시리아, 아프가니스탄, 남수단 등 몇개 나라에만 국한되었다.

이상의 경제구조는 다음과 같은 3대 경제단체들에 의해 운영, 관리되고 있다.

1) 노르스크하이드로(Norsk Hydro): 1905년에 설립된 노르웨이 최대 알루미늄·재생에너지 회사로 주식 지분의 34.3%를 정부가 소유하고 있는 전형적 공사합작 체제. 주요하게 석유와 천연가스, 화학공업, 경금속, 화학비료, 식료품, 의약 등의 분야를 운영하며 약 50개 국가와 지역의 소속 기구에 35,000명이 고용되어 있다.

2) 에크비노르(Equinor): 노르웨이 국영 다국적 에너지회사로, 1972년 설립된 스타토일(Statoil)과 노르스크하이드로의 석유 및 가스 사업부를 합병해 2007년에 탄생했다. 36개국에서 약 2만명의 직원을 고용하고 있으며 2017년 현재 노르웨이 정부가 주식 지분의 67%를 갖고 있다. 지금은 노르웨이의 최대 석유회사이자 북해의 최대 원유 생산자이며 서유럽의 최대 원유 판매상이다.

3) 노르웨이기업연합(NHO): 1989년 고용자협회와 공업협회, 수공업연합회의 연합조직으로 출범한 노르웨이 최대의 경제단체로 전국 1만여개 기업을 망라하고 있다.

또한 노르웨이의 복지국가 기틀을 지탱하는 경제구조에서는 서비스업과 관광업이 중요한 역할을 담당하고 있다. 상업, 여행업, 운수, 통신, 금융보험, 건축, 공공서비스 등 서비스업의 연간 생산액은 GDP의 51.7%이고, 노동자 수는 총 노동력의 82.4%로 상당히 높은 수준이다. 그 가운데 여행업이 4%를 차지하며 노동자 수는 전국 노동력의 7%를 점한다.

이상과 같이 정치구조, 경제구조에서 보이는 복지국다운 면모는 사회문화 면에서 더욱 뚜렷하게 나타난다. 노르웨이 국민은 모두가 모종의 복지와 노동보험 관련 조직의 구성원으로서 무상 의료와 교육은 물론 퇴직금과 장애복지기금까지 수령한다. 노르웨이의 사회문화 복지를 실현 가능케 하는 원동력은 교육이다. 1998년부터 10년 의무교육제를 도입하고 90% 이상의 각급학교가 무상교육을 실시하는 가운데 중앙정부가 고등교육을, 지방정부가 초등과 중등 교육을 각각 책임지는 분담책임제를 철저히 준수함으로써 교육의 균형적 발전을 보장하고 있다. 2008년 현재 학생 수는 총 116만명, 교사는 99,000명이나 되며, 고등학교 44개소의 학생 수는 약 29만명이다.

교육의 최고 전당인 오슬로대학교를 들여다보면, 이 대학의 전신은 1811년에 세워진 왕립 프레데리크대학교인데, 이 이름은 당시 덴마크 지배하 노르웨이의 왕을 겸했던 덴마크 왕 프레데리크 6세의 이름을 딴 것이다. 덴마크의 지배 왕조는 노르웨이인들의 독립 요구를 무마하기 위해 이 대학을 세웠던 것이다. 1814년 노르웨이에 대한 지배권이 덴마크로부터 스웨덴으로 넘어가자 대학은 노르웨이 청년들에게 노르웨이의 자주적 문화를 가르치는 본산 역할을 했다. 그리고 1905년 노르웨이가 스웨덴의 지배에서 벗어나자 독립 노르웨이의 최고 교육기관으로 자리매김했다. 1939년 지금의 이름으로 바꾼 오슬로대학은 1946년까지 노르웨이에서 유일한 대학이었다. 현재 오슬로대학은 신학대학, 인문대학, 수학·자연과학대학 등 8개 단과대학으로 구성되어 있으며 산하에 노르웨이 최대 자연사박물관, 북유럽 고대문물 소장관, 식물원 등 8개 부설기관이 있다. 세계대학학술순위(ARWU) 61위(2021)인 이 대학에서는 1922년부터 지금까지 5명의 노벨상 수상자를 배출했다. 학위는 3단계로 나뉘는데, 제1단계는 3~5년이 걸리는 학사이고, 제2단계는 3~4년의 연구 과정을 거치는 연구생이며, 제3단계는 기한 무제한의 박사다. 이 모든 학위 과정은 전적으로 무상이다.

대학 밖에서의 과학 연구는 경비의 40%를 정부가 지원하며 나머지는 해당 연구기관이 부담한다. 핵심적 중앙연구기관은 '노르웨이 연구이사회'(The Research Council of Norway)로서 산하에 공업과 에너지, 생물 생산과 개량, 환경과 발전, 문화와 사회, 자연과학과 기술 등 5개 부를 설치, 운영하고 있다. 정부가 과학 연구를 위해 지출하는 비용은 연간 GDP의 1.6%, 3,740억 크로네(2007)에 달한다. 과학기술의 부단한 발전은 복지국가로서의 위상을 유지하는 데 필수적이다. 그리하여 정부가 일찍부터 과학기술 인재 양성에 큰 관심을 돌린 결과 200여년의 긴 역사를 가진 노르웨이 최대의 오슬로대학이 2016년 1월을 기해 학생 수와 투자액 면에서 신생 노르웨이 과학기술대학에 밀리게 되었다.

노르웨이는 오늘과 내일의 복지에만 관심을 돌리는 것이 아니라 오늘을 있게 한 전통문화 교육도 상당히 중시한다. 이러한 교육을 담당하는 박물관과 전시관, 미술관 등 문화시설이 수적으로 많을 뿐 아니라 질적으로도 그 내용이 충실하다. 일례로 예술 방면에서 가는 곳마다 눈에 띄는 완숙한 전통 조각작품을 들 수 있다. 수도 오슬로의 중심부에 자리한 프롱네르(Frogner) 공원은 명실공히 조각공원이다. 오슬로가 자랑하는 세계적 조각가 구스타브 비겔란(Adolf Gustav Vigeland)의 이름을 따서 비겔란 공원이라고도 불리는 이 공원은 그의 작품 193점과 다리와 분수 등으로 구성되어 있는데, 부지 면적만도 무려 445,154m²에 달한다. 이들 작품 가운데 백미는 높이 17m의 화강

인간의 생사 운명을 묘사한 비겔란의 걸작「모놀리텐」

암덩어리에 서로 위로 올라가려는 121명의 남녀를 형상화한 조각품
「모놀리텐」(Monolitten)이다. 이 작품은 비겔란이 석고로 모델을 만들
고 3명의 석공이 14년에 걸쳐 제작한 것으로 조각가의 인생관을 함축
적으로 표현하고 있다.

이밖에 인간의 일생을 그린 58개의 청동상으로 장식된 다리와 동
물을 투조(透彫)한 철제 정문도 하나같이 걸작이다. 공원 한가운데로
는 850m의 선이 지나는데, 알고 보니 정문과 돌다리, 분수, 원형 받침
대,「모놀리텐」등의 작품들이 신통하게도 이 선상에 일렬로 늘어서
있다. 작품 중 인물상만도 650개나 되며 이 모든 작품을 완성하는 데
는 20여년이 걸렸다고 한다. 이 조각공원은 조각이야말로 노르웨이

노르웨이의 각양각색의 고주택 모형

인들이 소중히 전승해가는 귀중한 전통물이며 고상한 문화복지의 한 단면임을 보여준다고 할 수 있다. 그 전통의 훈육 속에 노르웨이인들은 조각, 특히 인체 조각을 선호하는 예능인으로 알려져 있다. 인파로 북적이는 공공장소는 물론 집집마다 조각상 한두점은 꼭 비치하고 있다. 한적한 오지 예이랑에르피오르(Geirangerfjord) 마을의 잔디밭에서도 양치기 소녀의 동상을 발견할 수 있었다. 언필칭 '조각의 나라'라고 말한들 하등의 하자가 없다.

　이러한 뿌리 깊은 문화의 전통성과 함께 문화복지국의 명예를 한층 빛내는 것은 그 다양성이다. 다양성은 유럽 모자이크문명 일반의 특성이기도 하지만, 여기 노르웨이는 그 특색이 보다 오롯이 나타나 있다. 노르웨이의 최대 야외 박물관인 노르웨이 민속박물관에서 가장 주목을 끄는 것은 고(古)주택 전시장이다. 여기에는 주로 170여채의 목조 귀틀집이 선을 보이고 있는데, 놀라운 것은 그 구조가 각양각색으로 같은 모양새의 집은 거의 찾아볼 수 없다는 사실이다. 오늘날에도 이 나라의 도시와 시골 어디서나, 공공건물이건 개인주택이건 간에 색깔에서부터 형태와 높낮이에 이르기까지 그토록 다양할 수가 없다. 건축가에게 있어 다양성 고려는 설계의 첫걸음이라고 한다. 이러한 다양성은 창의성을 발휘할 때만이 가능하다. 그리고 창의성은 복지를 포함한 모든 선진화의 필수요소인 것이다. 왜냐하면 창의성은 구태와 획일성을 지양하고 다양성과 참신성을 촉발하기 때문이다.

10

선진 해양대국 노르웨이

노르웨이 사람들이 가장 즐기는 놀이는 배를 타고 바다로 나가는 '바다 유람'이다. 휴일이나 명절이 되면 기다렸다는 듯이 가족끼리 오순도순 유람선을 타고 드넓은 바다로 나가 끝없이 펼쳐진 신선한 풍광을 감상하거나 낚시 삼매경에 빠지곤 한다. 그런가 하면 어떤 유람객들은 좁디좁은 만을 지나고 망망대해를 건너서 이웃 스웨덴이나 덴마크를 유유자적 한바퀴 돌아다니다 오기도 한다. 이렇게 바다 놀이를 즐기다보니 노르웨이인들에게 유람선은 필수불가결의 애장품이다. 해안가 물굽이마다 크고 작은 형형색색의 유람선들이 즐비하게 늘어서 있는 이유가 이해된다. 그 가운데서 각별히 스네케(snekke)라는 배가 눈에 띄는데, 뾰족한 이물과 고물이 위로 솟았고 선체는 방부에 강한 유리섬유재로 건조한 아담하고 견고한 자가용 유람선이다.

이렇게 역사의 이른 시기부터 국민이 저마다 바다와 친숙하고 바다와 운명을 함께하는 특유의 문화인자를 공유하고 있는 노르웨이가 해양업에서 세계적으로 두각을 나타내게 된 것은 너무나 당연한 일이라 아니할 수 없다. 전술한 바와 같이 일찍이 8~10세기 비크시대에 노르웨이 선박은 세계 각지를 누비기 시작해 최초로 아일랜드를 발견하고 콜럼버스에 500년 앞서 '신대륙'(아메리카대륙)에 도착했으며, 오늘날은 세계에서 영국과 덴마크, 미국을 이어 네번째의 선진 해양대국으로 그 위상을 떨치고 있다. 해양대국으로서 노르웨이의 특색은 조선업에서 선진적인 특수 용도의 선박을 건조하며, 각지의 선단에 필요한 선박 부품들과 해양 서비스를 제공함으로써 각광을 받고 있다는 점이다. 이러한 선진 해양대국의 모습은 수도 오슬로와 제2의 도시 베르겐을 비롯해 여러곳에 있는 크고 작은 해양 관련 박물관과 항만, 그리고 해양업이 차지하는 경제적 비중과 선진성에서 여실히 찾아볼 수 있다.

우리 일행은 2017년 5월 23일 화요일 덴마크 수도 코펜하겐에서 출근 시간에 맞춰 운항하는 노르웨이 저가항공편(좌석 22A, 탑승객 120여 명)으로 7시 40분에 이륙해 55분간의 비행 끝에 오슬로 국제공항에 안착했다. 출근하는 승객들은 별 수속 없이 종종걸음으로 공항을 빠져나간다. 공항에서 햄버거로 간단하게 아침식사를 때우고 나서 덴마크에서 예약한 렌터카를 인수해 곧바로 첫 관광지인 항구 방어요새 아케르스후스 성(Akershus Slott)으로 향했다. 오슬로의 경우 시내 교통수단 이용은 비교적 편리한 편이다. 지하철과 버스, 트램, 국철, 페리 모두가 공통 티켓을 이용하며 5개 교통권역으로 나누어 차등 요금을 적용한다. 대부분의 관광지가 한 구역 안에 있어 시내 관광은 버스나 트램이 편리하다.

오슬로항 전경

　오슬로항 동쪽 바위산 위에 우뚝 세워진 견고한 항구 방어요새인
아케르스후스 성은 한때 노르웨이 왕의 거성이기도 했다. 1300년에
호콘 5세(Haakon V)가 지었으나 얼마 못 가서 전쟁으로 파괴된 채 버
려져 있던 것을 17세기에 크리스티안 4세(Christian IV)가 르네상스풍으
로 보수했는데, 이후에 다시 스웨덴군의 공격으로 파괴되었고 20세
기에 들어와 대대적으로 중수해 오늘의 면모를 갖추게 되었다. 성벽
이 상당히 두꺼운 이 성새는 현재 영빈관으로 쓰인다고 한다. 성 안에
는 2차대전 때 독일 점령에 저항한 활동 내용을 소개하는 레지스땅스
박물관과 방위박물관이 있다고 하는데, 일정이 촉박해 아쉽게도 들르
지 못했다. 성 전망대에서는 오슬로 시가가 한눈에 내려다보인다. 요
새 항구에는 길이 330m에 승객 3,600여명을 수용할 수 있는 대형 크
루즈선이 정박 중이다.

　약 50분간의 관광을 마치고 도착한 곳은 유명한 바이킹선박박물관

복원한 대형 비크선과 골조 유물

(Vikingskipshuset)이다. 이 박물관은 오슬로대학교 문화사박물관의 부설 박물관으로서 오슬로 시청사를 설계한 유명한 건축가 아른스테인 아르네베르(Arnstein Arneberg)에 의해 지어졌다. 이 박물관에서는 오슬로 피오르에서 발견된 3척의 원양 바이킹선을 복원해 전시하고 있다. 첫 관에 들어서자 3척 가운데서 가장 큰 곡스타드(Gokstad, 890년경 건조,

비크선에서 출토된 자수 유물과 벽화 조각

1880년 출토, 길이 23m, 폭 5m)호의 복원도가 동영상으로 생동감 있게 재현되고 있다. 배의 이물과 고물이 둥글게 말려 올라간 것이 현대의 스네케 유람선 모양을 닮은 이 바이킹 범선은 32명의 노 젓는 사공과 돛에 의해 항진한다. 이 배에서는 12마리 말과 6마리의 개 유골, 짐승 머리로 장식된 침대 등의 유물이 발견되었다.

　두번째인 오세베르그(Oseberg, 843년 건조, 1904년 출토)호에서는 각종 화려한 장식품과 가구류, 부엌용품이 발견되었는데, 50년 정도 사용된 후 오사(Åsa) 여왕의 관에 매장되어 배로서의 임무를 마쳤다고 전한다. 세번째 투네(Tune, 900년경 건조, 1867년 출토)호는 배 밑바닥만 남아서 구체적 세부가 알려져 있지 않다. 배들의 이름은 발견된 지명을 따서 붙였는데, 용머리의 우아한 은세공 장식과 섬세한 목제 조각품에서 당시 노르웨이의 조각술과 은세공술이 상당히 발달된 수준에 이르렀음을 알 수 있다. 배 3척 중 오세베르그호와 곡스타드호는 현존 세계의 선박 유물 가운데서 가장 완벽한 형태로 남아 있는 유물로

태평양 이스터섬의 모아이 석상을
모델로 한 콘티키박물관 입구의 대
형 석조물

알려져 있다. 그럴 수 있었던 것은 깊은 진흙 구덩이 속에 매장되어
공기와의 접촉이 차단되었기 때문이라는 것이 중론이다.

이어 오슬로시 남서쪽 가장자리에 있는 뷔괴위(Bygdøy)반도에 자
리한 콘티키(Kon-Tiki)박물관을 찾았다. 시내 중심가에서 버스로 약
20분 거리에 자리한 이 반도는 박물관 지구로서, 콘티키박물관을 비
롯해 바이킹박물관, 민속박물관, 해양박물관, 프람(Fram)박물관, 문화
사박물관 등 여러 박물관이 옹기종기 모여 있다. 박물관의 상징으로
입구에 세워진 대형 석조 인형이 박물관의 이채로움을 한눈에 부각
시켜준다. 곁에 다가가보니 대서양상의 고도 칠레령 이스터섬의 중심
항가로아 마을 어귀에 세워진 아호쿠테리쿠(Ahokuteriku) 모아이 석상
을 모델로 삼았음이 분명한데, 눈이 끼워져 있지 않은 것만이 다른 점
이다.

이 박물관의 이채로움은 여기에 더해 박물관의 건축과 운영 과정
에 한결 더 오롯이 나타나 있다. 1950년 5월 15일 개관할 때는 콘티키

실물 크기로 복원된 콘티키호

호의 태평양 횡단에 관한 얼마간의 자료만을 전시하는 자그마한 목
조건물에 불과했는데, 예상 밖으로 개관하자마자 국내외 관광객들이
물밀듯이 폭주하는 바람에 건물을 확충하지 않을 수 없었다. 그런데
이 박물관은 세계적 유명세를 타고 일취월장으로 발돋움해온 오늘날

콘티키호 항해도와 콘티키호의 닻을 올리는 헤위에르달

까지도 시종여일 국가나 개인으로부터 보조금 한푼 받지 않고 오로지 자체 수입에만 의존하는 민간 운영을 고집하고 있다. 그리하여 쾰른과 암스테르담, 브뤼셀, 빠리 등 유럽 여러 도시에서 콘티키호 뗏목 선체를 순회 전시하면서 모금한 자금으로 1957년 옛터에 번듯하게 새 건물을 지었다. 이후 갈대배 라 2(Ra II)호가 대서양 횡단에 성공하자 그 유물의 전시를 위해 또 한번 변신에 성공하여 연간 1,700만명 (2014)의 관광객을 거뜬히 수용할 수 있는 건물로 대폭 증축했다. 박물관의 건조와 확충, 발전은 40여년간 박물관을 묵묵히 이끌어온 크누트 헤울란(Knut Haugland)의 헌신적 기여, 탁월한 경영철학과 현명한 지도력으로 실현 가능했다.

이 박물관은 20세기 노르웨이 출신의 세계적 탐험가의 한 사람인 토르 헤위에르달(Thor Heyerdahl, 1914~2002)이 1937~2002년 65년간 단행한 14차례의 해양탐험 가운데서 가장 빛나는 성과를 올린 1947년의 태평양 횡단 뗏목 콘티키호의 이름을 따서 명명했다. 물론 관내에는 콘티키호의 항해에 관한 기록과 유물이 가장 많이 전시되어 있지만, 그밖에 갈대로 만든 라 2호의 모로코-카리브해 대서양 횡단 항해에 관한 유물과 자료를 비롯해 기타 헤위에르달의 탐험과 관련된 영성한 유물들도 적잖게 눈에 띈다. 관내 벽에는 이 모든 유물과 자료, 전시품을 아우르는 2부로 된 설명문(동양어 가운데는 일본어 안내문이 있다)이 부착되어 관람객들의 이해를 돕고 있다. 라 2호 전시실에는 이 갈대배의 항해 성과를 노르웨이어, 러시아어, 일본어, 중국어, 한글, 아랍어의 6개 국어로 간단명료하게 소개하고 있다.

수많은 전시품 가운데서 주종을 이루는 것은 뗏목과 갈대배의 형태와 구조, 내부 시설, 항해 모습(특히 성난 파도와의 사투 모습), 생동감 있는 모형도 등이고, 다음으로는 현지 원주민들의 생활 모습과 관습, 전통적 수공예품, 모아이상, 석판, 각종 거석유물 같은 희귀한 고고학적 출토물 등이다. 그다음으로 필자는 물론 일반 관광객들의 흥미를 끄는 전시품은 각종 항해노정도다. 크게 보면 해양실크로드 노선들로, 해양교류사 연구에 대단히 귀중한 사료들이다. 끝으로, 죽음을 각오한 탐험가들과 선원들이 어떤 역경 속에서도 굴함 없이 오로지 항진의 과녁을 향해 일로매진하며 투지와 용맹성, 낙천성을 잃지 않는 모습들이 영상으로 많이 비춰진다. 이 박물관 관람에 할애된 한시간이 너무도 짧게만 느껴진다. 아쉬움 속에 관람을 마치고 문을 나서자니 기왕이면 더 자세히 관찰할 걸 하는 자성이 발목을 잡는다.

여기서 발길을 옮긴 곳은 가까이에 있는 해양박물관이다. 명색이

해양박물관에 소장된 다양한 형태의 고대 선박 모형

해양박물관이라서 큰 기대를 갖고 찾아갔는데, 남은 것은 실망뿐이었다. 항해를 통해 진행된 해양문명 활동, 특히 해양교류 활동 내용을 기대했으나 이에 대해서는 거의 언급이 없고 갖가지 모형을 통해 배의 변천사나 주입하는 수준이었다. 고백건대 실망뿐이란 것은 도를 넘는 오만의 표현일 터, 문질러버리고 겸손 또 겸손하자고 다짐했다.

이어 근처의 노르웨이 민속박물관을 찾았다. 박물관은 실내 민속품 전시관과 야외 고주택 전시관의 두 부분으로 나뉘어 있다. 200~300평밖에 안 되는 자그마한 민속품 전시관에는 주로 소수민족인 사미인들의 의상과 장식품, 생활용기 등이 가지런히 전시되어 있다. 재료는 목재와 가죽, 털 위주인데, 색조가 선명하고 다양한 자수품이 일품이다. 베틀은 세상 어디를 가나 그것이 그것으로 큰 차이가 없다. 전시품 중 몇점은 설명문이 없어 그 쓰임새를 도무지 알 수가 없었다. 좁은 실내 전시공간에 비해 원래 크기 그대로를 옮겨놓은 야외 고주택 전시장은 노르웨이에서 가장 큰 야외 박물관이라고 하는데, 특히 관람자의 발길을 끄는 건물로는 12세기에 지은 스타브교회(Stavkirke)와 세계적 극작가 입센(H. Ibsen)의 고택이 있다.

오늘날 노르웨이가 선진 해양대국으로 발돋움한 데는 수도 오슬로의 역할과 위상이 결정적이다. 노르웨이 남부 해안의 오슬로 피오르 안쪽에 위치한 면적 약 480km²에 인구 약 69만명(2020)의 소형 도시 오슬로는 주변이 숲과 강, 피오르, 섬들로 둘러싸여 있다. 편서풍의 영향을 받는 지리적 특징으로 인해 연중 얼지 않는 항구(不凍港)로서 각종 항만시설을 갖추고 있어 일찍부터 무역과 산업의 허브로 자리해왔다.

전설에 의하면, 오슬로는 1049년 비크족의 왕 하랄 하르드라에

노르웨이 민속박물관에 전시된 각종 민속의상과 장식품

(Harald Hardråde)에 의해 건설된 후 1300년경 호콘 5세가 수도로 지정했고, 수도를 방어하기 위해 가장 중요한 전략적 요충지에 앞에서 언급한 아케르스후스 요새를 축조했다. 이에 앞서 12세기 말엽 한자(Hansa)동맹을 맺은 독일 북동부의 로스토크(Rostock) 무역상들이 오슬로와 교역을 시작한 이래 이 신흥 도시는 해상무역으로 번성했다. 목조건물이 많았던 1600년대에는 잦은 화재로 연이은 피해를 입다가 결국 1624년 3일간에 걸친 대화재로 도시 대부분이 잿더미가 되었다. 크리스티안 4세는 근교에 대체 도시 크리스티아니아(Christiania)를 지어 시민들을 그곳으로 이주시켰다. 18~19세기 크리스티아니아는 성

쇠를 거듭하다가 1925년에 이름을 다시 오슬로로 바꿨다.

2차대전을 전후해 오슬로는 해양 관련 연구와 기술을 적극적으로 도입하면서 유럽 해양지식의 중추로 급부상했으며, 약 2,000개의 회사가 활동하는 해양산업 분야 본거지로 자리 잡게 되었다. 오슬로 근교에 위치한 회비크(Høvik)에 본사를 둔 노르스케 베리타스(Det Norske Veritas)는 세계 3대 선급(船級)회사(상선의 등급을 매기는 민간기구) 중 하나이며, 세계 선단 중 16.5%가 이 협회에 등록해 등급을 받고 있다. 수도 경제에 큰 영향을 미치고 있는 오슬로 항구는 매년 6,000척에 가까운 배들과 600만 톤의 화물, 500만명의 승객이 거쳐간다.

자연지리적 환경과 급속한 경제성장은 노르웨이가 해양대국으로 도약하는 발판이 되어주었다. 노르웨이를 일컬어 만도지국(萬島之國, 만개의 섬나라), 즉 다도국이라고 하는데, 섬이 많을수록 해양업이 발전하는 법이다. 삼면이 바다로 에워싸이고 발달한 해안선의 총 길이만도 21,000km에 달할 뿐 아니라 곳곳에 천연의 항구가 개설되어 있다. 서유럽 최대의 산유국, 세계 3위의 석유 추출국, 세계 최대 어업국의 하나, 세계 3대 수산물 수출국의 하나, 유럽 10대 경제대국의 하나…… 등 수다한 선진 경제지표는 선진적인 해양산업의 발달이 없이는 불가능한 일이며, 이는 선진 해양대국 노르웨이의 지표와 위상이기도 하다.

11
자연의 변덕을 순화시키는 지혜

　본론에 들어가기에 앞서 조금은 아리송한 이 절의 제목에 대해 한두마디 설명을 덧붙이려고 한다. 오늘부터 1박 2일간은 북위 60도 이북의 툰드라(凍土)지대를 동에서 서로 가로지르는 노정이다. 이 나라 국토의 절반 이상은 고도 500m의 산지이지만, 일행이 지금 막 출발선에 선 스칸디나비아산맥 남단 툰드라의 평균 고도는 1,000m를 넘는다. 그리하여 5월의 툰드라는, 연중 관광의 적기라고는 하지만 계절이 바뀌는 때라서 자연의 변덕이 그 어느 때보다 심하다. 한대의 삭풍과 온대의 훈풍이 제멋대로 불어대고 눈과 비가 섞인 진눈깨비가 무시로 기습하며, 낮과 밤의 기온차가 들쑥날쑥한데다 불현듯 내리는 폭설로 길이 막히기가 일쑤다. 한마디로 '불청객자래(不請客自來, 청하지 않은 손이 스스로 옴)'의 자연의 변덕이 종잡을 수가 없다.
　그러나 원주민 비크인들은 이 모든 자연의 변덕과 악조건을 도리

삼각지붕을 얹은 단순한 형태의 노르웨이 주택

어 전화위복의 계기로 삼아 자연에 순응하고 한편 자연을 개조하는 지혜를 발휘해 오늘을 일궈냈다. '변덕의 순화', 이것이 툰드라에 태를 묻은 비크인들이 그 길 위에 새겨놓은 표지명(標識銘)이며 이 글의 제목이 뜻하는 바도 그것이다.

　노르웨이 민속박물관 참관을 끝으로 오슬로 전격 관광을 마치고 나니 오후 3시 10분, 예정보다 두시간이나 지체되었다. 쉴 틈도 없이 노르웨이 '관광의 꽃', 피오르 투어의 시발지인 베르겐으로 직행했다. 교외로 나서자 곧바로 적설에 대비해 경사가 심한 삼각지붕을 한 단층 주택들이 띄엄띄엄 끼어 있는 울창한 숲속 길에 들어섰다. 숲 너머로 눈길을 보내니 희끗희끗한 눈발을 머리에 이고 선 산봉우리들이 지척에서 아른거린다. 고도가 좀 높아지자 낙엽 진 메마른 숲과 눈이 뒤범벅된 스산한 툰드라가 극지에 와 있음을 실감케 한다. 게다가 느닷없이 윙윙거리는 삭풍이 진눈깨비를 몰고 와서는 차창을 찰싹찰싹

두드린다. 변덕스러운 날씨에 신경을 곤두세우는 사이에 어느덧 땅거미가 내려앉는다. 늦은 시간이라서 여행객이 별로 없이 도로는 한적하고 으슥하기만 하다.

급선무는 숙소를 찾는 일이다. 이름난 관광국가라 숙소 정도는 지천에 널려 있으리라는 믿음으로 예약도 없이 태평하게 훌쩍 길을 떠났다. 초행과 무지를 무시한 과신에 그 악보(惡報)를 톡톡히 맛보기 시작한다. 몇십분을 달려도 인가 하나 없는 무인지경이 꼬리를 문다. 20~30호의 마을 몇군데를 찾아갔는데, 여객 숙소는 아예 없다거나 있어도 이미 만원이란 답변뿐이다. 헤매던 끝에 어느 주유소에서 야간 관리자의 안내를 받아 호스텔 영업을 한다는 민가를 찾아갔다. 주인은 낮에만 영업을 한다면서 난색을 표한다. 빌다시피 딱한 사정을 얘기하니 허름한 방 하나를 허락한다. 시각은 자정을 훨씬 넘겨 새벽 2시경이다. 1인당 숙박비가 자그마치 200달러다. 방이 허름하든 숙박비가 비싸든 몇시간의 안식처를 찾았으니 그나마 감지덕지할 일이 아닐 수 없었다.

이튿날 아침 한잔 커피에 지친 몸을 추스르며 '호스텔'을 나섰다. 비몽사몽 속에 달리다보니 어느새 군데군데 빙하호를 품고 있는 일망무제한 설원에 들어섰다. 공기가 한결 맑고 시원스럽다. 어제의 여독이 말끔히 풀리고, 기분은 마냥 상쾌하다. 그 순간 어릴 적 한겨울 눈밭에서 청천하늘을 하염없이 바라보면서 뒹굴던 낭만이 주마등처럼 눈앞을 스쳐지나간다. 저 포근하고 희디흰 눈솜 속에 한바탕 몸을 파묻고 싶은 생각이 굴뚝처럼 일어난다. 지나가는 여행객들은 놓칠세라 카메라 렌즈를 연신 이리 돌리고 저리 맞추며 추억을 남기기에 여념이 없다. 일군의 중국 여행객들의 왁자지껄 소리는 어디서나 압권

드넓은 설원과 그 속을 달리는 열차

이다. 그래도 머나먼 동방 한구석에서 온 이웃이라 서로가 반가워하며 여로의 행운을 기원했다.

마침 이때 베르겐에서 오슬로로 향하는 9칸짜리 붉은색 열차가 시야에 들어온다. 구석진 산기슭만 골라 다니는 열차라 여기 피오르의 험산준령과 강호(江湖)가 뒤섞인 장관이 승객들에게는 그림 속의 떡일 수밖에 없으니 그 얼마나 허전할쏜가.

이 설원 속을 뚫고 가는 길은 또 하나의 볼거리를 선사해준다. 언제부터 시작된 적설인지는 알 수 없으나 그 무게로 인해 눈 두께가 가라앉았다고 하는데 아직도 2~3m는 족히 된다. 길 양옆에는 대략 10m 간격으로 높이 4~5m쯤 되는 밋밋한 장대가 하나씩 세워져 있다. 알고 보니 폭설 때 길을 안내하는 도로 표지목이라고 한다. 이른바 선진 복지국가라는 노르웨이에서도 이렇게 촌스러운 원시적 수단으로 눈길을 안내할 수밖에 없다니 그 현실이 어딘가 모르게 안쓰럽고, 자연 앞에서 인간은 아직까지 얼마나 무기력한 존재인가를 실감케 된다.

설원을 빠져나오자 갑자기 해는 어디론가 사라지고 사방에서 희뿌연 눈안개가 덮쳐온다. 몇미터 앞길도 분간이 어렵다. 차들은 엉금엉금 거북이걸음을 친다. 그러나 기승을 부리던 눈안개는 신기하게도 문득 나타난 작은 피오르 앞에서 가뭇없이 사라졌다. 그 대신 마치 피륙의 날줄처럼 기암절벽에서 올올이 흘러내리는 수십갈래의 낙수가 무지개 물보라를 일으키는 장관이 펼쳐진다. 낙수가 모여 내가 되고 내가 모여 강이 되어, 저 멀리 바다로 흘러들어가 대양이 된다. 우리는 이 물길을 따라 생겨난 피오르의 어제 역사를 더듬어보면서 자연의 위대한 조화와 섭리를 조금씩 깨달아가고 있다. 이것은 또한 그 조화와 섭리를 체득하면서 오늘과 내일을 위해 발휘한 인간의 슬기와

3m가량 쌓인 눈과 적설량 측정을 위해 약 10m 간격으로 세워놓은 막대

창의성의 역사를 복기하는 과정이기도 하다. 단언컨대 우리의 여정은
이 과정과 잇닿아 있기에 보람차다.

　이어지는 숲속 길에서 갑자기 낯익은 광경이 나타난다. 쏜살같이
달리던 차에 급제동을 걸고 내려 그 '낯익은 광경'에 다가섰다. 3기의
쿠르간(kurgan)이다. 쿠르간이란 지하에 시신을 매장한 뒤 흙을 쌓아
올려 작은 언덕처럼 만든 고대 유라시아 초원지대의 봉분을 말한다.
그러한 유의 분묘가 여기 툰드라 지역에도 있다니, 학계의 통념을 깨

단풍 계곡의 실오리 폭포수

는 유의미한 '발견'이라 아니할 수 없다. 본래는 봉토(封土), 즉 흙을
쌓아올리는 것이었으나 시간이 지나면서 흙이 무너지자 견고한 봉석
(封石, 돌 쌓기)으로 대체해왔다. 그래서 지금 남아 있는 쿠르간 중에는
봉석분이 상당수를 점한다. 무성한 벚나무 숲속에 가려져 있는 이 3기
의 쿠르간은 지름이 5m, 높이 1.5m쯤 되는 석봉분으로서 외형과 크기
가 알타이 산속이나 몽골 초원에 널려 있는 봉석분들과 진배가 없다.
앞으로 쿠르간의 분포와 그것을 바탕으로 한 북방 초원실크로드 연
구에 값진 고고학적 사료가 될 것으로 믿는다. 뜻밖의 발견에 흐뭇함
을 금할 수 없었다. 속된 말로 한건 해낸 셈이다.

몽골 초원의 봉석분과 유사한 숲속의 쿠르간(고층분묘)

숲속 길을 빠져나오자 농가가 5, 6채씩 듬성듬성 모여 사는 평화로운 시골 마을이 눈길을 끈다. 오래간만에 이역의 밭농사와 맞닥뜨렸다. 화전민의 아들이라는 태생적 문화인자 때문인지는 몰라도 사실 어디를 가나 농사, 그것도 밭농사에 은연중 관심이 쏠린다. 차 속도를 줄이고 차창 너머로 유심히 살펴보니, 푸르싱싱한 생기를 머금고 자라고 있는 작물은 영락없이 유럽 식물도감이나 재배 현장에서 보아 왔던 귀리(oat, 燕麥)다. 귀리는 단백질과 아미노산, 섬유질이 풍부해 세계 10대 슈퍼푸드의 하나로 꼽히는 볏과 곡물이다. 기원전 2000년경 원산지 중앙아시아에서 서아시아를 거쳐 유럽에 전해진 이래 오늘날까지도 유럽 여러 나라에서 인기 곡물로 널리 재배되고 있다. 신기한 산수가 조화를 이룬 나지막한 피오르로 에워싸인 귀리밭 언저리에 덤으로 심어놓은 화사한 황금빛 유채꽃, 집집마다 울타리로 키우는 과실나무에서 피어난 형형색색의 탐스러운 꽃들, 저만치 떨어진 목장에서 한가롭게 풀을 뜯고 있는 양떼와 소떼…… 한마디로 동토를 무색하게 하는 목가적인 전원 풍경이다.

넋을 잃고 황홀경을 만끽하고 있는 사이, 차는 길이 1,480m의 다리를 건너고 또 그만큼 긴 터널을 빠져나와 앞이 탁 트인 8차선 도로에 들어선다. 드디어 목적지 베르겐에 도착했다. 오후 7시 20분, 해가 뉘엿뉘엿 지기 시작한다. 초행길에 이러저러한 우여곡절을 겪다보니 오슬로에서 여기까지 오는 데 무려 1박 2일, 28시간이나 걸렸다. 그러나 긴 시간만큼이나 얻은 것도 많다. 예약한 숙소는 시 입구에서 가까운 스칸딕(Scandic) 호텔이다. 지은 지 얼마 되지 않는 원주형 5층 건물로 외형과 내부 구조, 시설이 매우 독특하다. 관광철인데도 투숙객이 얼마 되지 않아 조용한 것이 정말 예상 밖이다. 이것은 관광 수입이 복지 혜택의 상당한 몫을 차지하는 이 나라의 현실에 반하는 현상일 텐데, 그저 일시적인 난조(亂調)에 불과했으면 하는 바람뿐이다.

인구 약 30만을 헤아리는 베르겐은 노르웨이 제2의 도시로서 여기서부터 4대 피오르를 비롯한 여러갈래의 관광 코스가 시작된다. 플뢰위엔(Fløyen) 산기슭에 자리한 이 빼어난 풍광을 자랑하는 도시는 1070년에 올라브(Olav) 국왕이 세운 후 12~13세기 한때는 노르웨이의 수도로 각광을 받았다. 특히 북방무역을 관장하는 한자동맹의 중추 도시로서 해상교역이 번창했다.

오슬로와 베르겐을 연결하는 교통수단으로는 항공(55분)과 기차(6시간 반), 버스(약 10시간)가 있다. 우리 일행은 초행길인데다가 변덕스러운 짓궂은 날씨 때문에 같은 구간을 렌터카로 주파하는 데 무려 15시간 45분이나 걸렸지만, 그 덕분에 푸른 잔디와 무성한 숲, 노르무

레한 물감을 뿌려놓은 듯한 유채꽃밭, 끝없이 펼쳐진 설원과 기암괴석의 심산유곡, 굉음이 메아리치는 폭포와 쪽빛 호수, 인간의 슬기와 결기로 갖은 변덕을 성공적으로 순화시킨 이색적인 노르웨이의 대자연이 빚어낸 한편의 환상적 파노라마를 만끽했다. 이 희한한 '지상에서의 신의 조화'를 즐기는 데는 허공을 가르는 비행기보다 지상을 누비는 기차나 자동차가 제격이다.

오슬로에서 베르겐까지 오는 '변덕의 순화 길'에서 쌓인 여독은 호젓한 툰드라의 밤 숙면으로 말끔히 가셨고, 들뜬 기분으로 새날을 맞았다. 5월 25일 목요일, 꿈에 그리던 피오르 관광 시발지의 아침이 서서히 밝아왔다. 여정의 안녕과 길상을 축원하듯 새벽부터 삭풍이나 진눈깨비가 아닌 가랑비가 보슬보슬 내리기 시작한다.

오늘은 고도 베르겐 시내 몇군데를 돌아보고 나서 본격적으로 피오르 관광에 나설 계획이다. 촉박한 일정이라 아침 8시에 호텔을 나서서 처음 도착한 곳은 항구 앞 광장에서 일요일을 제외하고 매일 아침에 열리는 전통시장이다. 어느 곳이나 전통시장은 그곳의 역사와 문화, 과거와 현재의 얼굴이다. 아무리 선진 복지국가라도 예외는 아니다. 여러가지 민속 생활용품과 함께 이제 막 강이나 바다에서 잡아올린 싱싱한 생선과 새벽참에 갓 따온 과일과 채소, 향기를 풍기는 꽃 등을 거래하는 사람들로 몹시 붐빈다. 이곳의 명물 훈제 연어를 비롯해 바로 먹을 수 있는 생선과 여러가지 부침개도 조식으로 판다.

이어 답사한 곳은 항구 북쪽 브뤼겐(Bryggen) 거리에 있는, 한자동맹 당시 독일 상인들이 살던 목조 가옥 18채가 모여 있는 고택 단지다. 한자동맹은 12세기부터 16세기 초엽까지 독일을 비롯한 여러 유럽 나라 도시 상인들이 북방무역을 독점하기 위해 맺은 무역동맹이

한자동맹 때 독일 상인들이 거주하던 브뤼겐의 삼각지붕 목조 가옥

다. 이 단지의 건물은 숙소와 작업장을 겸하는 당시의 독일식 가옥 양
식으로 지어졌다. 이 고택들은 역사적·문화적 가치가 인정되어 유네
스코 세계문화유산으로 등재되었고 그래서 관광 필수 코스가 되었다.
지금은 박물관과 식당, 선물가게 등으로 다양하게 이용되고 있다. 아
련한 고풍을 풍기는 건물이 수백년을 지나도 건재하다는 사실이 감
탄을 자아낸다.

　고택 관광을 마치고 서둘러 브뤼겐박물관을 찾아갔다. 9시 반이 넘
었으니 이미 문을 열었으리라고 예상했는데 웬걸, 아직 닫혀 있지 않
은가. 10시에 연다고 해서 바깥에서 20여분을 기다렸다. 두루 다니면
서 그간 의아했던 것은, 이 나라 박물관들은 개관과 폐관, 휴관 시간
과 요일이 제각각일 뿐 아니라 월별로도 차이가 있다는 점이다. 예컨

브뤼겐박물관 정문

대 베르겐에 있는 박물관들의 실정을 보면, 브뤼겐박물관의 개관 시
간은 5월 15일~8월은 10~16시이고, 9월~5월 14일 동안 월~금요일
은 11~15시이며, 토요일은 12~15시, 일요일은 12~16시이다. 그런
가 하면 한자박물관의 개관 시간은 5월~9월 9~17시이고 10~4월은
11~14시이며 일요일은 11~16시이다. 종횡 세계일주를 하면서 어느
나라, 어느 지역에 갈 때면 박물관에 첫 족적을 찍는 것이 습관처럼
굳어버린 필자가 여태껏 이렇게 복잡한 박물관 이용 시간의 굴레에
묶인 적은 한번도 없었다. 아무튼 로마에 가면 로마법을 지켜야 하는
법, 이렇게 번잡하게 숫자를 늘어놓은 것을 독자 여러분은 널리 이해
해주시기 바란다.

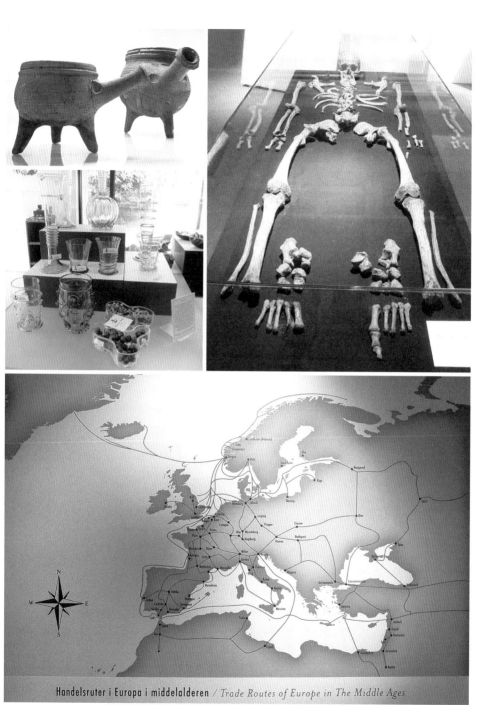

Handelsruter i Europa i middelalderen / *Trade Routes of Europe in The Middle Ages*

브뤼겐박물관에 전시된 세발 토기, 각종 유리그릇과 구슬, 고대인의 유골과 중세 유럽의 무역로

한자동맹박물관 외관

　각설하고 박물관 참관 이야기를 이어가면, 크지 않은 2층 건물의
전시관에는 주로 인근에서 발굴된 고대와 중세 유물들과 여러점의
지도와 유화가 전시되어 있다. 그 가운데는 전신과 안면 유골, 세발솥
과 줄무늬토기를 비롯한 각종 토기, 유리그릇과 채색도기 조각, 부식
된 철제 검, 나무빗, 각종 가정용품, 남녀 조각상 등 개별 유물과 더불
어 베르겐 도시 건설 연혁과 관련 유물 및 농작물 등이 포함되어 있
다. 흥미를 끄는 전시물로는 중세 유럽 무역로 지도와 피오르 입체도
다. 박물관 안내서에 소개된 중세 도기나 특히 룬(rune)문자는 보이지
않는다. 해설자가 따로 없는데다 설명문도 노르웨이 문자로만 씌어
있어 전시물 파악에 상당한 한계가 있었다.

한자동맹 당시 베르겐항과 무역선, 교역품인 건조 어물과 교역 장부

　이어 들른 곳은 박물관 남쪽 약 300m 거리에 있는 한자동맹박물관
(Hanseatiske Museum)이다. 중세 유럽의 내외 무역교류를 이해하는 데서
한자무역은 대단히 중요한 위치를 차지한다. 특히 한자무역로의 서
북단에 위치한 베르겐은 당시 노르웨이의 수도라는 지정학적 위치와
흥성한 교역으로 한자무역에서 중요한 역할을 담당했다. 그리하여 큰

기대를 가지고 이 한자박물관에 들어섰다. 1702년에 건축한 3층짜리 박물관은 베르겐에서 가장 오래된 목조건물로 전시실마다 당시의 무역상을 실증해주는 유물과 기록물이 빼곡하다. 주요 교역품의 하나인 대형 연어와 절단기, 널따란 어물 건조장와 화물창고, 수동 저울과 화물 운반용 손수레, 상인들과 선원들의 생활 모습과 용품, 교역품 장부와 협약서, 바이킹선 만스카페트호를 비롯한 각종 상선과 베르겐 부두 모습, 아름다운 무역선 벽화 무늬 등등 어느 것 하나 간과할 수 없는 무언의 역사적 증거물이다. 이렇게 한자박물관은 당시 상인들의 활약상과 생활모습을 생생하게 전해주고 있다.

12
신기한 지리적 기적 피오르의 나라

.

　노르웨이는 '신기한 지리적 기적'으로 불리는 피오르에 관한 이야기에서 타의 추종을 불허한다. 가장 많은 수량과 가장 길고 아름다우며 가장 우람한 이 만고불변의 천지조화물 피오르를 거의 독차지하고 있기 때문이다. 그래서 '피오르의 나라' '세계 3대 피오르국 중 하나' '세계에서 파괴되지 않은 가장 좋은 여행지 50곳 중 으뜸'으로 불리며, 피오르는 노르웨이의 '영혼'이라고도 한다. 노르웨이의 피오르는 1986년에 통째로 유네스코 세계자연유산으로 지정되어 국제적 보호를 받고 있다. 일단 세계 7대 자연의 신비로까지 선정된 노르웨이의 피오르에 다녀온 사람은 여행자라면 일생에 한번은 꼭 이곳에 가보라고 권한다고 한다. 천하대국 사람이라고 으쓱거리는 중국인들마저도 중국에 피조물로는 딱 한가지가 빠졌는데 그것이 바로 피오르라고 시샘 섞인 심정을 털어놓는다.

본시 우리나라에는 피오르가 없는데다가 세계적으로도 가기 어려운 몇몇 제한된 험지에만 있는 특이한 지리적 현상이라서 우리에겐 자못 생소하다. 그래서 관광담에 앞서 피오르에 관한 개략을 살펴보고자 한다. 우선 명칭부터 따져보면, 원래 이 말은 '내륙으로부터 깊이 들어간 만'이라는 뜻의 노르웨이어 'fjord'에서 유래했다. 우리나라 일부와 중국을 비롯한 한자문명권에서는 '협만(峽灣)'으로 의역하기도 한다.

피오르란 특이한 지리적 현상으로서, 형성의 기본 요인은 빙하운동이다. 한랭지대에서 발생하는 빙하 이동으로 대륙의 침식이 일어나서 생긴 U자형의 좁고 긴 협곡에 바닷물이 들어차 피오르가 형성되는 것이다. 그리하여 한랭한 고위도 지대의 빙하 이동과 해양의 병존이 피오르 형성의 2대 요인이 되며, 이러한 지형적 요인이 전제되지 않은 곳에서 피오르를 만나기란 만부당한 일이다. 오늘날 세계에서 이러한 요인을 충족해 피오르를 볼 수 있는 곳은 노르웨이 말고는 그린란드, 스코틀랜드, 알래스카 남부, 칠레, 뉴질랜드 사우스섬, 캐나다 북극 연안 등 제한된 몇군데뿐이다.

지구상에서 가장 많이 '자연의 신비' 피오르를 보유하고 있는 노르웨이의 경우, 약 200만년 전부터 일어나기 시작한 여러차례의 빙하운동에 의해 주로 남서 해안지대에 심한 침식이 일어나면서 약 천여개의 피오르가 형성되었다. 비록 크기나 형성 시기는 다르지만 그 경관은 하나같이 아름답고 장엄하며 신비롭다. 대자연이 만들어낸 조각품인 빙하와 협곡, 코발트빛 바닷물과 양안의 웅장한 산과 기암괴석, 아스라한 산꼭대기마다에 얹혀 있는 희끗희끗한 만년설, 거기서 눈 녹은 물이 흰 물갈기를 흩날리며 떨어지는 천길 폭포, 양안에 펼쳐진 목

피오르 양안의 초원과 마을

가적인 전원…… 세상 어디서도 볼 수 없는, 말 그대로 환상적인 대자연의 파노라마다. 그래서 피오르는 노르웨이 여행의 하이라이트다.

오후 3시경 베르겐에서의 짧지만 알찬 일정을 마치고 내리는 보슬비 속에 오매에도 그리던 서해안 일원의 피오르를 향해 장도에 올랐다. 숱한 피오르 가운데 일반적으로 여행객들이 찾아가는 곳은 베르겐을 기점으로 이북에 있는 송네오르(Sognenfjord)와 예이랑에르피오르, 이남에 있는 하르당에르피오르(Hardangerfjord)와 뤼세피오르(Lysefjord) 등 이름난 4대 피오르다. 이번 답사에서는 자웅을 다투는 베르겐 이북의 두곳만 고르고 나머지 이남의 두곳 답사는 훗날을 기약했다.

베르겐을 떠나 북상하여 한참 달리니 자그마한 도선장이 나타난다. 사실 넓은 의미에서 보면 베르겐은 송네피오르의 범위 내에 속하며, 이 첫 도선장은 송네피오르의 한 지류를 건너가는 나루터다. 송네피오르를 비롯한 대형 피오르들은 숱한 지류만(支流灣)과 지류만을 넘나드는 나루터를 줄줄이 거느리고 있다. 차에 앉은 채 나루터에서 20분간 강을 건너자 하얀 살구꽃이 만발하고 푸른 잔디가 주단처럼 깔려 있으며 주홍빛 세모꼴 지붕들이 늘어선 아늑한 전원 마을을 품은 송네피오르의 웅장한 모습이 한눈에 들어온다.

송네피오르는 행정적으로 송네피오르주(州)에 속하며 노르웨이에서 가장 큰 피오르다. 길이 205km로 세계적으로 가장 긴 피오르이며, 최대 수심이 1,308m로 이 역시 세계적 기록이다. 하구 부근의 수심이 약 100m, 주류(主流)의 평균 폭은 약 4.5km에 달하며 피오르를 에워싼 양안의 절벽 높이만도 100m 이상이다. 이 피오르 일대는 고산지대로 이 나라에서 가장 높은 해발 2,469m의 갈회피겐(Galdhøpiggen)산이 우뚝 솟아 있으며, 해발 2,000m 이상의 고봉만도 150여개나 된다. 이 피오르가 이토록 길고 넓고 깊은 만을 형성할 수 있었던 것은 유럽에서 가장 큰 빙하인 요스테달 빙하(Jostedalsbreen)와 연결되어 있기 때문이다.

송네피오르의 지류는 대단히 복잡한 지형을 이루며 주 곳곳으로 거미줄처럼 뻗어 있다. 이러한 희유의 자연지세를 보유하고 있기 때문에 유네스코는 중심 지역인 네뢰위피오르(Nærøyfjord) 일대를 비롯한 이곳 피오르를 세계자연유산으로 지정했다. 네뢰위피오르의 너비는 300m 정도에 불과해 관광용 보트로 양안에 흩어져 있는 마을들 사이를 자유로이 오갈 수 있다. 그밖의 볼거리는 맞은편에 전기를 공급하기 위해 무려 길이 4,597m나 되는 전선이 피오르를 가로지르고 있는 것이다. 상류 끝 지점에는 유명한 목조 교회가 세채 있는데 그중 한채는 유네스코 세계문화유산으로 등재되어 관광객들을 유치하고 있다.

날이 저물자 노변에 자리한 미트네스(Midtnes) 호텔에 투숙하기로 했다. 자그마하지만 깨끗하고 아담하다. 방당 1일 숙박비는 1,490크로네(한화 약 20만원). 필자는 낮에 맞은 찬비 탓인지, 아니면 여독이 쌓여서인지 갑자기 오한이 나고 어지럼증이 엄습하는 바람에 저녁식사도 거르고 일찌감치 곯아떨어졌다. 이튿날이 걱정되었는데 다행히 큰 문제가 없었다. 여행에서 최악의 걸림돌은 병이다. '병에서 자유로운 자가 여행의 승자'라는 말은 여행자에게는 항시 놓칠 수 없는 잠언이다. 호텔을 떠나기에 앞서 로비에서 노르웨이 서부 해안지대 피오르의 전도 걸개사진을 발견하고 그대로 카메라에 옮겨 담았다. 의외의 수확이었다. 피오르 답사 내내 이 전사(轉寫) 전도를 정말로 요긴하게 이용했다.

간밤에 지적지적 내리던 비는 새벽녘에서야 멎었다. 그러나 성에 안 찼는지 아침이 되자 먹구름이 몰려오면서 금세 큰비를 뿌릴 듯하다가 다행히 연달아 불어오는 세찬 북풍에 밀려 피오르의 준령 너머로 가뭇없이 사라졌다. 그러나 바람이 제아무리 세차도 흐리멍덩한 천기(天氣)는 가셔내지 못한다. 이날도 하루 종일 흐린 날씨 속에 예이랑에르피오르로 향하는 여정을 이어갔다. 여기 미트네스 호텔에서 목적지 예이랑에르 마을까지 가는 데는 여러차례 도선장과 긴 터널들을 경유하다보니 꼭 6시간 45분(10:35~17:20)이 걸렸다.

이 구간에서 필자에게 특별한 감흥을 불러일으킨 것은 터널 굴착 기술과 피오르 양안의 절경이다. 우선 터널에 관해 이야기하자면, 산

기슭의 연안도로를 따라 도선장
을 세번 거치면 마지막으로 예
이랑에르 마을로 직행하는 배
에 오르게 된다. 여기까지 가는
데 근 20여개의 크고 작은 터널
을 지나야 하는데, 그 축조술이
다양하고 특이하다. 터널이 밀
집한 구역의 7개 터널 길이가
각각 3,482m, 1,659m, 1,287m,
1,150m, 7,548m, 200m, 520m
로 평균 길이가 약 2,264m에 달
한다. 여느 국가들의 터널 길이
에 비하면 상대적으로 긴 편이
다. 참고로 예이랑에르피오르에

자연동굴 그대로를 이용한 터널 입구

서 귀로에 올라 국립관광로를 타고 오슬로까지 오는 구간에 지난 7개
터널의 길이는 2,700m, 4,300m, 3,900m, 700m, 2,400m, 650m, 1,200m
로 신통히도 평균 길이가 거의 같다.

그런데 입구부터도 확인되지만 대부분 터널이 자연동굴을 그대로
이용했거나 약간 개축한 것뿐이다. 내부 구조도 인공적으로 굴착한
다음 시멘트 등 점착재료를 덧붙이는 일반적인 공법이 아니라 원래
의 동굴을 그대로 살려 이용했거나, 아니면 인공 굴착한 경우에도 울
퉁불퉁한 자연 상태를 보존하고 있다. 물론 암질이 견고한 화강석이
어서 이러한 자연굴착법이 허용되는 것이며 일부에서는 그 내구력에
의문을 제기하기도 한다. 다만 그 굴착 기술의 다양성과 인위적 가공

예이랑에르피오르 사이 마을의 원경과 무릉도원 같은 마을

이 아닌 '자연주의적 미의식'에 관해서는 사줄 만할 터, 시각을 실사구시의 타자론적 관점에 맞춰 보면 불편부당한 판단을 내릴 수 있을 것이다.

다음으로 특별한 감흥을 불러일으킨 것은 예이랑에르피오르 양안의 절경이다. 마지막 세번째 도선장에서 역시 차에 탄 채로 소형 페리에 승선하면 대번에 노르웨이에서 경관이 가장 뛰어나 무릉도원을 방불케 한다는 예이랑에르피오르(깊이 80~100m)의 전경이 눈앞에 펼쳐진다. 이 도선장에서 피오르의 끝 마을까지 가는 데 약 50분이 걸린다. 세칭 피오르가 보여줄 수 있는 모든 신기한 지리적 기적과 환상적 경관이 총집결해 있다고 하여 이 구간을 피오르 여행의 '골든 루트'라고 부른다. 명실상부한 작명이다.

관광객들은 너나없이 모두가 물보라를 맞으면서도 갑판에 나와 좌우에 펼쳐지는 광경에서 한시도 눈을 떼지 못한다. 사실 너무나 진기한 풍경이 양안을 가득 메운 채 간단없이 펼쳐지다보니 눈이 얼굴에만 달린 것이 안타깝기만 하다면서 "신은 왜 애초에 인간에게 얼굴 좌우에 눈 두개씩 모두 네개를 붙여주지 않았는지 원망스럽다"라고 타국에서 온 어느 여행객은 너스레까지 떤다. 한쪽에 눈을 팔다보면 다른 쪽을 볼 수 없기에 하는 소리다. 아무리 열심히 카메라에 주워 담는다 해도 빠뜨리는 것이 많다는 하소연이기도 하다. 이 '골든 루트'에는 산정에서 빙하가 녹아서 떨어지는 폭포수가 유난히 많을 뿐 아니라 그 굵기와 길이, 모양새가 제각기다. 또한 형형색색의 기암괴석이 즐비하다. 모두가 매혹적인 피사체다.

갑자기 누군가가 고함을 지르며 오른쪽 산중턱을 가리킨다. 전설에 나오는 '구혼자 폭포'(Friarenfossen, 높이 275m)다. 큰 물줄기가 굉음

예이랑에르피오르의 장관인 7자매 폭포

을 내며 낭떠러지 사이로 물보라를 흩날리며 떨어진다. 그 순간 맞은편(왼쪽)의 깎아지른 듯한 바위틈에서 일곱개의 물줄기, 즉 '7자매 폭포'가 가지런히 횡렬을 이루어 천길 바닥으로 떨어진다. 좌우 양안에서 벌어지는 이 기기묘묘한 현상을 두고 그 옛날 애절한 사랑의 전설이 꾸며져 오늘날까지 전해진다. 전설에 의하면, 오른쪽 산자락에 살던 청년이 맞은편 산자락에 살던 일곱 자매에게 차례로 구혼했으나 모두 거절당한다. 그러자 크게 실망한 나머지 매일 술로 세월을 허송하다가 마침내 폭포가 되었다. 지금까지도 폭포 한가운데에 청년이 즐기던 술병 모양의 바위 그림이 선명하게 남아 있다고 한다. 그렇다고 보아 그런지, 과연 '구혼자 폭포' 중앙에 술병 모양의 흰 바위 무늬가 선명하다.

기왕에 전설이라고 하니 환각이라도 무방하다. 그러나 그 이야기가 오늘날까지 줄곧 전승되어오는 것은 소박한 청년의 애틋한 순애보로 기려지기 때문일 것이다. 폭포 가운데는 신부가 투명한 드레스를 걸친 형상의 폭포가 있어 또 하나의 화제가 되고 있다. 사실 고고학적 발굴에 따르면 이 피오르의 양쪽 산기슭에는 오랜 옛날 양을 치거나 농사를 짓던 흔적과 사람이 살던 집터가 여태껏 남아 있다. 어떤 곳은 수십길 낭떠러지 바위 위에 집을 짓고 사다리로 오르내리며 가축을 기르고 농사를 지었다고 한다.

예이랑에르 마을은 삼면이 높은 산과 울창한 수림으로 에워싸여 날씨의 변덕이 여느 피오르보다 적으며, 경치도 빼어나 연중 관광객의 발길이 끊이질 않는다고 한다. 오늘도 3척의 대형 페리가 마을 나루터에서 1km쯤 떨어진 곳까지 숱한 관광객들을 실어나르고 있었다. 우리 일행은 나루터에서 10분 거리의 산자락에 아늑한 게스트하우스를 예약해놓았다. 투숙객 스스로 청소하고 아침식사도 포함되지 않은 2박 3일의 숙박비는 2,100크로네(한화 295,000원)로 비싼 편이다. 인근의 자그마한 슈퍼마켓에서 어느새 국제 식품이 되어버린 현지산 라면을 사다가 저녁을 차렸다. 서구인들의 입맛에 맞도록 한두가지 서구식 조미료를 가미해 만든 이 라면은 인기가 높다고 한다. 우리 입에

예이랑에르피오르 상공에서의 패러글라이딩

익숙한 맛인데 더 담백하다. 교류의 시각에서 보면 동서 식품문화의 융합에 의한 문화접변 현상인 것이다.

　이튿날에는 주변 관광에 나섰다. 처음 들른 곳은 숙소 맞은편 산정에 자리한 달스니바(Dalsnibba) 전망대다. 급경사의 고불고불한 산길, 15개 남짓 굽이를 돌아서야 해발 1,476m의 전망대에 도착했다. 이른 시간인데도 관광객들로 발 디딜 틈이 없다. 최고의 경관인 예이랑에르피오르의 넘실거리는 쪽빛 물길과 양안의 갈가리 찢긴 폭포수와 울울창창한 수림, 그리고 아늑한 마을 전경이 한눈에 내려다보인다. 그런가 하면 오색찬란한 패러글라이더를 타고 허공을 훨훨 날다가 수면 위에 사뿐히 내려앉는 이들의 묘기도 시야에 들어온다. 실로 감탄이 저절로 폭발하는 천하선경(天下仙境)이다. 저마다 나름의 피사

눈과 흙모래가 번갈아 싸여 층을 이룬 눈더미

체를 찾아 연신 셔터를 누른다.

이어 피오르의 배면에 뚫려 있는 북행 국립관광로를 따라 주변 마을 몇곳을 천천히 거닐었다. 길 어귀에서 희한한 눈더미 하나를 발견했다. 눈과 흙모래가 번갈아 흩날려 싸여 층층을 이룬 집채만 한 더미다. 어림잡아 수십층은 되어 보인다. 마치 고고학 발굴에서 시대상을 알려주는 문화층이나 수령을 말해주는 나무의 나이테처럼 그때그때의 적설량이나 풍력 같은 것을 전해주는 역사의 무언의 증거물이다. 마을 풍경은 노르웨이의 여타 마을들과 진배가 없다. 갖가지 과실수에 꽃이 흐드러졌고 노란 유채화가 농가들의 지경(地境)을 가르며 양떼가 한가로이 풀을 뜯는, 한마디로 목가적인 정경이다.

오랜만에 유유자적한 산책으로 여독을 말끔히 풀고 해 질 무렵에 숙

산기슭의 화사한 야생화

소로 돌아왔다. 마침 마을 예식장에서 독일 관광객들의 결혼식이 한창
이다. 호기심에 끌려 불청하객으로 뒷줄에 서서 신혼부부의 행복한

비크식 유람보트

장도를 축원했다. 이 시각만큼은 모두가 한 가족 세계인이 된 기분이다. 예복을 말끔하게 차려입은 20여명의 하객은 모두가 신혼부부의 일가친척이거나 친구들이다. 이렇게 가족과 친지, 친구 들이 신혼부부와 함께 수십명씩 집단적으로 페리를 타고 이곳 천하선경에 와서 혼례를 올리는 일이 다반사라고 한다. 마을 예식장은 항시 문을 열고 준비에 만전을 기한다고 이웃의 호스텔 주인이 귀띔한다.

저녁식사까지는 한시간쯤 여유가 있어 내친김에 마을을 한바퀴 돌아봤다. 고산 너머로 금세 떨어지는 자홍색 석양이 비춰주는 피오르의 아담한 마을은 문자 그대로 황홀지경이다. 산기슭에는 이름 모를 여러가지 화사한 야생화가 한폭의 그림으로 다가오고, 물가에 닻을 내리고 한줄로 늘어서 있는 알록달록한 보트들은 찰싹이는 물결에 춤을 추며 아른거린다. 어느 것 하나 흥겹고 놀랍지 아니한 것이 없다. 이렇게 예이랑에르피오르의 마지막 하루가 저물어갔다.

다음날(5월 28일)은 피오르 답사를 마지막으로 노르웨이와 작별하는 날이다. 이 귀로의 여정이 길어서 새벽 5시에 기상하여 7시 40분에 숙소를 나섰다. 마을 뒷산 길을 가로질러 국립관광로(일명 동부로)에 들어섰다. 약 한시간을 달려 설원과 더불어 차츰 고도를 높이자 2m 이상의 적설 속에 묻혀 있는 고산준령이 나타난다. 길 양편에는 약 10m 간격으로 적설을 알리는 표지목이 세워져 있으며, 띄엄띄엄 제설차도 시동을 끄고 대기 중이다. 고불고불 지그재그의 산비탈을 숨가쁘게 치달아 가까스로 산마루 전망대에 이르렀다. 10시가 가까웠는데도 전망대 문은 꽁꽁 닫혀 있고 매표소도 텅 비었다. 알고 보니 이틀 전까지만 해도 눈사태로 인해 이 꼬불꼬불한 비탈길과 전망대가 폐쇄되었다고 한다. 문밖에서 한참 동안 어슬렁거리는데 어디선가 관리직원이 나타나 1인당 3크로네의 입장료를 받고 전망대로 안내한다. 시야를 넓혀보니 숱한 작은 피오르들이 지척지지(咫尺之地)에 올망졸망 뒤엉켜 있다. 전망대와 거의 같은 높이의 지평선 눈안개 속에 이 근방에서는 가장 높다는 산봉우리 하나가 우뚝 솟아 있는데, 그 높이가 약 1,500m라니 우리도 그만큼 높이 올라온 셈이다.

설원을 끼고 50분쯤 하산하니 눈 속에서도 생명의 싹을 틔운 푸르싱싱한 초원이 이어진다. 이렇게 눈과 풀의 상극 속에서도 푸른 초원을 보듬는 것이 자연의 섭리일진대, 인간은 이러한 섭리를 통섭(通涉)함에 결코 인색하지 말아야 할 것이다. 얼마쯤 달리니 길 우측에 폴포스(Pollfoss)라는 커다란 액자 간판이 걸린 휴게소가 나타난다. 출출한 김에 얼른 차에서 내려 들어가니 주인 부부는 손님이 뜸한데다가 외국 손님이라서 그런지 일행을 각별히 친절하게 맞아준다. 따끈한 커

내부에 소형 민속품 전시실이 있는 국립관광로 휴게소 폴포스 외관과 주변의 특이한 목책

피 한잔에 달짝지근한 토스트 두세조각을 곁들이자 어느새 시장기가
사그라지고 오한이 누그러진다. 온몸에 생기가 돌기 시작한다.

그러자 주인이 곁방에 차려놓은 민속품 전시실로 안내한다. 10여
평밖에 안 되는 자그마한 전시실인데 놀랍게도 이 지역에 전승되어
오는 오만가지 민속품들이 죄다 선을 보이고 있다. 대부분 처음 보는
것들이라서 매우 흥미로웠다. 자기 것을 소중히 여기고 기리며 전승

하는 노르웨이인들의 숭고한 애향과 애족의 정신이 짙게 배어 있는, 작지만 알찬 전시관이었다. 복지의 기반은 주어진 자기의 것을 귀중히 여겨 발전시키는 정신과 의지라는 교훈을 새긴 현장이기도 하다.

이제부터는 피오르의 영향 구역을 벗어나 남북행 국립관광로가 종단하는 기름진 평원이 펼쳐진다. 빙하가 녹아 흐르는 개울과 시냇물이 땅을 촉촉이 적시고 있다. 통상적으로는 으레 전답을 일궈 농사를 짓는 농토여야 하지만 이곳은 통 그렇지 않다. 대부분의 땅은 농토가 아니라 목초지나 잔디밭으로 이용하고 극히 일부에만 특수한 경제작물이나 가축 사료작물을 재배한다고 한다. 그렇다면 이곳 주민들은 무엇으로 어떻게 생계를 유지하는가? 유제품 제조 위주의 목축업과 목재 수출을 비롯한 임업, 그리고 부가가치가 높은 관광업의 3대 업종이 주 생계원이라고 앞서 폴포스 휴게소 주인이 답해주었다.

필자는 지난 며칠 동안 세계 최고 등급 복지국가인 노르웨이의 이곳저곳을 누비면서 늘 이 나라가 지닌 범상이 아닌 비상, 이를테면 '다른 점'은 과연 무엇인가를 발견하는 데 관심의 초점을 맞춰왔다. 작별의 순간까지도 이 점은 변함이 없었다. 남행하는 국립관광로를 따라 오슬로 공항에 이르는 고속도로를 지나면서 다행스럽게도 그한가지 생생한 실례를 발견해 내심 뿌듯했다. 쏜살같이 달리는 차 안에서 이 고속도로를 가로지르는 수다한 구름다리들의 모양새가 하도 다양해서 카메라에 담았는데, 담고 보니 15개 다리의 구조가 그토록 서로 다를 수가 없다. 인적이 드문 곳에 하찮은 구름다리 하나 세우는 데도 식상한 판박이 획일주의를 탈피해 창의적이며 수용적인 다양성을 추구하는 노르웨이 사람들의 세심함과 진지함에 머리가 숙여졌다. 이것은 모자이크식 유럽문명이 공유하는 한 단면이기도 하다.

여러가지 형태의 구름다리

13
갈대 뗏목으로 3대양을 누빈 탐험가 헤위에르달

탐험은 미지의 세계에 대한 탐구심과 미지의 세계에서 얻을 수 있는 이익이나 성과에 대한 기대가 결합해 야기되는 인간의 비범한 행위를 말한다. 미지의 세계를 상대하는 탐험은 다분히 험지에서 이루어지기 때문에 희생까지 강요되는 모험을 수반하게 마련이다. 따라서 탐험가는 출중한 지적 탐구심과 호기심, 견인불발의 의지, 그리고 강건한 체력을 구비한 '사건창조적 위인'으로서 인간의 발이 닿지 않은 미개척지가 더이상 존재하지 않는 날까지 간단없이 배출되어 세인의 주목을 끌 것이다. 사실 미지의 세계나 미개척지가 발견되고 알려지는 것은 탐험가들에 의해서이고, 그리하여 탐험가들은 탐험사가 곧 문명사라는 자부심을 안고 지난한 탐험의 길을 흔쾌히 돌파하는 것이다.

지금까지의 인류 역사상 자의 반 타의 반 명수죽백할 탐험가로 이름을 올린 위인은 부지기수이며, 그들에 관한 전설 같은 기록은 가위 오거서(五車書)로도 남음이 있을 정도다. 그런데 문제는 그 위인의 기준이며, 그에 관한 각이한 평가다. 이를테면 어떤 목적을 가지고 어떤 과정을 거쳐 어떤 결과에 이르렀는가 하는 문제에서 인류 공동의 번영과 복지, 진보를 위한 개척을 본연으로 하는 탐험인가, 아니면 그에 반하여 사리 추구나 헛된 공명욕에 집착한 탐험인가에 따라 평가가 판이하게 달라진다. 심지어 작위적 기준이나 편협한 판단에 따라 탐험의 성과가 영영 무시되거나 무위로 돌아가기도 한다. 그리하여 미지의 세계에서 행해지는 탐험의 공과(功過)와 허실을 가려내는 일은 복잡하고 어려운 작업으로 신중을 기하지 않을 수 없다.

더욱이 넓은 의미에서 탐험의 손익은 탐험사에서 시종 논쟁이 분분한 문제로 남아 있다. 그 동기나 목적, 과정이나 후과에 관계없이 탐험의 수익이나 혜택만을 일방적으로 과장, 미화하는 경향이 있는가 하면, 미지의 세계니 미개척지니 하는 구실하에 기존 세계나 토착지에 무자비한 탐험의 칼날을 들이댄 결과 발생하는 파괴나 병폐는 그 무엇으로도 상쇄하거나 보상할 수 없을 만큼 엄청나므로, 탐험은 미화할 것이 아니라 그 대척점에서 도리어 배척해야 마땅하다는 주장이 맞서고 있다. 물론 편협하고 극단적인 '탐험배척론'은 지양해야 하지만, 그와 동시에 탐험에 대한 인간의 오만이나 맹목적 추종도 경계해야 한다. 부지기수의 탐험가들이 나서서 오거서의 기록을 남겨놓았다고는 하지만 아직은 조족지혈(鳥足之血)에 불과하다. 거의 미지의 세계로 남아 있는 우주 탐험을 놓고 봐도 그러하다. 이제 막 시작된 새로운 탐험의 시대 앞에서 여러 면을 다시 한번 면밀하게 성찰해야 할 것이다.

    우리는 이러한 탐험사의 한 단면을 여기 노르웨이 출신의 위대한 탐험가 토르 헤위에르달의 문명 탐험과 그 진실 공방에서 찾아볼 수 있을 것이다. 앞의 10절에서 오슬로 뷔괴위반도에 있는 콘티키박물관 참관기를 다룰 때는 주로 박물관에 관한 내용인 만큼 헤위에르달의 태평양 횡단 뗏목인 콘티키호 항해와 대서양 횡단 갈대배 라 2호 항해에서 수습한 각종 유물에 관해 언급했다. 이에 비해 이 절에서는 해양탐험가로서 그의 65년에 걸친 14차례의 탐험 과정과 그 진실 공방에 관한 분석을 주로 할 것이다.

    그의 파란만장한 탐험사를 시사하듯 그를 수식하는 명칭만 해도 탐험가, 모험가, 인류학자, 역사학자, 지리학자, 생물학자, 과학탐험가 등 여러가지다. 한 사람이 감당하기에는 자못 버거운 직함이지만 여러 사람이 각이한 시각에서 지목한 것이라서 있는 그대로 옮겨본다. 그만큼 헤위에르달은 천부적인 탐구욕과 다면적인 호기심을 지닌 희유의 탐험가였다. 독일의 문호 괴테는 "호기심이 모든 걸음에 날개를 달아준다"라고 호기심의 잠재적 추동력을 극구 찬양했다. 바로 이러한 탐구욕과 호기심에 힘입어 그는 여러가지 파천황적 기사이적(奇事異蹟)에 감히 도전할 수 있었다. 물론 그의 모든 도전이 성공한 것은 아니었고 실패의 고배를 마시기도 했다. 그러나 그는 결코 패배자가 아니었으며, 사상 처음으로 탐험을 통해 문명교류에 관한 '영감의 원천'을 밝힘으로써 개척적 탐험가로서의 업적을 남기고 빛나는 한생을 마감했다.

    헤위에르달은 1914년 10월 6일 노르웨이 남부 베스트폴(Vestfold)주에 위치한 해안 소도시 라르비크(Larvik, 면적 535km²)에서 출생했다. 아버지는 고향에서 맥주공장을 운영했고, 어머니는 라르비크와 주변 지

희대의 탐험가 헤위에르달

역 박물관협회 회장직을 맡고 있었다. 어머니는 헤위에르달로 하여금 동물과 자연과학에 관심을 갖도록 끊임없이 이끌어, 그는 어린 시절을 시골에서 보내면서 자연에 유달리 깊은 관심을 가지고 관찰했다. 한편, 어릴 적부터 그에게는 남다른 그림 재간이 있었다. 8세 때 상당한 상상력이 돋보이는 한폭의 열대섬 풍광을 그려 사람들을 놀라게 하기도 했다. 그의 이러한 천부적인 재능은 후일 탐험시 유적·유물의 소묘와 촬영에서 크게 빛을 발했다.

비록 어머니의 권유에 의해 오슬로대학에 진학해서는 동물학을 전공했지만 전공에는 별로 흥미를 갖지 못했고 한가지 전공이라는 좁은 굴레에 얽매이는 것을 탐탁지 않게 여겼다. 좀더 넓고 다양한 시각에서 세상을 이해하고 싶었던 것이다. 식물학과 해양학, 인류학 등 다양한 인접 학문에 눈길을 돌리면서 그는 장차 탐험가가 될 것을 결심한다. 이를 위한 수련으로 청년 시절부터 삼림이나 야외에서의 도보여행을 즐겼으며 친구와 함께 장기간 노천이나 눈 동굴 속에서 풍찬노숙하면서 산맥을 탐사하기도 했다. 그 과정에서 소박한 도구만으로 대자연 속에서, 오로지 대자연에만 의존해서 살아가는 생존방식을 터득하기 시작했다. 여행이나 탐사에는 늘 반려견을 동반했다고 한다.

성장과정을 통해 헤위에르달은 태평양상의 폴리네시아야말로 그가 그토록 궁금해하던 인류학의 수수께끼를 풀어줄 곳이라는 것을 내심 확신하게 되었다. 그곳으로의 출발은 연인 리브 토르프(Liv Torp)를 만나면서 행동으로 옮겨진다. 그들의 첫 만남은 산림 속에서 이루어졌는데, 만나서 헤위에르달이 연인에게 던진 첫 질문은 함께 열대의 섬으로 갈 수 있겠는가였다. 그의 속내를 누구보다도 잘 꿰뚫고 있던 토르프는 추호도 주저함 없이 동의로 화답한다. 완전무결한 의기투합이었다. 천군만마의 조력을 얻은 헤위에르달은 용기백배하여 탐험 계획을 촘촘히 세우게 된다.

1936년 성탄절 전날, 약관을 갓 넘긴 의지의 사나이와 2년 연하의 신부는 결혼식을 마치자마자 여흥도 뒤로한 채 이튿날 '문명의 뒤틀린 궤도'를 바로잡고 지상낙원을 찾겠다는 유토피아적 환상을, 그러나 아름다운 꿈을 품고 세계에서 가장 드넓은 대양인 태평양상의 프랑스령 폴리네시아 마르키즈(Marquises)제도를 향해 장도에 오른다.

신혼의 밀월은 풍랑 사나운 뱃길에서 보내고, 신혼살림은 제도의 원시림 속 오두막에 차렸다. 그들이 지상낙원이랍시고 정착한 곳은 마르키즈제도에 속한 파투이바(Fatu-Hiva, 3개 마을이라는 뜻)라는 궁벽한 시골로, 면적 85km²에 인구는 고작 612명(2017)뿐이다. 얼마 안 가서 2차대전이 발발해 독일이 노르웨이를 침공하자(1940) 부부는 제도

파투이바 마을에서 탐험하는 부부

에서의 첫 탐험을 마치고 귀국한다. 귀국할 때 그들은 오슬로대학 동물실험실의 한 교수로부터 위탁받은 임무를 위해 폴리네시아 현지에서 수집한 달팽이와 곤충 표본을 가지고 왔다. 이러한 수집품은 후일 헤위에르달의 학위논문 작성에서 실증적 자료로 이용되었다. 헤위에르달은 비록 폴리네시아에서 그가 바랐던 '물리적 천국'은 찾지 못했지만 '심리적 천국'은 발견했으며, 보다 중요한 것은 고대 남미인들의 폴리네시아 이주설을 확인한 것이라고 그곳에서의 탐험생활을 회상했다.

　이 별천지에서 원주민들의 생활을 흥미롭게 탐사하던 어느날 그는 한 노인이 "티키티키"라고 노래하는 것을 가까이에서 듣게 된다. 문득 호기심이 동한 그는 노인에게 다가가 '티키'가 어디서 온 누구인지를 캐묻는다. 노인은 그의 조상들을 바다 건너 이곳으로 데리고 온 신왕(神王)이 바로 콘티키이며 동쪽에서 왔다고 대답한다. 그때까지만 해도 폴리네시아인의 조상은 서쪽에서 왔다는 것이 거의 정설이었다. 동쪽이라면 그것은 분명 아메리카대륙으로, 굉장히 멀리 떨어져 있는 곳이 아닌가라고 생각하면서도 헤위에르달은 노인의 말을 거짓이 아니라 사실일 것이라고 믿었다. 그 근거로 섬 여러곳에서 석상을 비롯해 고대 남미 인디언들이 남겨놓은 예술작품들과 유사한 유물들을 발견했던 것이다.

귀국 후 헤위에르달은 파투이바에서의 탐험생활을 회고하는 저서 『녹색 안식일』(*Green was the earth on the seventh day*)을 출간했다. 지상낙원이라고 찾아간 이 작은 섬에서의 모든 것이 문명세계와 달리 새롭고 생소한 첫 경험이었으며, 삼림 속에서 오두막을 짓는 일부터 우물을 파는 일에 이르기까지 모든 것을 자력으로 해결해야만 했다. 신혼부부는 미래에 대한 보다 큰 꿈을 간직하고 이방에서의 어려운 탐험생활을 낙천적으로 대하면서 자연생태계를 세심하게 관찰하고 일상을 헤쳐나갔다. 그리하여 헤위에르달이 저서에서 회고하다시피 일상이 역사이고 환상이었으며 사랑 이야기였다. 이 책은 독자들로부터 "지구에 띄운 한통의 연서(戀書)"이며, 담긴 내용은 "1급에 해당하는 이야기이며 문장은 힘과 매력이 넘쳐나는" 참된 책이라는 평을 받기에 이르렀다. 이 책에서 특기할 점은 헤위에르달이 이때부터 벌써 환경파괴로부터 지구를 지켜야겠다는 참된 열정을 불태웠다는 사실이다. 탐험가로서, 학자로서 그는 이러한 '지구 보위 이념'이 그의 온 탐험생애의 저변을 관류하는 '영혼'이었다고 긍지 높이 술회했다.

파투이바의 노인이 전해준 이야기에 대한 믿음은 탐구욕과 호기심 많은 젊은 탐험가 헤위에르달의 일생을 송두리째 바꿔놓았다. 그때부터 그는 콘티키 추적에 나섰다. 그 첫걸음이 바로 5세기 고대 잉카인들처럼 뗏목을 타고 페루에서 출발해 태평양을 가로질러 폴리네시아까지 항해함으로써 잉카인들의 태평양 이주설을 실증하는 이른바 '콘티키호'의 태평양 횡단이다. 전설 같은 그의 항해기는 세인들을 크게 놀라게 했으며, 그는 일약 세계적인 탐험가로 추앙받게 되었다.

이 횡단을 성공리에 마친 후 10년간 헤위에르달은 갈라파고스제도 탐험과 두차례의 이스터섬 탐험을 감행했고 여기에 콘티키호 탐험을 포함한 태평양 횡단 탐험사를 한데 엮어 역작 『역사시대 이전에 아메리카주와 폴리네시아 간에 있었던 연관성에 관한 연구』(일명 『콘티키호 탐험기』*Kon-Tiki ekspedisjonen*)를 펴냈다. 이 초유의 역작은 학계에서 폭풍 같은 반향을 불러일으켰다. 오슬로의 콘티키박물관 홍보책자에 의하면 출간되자 몇년 안에 72개 언어로 번역되어 100만권이나 판매되었으며, 유럽의 일부 나라들에서는 중학교의 과외필독서로 지정될 정도로 인기가 높았다. 콘티키호의 모험을 재현한 다큐멘터리 「콘티키」는 1951년 아카데미상을 수상하기도 했다. 약 16만자나 되는 중국어 역본 『고벌중양(孤筏重洋)』은 1981년(朱啓平 역)과 2020년(吳麗玟 역)에 각각 다른 출판사에서 출간되었다. 여기서 이 역저에 기술된 콘티키호의 태평양 횡단기 일부를 간략하게 소개하려고 한다.

2차대전이 끝난 직후인 1946년, 헤위에르달은 뗏목의 태평양 횡단 가능성을 실천으로 보여주고 남미 인디언들의 폴리네시아 이주설의 사실성을 설파하기 위해 이 문제에 관심이 클 법한 미국으로 건너갔다. 그러나 기대와는 달리 반대파들의 '웃음거리'라느니 '미친 짓'이라는 등의 비난과 조롱에 부딪혀 뜻을 이루지 못했다. 그러자 그는 뉴욕에 있는 '노르웨이 선원의 집'에서 하숙하면서 선원들에게 접근해 태평양 항해 실태를 구체적으로 파악하고 뗏목 항해의 가능성에 관해 선원들과 진지하게 논의했다. 그의 진의를 파악한 선원들은 '위험하기는 하지만 가능성이 없는 것은 아니다'라는 위로와 격려의 말을 건넸다.

이에 고무된 헤위에르달은 곧바로 준비에 착수했다. 우선 소요 경비 문제를 해결하기 위해 투자자들을 물색하는 한편, 페루 대통령을 찾아가 경제적 지원과 더불어 최대 군항인 까야오(Callao)항에서 뗏목 조립 작업을 하여 출항하게 해주겠다는 약속을 받아냈다. 이어 옛날 방식대로 에콰도르의 원시림에서 채벌해온 9기의 발사(balsa) 통나무를 덩굴로 단단히 묶어 뗏목을 만들었다. 오동나뭇과에 속하는 발사나무의 원산지는 중남미로서 대부분이 에콰도르 밀림에서 자란다. 평균 비중이 0.2 정도로 매우 가볍지만 단단한 나무로서 항공기 합판 같은 데 특수목재로 쓰인다. 성장 속도가 빨라 반년 만에 키가 3~4m로 자라며 6~10년이면 다 자라서 키 30m에 직경 1m 정도의 거목이 된다. 남미에서는 자고로 배(뗏목)의 재료로 사용해왔다. 약점은 불이 잘 붙고 습기에 약하다는 것이다.

페루 대통령의 적극적인 후원하에 준비는 순조롭게 진행되었다. 헤위에르달을 비롯한 6명의 탐험대를 태운 길이 13.7m에 불과한 발사나무 뗏목은 1947년 4월 28일 남미 페루의 최대 군항이자 남태평양 주요 항구의 하나인 까야오항에서 미국을 비롯한 10여개 국가의 대사와 공사, 숱한 사람들의 뜨거운 환송을 받으며 출항의 닻을 올렸다. 뗏목의 이름은 잉카제국의 태양신 아푸 인티(Apu Inti)의 별칭에서 따온 콘티키(Kon-Tiki)이며, 그 형태는 잉카제국을 무력으로 멸망시킨 스페인 침략자들이 남겨놓은 잉카인들의 뗏목 도안을 참조해 복원했다고 한다. 헤위에르달은 남미 원주민의 폴리네시아 이주설을 제기했으나 학계에서 그 옛날 남미에서 뗏목을 타고 멀고 험한 바닷길로 폴리네시아까지 이주한다는 것은 도저히 불가능하다는 이유를 들어 받아들이지 않자 자신의 이론을 실증하기 위해 옛 방식대로 뗏목을 직접 만들어 타고 태평양의 망망대해를 횡단하는 도전에 나섰던 것이다. 목적지는 이미 알려진 대로 이스터섬이었다.

주위에서는 발사나무를 묶어 만든 뗏목은 2주도 못 가 산산이 부서질 테니 실패가 불 보듯 뻔한 그런 모험은 아예 그만두라고 말렸으나, 탐험대는 초지를 굽히지 않았다. 항행은 처음부터 험난했다. 뗏목은 육지에서 80km 떨어진 외해까지 페루 해군에 의해 예인된 다음 그 도해 가능성 여부를 놓고 말썽 많던, 일명 훔볼트해류(Humboldt Current)라고 하는 페루해류(Peru Current)에 진입했다. 훔볼트해류는 한랭한 남극에서 흘러오는 너비 약 900km, 길이 약 4,500km에 달하는 거대한 조류로서 일단 페루 해안까지 북상한 다음 서쪽으로 방향을 틀어 적도에 이르러서는 파고가 약 3.48m까지 높아져 격랑으로 변한다. 이 격랑을 뚫고 나가기 위해 처음 24시간 동안은 2인 1조가 되어 번갈아 두시간씩 노를 잡고 세시간 숨을 돌리곤 했는데, 모두가 탈진 상태에 빠지자 한조가 한시간씩 노를 잡고 한시간 반을 휴식하는 식으로 모두 30여시간을 구사일생으로 버텨냈다. 격랑에 대비해 준비했던 기계 동력(모터)은 워낙 힘이 약한데다 만일을 고려해 아끼느라고 이때까지는 별 도움을 받지 않았다.

이렇게 사투 끝에 훔볼트해류를 겨우 벗어나자 문자 그대로의 '태평양'이라고 할까, 갑자기 해면이 평온해졌다. 이후 2~3개월은 대체로 이러한 평온이 지속되었다. 그러나 때로는 며칠씩 연이어 훔볼트해류의 격랑보다 더 무시무시한 파도를 맞닥뜨리는 경우가 있었다. 한번은 앞을 가리는 심한 폭풍우와 더불어 파고가 약 6~7.6m까지 높아져 서서 키를 잡은 조타수의 허리춤까지 물이 차올랐다. 이렇게 끝없이 넓디넓은 바다에서 일렁이는 물결에 실린 일엽편주(一葉片舟)의 신세로 뗏목은 오로지 해류와 바람에만 의지해서 무턱대고 해 지는 서쪽을 향해 한치 두치 항진했다. 사실 그것은 항해라기보다는 표류에 가까웠다.

식량은 두 종류로 충당했는데, 하나는 말린 감자와 고기 등 완전히 고대 페루인들의 식품 그대로이고, 다른 하나는 미군으로부터 후원받은 군량이었다. 그밖에 다행스러웠던 것은 어류 자원이 풍족한 해역을 지났기 때문에 미끼로 작은 물고기를 낚는 것만으로도 아사는 면할 수 있었다는 점이다. 육지를 떠날 때 장만한 식수가 두달이 지나 썩어 마실 수 없게 되자 대나무통에 빗물을 받아서 해결했는데, 물통을 뗏목 바닥에 얽어매놓으면 자연 냉수가 되었다. 빗물이 고갈되면 물고기를 잡아 장(腸)내에서 수분을 흡수하기도 했다.

항해 내내 뗏목 언저리를 감돌면서 짓궂은 심심풀이라도 해주는 동반자는 여러가지 기괴한 바닷물고기였다. 그 가운데 숨바꼭질하듯 탐험대와 노닐기도 하고 피해도 입히는 녀석들은 고래와 돌고래, 상어, 문어, 바다거북, 해파리 등 곰살갑지 않은 덩치 큰 물고기들이었다. 여덟개의 긴 다리를 가진 문어는 뗏목 구석구석까지 다리를 뻗치고 있다가 고래를 만나면 다리로 압살하거나 질식시켜 큰 상처를 입히기도 했다. 그래서 대원들은 늘 큰 칼을 침낭 속에 넣어두고 있다가 녀석이 나타나 다리를 펴려고 하는 순간 단숨에 잘라버림으로써 위기에서 벗어나곤 했다. 그런가 하면 대원들은 뗏목 주변에서 탐식가인 상어와 격투를 벌이기 일쑤였으며, 밤이 되면 심술쟁이 돌고래가 뗏목에 올라와 잠자는 사람들에게 물을 뿌리기도 했다. 생물학자로서 헤위에르달은 대양을 항해하면서 본의 아니게 바다가 내장한 많은 생태계의 비밀을 탐지할 수 있었다.

일찍이 16세기 초 세계일주에 나선 마젤란은 강풍이 휘몰아치는데다가 유속이 빠른 마젤란해협을 빠져나오자 갑자기 평온하고 드넓은 바다에 들어선다. 그 평온함에 감격한 나머지 그는 이 바다를 평화로운 바다라는 뜻의 '태평양'(El Mar Pacifico, The Pacific Ocean)으로 명명했다. 그때부터 사람들은 태평양 하면 그저 잔잔한 물결만이 넘실거리는 평화로운 바다로 상상하는데 사실은 그렇지 않다. 직접 경험한 헤위에르달의 말을 빌리면 자주 폭풍우가 일어나며, 그럴 때면 하루에 1만 톤씩, 그렇지 않고 바다가 잔잔할 때도 하루에 200톤씩의 바닷물이 사정없이 뗏목을 덮친다고 한다. 그럼에도 그들이 출발할 때 주변에서 2주도 채 못 가서 뗏목이 산산이 부서질 것이라 걱정했던 것과 달리 몇주가 지나도 배가 끄떡없자 여기서 용기와 희망을 얻어 항진했다는 회고도 남겨놓았다.

탐험대가 소유한 현대식 통신수단이라곤 무선통신기 한대뿐이었다. 마침 탐험대원 중 무선통신 경력자가 두명 있어 그들의 노력에 의해 여러 나라의 무선통신 애호가들뿐 아니라 노르웨이 국왕과 미국 기상청과의 통신도 가능했다. 탐험대는 비록 망망대해에서 고군분투하고 있었지만 세계와 수시로 소통할 수 있었다.

뗏목은 페루를 떠난 지 97일 만에 남태평양 중부 프랑스령 폴리네시아 타이티섬 서북부의 파페에테(Papeete)에서 동쪽으로 약 800km 떨어진 무인도 라로이아(Raroia) 산호초 부근에 표착했다. 높은 파도 때

헤위에르달을 비롯한 콘티키호의 선원 6명

문에 접안할 만한 곳을 찾지 못하고 바다가 평온해지기를 기다리는
데 갑자기 광풍이 불어와 뗏목을 바다로 멀찌감치 밀어버렸다. 3박
4일을 바다에서 표류하던 뗏목은 파도와 사투를 벌인 끝에 가까스로
폴리네시아군도의 황막한 무인도 접안에 성공했다. 당초의 목적지인
폴리네시아군도 동쪽 이스터섬은 아니었지만 분명 폴리네시아의 중
심부였다. 장장 약 6,900km, 4,300마일의 대항정을 마친 그날이 바로
8월 7일, 출발한 지 꼭 101일이 되는 날이었다.

　함께했던 앵무새 한마리가 폭풍에 휘말려 죽었을 뿐 다행히 헤위
에르달을 비롯한 탐험대 6명 전원이 죽음을 불사한 대항정을 무사히
마쳤다. 며칠 지나서 인근 섬에 사는 한 원주민이 배를 끌고 와서 그
들을 섬에서 구출했고, 무선통신으로 연락을 받은 태평양 주재 프랑

스 식민지 총독이 배를 보내 그들을 파페에테로 데려왔다. 노르웨이 정부도 대형 선박을 파페에테에 파견해 그들의 귀환을 도왔다. 헤위에르달이 실천으로 보여준 콘티키호의 태평양 탐험 항해에 대한 집념과 그 성공을 기리며 사람들은 그를 '콘티키맨'이라고 불렀다.

콘티키호의 성공적인 태평양 횡단 항해를 통해 태평양 바닷길의 실태를 파악함으로써 고대 남미 인디언들의 폴리네시아 이주설에 대해 일차적인 확신을 갖게 된 헤위에르달은 자신의 이주설에 대한 반론을 잠재우기 위해 지속적인 태평양 탐험 항해를 추진했다. 그 첫 계획이 태평양상의 중요한 탐험 기지의 하나인 갈라파고스제도 탐험이다. 그리하여 콘티키호의 탐험이 끝난 지 6년이 되는 해인 1953년에 미국의 에릭 리드(Erik K. Reed)와 노르웨이의 아르네 시엘스볼(Arne Skjølsvold)의 두 고고학자를 포함해 모두 5인으로 탐험대를 구성해 갈라파고스제도 탐험에 나섰다.

면적 7,880km²에 인구 약 25,000명(2010)을 헤아리는 갈라파고스제도는 남미 에콰도르에 속하며 에콰도르 해안에서 906km 떨어진 동태평양에 자리하고 있다. 탐험대는 콘티키호 때와 마찬가지로 에콰도르 특산의 발사나무로 뗏목을 엮어 비교적 순항으로 목적지에 도착했다. 이 제도는 페루해류와 열대 무역풍이 교차하는 지역으로 다양한 동식물이 서식한다. 식물지리학적으로는 열대 습윤기후 지역과 건조기후 지역의 경계부에 위치하며, 해안 식생대와 건조 식생대, 습윤 식생대로 구분된다. 남미대륙과 격리된 이곳에는 거북, 펭귄, 이구아나, 물개, 바다사자, 가마우지, 왜가리 등 고유종 파충류와 조류, 다양한 무척추동물 등이 서식하고 있어 생태계 연구의 보고로 각광받는다. 1835년 찰스 다윈은 비글(Beagle)호를 타고 태평양 지역을 답사하던 중 5주간 여기에 머물면서 동물상을 조사한 자료를 바탕으로『종의 기원』(*On the Origin of Species*)이라는 명저를 저술함으로써 진화론의 기조를 다졌던 것이다. 훗날 이곳이 '살아 있는 연구실'이란 별명을 얻게 된 이유가 바로 이것이다. 유네스코는 육상과 담수, 연안과 해양 생태계에서 일어나는 다양한 동식물종의 진화를 그 어느 곳보다도 오롯이 증언하고 있는 이 제도에서 멸종 위기에 처한 종들을 보호하기 위해 1978년에 이곳을 세계자연유산으로 지정했다. 에콰도르 정부도 1959년 군도 전체를 최초의 국립공원으로 선포하고 5년 후에는 '찰스다윈연구소'를 세웠다.

한창 태평양 탐험에 몰두하던 헤위에르달이 이 태평양상의 생태계 연구의 보고이자 '살아 있는 연구실'을 도외시할 리 만무하다. 오슬로의 콘티키박물관에는 헤위에르달이 이끈 갈라파고스 탐험대의 활동에 관한 몇가지 주목할 만한 기록물과 고고학자들의 탐험활동에 관한 사진들, 특히 갈라파고스제도의 고유종 동식물 표본들이 눈길을 끈다. 탐험대는 콜럼버스가 남미대륙을 '발견'하기 이전 시대에 수차례에 걸쳐 남미 이주민들이 갈라파고스제도에 표착했는데, 우기에만 식수를 구할 수 있었기 때문에 영구 정착은 할 수 없었다고 결론지었다. 박물관에는 헤위에르달의 이 탐험이 고고학 연구자들이 이 태평양상의 고도에 온 최초의 사례라는 등 흥미로운 다양한 기록물들이 선을 보이고 있다.

갈라파고스제도 탐험을 마친 헤위에르달은 곧이어 이스터섬 탐험 준비에 착수했다. 폴리네시아 동쪽에 자리한 이스터섬은 제1차 콘티키호 태평양 횡단 탐험의 본래 목적지였다. 그러나 당시는 뗏목을 탄 초행길이라서 항해라기보다는 거친 파도와 바람을 따라 움직이는 표류에 불과했고 결국 목적지 이스터섬을 비껴 지나갔다. 당초 이스터섬을 목적지로 삼은 것은 이 섬이 이미 200여 년 전에 서구에 알려진데다가 헤위에르달이 주장하는 고대 남미 인디언들의 태평양 이주설을 입증하는 데 있어 이스터섬이야말로 적절한 증거물을 제시할 것이라는 기대 때문이었다. 수포로 돌아간 이러한 기대를 만회하기 위해서도 이 섬에 대한 2차 도전은 불가피했다.

그리하여 헤위에르달을 비롯해 5명의 고고학자들로 구성된 '1955~56 이스터섬 및 동태평양 탐험대'는 1차 때와 마찬가지로 뗏목을 타고 이스터섬을 중심으로 한 동태평양 일원에 대한 탐험 도전에 나섰다. 그리고 이로부터 30년이 지나서도 헤위에르달은 콘티키박물관과 공동으로 '1986~88 이스터섬 고고학 탐험대'를 재차 구성해 이스터섬에 대한 정밀한 고고학적 발굴 조사를 진행했다. 탐험의 주목적은 이스터섬에 남은 대형 석상인 모아이를 비롯한 석상, 동굴, 사원, 가옥, 제단 등의 석조 유물에 대한 전반적인 고고학적 조사와 발굴, 연구를 진행함으로써 남미 인디언들의 이주설을 뒷받침할 증거를 발견하는 것이었다. 그리하여 이 두 차례의 탐험대 구성원(1차 5명) 전원을 전문 고고학자들로 꾸렸던 것이다.

이스터섬은 동남 태평양상에 있는 절해고도다. 가장 가까운 육지가 동쪽으로 3,512km에 자리한 칠레이며, 서쪽으로는 2,075km 지점에 있는 핏케언(Pitcairn)섬이다. 면적 164km²에 도민 7,700여 명(2018)이 살고 있는 자그마한 섬으로서 일주하는 데 하루가 채 안 걸린다. 이 섬에 언제부터 사람이 살기 시작했는지는 아직 미해명의 수수께끼로 남아 있다. 출토 유물로만 추측한다면 약 400년경부터 인적이 나타난다. 그런데 그들이 원주민인지 외래인인지 명확지 않다. 외래

이스터섬에서의 모아이 발굴 작업

인일 경우에도 헤위에르달이 주장하는 것처럼 남미 이주민설과 폴리
네시아인 도래설 두가지가 맞서고 있다.

　오랫동안 모든 것이 베일에 가려 있던 이 섬이 세상에 처음 알려진
것은 그로부터 1,300여년이 지난 1722년이다. 이 해에 네덜란드 탐험
가 로헤베인(J. Roggeveen)이 3척의 배를 이끌고 이 미지의 섬에 상륙
했다. 그는 이 섬에 모아이 같은 대형 석상들이 있음을 세상에 알렸
다. 상륙한 날이 바로 기독교의 부활절이었기 때문에 로헤베인은 이
섬에 이스터(Easter, 부활절)섬이라는 이름을 붙였다. 1770년대에 들어
서면서 유럽인들은 앞을 다투어 무주공산의 남태평양 일원에 진출해
식민화를 시도했다. 이 무렵 페루를 통치하던 스페인 총독이 이 섬에
군함을 파견해 일방적으로 무리한 영유권을 선포하면서 섬 이름도
산까를로스(San Carlos)로 바꿔버렸다. 이후 1888년에 칠레령이 되면서
오늘날까지 쓰고 있는 공식 명칭인 '이슬라 데 빠스꾸아'(Isla de Pascua,

스페인어로 '부활절섬'이란 뜻)로 다시 바뀌었다.

헤위에르달의 두차례에 걸친 이스터섬 탐험은 여러모로 성공적이었다. 우선, 여전히 뗏목을 이용한 탐험이었지만 선행한 콘티키호 탐험과 갈라파고스제도 탐험을 통해 유익한 경험을 쌓은데다가 진일보한 현대적 탐험 장비를 도입함으로써 항해에서의 여러가지 난점을 극복하고 순항을 이어갈 수가 있었다. 더불어 이스터섬에 관한 고고학적 정보가 이미 적잖게 알려진 상황이어서 현지에서의 발굴과 연구도 보다 심층적으로 진행하여 소기의 성과를 거둘 수 있었다. 오슬로 콘티키박물관에 소장되거나 전시된 다량의 이스터섬 출토 유물들이 이를 여실히 증명해준다.

콘티키박물관 정문에는 박물관의 랜드마크로 탐험 당시 현장에서 실측한 높이 9.2m의 대형 모아이상 복제품이 위용을 자랑하며 우뚝 서 있다. 박물관의 전시품을 보면 두차례의 탐험대가 이스터섬에서 벌인 활동에 관해 짐작할 수 있다. 그들은 세인의 관심이 모이는 모아이 석상의 발굴과 연구에 가장 많은 활동을 할애했다. 지구의 남방 해양문화권의 핵심인 양석문화(陽石文化) 가운데서 모아이는 인간의 신성을 단일 모티브로 한 정교한 환조품(丸彫品)이라는 점에서 단연 압권이다. 이 섬에는 높이가 1.13m에서 21.6m에 이르는 각이한 크기의 모아이상 약 900구가 이곳저곳에 흩어져 있다.

탐험대는 그들 나름의 현장 조사를 통해 모아이상의 제작 목적과 거석의 운반 방법 등에 관한 몇가지 수수께끼에 대해 해명을 내놓았다. 모아이상이 마을과 부족에 대한 수호와 위력의 상징으로, 또한 위인을 기념할 목적으로 제작되었다는 사실을 알아냈을 뿐 아니라, 채석장 라노라라꾸(Rano Raraku)산과 상의 제작 과정을 확인함으로써 이른바 '외계 제작설'의 허구를 단호히 반박할 수 있었다. 이러한 제작설과 더불어 무게가 수십수백 톤에 달하는 석상을 인력이나 축력밖에 없던 당시 상황에서 어떻게 운반했을까가 오랫동안 수수께끼로 남아 있었다. 현대에 여러번 운반을 시도했으나 번번이 실패했고, 그 운반 방법이 하도 불가사의해 심지어 우주인이 운반했다는 낭설까지 떠돌았다. 탐험대는 현지 발굴팀과 함께 역학적 원리를 이용한 실험을 하여 석상을 운반하는 데 성공했다.

그 방법은 이러하다. 즉, 채석산에서 만들어진 상을 경사면을 따라 아래쪽으로 굴려 미리 파놓은 구덩이 안에 세운다. 그다음 나무썰매에 배를 대고 눕힌 후 두개의 튼튼한 나무를 지렛대 삼아 천천히 이동시킨다. 현장에 도착하면 어떤 것은 뿌까오(둥근 모자)를 씌우거나 눈을 넣어 형태를 완성하고 나서 배 쪽에 작은 돌들을 채워넣으며 조심스레 일으켜 세운다. 이로써 운반 작업은 끝난다. 이 모든 과정을 탐험대가 직접 카메라 필름에 옮겨놓은 영상이 콘티키박물관에 귀중한 자료로 소장되어 있다.

또한 탐험대는 섬에 널려 있는 아나(ana)라고 부르는 수많은 노천 동굴들에 대해 직접 거주 실험을 통해 그 정체를 밝혀냈다. 콘티키박물관 지하실에는 이스터섬의 동굴을 본뜬 연해동굴과 가족동굴, 비밀동굴 등 3구의 동굴 모형이 전시되어 있다. 연해동굴은 주로 어민들의 숙박이나 특수한 종교의식에 쓰였다. 또한 섬 안쪽으로 깊이 들어갈수록 입구가 은폐되어 있고 내부 공간이 좁은 비밀동굴이 나타나는데, 이러한 동굴은 전란시 피난처나 귀중품 보관소로 쓰였다. 모아이상을 비롯한 섬 출토 유물의 귀중함이 인정되어 유네스코는 1995년 이스터섬의 라빠누이(Rapa Nui)국립공원을 세계문화유산으로 등재했다.

1차 탐험 때 헤위에르달은 원주민 가족들이 대대로 살고 있는 동굴이 있다는 소식을 듣고 찾아갔는데, 외국인이 섬 내 가족동굴을 방문한 것은 그가 처음이라고 한다. 그때까지 외국인의 가족동굴 방문은 금지되어왔기 때문이다. 이 가족동굴 안에서는 다양한 모양의 포유동물과 조류, 어류, 곤충, 그리고 사람의 두개골과 머리, 얼굴에 수염이 난 동물, 갈대배 모형 등 다종다양한 돌조각품들이 무더기로 발견되었다. 지금 콘티키박물관에는 섬사람들이 헤위에르달에게 기증한 것들과 그가 자비로 구입한 것까지 천여점의 이러한 돌조각품들이 소장되어 있다.

헤위에르달은 콘티키 탐험대의 일원이었으며 후일 콘티키박물관 관장이 된 크누트 헤울란에게 이스터섬에서 발견한 이 놀라운 돌조각품들에 관해 다음과 같은 내용의 비밀 전보를 타전했다. 즉, 현지의 한 친구가 수세기 동안 내려온 개인 가족동굴을 보여주었는데, 그 안은 무가지보(無價之寶)의 과학적·역사문화적 가치를 지닌 돌조각품으로 꽉 차 있었으며, 그 가운데 크고 작은 천여점의 조각품을 이미 배로 노르웨이로 실어 보냈으니 이만한 수의 조각품이면 또 하나의 콘티키박물관을 지을 수 있을 것이라는 내용이었다.

두차례의 이스터섬 탐험을 성공적으로 마치고 돌아온 헤위에르달은 고대문명의 이동과 전파에 관한 신념을 굳히고 이론화하는 가운데서 '이집토마니아'가 되어 고대 이집트문명의 세계적 전파, 특히 중남미로의 전파에 관심을 갖고 탐험을 결심한다. 그 발상의 출발점은 그가 태평양 탐험 과정에서 발견한 피라미드, 미라, 역법, 뗏목 등 두 지역의 유사 문명의 존재였다. 이는 그로 하여금 고대 이집트문명을 비롯한 메소포타미아문명, 힌두문명, 대서양(카리브해)문명, 잉카문명 등 범세계적 문명에 대한 탐험욕을 더욱 북돋웠다.

그 첫 시도가 이스터섬 탐험 16, 17년 후에 단행한 라 1호와 2호의 카리브해 탐험이다. 평소에 고대 이집트문명과 중남미의 잉카문명·아스테카문명 간의 상사성에 관심을 갖고 이집트인들이 중남미에 건너가 잉카제국이나 아스텍왕국을 세우지 않았을까 하는 의문을 품어왔던 헤위에르달은, 고대 이집트 왕실묘 벽에 그려진 파피루스 갈대로 만든 배 그림과 메소포타미아나 인더스강 유역, 중남미 암벽화에 남아 있는 각종 배를 모델로 삼아 콘티키호를 만들었듯 갈대배를 만들어 타고 1969년 모로코 서부의 항구 사피(Safi)를 출발해 서인도제도로 향하는 긴 항해에 나섰다.

그는 이때의 배를 태양신 라(Ra)의 이름을 따서 '라 1호'라고 명명했다. 이 배는 탐험을 떠나기 일년 전인 1968년에 헤위에르달이 아프리카 차드호(湖)에서 갈대배를 만드는 기술자들을 이집트로 불러 나일강의 갈대로 배를 만들어 출발지 모로코의 사피항으로 옮긴 것이었다. 그런데 항해 10개월 만에 서인도제도 근처에 도착하기는 했으나 갑자기 불어닥친 폭풍에 배의 키가 부러지고 습기에 약한 배가 가라앉을 위험이 생기자 전진을 포기하였다. 이 배는 유엔 깃발을 달고 망망대해를 누빈 첫 민간 선박이라는 기록을 남겼다.

1차 실패로 주저앉을 헤위에르달이 아니었다. 그는 서둘러 4명의 볼리비아 인디언 출신의 이집트 갈대배 건조 기술자를 초빙해 배를 만들어 타고 이듬해인 1970년 5월 17일 재도전에 나섰다. 이때의 배에는 라 2호란 이름이 붙었다. 8명의 구성원을 태운 배는 57일간 총 6,100km의 장거리 항해 끝에 대서양과 카리브해의 접경 지역이자 서인도제도의 최동단인 바베이도스(Barbados)섬에 도착했다. 항해 속도

카리브해의 갈대배 모형

로 말하면, 콘티키호의 1일 평균 이동거리가 약 80km(태평양, 101일간 약 8,000km)였던 데 비해 라 2호의 1일 평균 이동거리는 약 107km(대서양, 57일간 6,100km)로 훨씬 빠른 편이었다. 이것은 그때까지 총 다섯차례의 탐험 항해에서 터득한 기술과 경험의 결과였을 것이다.

이 항해에서 특이한 것은 전술한 바와 같이 민간 선박에 유엔 깃발을 달았다는 것 외에, 헤위에르달이 주장한 구성원의 다국적 원칙에 따라 망라된 성원 8명이 각기 다른 나라에서 선발된 탐험가들이었다는 점이다. 그들은 서로 국적과 문화, 종교가 달랐지만 오직 하나의 목표인 탐험의 성공을 위해 어려운 환경 속에서도 시종 일심단결하여 힘과 지혜를 모았다고 헤위에르달은 회고하고 있다.

많은 연구자들은 이집트 파피루스의 내구성이라든가 부력(浮力)을 의심한 나머지 그런 재료로 만든 배는 장거리 대양 항해를 할 수 없을 것이라고 비아냥거렸다. 그러나 그것은 허무한 기우일 뿐 실상은 그렇지 않다는 것을 헤위에르달은 실천으로 보여주었다. 따라서 고대 이집트와 중남미 간에는 이 항로를 따라 문명의 이동과 전파, 교류가 이루어졌다고 추단해도 별 무리가 안 된다는 것이 라 2호가 남긴 귀중한 교훈이다.

한편, 헤위에르달은 일찍부터 해양오염 문제에 큰 관심을 보여왔다. 1969년 라 1호 탐험 항해 때부터 바다에 기름이 둥둥 떠다니는 실태를 목격하고 깊은 우려 속에 정기적으로 해양 상태를 세심히 관찰했다. 1947년 콘티키호 항해 때는 이러한 현상을 접하지 못했기 때문이었다. 이때부터 그는 해양오염 문제를 인공재해로 크게 걱정하면서 이를 유엔에 보고했다. 이 보고서는 1972년 스톡홀름에서 개최된 유엔인간환경회의(UNCHE)에서 핵심 안건으로 채택되었다. 그뿐 아니라 그는 직접 작성한 상황보고서를 미국 상하원을 포함 20여개 나라의 입법기관에 제출하기도 했다. 그가 이와 같이 환경보존을 위해 노력한 결과의 하나가 유엔에서 유조선의 해상방유(放油)금지법을 채택한 것이다. 이에 동조해 노르웨이 선박주협회도 '토르 헤위에르달 장려상'을 제정하고 2년에 한번씩 해양오염 방지에 크게 기여한 인물에게 이 상을 수여하고 있다.

라 2호의 대서양 탐험을 마치고 돌아온 후 헤위에르달은 탐험 과정을 기록한 저서 『태양호 갈대배 원정기』(일명 『라 원정기』 Ra Expeditions)를 출간하여 큰 반향을 불러일으켰고, 1971년에는 동명의 다큐멘터리로 만들어지기도 했다. 현재 라 2호의 복원선이 오슬로 콘티키박물관에 전시되어 있다.

대서양 탐험을 마친 헤위에르달의 관심은 이제 인도양 탐험에 쏠렸다. 이라크의 메소포타미아와 이집트, 인더스강 유역에서 발생한 3대 문명들 간에는 필히 모종의 상관성이 있을 터, 그것은 과연 어떤 것일까에 관한 궁금증 속에서 우선 항해 수단에 관한 고민이 생겨났다. 상관성이 예측되는 이 세 지역에서 고대 예술가들이 남겨놓은 그림 속의 갈대배와 대서양 횡단에 사용한 라 1, 2호 갈대배 간에 신통히도 형태상 상사성이 있다는 것을 간파한 헤위에르달은 라 1, 2호를 모본으로 새 갈대배를 건조하기로 결심한다.

그런데 그는 라 1, 2호 항해 과정에서 이 배가 습기에 취약하다는 것을 발견한 바 있었다. 마지막 몇주 동안 배 갑판이 물에 흥건히 젖어 있는 것을 목격했고 더 가면 갑판이 물에 완전히 잠길 수도 있겠다는 위협을 느껴 전전긍긍했던 것이다. 이것은 중동 지역에서 자라는 건조한 재료인 갈대가 흡습성이 강해 물을 쉬이 빨아들이기 때문이었다. 그래서 새로 건조하는 갈대배에서는 흡습성을 최소화하는 것이 큰 과제가 되었다. 마침 이라크 수메르 지역의 소택지에 사는 어느 아랍인에게서 8월에 수확하는 갈대가 제일 흡습성이 약하다는 것을 알게 되었다. 가까스로 숨통이 트였다. 그 시기를 기다렸다가 현지 특산인 베르디(berdi)라는 갈대로 지금까지 만든 갈대배 가운데 가장 큰 배(길이 18m)를 만들어냈다. 배의 건조는 라 2호 건조를 지휘했던 볼리비아 인디언의 감독하에 순조롭게 진행되었으며, 갈대의 흡습성 문제도 해결되었다. 배는 진수지인 티그리스강의 이름을 따서 티그리스(Tigris) 3호라 이름 지었다.

헤위에르달의 대양 항해 원칙에 따라 11명의 다국적 출신 구성원을 실은 갈대배는 유엔 깃발을 달고 티그리스강을 떠나 우선 아랍만 (Shatt al-Arab)의 순류를 따라 남하해 페르시아만에 도착했다. 이어 인도양에 진입하여 오만의 무스카트를 지나 파키스탄의 인더스강 유역을 거쳐서 인도양상의 아시아를 벗어났다. 계속 서진해 아프리카쪽 홍해 입구의 지부티에 이르렀다. 여기까지가 총 6,800km, 약 5개월이 걸린 티그리스호의 대항정이었다.

원래 티그리스호의 항해 목표는 인도양을 거쳐 이집트에 상륙해 고대 이집트문명을 두루 탐사하는 것이었다. 그래서 이집트의 동남 인접국인 지부티에 기항했던 것이다. 그런데 불행하게도 때마침 그 지역에서 전쟁이 발발해 티그리스호는 포위당해 전화에 휩쓸리게 되었다. 더이상 전진도 못 하고 퇴로도 차단되었다. 탐험대원들의 숙의를 거친 끝에 안타깝기는 하지만 부득이 배를 바다에 띄운 채 소각 처리하기로 했다. 이 과정에서 탐험대는 전체 대원들의 이름으로 유엔에 인류문명의 요람인 발전도상국에 대한 무기 수출과 판매를 금지해야 한다는 진정서를 보냈다. 인류문명의 귀중한 공동유산에 대한 파괴를 미연에 막기 위한 충정에서 비롯된 것으로, 헤위에르달의 문명 존중과 평화 애호 정신의 한 단면을 보여주는 사례다. 그러나 냉전시대에 이러한 간청은 유엔의 별다른 호응을 얻지 못하고 묵살당하고 말았다.

티그리스호의 인도양 탐험을 통해, 어떤 경우에도 해양은 인류의 각이한 문명들을 이어주는 유대지 결코 장애물이 아니라는 사실을 몸소 체험했다고 헤위에르달은 탐험기에서 술회했다. 또한 그는 비록 중도 하차한 항해였지만 그 옛날 수메르로부터 페르시아만과 인더스 강가의 항구들, 그리고 인도양을 거쳐 이집트의 연해인 홍해에 이르기까지 고대 무역로가 개통되어 있었음을 현장에서 확인한 것을 티그리스호 탐험의 가장 중요한 성과라고 평가했다.

1937~2002년 65년간 근 반평생을 주로 원시적 뗏목을 타고 세계 3대양을 누비면서 오로지 문명전파설 탐구에 헌신한 희세의 대탐험가 헤위에르달도 흐르는 세월 앞에서는 육체적 한계를 뛰어넘을 수 없어 이제 고난과 모험의 연속인 탐험 항해를 계속하기는 어려웠다. 그가 평생 천착했던 목표, 즉 고대문명들 간의 전파성 규명에는 여러 가지 미흡한 점과 허점을 남기기도 했다. 어쩌면 시대의 한계일 수도 있는 이런 점에 관해서는 헤위에르달 자신도 인지하지 않을 수 없었다. 여생의 과제는 그 미흡한 점과 허점을 보완, 시정하는 작업임을 자인한 그는 자신이 찾고자 하는 것들을 발견할 수 있을 것이라는 확신을 가지고 그 작업에 인생의 마지막 10년을 투자했다.

14

토르 헤위에르달 문명전파론의 허와 실

헤위에르달은 당초 목적지를 이스터섬으로 잡고 진행한 콘티키호의 1차 탐험이 뗏목의 상륙 불가로 실패한 후에도 집요하게 2, 3차 탐험을 추진했다. 그 이유는 태평양상의 어느 지역보다도 이스터섬에서 남미와 상관된 유물이 많이 발견되어 자신이 주장하는 남미 인디언의 폴리네시아 이주설(이하 '남미이주설')의 유물적 전거를 쉽게 확보할 수 있었기 때문이다. 그리하여 그는 탐험 내내 남미와의 상관 유물을 찾아내는 데 초점을 맞추고 심혈을 기울였다. 급기야 그가 남미이주설의 전거로 찾아낸 상관 유물들은 다음과 같다.

1) 유럽인들이 들어오기 전에 이스터섬 원주민들은 이미 원산지 남미에서 유입된 고구마를 재배하고 있었다.

2) 섬 서남단에 자리한 오롱고(Orongo) 유적지에 있는 라노카우(Rano Kau) 화산호(수심 약 10m, 섬 유일의 식수원)는 수면의 절반을 남미 볼리

비아의 띠띠까까호가 원산지인 또또라(totora, 갈대)가 뒤덮고 있다.

3) 섬 남쪽 해안가에 있는 아후비나푸(Ahu Vinapu) 제단의 아후(ahu, 신성한 곳, 즉 제단이란 뜻) 축조법이 페루 잉카문명의 성벽 축조법을 닮았다. 구체적으로 종이 한장 끼워넣을 수 없을 정도로 돌들이 빈틈없이 맞물려 있으며, 돌을 직각으로 맞물리고 끝 부분을 살짝 호형(弧形)으로 처리하는 축조법이 유사하다.

4) 이스터섬과 남미의 일부 고대문명이 반인반조(半人半鳥, 사람과 새가 절반씩 섞인 존재)의 새사람(birdman, 鳥人) 전설을 공유하고 있다.

5) 콘티키 전설에 의하면 잉카제국을 세운 인디오의 태양신 콘티키가 전쟁에서 패하자 부족들을 이끌고 잉카의 이카다(Ikada)에서 이스터섬으로 이주했다고 한다.

6) 이스터섬에는 귓불을 인위적으로 길게 늘어뜨린 아나우에페(Anauepe)라는 부족이 있었는데, 남미 잉카의 지배계급인 온오네(Onone)족도 이와 똑같은 풍습을 가지고 있었다.

보다시피, 헤위에르달이 탐험 과정에서 남미이주설의 전거로 발견해 제시한 내용 가운데는 수긍이 가는 것들도 있다. 그러나 두 부족이나 지역 간의 문화적 공통성이나 상사성을 구체적인 교류 과정의 확인이나 증빙 없이 일방의 전파나 원류로 간주하는 것은 다분히 과학성이 결여된 견강부회적 억측에 불과할 수 있다. 전설 같은 것은 더더욱 그러하다. 또한 상이한 지역 간에 문화적 공통성이나 상사성이 있다 해도, 그것이 상호 교류의 결과일 개연성의 단서는 될 수 있어도 그 자체가 교류의 결과라고 단정하는 것은 문명교류 연구에서 지양해야 할 방법론이다.

헤위에르달의 남미이주설은 인류문명교류론의 최초 창의(創意)로

남미 볼리비아 띠띠까까호에 무성한 갈대 또또라

태평양상의 이스터섬 라노카우호에서 자라고 있는 띠띠까까호 원산 또또라

서 문명사에서 갖는 의미가 대단히 크다고 할 수 있다. 그러나 앞서 본 대로 그 전거에 내재한 이러저러한 미흡함과 후출한 여러가지 새로운 이론에 의해 학계로부터 거센 반발이 일었으며, 이 때문에 헤위에르달의 남미이주설은 선을 보이자마자 학계에서 부정되거나 도외시되었다. 당시 학계에서 제기한 반론의 주요 전거들을 그 정확성 여부를 떠나서 종합하면 다음과 같다.

1) 훔볼트해류의 도해 문제: 콘티키호의 탐험 항해에서 가장 어려운 구간인 페루의 훔볼트해류를 뗏목 자력이 아닌 예인선에 끌려 도해했는데, 예인선이 없었던 고대에 남미인들이 어떻게 이 해류를 건넜는지에 관한 해명이 없다. 실제로 헤위에르달 이후에 고대 선박으로 그 해류를 도해하려고 시도한 경우 모두 훨씬 북쪽으로 떠밀려갔을 뿐 아니라, 그곳에서는 헤위에르달이 남미의 영향이라고 한 유물들이 아무것도 발견된 것이 없다.

2) 콘티키호의 제작 문제: 콘티키호는 고대 남미의 배를 재현한 것이 아니라 원주민들이 유럽인들과 접촉한 후 유럽 선박을 본떠 개량한 형태이며, 방향 조절을 위해 원래 뗏목에는 아예 없던 유럽식 타륜(舵輪, 선박의 키를 조종하는 손잡이가 달린 바퀴 모양의 장치)을 사용했다. 따라서 헤위에르달이 주장하는 콘티키호 탐험 항해는 실험 항해로서의 가치를 인정할 수 없다.

3) 폴리네시아와 남미 간의 혈통적 상관성 문제: 인류학과 고고학, 역사학, 유전학 등의 학문적 고증에 의하면, 폴리네시아를 비롯한 태평양 섬사람들의 이주 과정은 남미에서부터가 아니라 동남아시아에서 멜라네시아(Melanesia, 오스트레일리아 북동쪽 남태평양의 180도 경선상에 이어져 있는 여러 제도)로, 멜라네시아에서 다시 폴리네시아로 이어졌

으며, 유전자 역시 남미와는 무관하다. 전설 속의 조상이주설도 헤위에르달이 주장하듯 동쪽에서보다 서쪽에서 왔다는 설이 더 우세하며 언어적 상관관계에서도 공통점을 찾아볼 수가 없다.

4) 폴리네시아와 남미 간의 문화적 상관성 문제: 남미와 관련된 문화적 유물이 폴리네시아에서는 발견되지 않고 있다. 예컨대 폴리네시아 일원에는 도기 제작 재료가 풍부함에도 남미의 오랜 전통예술품인 도기류를 이곳에서는 찾아볼 수 없으며, 흑요석(黑曜石)으로 만든 석기는 남미와는 완전히 계통이 다른데다가 남미보다 형태가 비효율적이다. 또한 폴리네시아인들이 시종 카누만으로 항해했으며 바람을 이용할 줄 몰랐다는 사실은 그 조상의 남미이주설을 믿을 수 없게 한다.

5) 헤위에르달의 비학자적 아집 문제: 학계에서는 헤위에르달을 "모험가로서는 열정적인 사람이 분명하지만 학자로서는 문제가 있다"라고 평가하면서 그는 "자신이 지지하는 학설 이외의 증거는 의도적으로 무시한다"라고 그의 아집을 지적했다.

당시 일부 학계에서 쏟아낸 이러한 반박과 부정에도 불구하고 헤위에르달은 남미이주설을 비롯해 고대문명 간에 분명 전파와 피전파 관계가 있었기에 그토록 유사한 문명들이 생성될 수 있었다는 '문명 전파설'을 확신했다. 한편, 일부에서는 그를 노르웨이의 걸출한 탐험가이자 인류학자로 찬사와 지지를 보내면서 "콜럼버스보다 더 험난한 탐험을 재현하고, 마젤란보다 더 신기한 영웅서사를 기록했다"라고 높이 평가했다. 헤위에르달은 아마 이에 고무되어 더욱 자기 학설과 주장에 대한 아집을 버리지 못했을 것이다.

그가 고대 인디언문명과 이집트문명 간의 상사성에 몰두하여 '각이한 나라에서 온 7명의 청년들이 이집트식 갈대배를 만들어 타고 아프리카를 떠나 대서양을 횡단해 중남미에 도래했다'는, 당시 유럽에서 널리 유행하던 이집토마니아적 유설(遊說)에 경도되었던 것에도 그런 배경이 있다.

이집토마니아(egyptomania)에서 '마니아'는 그리스어로 광기(狂氣)라는 뜻으로, 한가지 일이나 분야에만 몰입하는 사람을 일컫는다. 따라서 이집토마니아는 고대 이집트의 것에 대해서는 무조건 열광하는 사람을 지칭한다. 그만큼 19세기 말엽까지만 해도 유럽에서는 고대 이집트문명을 타의 추종을 불허하는 가장 오래되고 찬란한, 모든 고대문명의 '모태'로 오해하고 있었다. 그러한 오해의 주원인은 당시까지는 유일하게 이집트에서만 고대문명에 관한 유적·유물이 발견되었고 그것을 학문적으로 해석하는 고고학이 나타나기 시작했기 때문이다. 사실 고대 이집트문명을 제외한 이른바 세계 3대 문명(메소포타미아문명, 힌두문명, 황하문명)과 기타 오래된 문명들에 관한 발굴이나 고고학적 연구는 그로부터 반세기 후인 20세기 전반에 이르러서야 비로소 시작되어 관련 유적·유물이 세상에 알려지게 되었던 것이다.

그리하여 기타 지역의 고대문명들을 모두 이 '선진' 이집트문명을 계승, 모방했거나 영향을 받은 것쯤으로 간주하면서 유럽은 고대 이집트문명에 열광했다. 탐험가이자 여러 학문 분야의 연구자로 자처한 헤위에르달이 주장한 이집트문명의 아메리카 전파설도 이와 맥락을 같이한다. 이렇게 한때 유럽 학계를 풍미한 이집토마니아적 학설의 전형적인 예를 하나 든다면 이른바 '문명단원이동론(文明單元移動論)'이다. 영국에서 대두하여 19세기 말부터 20세기 초까지 맨체스터학파(Manchester School)가 주장한 이 이론에 의하면 문명의 유일한 발상지는 이집트로서, 거기에서 발생한 문명이 세계 각지로 계속해서 이동하고 확산되었다는 것이다. 이러한 문명의 이동과 확산은 다음과 같은 3대 간선을 따랐다.

1) 남선(南線): 이집트→시리아→홍해→남아라비아반도→인도→인도네시아→중남미로 이어지는 길이다. 남선 지대의 대표적 문화는 태양과 석물(石物)을 숭배하는 양석복합문화(陽石複合文化)다.

2) 중간선(中間線): 이집트→메소포타미아→이란 북부→중앙아시아 사막지대→알타이산맥→고비사막→중국으로 연결되는 길이다. 중간선 지대의 특징적인 문화는 채도(彩陶)문화다.

3) 북선(北線): 이집트→중앙아시아(러시아 남부)→시베리아→북미로 뻗은 길이다. 북선의 고유 문화는 즐문(櫛紋, 빗살무늬)토기문화다.

이 이론에 따르면 3대 간선을 따라 펼쳐진 모든 지구상 문명의 발상지는 오로지 이집트이며, 따라서 문명은 서에서 동으로 이동한 것이 된다. 이 3대 간선은 문명교류의 통로인 실크로드 3대 간선, 즉 해로와 오아시스로 및 초원로와 그 노정이 대체로 일치한다. 이 문명단원이동론은 일찍이 '한자 서래설'이나 '중국문명 바빌로니아 기원설'(일명 '바르크족 이주설') '채도 서래설' 등 이른바 문명의 서래설에 아전인수 격으로 이용되어 그 이론적 전거인 양 오도되었다.

그러나 20세기 초, 특히 2차대전 이후에 문명의 다원설(多元說)이 주창되고 문명의 개별성·고유성이 강조됨에 따라 이 이론은 입지를 잃어가고 있다. 물론 문명은 부단히 이동하지만 그 이동은 결코 일방적인 하향(下向) 운동이 아니라 상호이동, 즉 교류인 것이다. 때로는 후진문명에 대한 선진문명의 이동이 일방적인 것으로 비치기도 하지만 그것은 어디까지나 상대적이고 일시적인 기복 현상일 따름이다. 시간이 흐르면 후진문명이 오히려 선진문명을 초월해 역(逆)이동이

남미와 이집트 간 교류관계 연구를 위해 페루의 뚜꾸메 유적지를 조사하는 노년의
헤위에르달

일어날 수도 있음을 많은 역사적 사실이 실증해주고 있다.

나이 일흔넷이 된 1988년, 백발이 성성한 탐험가 헤위에르달은 노익장을 자랑하듯 중남미 고대문명의 상관성·전파성에 관한 고고학적 발굴과 연구를 위해 40여 년 전 그가 처음으로 탐험 항해에 나섰던 땅 페루를 다시 찾았다. 당시 페루 북부 해안에서 내륙으로 20km 떨어진 고도 뚜꾸메(Tucume) 교외는 유수의 발굴지로서 세계 고고학계의 주목이 쏠리고 있던 곳이다. 이미 폐허가 된 뚜꾸메는 1100년경에 세워진 도시로, 이 도시를 중심으로 페루 북부 해안지대에는 일찍이 잉카와 아스테카문명이 꽃피어 많은 유물들이 매장되어 있다. 조개껍질 등 해양 유물이 많이 출토되는 점으로 미루어 이곳은 원래 해안지대

조사 현장에서 헤위에르달의 말 탄 모습

였음을 알 수 있다. 발굴 작업은 헤위에르달의 직접 감독하에 대형 피라미드 라 라야(La Raya) 언저리에서 진행되었다.

이 유적지에서 그가 주장하던 고대 남미문명의 전파설을 고증할 수 있는 숱한 유물들이 출토되었다. 한 왕실묘에서는 왕의 황금 가면과 함께 부장품으로 칠레산 청금석(靑金石)과 아르헨티나에서만 채취되는 녹색 터키석으로 만든 장식품이 나왔다. 비교적 온전하게 남아 있는 흙벽돌 벽에는 두명의 '새사람'이 각각 대형 갈대배 위에 서 있고 그 주위를 각종 물고기와 바닷새들이 에워싸고 있는 신비하고 낭만적인 그림이 새겨져 있기도 했는데, 이것은 잉카예술에서 흔히 목격되는 모티브다. 그런가 하면 두 사람이 자그마한 발사나무 뗏목에

앉아 있는 형상을 그린 흑색 도자 항아리와 에콰도르 내지 파나마산 조개껍질도 출토되었다.

이 모든 유물은 콜럼버스가 이곳에 오기 이전부터 이곳 사람들이 뗏목을 만들어 타고 해양교역에 종사했음을 시사해주고 있다. 아울러 헤위에르달이 일관되게 주장해온 고대 중남미문명의 전파설과 인디언들의 해외이주설의 개연성을 뒷받침하는 전거가 되기도 한다. 헤위에르달은 뚜꾸메 발굴 작업이 가진 의의에 관해 "나는 이곳에서 거대한 피라미드를 축조한 잉카의 고대문명이 중앙아메리카와 이집트, 메소포타미아, 인더스, 나아가서는 사라진 대륙 아틀란티스를 연결해주는 고리 구실을 했다고 믿게 되었다"라고 자신감을 피력했다.

헤위에르달은 페루에서 1988~92년 4년간 유의미한 발굴 작업을 마치고 귀국해서는 이탈리아로 이주해 만년을 보내다가 2002년 4월 18일 향년 88세로 이탈리아 북부의 작은 마을 꼴라 미께리(Colla Micheri)에서 곡절 많은 한생을 마감하고 영면에 들었다.

헤위에르달은 일찍이 어린 시절부터 자연과 우주에 관한 천부적인 탐구심과 다양한 호기심을 가지고 탐험가의 청운지지(靑雲之志)를 착실하게 키워왔으며, 60여년간 14회나 주로 뗏목과 갈대배를 타고 험난한 3대양을 누비면서 대륙 간의 고대문명 전파설을 고증하기 위해 모험적인 대탐험에 헌신했다. 그리하여 세계 탐험사와 문명교류사, 해양사에 여러가지 창의적인 업적을 남겼다. 그 과정에서 학계에서는 그의 행적과 이론의 허와 실, 사실성과 허위성에 관한 논쟁이 분분했으며 이는 지금도 여전히 진행 중이다. 헤위에르달이 탐험사와 문명교류사, 해양사 분야에 남긴 업적과 논점을 정리하면 다음과 같다.

첫째, 헤위에르달은 미지의 세계에 대한 탐구에만 일로매진한 철저한 탐험가의 표상이다. 탐험사에서 우리는 사리사욕과 손익만 따지거나 '발견'이라는 허영에 들뜬 현상들을 흔하게 목격한다. 콜럼버스는 대서양 횡단 항해에 나서기에 앞서 스페인 이사벨 여왕과 일종의 계약서인 이른바 '그라나다 각서'를 체결했는데(1492), 이 문서는 그가 해야 할 일을 '섬들과 본토'를 찾는 것으로 규정하면서 그에게 다음과 같은 특권을 부여했다. 즉 '발견한 땅'의 '대양제독에 봉하고' '발견한 지역에서 국왕이 획득하는 금과 보석 및 기타 산물의 10분의 1을 차지할 권리를 가진다'. 그런가 하면 포르투갈의 항해가이자 '인도 항로의 개척자'인 바스쿠 다가마(Vasco da Gama)는 대포로 무장한 범선 4척을 이끌고 리스본을 떠나 아프리카 남단을 에돌아 1498년, 출항 10개월 만에 인도 서해안의 캘리컷(현 코지코드)에 도착한다. 이듬해에 그는 60배의 이익을 남겨줄 향료를 싣고 귀향한다. 역사상 서세동점의 효시라고 하는 이 해양 탐험의 목적은 어디까지나 동방에 대한 서방의 식민지 약탈의 바닷길을 트는 데 있었다.

이렇게 중세의 두가지 대표적인 탐험 사례만 봐도 자고로 이러저러한 미명하의 '탐험'은 대부분 '미지의 세계를 탐구'하는 본연의 것이 아니었음을 알 수 있다. 이에 반해 헤위에르달의 탐험은 문자 그대로 철두철미한 탐험이었다. 오로지 해양을 통한 고대문명의 전파를 탐구하는 데만 초점을 맞추었다.

탐험은 왕왕 모험을 수반한다. '탐험다움'이란 비범한 모험을 뜻하며, 역경에 대한 도전으로 탐험은 빛이 나고 그 가치를 평가받게 된다. 대저 탐험가라면 한두가지 모험담은 필수지만, 헤위에르달처럼 과거 역사의 실증을 위해 며칠도 아닌 몇달 동안 도무지 상상도 할 수 없는 고대의 엄청난 모험을 재현하고 그것을 탐험으로 승화시킨 것은 역대 탐험사에서 실로 보기 드문 일이다. 1947년 뗏목 콘티키호로 101일간 장장 8,000km를 항해한 것이며 1969, 70년 라 1, 2호의 대서양 탐험 항해와 1977~78년 티그리스호의 인도양 탐험 항해도 마찬가지다. 탐험에서 역경의 극복은 담력과 지략을 모두 갖추었을 때만 가능한 법이다. 헤위에르달이야말로 바로 이러한 자질의 소유자였다.

둘째, 헤위에르달은 평화적 글로벌리즘(globalism, 세계통합주의)의 선구적 역할을 했다. 헤위에르달이 이집트의 고대 선진문명에 열광하는 이른바 이집토마니아의 유혹에서 완전히 탈피하지 못한 채 고대 이집트문명과 중남미문명, 카리브해문명, 인도문명과의 상관성에 관한 탐구를 지속한 것은 사실이다. 그러나 탐험을 통해 세계 인식을 넓혀감에 따라 한편으로 그는 이집트문명과는 무관하게 중남미문명과 태평양상의 폴리네시아문명 같은 여러 지역 문명들 간의 상관성이나 페루문명과 기타 중남미 지역 문명 같은 동질 문명권 내의 문명요소들 간의 상관성도 놓치지 않고 다면적으로 탐구했다. 요컨대, 남북 극지를 비롯한 제한된 프런티어에만 탐험의 발길을 내딛는 전래의 협애한 관행을 깨고 그 범위를 지구의 중심을 관류하는 3대양으로 확대함으로써 탐험의 글로벌리즘 실행에서 미증유의 선구적 역할을 수행한 것이다.

이와 더불어 헤위에르달과 그 일행은 반전평화운동에도 적극 참가하여 활동함으로써 글로벌리즘적 면모를 보여주었다. 이들은 장기간에 걸친 탐험의 현장에서 바다와 문명의 소중함을 절감했으며, 그것을 지키기 위한 활동에 적극 참가함으로써 진정한 탐험가로서의 전범을 보여주었다. 1978년 티그리스호의 인도양 탐험대가 목적지 이집트를 눈앞에 두고 뜻밖의 전란에 휩싸여 배를 바다에 띄운 채 소각하는 비운을 맞자 전체 대원들 이름으로 유엔에 인류문명의 요람인 발전도상국에 대한 무기 수출과 판매를 금지하도록 진정서를 보낸 것이 그 하나의 예이다.

그런가 하면 콘티키호 탐험에서 생사고락을 함께했던 헤위에르달과 대원들 크누트 헤울란, 토르스테인 로뷔(Torstein Raaby)는 2차대전에 전우로 참전했는데, 헤울란은 독일의 원자폭탄 개발을 저지하는 작전과 독일이 노르웨이 공장에서 핵분열 통제에 필수적인 중수를 생산하는 것을 저지하는 작전에 참여했다. 그리고 로뷔는 정보장교로서 독일 전함 티르피츠의 동정을 살피는 정찰활동을 했으며 티르피츠 격침 작전에도 자진해서 참여했다. 이들 모두 이러한 평화적 글로벌리즘 활동에 몸 바친 경력을 자랑으로 회고하고 있다.

셋째, 헤위에르달의 탐험으로 문명전파론이 활성화되었다. 헤위에르달의 문명전파론은 앞서 보다시피 중남미문명의 폴리네시아 전파의 전거를 놓고 학계와 치열한 공방이 벌어진 것을 계기로 전례 없는 주목을 끌었다. 발생론적으로 보면 문명은 자생론과 전파론으로 대별되는데, 자생론은 내재적 요인에 의한 발생 담론이며 이에 비해 전파론은 외연적(外延的) 요인에 의한 발생 담론이다. 일단 발생한 문명은 타자에게 전파('전파론')되어 타자가 수용('수용론')하게 되는데, 이 전파와 수용 과정이 곧 문명교류다.

이렇게 모두가 딱딱하게 여기는 문명담론을 약술이라도 하는 것은, 헤위에르달의 탐험이 문명사에서 차지하는 위상을 제대로 가늠하고 그 허와 실을 똑바로 가려내기 위해서다. 무한대의 문명교류시대로 불리며 문명교류가 시대의 화두로 부상하고 있는 21세기에 이러한 문명담론을 반추해보는 것은 그 나름대로 현실적 의의가 있을 듯하다.

헤위에르달이 탐험의 전과정을 통해 주장한 것은 이질 문명(권) 간이나 동질 문명(권) 내에서 발생한 문명전파로 요약된다. 물론 문명전파론이 근세에 와서 중요한 담론으로 부상했거나 또는 헤위에르달에 의해 의제화된 것은 아니다. 넓은 의미에서 보면 전파는 상고시대에 문명이 탄생한 그 시각부터 주로 문명의 이동이나 보급이라는 표현으로 통념화되면서 논제로 자리 잡기 시작했다. 중세에 이르러서는 문명의 외연적 확대가 가속화되면서 문명 전파가 종횡무진으로 확산되었다. 문제는 그 명분과 의도다. 서구 식민주의자들은 이른바 '후진국의 문명화'라는 구실하에 제국주의적 식민문명의 일방적 주입이나 강요를 문명의 '전파'나 '선진화'라는 허울로 포장했던 것이다. '선진'과 '후진'이라는 우열주의를 바탕으로 한 이러한 억압적이며 편파적인 제국주의적 문명전파론은 오늘날까지도 그 폐해를 다 해소하지 못한 채 문명담론을 좀먹고 있다.

헤위에르달이 확신하고 주창한 문명전파론은 이러한 제국주의적 문명전파론과는 명분과 의도에서 본질적인 차이가 있다. 그는 문명 우열주의나 편파성이 아닌, 문명 간의 상사성·공통성에 착안해 그 전파성과 상관성을 추론했던 것이다. 예컨대 중남미와 이스터섬의 재배식물인 갈대의 공통성에서 중남미 원주민의 이스터섬 이주설을 제기하거나, 이집트와 중남미 간 피라미드의 상사성을 감안해 이집트문명의 중남미 전파설을 제기한 것이 그렇다. 그러나 헤위에르달의 이와 같은 문명전파론 주장에도 시대와 학문의 한계에서 비롯된 허점과 흠결이 있다는 점을 간과해서는 안 된다.(아울러 역설적으로 이러한 허점과 흠결로 말미암아 당대 문명전파 담론이 활성화되었다는 점도

망각해서는 안 될 것이다.) 헤위에르달은 문명 간의 상사성·공통성을 교조주의적으로 전파의 근거로 삼고 그러한 상사성은 곧 전파의 결과라고 단정하면서 여러 이질 문명 간의 전파론을 고집했다. 이것은 그의 전파론이 범한 편단으로서 결정적인 흠결이자 한계다.

원래 수용에 의한 상사성이 전파의 근거가 되는 것은 그 전파 과정이 명명백백히 밝혀졌을 경우에 한한다. 전파 과정이 밝혀지지 않았는데 상사성 일면만 보고 그것이 전파의 결과나 근거라고 지레짐작하는 것은 일종의 비과학적 속단에 불과하다. 헤위에르달 자신도 이러한 결점을 인지하고 그 극복에 여생을 바쳤지만, 전파를 아우르는 문명교류가 학문적으로 정립되기는 고사하고 학계로부터 온갖 불가론과 비난, 조소가 쇄도함으로써 거의 고군분투하지 않을 수 없었다. 그럼에도 그는 시대적 제약과 난관을 뚫고 문명전파라는 초야를 개척하려는 의지를 굽히지 않았다.

헤위에르달의 문명전파론도 그렇지만 70여년이 지난 오늘도 마찬가지로 문명전파론에서 가장 껄끄러운 난제의 하나가 문명 간의 상사성·공통성 문제다. 유적·유물이나 기록에 의해 합리적이며 구체적으로 전파 고리나 경로가 밝혀진 경우, 인과관계가 명백한 경우에 한해서만 상사성을 전파의 결과라고 단정 지을 수 있는데, 문명교류사의 실제에서 이러한 경우는 드물고 거지반은 애매모호하거나 가려져 있어 그 실상에 접근하기가 여간 어렵지 않다. 60여년을 그러한 접근을 시도한 헤위에르달도 세상을 납득시킬 만한 결론을 얻지 못한 채 고작 가상적 접근에 머물렀을 뿐이다.

헤위에르달보다 앞서 학계 일각에서는 이 난제의 해답이랍시고 궁색한 이론을 내놓기도 했다. 그것이 바로 미국의 인류학자 루이스 모건(Lewis H. Morgan)이 약 150년 전에 궁여지책으로 개진한 이른바 '공통심리설(共通心理說)'이다. 그는 역작『고대 사회』(*Ancient Society*, 1877)에서 "인류는 같은 뿌리에서 출현하여 동일한 발전단계에 이르러서는 유사한 수요가 생겨나고, 또 유사한 사회환경에서는 동일한 심리작용을 한다"라는 주장을 폈다. 이 이론을 문명교류사에 대입하면 문명 전파와 상사 문명의 발생을 형이상학적 인과관계로 이론화할 수 있다. 그러나 문명은 전파나 수용 과정에서 많은 접변을 일으킨다는 사실을 감안할 때, 공통심리설의 교조주의적 적용은 자칫 무리를 빚을 수 있어 신중한 개진이 필요하다.

문명전파론을 핵심으로 하는 헤위에르달의 신선하고 충격적인 탐험기들은 학계는 물론 사회 일반에서도 큰 반향을 불러일으켰다. 그는 앞서 말한『녹색 안식일』과『콘티키 탐험기』외에도 이스터섬의 탐험기『아쿠아쿠: 이스터섬의 비밀』, 라 1, 2호의 카리브해 탐험기인『태양호 갈대배 원정기』를 비롯해 모두 22권의 탐험기를 출간했고 이 4종의 책은 '4대 탐험 경전'으로까지 평가되며 독자들의 사랑을 받았다.

넷째, 헤위에르달은 지구와 해양환경 보호의 선각자다. 그는 첫 마르키즈제도 탐험을 마치고 돌아와 쓴 탐험기『녹색 안식일』에서 탐험 내내 인간의 무자비한 자연생태계 파괴를 통탄하면서 "환경파괴로부터 지구를 지켜야겠다는 참된 열정을 불태웠다"라고 심정을 토로했다. 만년에 저술한 탐험기에서는 탐험가로서, 학자로서 "지구 보위의 이념"이 그의 온 탐험생활의 저변을 관류한 "영혼"이었다고 술회하기도 했다. 이처럼 헤위에르달은 지구 보호의 가치를 인간의 정신세계를 지배하는 '영혼'으로 승화시키고 이를 몸소 실천한 참된 글로벌리스트였다.

해양민족의 후예답게 헤위에르달은 어릴 적부터 바다를 유난히 사랑했다. 청운의 꿈을 바다에서 꽃피우리라 작심하여 '지상낙원'으로 찾은 곳이 남태평양 폴리네시아의 마르키즈제도였으며, 이를 기점으로 평생 14회의 탐험 대상이 모두 3대양과 해양문명이었다. 그의 '바다 보호'는 '지구 보호'와 동의어로서 '바다 보호'를 떠난 '지구 보호'는 있을 수 없다는 것이 확고한 신념이었다. 헤위에르달의 이러한 생각은 그만의 독특한 항해 원칙으로 표현되었다. 그의 3대 항해 원칙은 첫째, 탐험은 인류 공동의 문화유산에 관한 탐구활동이기에 다국적 출신의 여러 분야 전문가들로 탐험대를 구성하고, 둘째, 배에 항상 평화와 공조의 상징인 유엔 깃발을 달고 다니며, 셋째, 바다와 항해에 관한 효과적이고 지속적인 탐구를 위해 준비부터 항해의 전과정을 일기 형식으로 기록한다는 것이다.

이상에서 살펴본 바와 같이 토르 헤위에르달은 탐험사와 항해사, 문명교류사, 고고학 등 여러 분야에서 불후의 업적을 쌓음으로써 당대 최고 탐험가의 반열에 우뚝 섰다. 고국 노르웨이에서는 헤위에르달이야말로 역대 노르웨이 출신 가운데 이름을 가장 널리 알리고 국위를 선양한 '국가의 자랑' '사건창조적 위인'으로 알려져 있다. 이런 위인을 기리는 자취도 노르웨이 곳곳에서 찾아볼 수 있다. 콘티키호의 이름을 따 1957년 완공된 오슬로 소재 콘티키박물관은 세계적인 박물관으로 국내외에서 찾아오는 관광객이 연간 1,700만명(2014)에 달한다. 또한 노르웨이 해군의 이지스함인 프리티오프 난센(Fridtjof Nansen)급 호위함은 그의 이름을 따서 '토르 헤위에르달함'이라고 명명되었다. 그런가 하면 구글(Google)은 2014년 10월 6일 메인 화면에서 헤위에르달 탄생 100주년을 기리기도 했다.

이것으로 토르 헤위에르달에 관한 소략한 탐구를 마치면서, 끝으로 그 탐구 과정에서 절감한 서구문명의 민낯 한가지를 적시해보고자 한다. 그것은 이렇듯 명망 있는 탐험가를 무고하게도 탐험가 반열에서 싹둑 잘라내버린 서구 학계의 비학문적인 집단적 비행(非行)이다. 이 비행을 두권의 관련 저서로 확인해보자. 한권은 미국의 저명한 고대사가 너새니얼 해리스(Nathaniel Harris)를 비롯한 8명의 연구자들의 공저 『탐험가와 탐험』(Explorers and Exploration, 2001, 중국어 역본 『圖說世界探險史』)으로, 이 책은 선사시대부터 1969년 아폴로호의 달 착륙까지 인류의 탐험사를 총 10개 부문으로 세분화해 어림잡아 230여명의 탐험가들을 다루면서도 토르 헤위에르달에 관해서는 조금도 언급하지 않았다.

다른 한권은 영국의 유명한 탐험가이자 1991년 『선데이 타임스』가 '20세기를 만든 인물' 천명 중 한 사람으로 선정한 영국 왕립지리학회 부회장 로빈 핸버리테니슨(Robin Hanbury-Tenison)이 2010년에 편한 『위대한 탐험가들』(Great Explorers)이다. 이 책 역시 해양 탐험, 육지, 강, 극지 빙하, 사막, 지구상의 생물, 새로운 개척자들 순으로 항목을 나누어 각 부분에서 '엄선'한 위대한 탐험가들 총 40명을 소개하고 있다. 혹시나 했는데 역시 헤위에르달의 명함은 보이지 않는다. 도대체 어찌된 영문인가?

필자는 오슬로의 콘티키박물관을 찾아갈 때나 가서 직접 관련 자료를 접했을 때만 해도 헤위에르달이 '위대한 탐험가'의 일원이라는 데 대해서는 추호의 의문도 있을 수 없다고 확신했다. 그러나 정작 그에 관한 글을 쓰느라 이것저것 뒤지는 과정에서 뜻밖에 이러한 기괴한 집단비행에 맞닥뜨리게 되었다. 당황망조(唐慌罔措)를 가까스로

가라앉히고 자초지종을 알아보려 하니, 요체는 그네들이 왜 그렇게 했을까 하는 원인 규명이다. 그리고 이 글에 종지부를 찍으려는 순간까지도 신빙성 있는 답은 찾지 못한 것이 사실이다. 민낯 감추기에 이골이 난 그네들이 오랫동안 작심하고 짜맞춘 공모를 필마단기(匹馬單騎)로 일거에 갈파한다는 것은 애당초 역부족일 수밖에 없기도 했다.

　그저 짐작건대, 영국 같은 나라는 한때 노르웨이를 비롯한 북방 해양민족(비크족)의 속국으로 시달림을 받았으며, 그 수모로 인해 콜럼버스에 앞서 이 해양민족 탐험가들이 아메리카대륙을 발견했다는 역사적 사건을 무마하려 했거나, 아니면 역사의 상대적 승세(勝勢)나 선도에 대한 본능적인 시기에서가 아니겠는가. 혹여 그도 아니라면 무주공처(無主空處)의 탐험을 통한 식민지 쟁탈과 이익 추구에 이골이 난 유아독존적이고 배타적이며 이기적인 악심(惡心)에 기인하는 것은 아니겠는가. 그런가 하면, 학문적으로 중남미 인디언들의 태평양 이주설을 비롯한 문명전파론에서 야기된 심각한 논쟁과 갈등이 헤위에르달이 학계에서 버림받게 된 원인의 하나가 아니겠는가. 요컨대 복합적인 원인이 작동했으리라는 짐작을 해본다. 최종적으로 제대로 된 해명은 가려졌던 서구의 민낯이 속속 드러나는 그날, 당사자인 서구 학계의 자성을 바탕으로 한 실사구시의 연구에 의해 판가름날 것이다.

15

평화학의 아버지, '예언 대왕' 요한 갈퉁

　민족상잔의 소름 끼치는 전란을 겪고 나서도 70년간 피붙이끼리 총부리를 맞대고 이산과 분단의 비극 속에 살아가는 우리 겨레만큼 이 시대에 평화의 절박함과 소중함을 실감하는 사람들은 없을 것이다. 다들 전쟁 아닌 평화로 이 지긋지긋한 참상의 터널에서 하루빨리 빠져나가기를 학수고대하고 있다. 더 말할 나위 없이 평화야말로 우리에게는 무가지보이고, 우리는 너나없이 평화통일을 염불처럼 외우고 절규처럼 부르짖곤 한다. 그런가 하면 근간에는 이른바 평화지상주의적 '평화프로세스'니 '영세중립주의'가 통일의 대안인 양 급물살을 타고 있다. 그런데 이러한 주의주장은 과연 그토록 복잡다기한 평화 행동을 올곧게 인도하고 기제화하는 평화 이론에 기초한 발상일까? 적어도 이 시대 인류가 공유하는 보편적 평화 이론이나 이념에 입각한 발상이고 주장인가를 되묻지 않을 수 없다. 평시 이 문제에 관해 관심을 갖고 있는 필자의 과문으로는 현재 남한에는 평화 이론에 관한 전문 연구소나 교육기관은 한군데도 없을 뿐 아니라, 유감스럽게도 학계, 특히 내로라하는 평화통일 주창자들의 고담준론에서도 평화 이론을 활용한 실례를 거의 찾아볼 수가 없다.

이렇게 평화 이론의 황무지에서 허둥거릴 때 천우신조의 호기가 찾아왔다. 평화 이론의 본산이자 개안지(開眼地)인 노르웨이로의 행각이다. 평화에 관한 관심은 인간의 태생적 특성이며 갈구라는 것이 일찍이 문화인류학에 의해 밝혀지면서부터 그 담론은 간단없이 이어져왔다. 급기야 임마누엘 칸트(Immanuel Kant, 1724~1894) 같은 희세의 독일 철학자까지도 1795년에 발표한 『영구평화론』에서 국가 간 영구평화를 위한 3개 '확정 조항'으로 1) 국가체제는 국민이 전쟁 여부를 결정할 수 있는 공화제여야 하고, 2) 전쟁을 영원히 종식시키기 위해서는 제 민족 간에 평화동맹을 결성해야 하며, 3) 영구평화에 대한 세계시민의 권리를 선언해야 한다는 유명한 주장을 피력했다.

그로부터 100여년의 시간을 뛰어넘어, 대한제국의 안중근(安重根) 의사는 1909년 10월 26일 만주 하얼빈에서 한국 침략의 원흉 이또오 히로부미(伊藤博文)를 처단한 후 사형을 언도받고 1910년 3월 감옥에서 미완의 원고 「동양평화론」을 집필했다. 여기서 안중근 의사는 일본이 한국의 국권을 박탈하고 만주와 청나라에 대한 야욕을 가졌기 때문에 동양평화가 깨지게 되었으니, 이제 동양평화를 실현하는 길은 일본이 한국의 국권을 되돌려주고 만주와 청에 대한 침략 야욕을 버리는 것이라고 통찰했다. 그런 후에 독립한 한국과 청, 일본 등 동양 3국이 일심협력해서 서양세력의 침략을 막아내며, 한걸음 더 나아가 동양 3국이 서로 화합해 개화, 진보하면서 동양평화와 세계평화를 위해 진력해야 한다고 평화 수호의 원대한 구상까지 밝혔다.

원래「동양평화론」은 1) 서(序) 2) 전감(前鑑) 3) 현상 4) 복선(伏線) 5) 문답의 5개 장으로 구상되었다. 감옥측은 집필이 끝날 때까지 사형집행을 연기하기로 약속했으나 돌연 그 약속을 어기고 1)과 2)만 집필된 상태에서 1910년 3월 26일 형을 집행했다. 그리하여 이 글은 미완으로 남은 것이다.

이전까지는 평화라는 단어를 단순하게 전쟁이나 폭력, 충돌의 반의어나 대칭어쯤으로 여기고, 평화운동을 연성적인 비폭력 사회운동으로만 치부해왔다. 그러다가 2차대전을 계기로 도처에서 반전평화운동이 치열하게 일어나자 평화가 지닌 사회적 기능에 관한 학문적 관심이 점차 높아졌다. 그 결과 1948년에 일부 사회과학자들이 유네스코에서「사회과학자들의 평화 쟁취를 위한 호소문」을 발표한 데 이어 1950년대에 들어와서 관련 논저들이 속속 출간되면서 '평화학'이라는 새로운 학문이 개척되기에 이른다. 이렇게 평화학은 2차대전 후에 탄생한 신흥 학문으로, 영어 명칭은 paxology, peace studies, peace and conflict studies 등 여러가지가 있으며 국제 학계에서 통용되는 것은 peace studies와 peace and conflict studies이다.

이 미증유의 평화학이라는 새로운 학문의 주춧돌을 놓은 이가 오슬로 출신의 오슬로대학 국제관계학 교수(재직 1969~78) 요한 갈퉁(Johan V. Galtung, 1930~)이다. 그는 오슬로대학 재학시 수학을 전공하면서 통계학과 물리학 등 자연과학뿐 아니라 사회학과 철학 등 인문사회학에도 관심을 가졌다. 대학 재학시 수학 박사학위와 사회학 박사학위를 26, 27세의 나이로 거의 동시에 따낼 정도의 천재였던 그는 졸업 후 노르웨이 사회연구소에서 분쟁과 평화 연구 프로그램이 시

제주포럼에서 연설하는 평화학의 창시자 요한 갈퉁(2016.5.)

작되면서 평화 연구에 심취했다. 1959년에는 29세의 젊은 나이에 오슬로평화연구소(PRIO)를 설립하고 초대 소장으로 부임한다. 1964년에는 전문학술지『평화 연구 저널』(*Journal of Peace Reserch*)을 발간하기 시작했는데, 일반적으로 이 연구지의 발간을 독립 학문으로서 평화학의 시발로 간주한다.

갈퉁은 평화학의 학문적 정립을 위해 평생 주저『평화론』(*The Paxology*, 1961)과『미제국의 붕괴』(*The Fall of the US Empire*, 2009)를 비롯한 160권의 평화 이론 관련 저서를 출간하고 그 보급에 진력해왔다. 8개 국어를 구사하는 그는 1985년에는 부인 니시무라 후미꼬(西村文子)와 공저로 논문「구조(結構), 문화와 언어: 인도-유럽어계 언어, 중국어와 일본어 비교연구」를 발표하기도 했다. 세계 곳곳에 온라인 평화대학을 세우고, 100여개 분쟁을 직접 중재했으며, 프린스턴대학과 컬럼비아대학, 빠리대학, 베를린대학 등에서 교수를 역임했다. 그뿐 아니라 '동아시아 평화의 새로운 미래 학술토론회' 및 '제2차 중일 평화학자 대회'에 참석하고, 유엔 산하 여러 국제기구의 고문을 맡기도 했다. 평화 이론의 학문적 정립과 평화 수호를 위한 선도적 활동이 국제적인 평가를 받아 그는 세계 10개 대학에서 명예박사학위를 받고 노벨 평화상과 인디라간디상을 수상했다. 요한 갈퉁의 평화를 위한 출중한 기여는 학계는 물론 평화운동가들에게도 한결같이 공인되어 그는 명실상부한 '평화 이론의 창시자' '평화학의 아버지' '평화운동의 선구자'로 높은 명예를 누리게 되었다.

갈퉁의 숱한 노작 가운데서 두가지만 소개한다면 먼저 가장 중요한 평화학의 고전이라고 말할 수 있는『평화론』을 들어야 할 것이다. 그의 평화학은 한마디로 과학적 방법으로 인류의 영구평화를 어떻게 실현할 것인가를 연구하는 학문이다. 평화학은 신생 학문이지만 기타 학문 분야와 다각적으로 연계되어 학제간(學際間)연구가 불가피한 학문이며, 정치·경제·군사·문화의 다층차(多層次)를 아우르는 복합학문이기도 하다. 평화학은 평화교육과 평화운동 등 여러가지 실천과 직결된 비판과학이며, 인류의 궁극적 목표인 영구평화를 달성하고 그 가치를 중시하고 지켜나가자는 가치지향적 학문이다. 학문 계보로 보면 평화학은 주로 인간의 사회관계를 다루는 학문으로서 사회학에 속한다.

평화학의 주 내용은 크게 평화 이론과 평화 교육 및 평화 건설의 세 부분으로 구성되어 있다. 평화학에는 몇가지 창의적이며 흥미로운 새로운 개념들이 도입되어 학계의 이목을 끈다. 우선 폭력의 구분이다. 평화학에서는 폭력을 직접폭력과 구조(構造)폭력, 문화폭력의 세가지로 구분한다. 직접폭력은 일종의 유형적 폭력으로 인간에게 육체적 고통을 강요하는 전쟁과 폭력적 충돌, 언어와 심리를 통한 학대 등이 이에 속한다. 구조폭력은 빈곤과 질병, 억압, 사회적 멸시 등을 통한 고통과 재난으로서 주로 정치적 권리와 경제적 권리의 불공정한 배분으로 발생하는 현상이다. 직접폭력이 유형적인 데 반해 구조폭력은 무형의 폭력으로, 장기적인 과정을 통해서만 제거될 수 있다. 문화폭력은 종교, 법률, 이념과 의식형태, 언어, 예술 등에 온축되어 있는 폭력으로서 학교교육이나 매체를 통해 널리 전파된다. 문화폭력은 왕왕 사회적 증오와 공포, 의혹 등을 유발한다.

다음으로 평화의 구분이다. 평화학은 평화를 소극적 평화와 적극적 평화로 구분함으로써 평화의 개념을 크게 확대했다. 소극적 평화란 체계화된 집단적 폭력이 없는 상태의 평화로서, 무력이 아닌 담판이나 조정을 통해 분쟁을 해결하며, 유엔 같은 국제적 협약이나 조직에 의지해 집단적 안전을 보장하는 평화다. 적극적 평화란 체계화된 집단적 폭력이 없을 뿐 아니라 사람들 사이에 협력과 통합, 회복(rehabilitation), 정의가 실현된 상태의 평화로서, 기아와 폭력, 인권침해, 난민, 환경오염 등 인간에게 고통과 불안을 안겨주는 각종 요인이 없어졌을 때 비로소 실현된다. 그밖에 충돌과 평화, 비폭력과 화해 등 일련의 문제에서 평화학은 고유한 이론과 해결 방법을 제시한다.

1970년대부터 여러차례 남북한을 방문한 요한 갈퉁 박사는 자신의 평화 구상을 한반도문제 해결에 적용할 여러가지 합리적 주장을 내놓았다. 2000년 광주민주화운동 20주년을 맞이해 열린 '세계의 민주주의와 인권' 국제학술대회에 참석한 데 이어 2016년 5월 25일 제주도에서 개최된 '아시아의 새로운 질서와 협력적 리더십'이란 제하의 '제11회 평화와 번영을 위한 제주포럼'에서 그는 한국은 "북한과의 관계를 정상화하고 평화적 관계를 가지며 협력해야 한다"라고 조언하면서, "대북 제재가 계속될수록 북한에는 '한'이 더 쌓일 것이다. 핵을 개발한 다른 국가들에는 제재를 하지 않았는데 유독 북한에만 이러한 제재를 가하는 것은 불공평하다"라며 "미국은 북한이 붕괴할 것이라고 생각해 제재를 가해왔지만 이는 불가능할 것으로 보인다. 저는 '붕괴론'이라는 개념의 붕괴를 희망한다"라는 의미심장한 견해를 피력했다. 그러면서 그는 "우선 남북은 시간을 낭비하지 말고 통일을 위한 관계를 만들어야" 하고 "일단 관계를 가지게 되면 통일의 기반이 될 만한 단계를 구축할 수 있다"라고 통일의 방식과 전망까지를 제시했다.

2차대전 후 냉전시대에 탄생한 평화학은 평화 수호라는 가치지향적 목적과 더불어 확실한 현실적 효용성이 있기 때문에 학계뿐 아니라 사회운동계에서도 상당한 관심을 불러일으켰으며, 유네스코를 비롯한 국제평화 기구와 조직의 적극적인 호응과 지지를 받고 있다. 그리하여 오늘날까지 40여개 유럽 나라들의 200여개 대학과 연구소에 평화학 교육 및 연구를 전담하는 학과와 부서가 설치, 운영되고 있다. 지금까지는 평화의 가치를 여러 계기에서 직접 체험해본 유럽이 평화학의 중심 역할을 하고 있다. 한편, 세계 그 어느 곳보다도 평화가 절실한 동북아 3국에서는 평화학이 걸음마를 떼기는 했으나 아직까지 그 연구와 정립이 상당히 미미한 상태다. 동북아의 환경과 특성에 부합하는 평화학을 정립해 동북아에 영구평화를 정착시키는 것이 절박하게 요청된다.

다음으로, 출간과 동시에 세인의 경탄을 폭발시킨 '예언서'『미제국의 붕괴』를 펼쳐보자. 갈퉁은 일찍이 어느 고명한 미래학자, 어느 신통한 예언가도 감히 예측하지 못했던 세계 현대사의 3대 사건 발생을 족집게처럼 집어냄으로써 일약 '예언 대왕'으로 등극했다. 그 3대 사건 '예언'이란 20세기 후반에 돌발한 독일 베를린장벽의 붕괴, 소련

요한 갈퉁의 저서 『미제국의 붕괴』 중국어판

해체, 그리고 21세기 전반에 일어나리라는 '공룡' 미제국의 붕괴다.

갈퉁은 1980년에 느닷없이 앞으로 10년 내에 베를린장벽이 무너질 것이며 그로부터 얼마 지나지 않아 소련이 해체될 것이라는 폭탄 예언을 토설한 바 있다. 그로부터 근 30년이 될 무렵에는 2020년이 되면 미제국이 '붕괴에 진입'할 것이라는 또다른 경천동지할 예언을 쏟아냈다. 베를린장벽과 소련에 관한 그의 예언은 사람들의 불신과 의혹을 깨고 적중했다. 1989년 11월 9일 베를린장벽이 동서독인들의 손에 의해 무너졌고, 소비에뜨사회주의연방(소련)은 1991년 12월 26일 최고소비에뜨의 결의에 따라 69년간(1922. 12.30.~1991.12.25.)의 존재를 마감했다. 통상 시공간에 대한 추산에는 얼마간의 편차가 있게 마련이다. 베를린장벽의 붕괴와 소련의 해체 시점도 갈퉁이 예언한 시간대와 약간의 편차를 면치 못했지만 이 약간의 편차는 그 기적적인 예지로 상쇄되어 누구도 감히 입방아를 찧지 못했다.

갈퉁의 이 두가지 예언이 적중하자 세인들 대부분은 그의 통찰력에 이구동성으로 경의를 표했다. 그러나 일부에서는 아무리 '예언 대왕'의 점괘라고 한들 이 시대의 공룡 미제국이 일시에 붕괴한다는 것은 믿기 어렵다는, 심지어 괴담이라는 반응을 보였다. 갈퉁은 이러한 불신을 잠재우고 자신의 통찰력을 다시 한번 과시하기 위해 야심차게『미제국의 붕괴』집필에 4년간 몰두했고, 심혈을 기울여 구상한 미제국 붕괴론을 2009년에 출간한 이 책에서 상세하게 개진했다. 이 책은 출간되자마자 절찬리에 판매되기 시작하여 온라인에서 7.8점이란 높은 평점을 얻었고 미국 아마존 서점에서는 오랫동안 베스트셀러에 올라 있었다고 한다.

모두 3부 34장으로 구성된 이 270면의 '예언서'는 미국 사회가 당면한 각종 모순과 갈등에서 비롯된 붕괴의 요인과 과정을 실증적으로 분석, 기술하는 데 초점을 맞추고 있다.

이 책에서 갈퉁은 미제국 붕괴의 요인을 다음과 같이 세가지로 요약했다. 첫째 요인은 총체적·종합적 사고에 대한 무지다. 미국의 세계적 위상이 급속하게 추락하는 것은 지금까지 지켜오던 사회적 전범을 점차적으로 비(非)전범화하다가 급기야는 반(反)전범화하여 타락시켰을 뿐 아니라, 나무만 보고 숲을 보지 못하는 단견으로 문제 해결에서 종합적 고려가 결핍되었기 때문이라고 보았다. 비유컨대 미국은 사족불구(四足不具)로서 대뇌가 더듬이〔觸角〕를 지휘할 수 없어 그냥 반신불수 상태로 내버려두는 형국이다. 경제, 국제관계, 정치, 종교가 각기 독립적인 학과로 병립함으로써 총체성을 지닐 수 없으며, 총체성을 통해 해결할 수 있는 각각의 문제마저도 해결할 수 없을 뿐 아니라 결국에는 해결 능력마저 상실하게 된다는 것이다.

둘째 요인은 변증법적 사고의 부재다. 미국의 핵심 역량은 경제체제인데, 치명적인 약점은 경제에 미치는 정치적 후과를 신중히 계산하지 않고 무턱대고 밀어붙이는 독단적인 태도다. 예컨대, 이라크와 아프가니스탄에 대해서는 전쟁을 발동하는 것만 알았지 그 배후에 이슬람세력이 있다는 것은 상상도 하지 못했다고 한다.

셋째 요인은 공평성에 대한 고려의 부재다. 어떤 문제의 해결에서 다방면의 이해관계를 불편부당하게 살피는 것이 아니라 어느 한쪽에만 편중하여 사고하는 경향이 있다. 특히 군사 문제에서 그러한데, 그렇게 되면 당연히 불공평성이 발생하게 마련이다.

갈퉁이 미제국의 붕괴 요인으로 통찰한 이상 세가지는 신의 점지나 점술가의 점괘, 혹은 그가 책상머리에 앉아서 짜낸 것이 아니다. 과학자로서, 인문학자로서 로마제국을 비롯한 역사상의 여러 제국과 미국의 역사 과정을 서로 비교하면서 법칙성과 공통성을 찾아내는 데 부심한 결과였다. 특히 미국 사회 각 분야가 직면하고 있는 15가지 모순과 갈등을 집중 분석함으로써 종이 호랑이가 된 작금의 미국이 더이상 버티지 못하고 붕괴에 진입할 수밖에 없다는 그 나름의 필연성을 찾아내고, 그러한 지식을 '예언'의 형식을 빌려 세상을 향해 실토한 것이다. 물론 그 역시 어디까지나 한계를 지닌 인간이기 때문에 논리나 분석, 주장에서 미흡한 점이 음(내적 의미)으로 양(외적 표현)으로 드러남은 부정할 수 없는 사실이다. 그럼에도 불구하고 굳이 이 책을 소개하는 것은 그의 발상에 유의미한 창의성과 시사점이 짙게 깔려 있기 때문이다.

갈퉁은 『미제국의 붕괴』에서 2020년을 붕괴의 진입 시점으로 예측

하고 곳곳에서 그 징표가 되는 사실들을 예시하고 있다. 그의 '예언'
이 동시대를 살아가는 우리에게 현실적 의미를 가지려면, 중요한 것
은 10여년 전에 그가 예시한 사실들을 반추하는 것이 아니라 미국이
붕괴에 진입하는 시년(始年)인 2020년에 갈퉁이 예언한 붕괴의 조짐
이 실제로 발생했는가를 돌아보는 것이다.

결론부터 말하면, 지난해(2020) 미국에서 꼬리를 물고 일어난 미증
유의 사태들을 붕괴의 진입 자체라든가 그 효시라고 단정하기에는
주저되는 바가 있지만, 그 징조 내지 상징으로는 간주할 수 있을 것이
다. 비민주적인 대선 방식과 불법투표 논란, 사상 초유의 폭도들에 의
한 의사당 난입과 점거, 전통적으로 지켜오던 대통령직 인계 절차의
중단, 세계적 대재앙 코로나19에 대한 안이한 방역과 세계 최고 수준
의 감염자와 사망자 속출, 연이은 흑인 학살과 탄압, 경제적 침체, 진
부한 '아메리카 우선주의' 등등 2020년 전후로 일어난 일련의 '역사
중단적' 사건들은 분명 근 한세기 동안 누려오던 미국의 패권과 명성
을 바닥까지 추락시키는 결정적 사건들이었다. 미국의 유아독존적 패
권주의는 이미 사양길에 접어들었다고 할 수 있다.

책에서 갈퉁은 바야흐로 붕괴에 진입하고 있는 미국을 향해 다음
과 같은 요지의 조언을 남긴다. 그것은 바로, 미국은 모든 나라가 저
마다 경제적으로 평등하다는 것을 인정하고 하나의 평범한 나라로
남아 있어야 할 뿐 아니라, 동시에 140여개 나라에 군사를 주둔시키
는 것을 포기해야 한다는 것이다. '붕괴로의 진입'을 재촉하고 있는
미국에 대한 일갈이다.

제3부

청렴 복지 사회를 향한
중단 없는 개혁

———

스웨덴

16

심야태양의 나라 스웨덴

노르웨이의 마지막 답사지인 예이랑에르피오르 마을의 게스트하우스에서 새벽 5시에 일어나 7시 40분에 오슬로로 향발했다. 노르웨이의 중앙부 남북을 종단하는 동부 고속도로를 따라 펼쳐진 산명수려한 대자연을 만끽하면서 한달음으로 오후 4시경에 오슬로 국제공항에 도착했다. 거의 8시간 20분을 꽉 채워 달린 셈이다. 이어서 타야할 스톡홀름행 비행기는 알고 보니 연착했다는데, 공항측에서 영문도 알리지 않는 통에 이제나저제나 초조하게 기다리다가 10분 전 10시에야 출발 방송이 먼발치에서 아리송하게 들려온다. 서둘러 노르웨이 저가항공인 DY4126편(좌석 24B)에 몸을 실었다. 착석하자마자 비행기가 출발 시동을 건다. 승객 대부분은 달랑 서류가방 하나만을 챙겨들고 다니는 공무원들 같다. 이러한 시간적 촉박함이 일상인 듯 저마다 유유자적한 모습이다.

물 한모금 서비스 없이 맨송맨송한 저가 비행기는 46분간을 날아 자정이 다 된 10시 45분에 스웨덴 수도 스톡홀름의 알란다(Arlanda) 국제공항에 안착했다. 때는 2017년 5월 28일 일요일이다. 스칸디나비아에서 네번째로 크며 교통 요로에 자리한 국제공항치고는 비교적 한산한 편이다. 수화물 찾기를 포함해 입국 수속을 마치는 데 20분도 채 안 걸렸다.

낯선 곳을 여행하는 사람의 직감적인 첫 관심사는 그곳 날씨다. 스웨덴은 국토의 7분의 1이 지구 북극권에 속한 상북위권 국가지만 멕시코만류의 영향을 받아 같은 위도상의 다른 지역에 비해 기후가 온화한 편이며, 우리 한반도와 시기는 같지 않지만 사계절이 분명해 여행의 계절미를 더해주는 나라다. 가장 덥다는 6~9월의 여름철이래야 한국의 초가을 날씨와 비슷하다. 습도도 높지 않아 스웨덴 여행의 적기는 여름철이다. 우리 일행이 여행할 때는 4~5월, 봄철의 끝자락으로 기온은 5~15도, 밝고 온화하며 싱그러운 날씨가 계속되어 명실상부한 천국의 계절이다.

스웨덴의 천문기상에서 특기할 만한 사실은 세계적으로 몇곳 안 되는 백야 현상이 일어난다는 점이다. 스웨덴 말고는 노르웨이와 핀란드, 러시아, 그린란드, 미국의 알래스카 등에 백야가 나타난다. 백야란 위도 약 48도 이상의 고위도 지역에서 해가 지평선 아래로 내려가지 않고 머물러 있음으로써 일정 시기 동안 밤이 없이 훤한 대낮이 지속되는 기상 현상을 말한다. 이러한 현상을 러시아를 비롯한 기타 지역에서는 백야라고 부르지만 스웨덴에서는 심야태양(深夜太陽, midnight sun) 현상이라고 부른다. 이렇게 부르는 것은 백야에는 한밤중이라도 태양이 완전히 자취를 감추는 것이 아니라 지평선 위로 그 선

스웨덴 최북단 도시 키루나 루오사바라(Luossavaara)산의 심야태양

명도는 다르지만 조금이라도 희미하게 나타나 보이기 때문이다. 그러니 심야태양 때문에 백야 현상이 나타나며, 백야 속에 보이는 희미한 태양이 바로 심야태양이라고 그 관계를 설명하는 것이 정확할 것이다. 지구 자전축이 기울어져 일부 지역에만 생기는 이 신비한 기상 현상은 동서고금을 막론하고 관광의 대상으로 인기가 높다.

백야의 발생지와 시기 및 지속 기간은 위도에 따라 다르다. 북반구에서는 보통 6월 21일 하지 무렵에, 남반구에서는 12월 동지 무렵에 나타나며 최장 6개월까지 지속되는 곳도 있다. 스웨덴의 백야는 해마다 여름철 하지 무렵에 발생하며 대체로 밤 10시까지 낮이 지속된다. 구체적으로 백야의 발생 원인은 지구가 공전 궤도면에 대해 수직이 아니라 23.5도 기울어 자전하기 때문이다. 지구의 46억년 자전의 역사를 말할 때 23.5도라는 수치는 관건적이다. 왜냐하면 이 23.5도의 경사로 인해 지구상에 사계절이 반복되며, 이러한 기후변화에 의해 지구상의 생명이 비로소 발생하고 유지되기 때문이다.

앞서 말했듯이 백야는 보편적인 기상 현상이 아니고 특정 지역에 한한 것으로 인류는 일찍부터 그 현상 자체의 탐구와 더불어 백야가 갖는 인간의 사회생활과 활동, 생존과의 상관성을 해명하는 데 관심을 두었다. 특히 근대에 와서는 북유럽과 러시아를 비롯해 백야가 발생하는 지역에서 인간 생활에 미치는 백야의 영향에 관한 의학적 연구를 심화한 결과 심각한 영향관계를 발견하고 그 예방과 치유에 부심하고 있다. 스웨덴 현지에서 감지하다시피 그 연구는 아직 진행 중이며, 연구의 핵심은 백야와 자살 같은 심각한 사회문제의 상관성 구명이다. 지금까지의 연구 결과를 모아보면 다음과 같은 몇가지 상관성이 분명하게 드러난다.

첫째, 백야는 인간에게 수면장애를 야기함으로써 여러가지 사회문제를 낳는다. 본래 인간의 뇌는 밤에 어둠이 깔리면 잠을 자고 낮에 해가 비치면 깨어 있기를 기대한다. 그런데 밤중에 해가 떠 있으면 뇌는 깨어 있어야 하는지 자야 하는지를 결정하는 데 혼동을 일으킨다. 통상 뇌는 밝게 깨어 있는 쪽을 선택하는 경향이 있는데 일단 심야태양으로 인해 뇌의 기능에 혼동이 생기면 잠을 아예 자지 못하거나 충분히 자지 못함으로써 피로가 쌓여 활동을 제대로 할 수 없는 것은 명약관화한 일이다.

둘째, 백야는 과잉행동과 경조증(輕躁症, 약한 홍분이 지속되는 경미한 조증), 충동성 같은 비정상적이며 부적절한 행동을 초래한다. 미국

'과학일보'(Science Daily)의 보도에 따르면, 일광 노출이 증가하면 뇌에서 혈관의 수축을 촉진하는 물질인 세로토닌(serotonin)도 덩달아 증가하는데, 과도한 세로토닌 분비는 충동적인 행동을 유발하기가 일쑤다. 백야와 충동성 간의 이러한 상관성과 인과관계는 여름철 그린란드에서 충동적 자살이 늘어나는 것으로 실증된다. 그뿐 아니라 양극성장애 환자들은 심야태양이 뜨는 지역에서 경조증을 겪는 경우가 더 많다. 양극성장애란 기분장애의 일종으로 조울증이라고도 하는데, 활동적이고 자신감이 넘치는 조증 상태와 우울한 상태가 반복적으로 나타나는 증상을 보인다.

셋째, 백야 때문에 정상적인 하루 주기 리듬(circadian rhythm)이 방해를 받아 하루 동안 빛과 어둠에 반응하는 신체의 내부 순환 과정이 제대로 작동하지 못한다. 이렇게 되면 머리가 멍해지는 의식혼탁(mental fog)이나 두통, 소화불량 같은 문제가 발생한다.

넷째, 백야 기간을 포함해 전반적인 햇빛의 부족으로 여러가지 질병이 발생한다. 백야 기간에 일조 시간이 길다 해도 심야태양은 정상적인 태양이 발산하는 것에 비해 상당히 약한 햇빛을 발산하기 때문에 생물의 생존에 필수적인 비타민D를 생성시키지 못하기는 마찬가지다. 햇빛이 부족하면 생물은 여러가지 질병에 걸려 생존하기가 어려워진다. 사람의 경우 비타민D를 생성하지 못해 암, 골다공증, 뇌졸중 등의 각종 병에 걸리기 쉽다. 이것은 초보적 의학 상식이다.

이상의 네가지는 심야태양이 미치는 보편적 영향들이다. 그밖에 지역에 따라 하찮은 일에도 심하게 짜증을 낸다든가 하는 현상도 나타난다. 그만큼 백야는 인간의 생존과 활동과 밀접한 상관관계를 갖고 있다.

스웨덴 보건당국은 심야태양의 영향을 예방하는 대책으로 1) 일상에서 규칙적인 생활습관을 유지하고 2) 침실에 어두운 커튼을 쳐 빛을 차단하며 3) 몸을 이완하는 운동을 하고 4) 건강한 식단을 유지하고 5) 잠자리에 들기 전에 수면 마스크를 착용하는 등의 구체적인 수칙을 마련하고 그 준수를 적극 독려하고 있다. 그런가 하면 미 국방부도 백야 지역에 거주하는 자국민들에게 유사한 예방 수칙을 지키도록 유도하고 있다.

여기서 필자가 느닷없이 지금까지는 천체운동의 일환으로만 치부되어오던 백야 현상을 인간사회에 미치는 영향과 관련지어 고찰한 것은 이른바 생태혁명이 미래 사회와 문명의 주동력이 될 수밖에 없으며 뒤늦게나마 지금부터라도 그 상관성과 영향관계의 탐구에 응분의 관심을 돌려야 하기 때문이다. 지구온난화와 사막화 같은 천지지변이 야기할 괴멸적인 수난을 앞서서 걱정만 하지 말고 인류가 일심협력하여 예방책을 강구해야 할 것이다.

스웨덴의 자연지리적 환경문제에서 백야와 더불어 매해 골칫거리로 등장하는 재난은 봄철의 화재다. 중부 이남의 경우 봄철인 3월 말에서 5월 말경까지는 가장 건조한 시기로서 소규모 산불이 빈발한다. 더욱이 여름철에 이상기후로 기온이 올라갈 때면 습도가 30% 이하로 급감해 산불 발생 확률이 높아지고 대형 화마가 휩쓸곤 한다. 최근의 예로 2018년 7월, 폭염과 함께 찾아온 기록적인 가뭄과 산불로 인해 무려 9억 크로나(한화 약 1,200억 원)에 달하는 재해를 입었다.

이와 같이 지구 북극권에 자리하고 있는 스웨덴의 자연지리적 환경은 전반적으로 문명의 탄생과 발달에 유리한 조건만을 갖추고 있는 것은 아니다. 그럼에도 불구하고 스웨덴인들은 원시문명의 개척부터 오늘날 세계 일등급 복지국가의 건설에 이르기까지 유리한 환경은 유리한 대로 이용해 더 유리하도록 개선하고, 불리한 환경은 불리한 대로 적응하고 개조해 유리한 조건으로 전환시켜 그들 나름의 끈끈한 전통을 창조하고 꿋꿋하게 진로를 개척해나감으로써 타의 추종을 불허하는 세계적 수범을 세웠다.

스웨덴은 유럽에서 다섯번째로 큰 국토(450,295km², 세계 55위, 한반도의 약 2배)를 영유하고 있으며 남북 길이 1,574km, 동서 길이 499km의 가늘고 긴 지형으로 이루어졌다. 구성 면적의 비율로 보면 삼림지대가 50%, 경작지가 10%, 호수와 하천이 9%, 기타 초원지대와 평야 등이 31%를 차지한다. 이러한 자연지리적 환경을 감안해 전국을 5분의 3의 면적을 차지하는 북부 및 중부의 삼림지대, 약 96,000개의 호수 대부분이 집중되어 있는 중남부의 저지대, 남부 내륙의 척박한 산악지대, 남단의 비옥한 평야지대의 4개 지역으로 분류해 효과적으로 관리하고 있다. 이 4개 지역은 기후와 강수량이 서로 다르고, 각이한 동식물이 서식하며, 나라의 경제를 지탱하는 부존자원도 상이하다. 다양한 자연환경이 공존하는 것이다.

이 나라의 관문이면서 700여년의 유구한 역사를 가진 스톡홀름에 필자는 큰 기대와 흥미를 갖고 찾아왔다. 스톡홀름은 대륙에 면해 있는 바다 발트해와 13개의 크고 작은 섬으로 이루어진 해양도시다. 그리하여 '북방의 베네찌아'라는 별칭으로 불리기도 한다. 스톡홀름(Stockholm)은 통나무란 뜻의 'stock'과 섬이란 뜻의 'holm'의 합성어다. 이 도시 서쪽에 멜라렌(Mälaren)이라는 큰 호수가 있는데, 전설에 따르면 오래전에 이 호수의 상류에서 통나무를 띄워 보내 그것이 닿는 곳에 도시를 짓기로 결정했다. 통나무는 마침내 작은 섬의 기슭에

스톡홀름의 '오래된 도시' 감라스탄 전도

닿아 멈췄고 약속대로 그곳에 도시를 짓고 감라스탄(Gamla Stan)이라고 불렀다. 세월이 흘러 어느새 감라스탄은 스웨덴어로 오래된 도시라는 뜻으로 되어 오늘에 이르고 있다. 명실상부하게 감라스탄은 스톡홀름에서 가장 오래된 구역으로서 지금 그 이름은 오래된 건물들이 빼곡하고 좁디좁은 골목들이 뒤엉킨 구시가지에 남아 있다.

알란다 국제공항을 빠져나와 시원한 스톡홀름의 야음을 타고 한시간쯤 달려 도착한 곳은 구시가지에 자리한 인터 호스텔(Inter Hostel)이다. 여행정보에 의하면 구시가지 감라스탄섬은 시에서 역사가 가장 오랜 지역으로서 주요한 박물관과 명소 들이 몰려 있기 때문에 이곳에 거처를 예약했던 것이다. 호스텔이라서 그런지 자정의 야밤인데도 투숙객들로 붐빈다. 외관과는 달리 허름한 다층 건물에는 승강기

비좁고 허름한 인터 호스텔 내부

가 없다. 배정받은 방은 2층 40호실로, 약 1.5평 크기에 달랑 2인용 2층 나무침대뿐이다. 손바닥만 한 뙤창에 환기가 잘 안 되어 곰팡이 냄새가 코를 찌른다. 좁은 복도에서는 취객인지 투숙객인지 희희낙락 시끄러운 소리가 끊이지 않는다. 여러모로 뜻밖인데다가 안전도 걱정이 된다. 숙박비(1인 1박이 130크로나, 한화 약 17,500원)를 물고 당장 퇴실하겠다고 해도 법을 들먹이며 막무가내다. 할 수 없이 뜬눈으로 밤을 지새워야 했다. 번번이 세계에서 가장 살기 좋은 도시 가운데 하나로 뽑힌다는 이곳에서 이렇게 낙후하고 무질서한 숙소가 버젓이 영업을 하고 있다는 데 실로 경악을 금치 못했다.

17
바사호의 침몰, 허영과 과욕이 부른 인재

　최고의 사회복지를 자랑하는 스톡홀름에서의 첫 밤을 이렇게 스산하게 보내고 나니 남는 것은 사회구조적으로 그럴 수밖에 없는 유럽식 복지사회에 대한 짙은 회의뿐이다. 진정 그 민낯을 예상했었기에 망정이지 허탈하다면 허탈하고 수모라면 수모일 수밖에 없는 그 지긋지긋한 현장을 잠시 뇌리에서 접고 오로지 내일의 설계에 몰두했다. 음침한 새벽안개도 채 가시기 전에 묵지도 않은 이틀간의 숙박비를 곧이곧대로 지불하고 호스텔을 나섰다.

　다행히 인근에서 감라스탄 호텔(Hotel Gamla Stan)이라는 간판이 달린 호텔과 맞닥뜨렸다. 앞서 얘기했다시피 감라스탄은 자고로 스톡홀름 구시가지가 자리한 섬의 이름으로 여기가 바로 일행의 첫 답사 목적지였다. 유서 깊은 지명에서 이름을 딴 호텔이니 굉장히 으리으리하리라 짐작하고 처음엔 들어가보기를 망설였다. 그러나 갑자기 무주

방랑(無住放浪)의 신세가 된 처지에 무엇을 가리랴 하는 오기가 일면서 무턱대고 호텔 프런트와 마주했다. 숙박비 고하는 불문하고 체크인부터 간청했다.

이윽고 프런트에서 접수가 되었다는 답변을 받고 2층 206호 방이 배정되었다. 실로 뜻밖의 행운이었다. 방금 리모델링을 마친 터라서 고풍을 간직한 채 새롭게 단장한 5층 건물이다. 간밤을 뜬눈으로 지샌 바로 곁의 인터 호스텔과는 천양지차다. 모든 현대적 설비가 갖춰져 있고 1일 숙박비도 고작 870크로나(한화 약 118,000원)에 불과하다. 이렇게 상상조차 어려운 두 숙소 간의 엄청난 질적 격차는 도대체 이 복지국가의 어떠한 민낯을 대변하고 있는가 하는 의혹을 새삼 품은 채 프런트에서 구한 시내 지도 한장을 들고 홀가분한 기분으로 구시가지와 주변 일대의 관광에 나섰다.

스톡홀름을 찾는 관광객들이 대체로 맨 먼저 찾아가는 곳은 바사 박물관(Vasa Museet)이다. 이 박물관이야말로 이 나라 중세의 종합적 문화예술 수준과 스웨덴인들 생활의 실상, 특히 선진 해양사의 면모를 일견해 가늠할 수 있는 국보급 전함 바사호의 난파 유물이 숱하게 전시되어 있기 때문이다. 이 첫 목적지를 향해 우리 일행은 호숫가에 자리한 감라스탄 호텔에서 5분 거리에 있는 오래된 부두에서 동쪽으로 향발하는 페리에 서둘러 승선했다. 이른 아침인데도 배는 승객들로 만원이다. 며칠째 이어지는 청천백일에 하늘과 바다는 쪽빛 일색이다. 약 20분을 달려 유르에르덴(Djurgården)섬의 선착장에 도착했다. 하선하자 멀리 해안가에 다각형의 특이한 외형을 한 건물 한채가 시야에 들어온다. 가까이 가니 높은 지붕 위로 네개의 돛 모양이 튀어나온 건물이다. 돛 모양만으로도 이 건물이 난파선 유물을 전시하고 있는

바사박물관 외관

바사박물관이란 짐작이 갔다. 맨 앞의 큰 돛은 전함 바사호를, 다른
셋은 당시 함께 건조한 다른 3척의 범선을 상징한다. 동승한 100여명
의 관광객들은 서로가 뒤질세라 앞을 다퉈 입구를 향해 발걸음을 재
촉한다. 입장료는 1일 130크로나(한화 약 17,500원)로 현지 물가에 연동
되어 비싼 편이다.

　바사박물관은 17세기 중반까지 유럽이 도달한 최고 수준의 조선술
과 공예술을 집대성한 대형 전함 바사호의 난파 유물을 98%나 인양
해 보존, 전시하고 있는 세계 굴지의 박물관이다. 사실상 이 유물들은
르네상스가 막 끝난 17세기, 스웨덴을 포함한 중세 유럽문명을 이해
하는 데 중요한 의미를 지닌다. 예컨대, 유물 가운데서 유난히 각광을

받는 목각을 비롯한 각종 조각품은 그 기법이 출중하여 당대 조각예술의 백미라고 해도 과언이 아니다. 용도에 따라 전부를 두드러져 보이게 하는 입체적 환조와 한 부분만 두드러져 보이게 하는 반입체적 부조(浮彫), 재료의 면을 도려내 도안을 나타내는 투조(透彫) 같은 조각의 모든 기법을 구사하고 각양각색의 모자이크로 전함을 화려하고 생동감 넘치게 장식했다. 이것은 필자가 졸저의 제목을 고심 끝에 '문명의 모자이크 유럽……'이라고 개념화한 것이 결코 빗나가지 않았다는 자신감을 주어 자못 뿌듯했다. 이 한가지만으로도 불원천리 바사박물관을 찾아온 값어치가 충분하고도 남음이 있다고 자위했다.

바사호의 침몰과 관련해서는 아이러니하게도 이 배의 짧은 역사에 비해 너무나 긴 역사 연구가 진행 중에 있다. 인류문명사상 희유의 이 한토막 참사에 그 역사적 배경을 비롯해 발생 원인과 과정, 결과와 교훈 등에 세인의 관심이 쏠리지 않을 수 없었으며, 따라서 그에 관한 설왕설래도 연면부절하다. 이러한 사정을 감안해 이 절에서는 바사박물관의 전시 유물과 홍보물, 동서 학계의 관련 논문, 그리고 필자의 천견 등을 종합해 바사호와 관련된 전반적인 사항을 비교적 상세하게 밝혀보려고 한다.

우선 박물관부터 소개하면, 유르에르덴섬에 위치한 바사박물관은 원래는 해군의 조선소였던 터에 자리 잡고 있다. 박물관의 창문을 열어젖히면 바사호를 건조했던 부두와 거기로부터 수백 미터 떨어진 해상 난파 지점이 한눈에 들어온다. 1961년 마지막 유물을 인양하면서 서둘러 바사호를 건조했던 부두에 가건물로 임시박물관을 지었다. 그런데 불과 25년 만인 1986년에 관광객이 천만명을 넘게 되자 이듬해에 새로이 보다 큰 박물관을 짓기로 결정하고, 그 준비 차원에서 북유럽 건축공모전을 개최했다. 뜻밖에도 384개나 되는 건축회사들이 경쟁적으로 응모해 최종적으로 스웨덴 건축가 몬손(Göran Månsson)과 달베크(Marianne Dahlbäck)가 건축권을 따냈다. 4년간의 시공 끝에 드디어 1990년 6월 15일 지금의 박물관이 문을 열었다. 1961년 임시박물관의 개관일부터 2001년 말까지 40년간 박물관을 참관한 연인원은 무려 2천만명에 달하여 애초부터 누려온 박물관의 높은 인기를 말해준다.

바사박물관은 입지 조건과 시설 면에서 최상의 편리를 제공하고 있다. 구시가지에서 박물관까지 걸어서 가면 약 20분, 자전거로는 10분가량이 걸리며, 수시로 오가는 전차와 버스, 페리로도 박물관에 닿을 수 있다. 박물관 내부는 명칭 그대로 전함 바사호 유물이 중심에 자리하고 있지만 언저리에는 당대에 건조한 다른 3척의 침몰 범선의 잔해도 띄엄띄엄 전시되어 있다. 그뿐 아니라 바사호를 비롯한 여러 선박과 해양사에 관한 전시회도 수시로 열린다. 일종의 개방된 해양사 학습장인 셈이다.

구내에는 아담한 가게와 식당 등 편의시설도 빠짐없이 갖춰져 있다. 이곳의 유명한 먹거리인 페이스트리는 생각만 해도 입에 군침이 돈다. 참관하면서 다양한 언어로 운영되는 음성 안내를 이용할 수 있다. 꼬마둥이들의 함박웃음이 터지는 곳에 가보니 어린이 영화「아기 돼지 바사」(The Vasa Piglet)가 한창 상영 중이다. 박물관 안에서의 사진과 비디오 촬영은 개인용으로만 허용된다. 홍보책자에는 관내 온도를 약간 쌀쌀함을 느낄 정도인 18~20도로 유지해야 하므로 관람객은 여분의 점퍼나 스웨터 같은 덧옷을 챙겨오라는 친절한 당부까지 잊지 않고 있다.

일단 관내에 들어서면 거의 원상대로 복원된 장대한 바사호가 앞을 막아선다. 이 해양사상 희유의 '괴물'과 맞닥뜨린 순간 떠오르는 궁금증은 중세 해양강국 스웨덴은 어떠한 역사적 배경 속에서 이토록 웅장하고 화려한 대전함을 건조하게 되었는가 하는 것이다.

　북유럽 스칸디나비아반도에 자리한 스웨덴은 17세기에 이르기까지 인접국 핀란드 등을 포함한 광대한 영토를 소유하고 있었지만 인구는 겨우 150만명 정도밖에 되지 않았다. 그러다가 바사(Vasa) 왕국을 세우고 당시 '북방의 사자왕'이라 불리며 맹위를 떨친 제6대 국왕 구스타브 2세(Gustav II)가 등극하면서 전성기를 맞는다. 그는 무력으로 발트해의 제해권을 장악하고 독일과의 전쟁에서도 승리하면서 승승장구 위력을 과시했다. 이제 남은 과제는 해전으로 강대한 폴란드를 제압하는 것이었다. 그러자면 아직껏 미급한 해군력을 일층 강화하는 길밖에 없었다. 이에 야심만만한 국왕 구스타브 2세는 폴란드를 제압하는 것은 물론 발트해의 제해권을 확고히 다지고 자국의 해양력과 '북방의 사자왕'으로서 자신의 위세를 만방에 과시하기 위해, 또한 독일을 비롯한 인접국들과의 30년전쟁에 대비하기 위해 강력한 해군 건설과 압도적 전함의 건조를 당면한 거국적 과제로 제시하고 서둘러 그 추진에 나섰던 것이다.

　1625년 정초에 왕은 대형 전함과 소형 전함 각 2척을 건조하도록 어명을 내렸다. 그중 가장 큰 전함이 바로 어함(御艦)이라고 불린 바사호였다. 왕은 1625년 1월 16일 스톡홀름 조선소의 선박 기술자로 일하고 있던 네덜란드 출신 헨드릭 휘버르첸(Hendrik Hubertsen, Henrik Hybertsson)과 직접 바사호 건조 계약을 맺고 이 조선소를 그가 맡아 운영하도록 했다. 이어 즉시 전함 건조용 목재로 쓸 튼튼한 상수리나무

세계 어선(御船)의 월계관이라고 불린 전함 바사호의 전모

수천그루를 채벌하도록 했다. 이듬해인 1626년 봄에는 해군 조선소에서 시공을 선포하고 400명의 인부를 동원해 동제포(銅製炮) 주물을 시작했다. 그 이듬해(1627)에 조선 총책 휘버르첸이 불의에 사망하자 그의 조수인 헤인 야콥손(Henrik Hein Jacobsson)이 고인의 뒤를 이어 사

업을 마무리하게 된다.

스웨덴의 국보이자 세계 어선(御船)의 월계관이라고 불린 전함 바사호는 이렇게 구상으로부터(1625.1.16.) 약 3년 반, 시공으로부터는 약 2년 반(1626년 봄~1628.8.10.)이란 짧은 기간 내에 그 웅장하고 화려한 자태를 세상에 드러냈다. 가히 기적이라 할 만한 대역사였다. 화려한 대형 전함 바사호를 건조하는 데 소모된 경비는 총 4만여 달러로 국가 재정에서 막대한 비중을 차지했다. 한편, 바사호라는 함명(艦名)은 애초에 선상에 문자 기록은 없으며, 후대에 상징성을 띠는 유물로 스웨덴 바사 왕가의 문장인 보리(스웨덴어로 바사vasa) 이삭 세묶음의 조각상이 발견되어 바사호라고 부르게 된 것이다.

바사호 건조는 스웨덴에는 자랑이요 보람이었지만 대치 상태에 있던 여러 인접국에는 공포와 시기의 대상이 되지 않을 수 없었다. 그리하여 이들 나라는 백방으로 이 미증유의 대형 전함에 관한 정보 수집에 혈안이 되었다. 특히 16세기 초까지 한세기 이상 유지되던 동군연합체(同君聯合體, 덴마크 국왕을 유일 군주로 하는 덴마크·노르웨이·스웨덴 3국의 연합체)인 칼마르(Kalmar)동맹이 스웨덴의 이탈로 붕괴된 데 앙심을 품어오던 덴마크는 바사호 건조에 우려와 불안을 느껴 시종 그 건조 과정에 관한 정보를 수집하는 데 열을 올렸다. 그 결과 어떤 문헌에서도 찾지 못한 전함의 제원(諸元)에 관한 기록이 스웨덴 주재 덴마크 대사가 이 전함의 출항과 때를 같이해 본국에 보낸 긴급 서한에서 발견되어 지금까지 전함의 제원에 관한 유일무이한 전거가 되고 있다.

드디어 1628년 8월 10일, 구시가지 중심에 위치한 왕궁의 선착장에 들러 마지막으로 밸러스트(ballast, 배의 균형을 유지하기 위해 바닥에 싣는

돌이나 물)와 탄약 및 화포를 장착하고 만반의 준비를 마친 바사호는 오후 4시경 선원 145명을 태우고 출항의 닻을 올렸다. 마침 일요일이어서 출항지에 몰려든 수천명의 열광적인 환송 인파 속에는 국왕이 자국의 위상을 선전하기 위해 초대한 각국 대사들도 끼어 있었다. 원래 계획은 첫 기항지에서 군인 300여명을 태울 예정이었다.

화창한 날씨 속에 바사호는 훗훗한 서남풍을 타고 닻을 끌어올리는 힘의 반동으로 수백 미터를 미끄러지듯 서서히 항진했다. 전함이 다타인파다(Datainpada, 현 슬루센Slussen)에 이르자 함장 쇠프링 한손(Söfring Hansson)은 선원들에게 "전범(前帆, 앞돛), 전정범(前頂帆, 가장 큰 앞돛), 주정범(主頂帆, 가장 주요한 돛), 후범(後帆, 뒷돛) 올려!"라고 명령한다. 선원들은 잽싸게 줄을 타고 올라가 10장의 돛 중 4장을 펼친다. 때를 맞춰 함상의 화포가 출항을 알리기 위해 일제히 포문을 연다. 정식으로 심해 항진을 시작한다는 신호다.

그런데 전함이 1,300m쯤 항진해 테그르만(현 쇠데르말름Södermalm)을 막 지나려고 할 때 갑자기 돌풍이 일어나 전함을 덮쳤다. 기우뚱거리기 시작한 배는 베크섬에 이르러서는 크게 요동치면서 우측으로 기울어졌다. 화포구로 바닷물이 밀려들었다. 순식간에 돛대와 깃발을 비롯한 함상의 모든 것이 검푸른 바닷속으로 가라앉으며 형체를 감추고 말았다. 이렇게 수년 동안 공들여 만들어낸 화려함의 극치인 대형 전함은 고작 30분간 1,300m의 첫 항해에서 수명을 다하고 수장되고 만 것이다.

바닷물이 화포구로 밀려들어와 배가 서서히 가라앉을 때 화포 점검을 위해 배에 남아 있던 부함장 에리크 옌손(Erik Jönsson)이 그 비참한 광경을 지켜보면서 남긴 수기에는 "나는 물이 차오르는 속에서 흔들리는 계단을 통해 구사일생으로 갑판까지 기어나와 겨우 살아남을 수 있었다"라는 기록이 남아 있다. 당시 남긴 여러 보고서에 따르면 많은 사람이 선원들을 구출하기 위해 사고 현장으로 달려갔으나 속수무책이었다고 한다. 결국 50명가량의 선원들이 바사호와 비운을 같이했다.

당시 프로이센에 머물고 있던 구스타브 2세는 사고 발생 2주 후에야 이 재난의 소식을 들었다. 대로한 국왕은 스톡홀름의 국왕 직속 군기무처에 긴급 조서를 보내 바사호 재난의 원인은 경솔과 태만에 있을 터이니 죄를 엄히 다스리도록 명했다. 이미 사고 발생 후 반나절이 지났을 때부터 궁에서는 생존 선원들에 대한 가혹한 심문이 진행되었고 덴마크 출신 함장 쇠프링 한손은 사고 발생 즉시 체포되어 한창 심문을 받고 있었다. 심문관은 함장에게 사고 당시 승무원들이 술에 취해 있지 않는가, 화포를 제대로 고정해놓았는가 등의 질문을 이어갔다.

이에 함장은 단호한 어조로 "만약 화포가 제대로 고정되지 않았었다면 나를 극형에 처해달라"라고 응수한 다음 "전능하신 하느님, 맹세하나니 함상에 취한 사람은 없었습니다!"라고 선언한다. 계속해서 그는 자신의 결백을 암시하듯, 다들 돌풍에 배가 뒤집혔다고 하는데, 사실은 밸러스트를 죄다 실었는데도 불구하고 배는 여전히 비정상적으로 흔들렸다고 증언했다. 이렇게 함장은 은연중에 배의 침몰 책임을 함선의 설계자나 조선 책임자에게 돌리고자 했다. 당시 군기무처가 누구를 어떻게 조사했는지 구체적으로는 알 길이 없으나, 결과적으로 한 사람도 단죄된 바 없으며 벌받은 사람도 없었다.

지금으로부터 393년 전인 1628년에 침몰해 333년간 바다 밑에 잠겨 있다가 1961년 유물로 그 윤곽이 드러난 이래 오늘날까지 60년 동안 바사호 침몰 사건에 관한 연구는 계속되고 있다. 그중 고고학 연구가 가장 많은 비중을 차지하는데, 전문 연구서만도 100여권에 달한다. 이 사건은 관광객과 조선 기술자들의 큰 관심을 끈 나머지 '바사호 신드롬'이란 말이 만들어지기까지 했다. 그뿐 아니라 많은 작가들이 작품의 소재로 이용하고, 경영학에서는 성공적인 업무계획을 짜는 데 유효한 사례로 인용하며, 실패의 전철을 되풀이하지 않도록 공학에서도 원용하고 있다. 바사호의 벽 장식과 무늬는 회화 기법 등 예술작품 창작에도 감각과 아이디어를 제공해준다.

또한 정부 차원에서 이 전함의 역사와 복원에 관한 다큐멘터리를 제작하여 박물관 내에서 방영하고 홍보용으로 세계 16개 언어로 번역, 배포하고 있다. 어린이용 교양서도 3종이나 개발해 국내외 교육기관에 보급했으며 이밖에도 배에 관련된 여러가지 상품과 축소 모형도 개발했다. 그 좋은 예가 1991년 일본 토오꾜오에 세워진 308톤급 모형선이다. 역사상 가장 화려하고 완벽하다고 자랑하던 '어함'은 비록 출항 30분 만에 아무런 항적(航跡)도 남기지 못한 채 인간의 과욕과 무지로 인해 침몰했지만 후세인들은 그 교훈을 살려 오늘도 탐구를 이어가고 있는 것이다.

물론 당시의 조사로 인해 사건의 실상은 거지반 드러났지만 아직도 몇가지는 미스터리로 남아 있다. 그 가운데서도 가장 설왕설래 논쟁거리가 되는 것은 배의 침몰 원인이다. 전술한 바와 같이 당초 국왕 구스타브는 그 원인을 함장을 비롯한 선원들의 경솔과 태만으로 판단하고 가혹한 심문을 통해 그들을 단죄하려고 했다. 그러나 피고인들의 한결같은 항변은 이러한 시도를 무위로 만들었다. 심문관이 끈질기게 추궁하자 어떤 피고인은 "오직 신만이 아신다"라는 옹골찬 대답으로 말문을 막아버렸다. 배의 설계를 맡았던 휘버르첸은 이미 사망했으며, 바사호는 시종 국왕이 손수 수정한 설계에 따라 그대로 건조되었으므로 하늘같이 떠받드는 왕을 추궁할 수는 없는 노릇이었다. 그러다보니 아무도 처벌받지 않은 채 사람들은 배가 '느닷없이' 가라앉은 것은 '신이 한 일', 나아가 '신의 응징'이라 여기고 순응할 수밖에 없었다.

그러나 우주만사는 사필귀정이라지 않는가. 꼼수는 잠시의 속임수일 뿐, 결국 침선 원인은 천재가 아니라 인재, 그것도 함장이나 선원들이 아닌, 주재자들의 만용과 고압적 우격다짐에서 비롯된 인재라는 것이 만천하에 명약관화하게 밝혀지기 시작했다. 그 주재자는 구체적으로 국왕을 필두로 한 군기무대신과 조선 책임자였다.

바사호를 건조할 당시인 17세기에는 선박의 설계 요구사항과 선체 수치는 오로지 조선 책임자의 좁은 머릿속에만 의존했다. 과학적 이론이나 지식이 아직 발달하지 못했기 때문에 선박의 무게중심이나 길이, 너비 같은 설계 요소와 안전 관련 사항 등을 조선 책임자가 주관적 경험과 한정된 지식에 의존해 판단하고 결정할 수밖에 없었던 것이다. 바사호는 3개 갑판과 밸러스트를 싣는 선저(船底) 부분으로 구성되었는데 밸러스트의 무게가 120톤쯤 되어서 뱃머리 부분의 엄청난 무게를 감당하기에 역부족이었다. 게다가 원래 바사호는 한개의 포열갑판(炮列甲板)만을 설치하도록 설계되었는데, 그것이 국왕의 일방적 요구에 의해 배로 늘어났다. 따라서 강하지 않은 바람에도 선체가 안정성을 잃기 쉬웠던 것이다. 갓 출항한 바사호가 베크섬에 이르러 맞은 돌풍에 좌우로 크게 기우뚱거리다가 결국 우측으로 기울어지고 만 원인이 바로 여기에 있었다. 이 배경을 좀더 상세히 살펴보자.

다년간 전화(戰火)에 휩싸이는 난관 속에서도 그 나름대로 승승장구하는 정세에 도취된 국왕 구스타브 2세는 '왕국의 복지는 첫째로 하느님에 의해서, 둘째로 해군에 의해서만 실현된다'는 철석같은 신념으로 객관적 여건의 변화는 아랑곳하지 않은 채 고집스레 바사호 같은 화려한 대형 전함의 건조와 해군력 강화에만 급급했다. 그리하여 1625년 단 한번의 폭풍에 배 10척을 날려보낸 참사를 겪고도 굽히지 않고 바사호를 비롯한 대소형 전함 4척을 동시에 건조하도록 조처하고 해군 대장 클라스 플레밍에게 특별 서한을 보내 바사호의 건조를 다그치도록 명령까지 내렸다.

이에 앞서 국왕은 1620년대 초 해군력 강화를 국정의 최우선 과제로 제시하면서 해군의 4대 사명을 이렇게 밝혔다. 1) 스웨덴을 보위하며 외부로부터의 모욕에 제재를 가한다. 2)발트해 대안(對岸)에 대한 군대와 물자의 수송을 보장한다. 3) 폴란드 경내의 요충지를 비롯한 출입 항구를 봉쇄하며 스웨덴의 조세수입을 증대한다. 4) 적국의 주요 항구를 봉쇄하고 적선의 출로를 차단하며 출항을 시도하는 적선은 즉시 격침한다. 해군이 이러한 사명을 수행하자면 무엇보다 중요한 것은 월등한 조선술과 전함이었다. 그리하여 국왕은 초기부터 전함, 특히 바사호 건조에 지대한 관심을 기울이고 그 진행 상황을 수시로 점검하며 구체적 개선 방안까지 제시하곤 했다. 문제는 이러한 관심과 점검, 개선 방안이 현실과 동떨어진 실현 불가한 것이어서 실효성이 없었다는 점이다.

국왕이 해군 대장 플레밍에게 보낸 서한에서 건조 중인 바사호의 용골(이물에서 고물에 걸쳐 선체를 받치는 목재) 길이를 36.5m로 변경하라는 명령이 그 일례다. 그러나 조선 책임자 휘버르첸은 왕이 제시한 치수대로 배를 건조하면 문제가 생긴다는 것을 뻔히 예측하면서도 그대로 받아들였다. 1626년 2월 22일, 왕은 휘버르첸에게 재차 서한을 보내 새로이 보다 긴 치수를 제시하면서 급조를 지시한다. 조선 책임자는 왕의 하명을 좇지 않을 수 없어 울며 겨자 먹기로 용골 길이를 41m로 연장하여 배를 만들기 시작한다. 내키지 않는 일에 고심하던 휘버르첸이 1627년 바사호 준공 1년을 앞두고 신병으로 세상을 뜨자 그와 함께 일해온 네덜란드 출신 헤인 야콥손이 그의 뒤를 이어 바사호는 이듬해에 가까스로 완공을 보았다.

배가 완성되자 해군 대장 플레밍은 배의 안정성을 시험하도록 명했다. 표준 안정성 시험은 배의 경사도를 측정하기 위해 30명의 선원들이 갑판 한쪽 끝에서 반대편 끝까지 동시에 달리는 방법을 채택했다. 정석이라면 이러한 시험을 최소한 세번 거쳐야 했다. 그런데 첫 시험을 실시하던 중에 배가 심하게 흔들리자 이를 불문에 붙이고 나머지 시험은 슬그머니 포기하고 말았다. 훗날 플레밍은 "만일 당시에 시험을 계속했더라면 배는 전복되고 말았을 것이다"라고 냉소적으로 회고하기도 했다.

더 놀라운 것은 헤인 야콥손 등 조선 책임자 두명은 시험 현장에 얼굴도 내밀지 않았다는 사실인데 그 이유는 아직 수수께끼로 남아 있다. 그밖에도 노련한 갑판장 마트손이 출항 전 배의 안정성에 대해 우려를 나타냈으나, 시험을 주도한 플레밍은 조선 책임자들은 많은 배를 만들어본 경험자들이라며 그의 우려를 일축했다. 이와 같이 희대의 바사호 침몰은 인재에 의해 이미 예정된 불가피한 참사로 중세를 풍미한 소위 서양 '해양강국들'의 허술하고 오만방자한 조선술과 항해술의 허점과 부실, 그 민낯을 샅샅이 보여주고 있다. 이를 좀더 상세히 살펴보자.

바사호는 함장을 포함해 선원 145명과 군인 300명이 승선할 수 있도록 설계된 당대 가장 강력한 전함 중의 하나였다. 세계 해전사를 돌이켜보면 유럽에서는 1500년대 초에 이르러서야 대포를 설치한 전함을 건조하기 시작했다. 그러나 대포가 실제로 해전에서 결정적 역할을 하기까지는 수십년이 더 걸렸다.

조선술과 포 제작술의 발전에 따라 이 시대의 해전 방식은 근접전과 함대전의 두가지로 대별할 수 있다. 근접전은 적함을 마주쳤을 때 가까이 접근해 대포를 발사하면서 최종적으로 적함에 승선해 싸움을 마무리 짓는 전투 방식이다. 이에 비해 17세기부터 벌어진 함대전은 접근을 피하고 포격으로 승패를 가르는 전투 방식이다. 스웨덴이 자랑하던 전투 방식은 근접전과 함대전 모두에 적용할 수 있는 전함을 이용한 새롭고 창의적인 방식이었다. 따라서 바사호는 막강한 화력을 갖춘 대포를 장착했을 뿐 아니라 근접전에 용이하도록 선미부를 높임으로써 한층 높은 곳에서 적군의 활동을 감시할 수 있도록 했다.

그런데 원래의 설계와 달리 함선 양측에 크게 부풀린 구조물을 설치했던 것이다. 예컨대 대포 수를 32문에서 그 2배인 64문으로 늘리고 설계에 없던 6문의 박격포를 추가했으며, 그에 상응하여 구경도 140mm로 확대하고 상하 2열로 배치했다. 포의 무게도 평균 12파운드에서 24파운드로 배가했다. 당시까지는 대포의 1열 배치가 일반적이어서 2열 배치는 배의 구조상 생소했을 뿐 아니라 그 안정성과 효능에 관해 의문과 우려가 적잖았다. 한마디로 이는 무모한 허영과 과욕의 발로였다. 그러한 의문과 우려는 적중하여, 2열 포 배치는 선박의 무게중심을 유지하는 데 잠재적 방해 요인이 되고 말았다. 즉 상층 갑판에 2열로 장착된 육중한 대포들이 선박의 안정성을 크게 떨어뜨렸던 것이다. 적선 공격을 용이하게 할 목적으로 선미부를 높인 것 역시 안정성을 감소시켰다. 또한 최하단 갑판에 설치된 포문을 수면에서 불과 1.2m 높이에 자리하도록 한 것은 침수의 위험에 노출시킨 것이며, 포문에 대한 방수 조치도 제대로 이루어지지 않았다.

차제에 한가지 특기할 사항은 이상과 같은 중세 해양사, 특히 해전 방식과 조선술에서 한반도의 해양강국 고려가 누렸던 선진성에 비하면 유럽은 한참 뒤떨어졌었다는 사실(史實)이다. 고려는 발달된 우리식 조선술과 항해술을 개발해 선진 해양국의 위상을 만방에 떨쳤다. 1274년 고려-몽골 연합군의 제1차 일본원정 때 하까따(博多) 해안에서 벌어진 해전에 관해 원나라측 정사인 『원사(元史)』는 "원나라 전함은 모두 돌풍에 깨졌으나 고려 전함만은 대부분 무사했다"라고 고려 전함의 견고성을 전한다. 이 해전에 투입된 고려군 대선 한척의 길이는 약 30m로 90명이 탈 수 있었으며, 적재량은 쌀 3천석을 거뜬히 실을 수 있는 250톤가량이나 되었다. 240여년 후에 마젤란이 세계를 일주할 때 끌고 간 5척 배 가운데서 가장 큰 배라야 130톤밖에 안 되었다고 하니 그 우열은 자명하다. 이 원정을 위해 고려는 '배 위에서 말을 달릴 만하다'는 대선 300척을 포함해 모두 900척의 선박을 불과 4개월 만에 건조했다고 하니 그 출중한 조선술을 가히 짐작할 수 있다.

이러한 수준 높은 조선술로 건조된 배에 최신식 무기까지 장착했으니 고려 전함은 그야말로 무적함대였다. 그 모습을 보거나 소리만 들어도 공포에 질려 항복하고야 만다는 주화(走火, 날아가는 불)는 화약을 태워 생기는 추진력으로 날아가는 일종의 로켓식 무기로서 사정

거리가 보통 화살의 2배가 넘었다. 원래 화약은 중국이 발명해 그 제조법을 줄곧 비밀에 부쳐왔다. 그러나 고려의 최무선(崔茂宣)이 20여 년의 노력 끝에 1373년경에 드디어 화약을 개발했고 화포인 주화를 배에 설치하는 데 성공한 것이다. 이렇게 화포를 배에 설치한 것은 고려가 세계에서 처음이다. 앞에서 보다시피 유럽은 고려보다 100년 뒤에야 가까스로 포를 전함에 장착해 해전에 임할 수 있었다. 고려 배는 그 종류가 다양할 뿐 아니라 바닥이 평평하다든가, 배의 앞뒤 형태가 유선형이라든가, 난간에 방패와 창을 단다든가 하는 등 우리식 건조 방식을 구사해 위력을 배가시켰다.

각설하고, 거대한 바사호가 침몰하게 된 원인에 관해 한두가지를 더 보충하면, 조각상을 비롯한 장식물의 과적과 밸러스트 부족이다. 당시 함선을 화려하게 장식하는 것은 일종의 관행이었다. 바사호의 경우 문제는 이 관행이 도를 넘어서 항해의 기동성과 안정성에 영향을 미칠 정도로 무거운 장식물을 부착했다는 것으로, 이는 침몰을 자초하는 원인이 되었다. 원래 조각상은 권위와 지혜, 군주의 용기 등을 나타내는 상징적인 목적 외에 적을 조롱하거나 위협하는 심리적 효과를 노리려는 목적을 갖고 있다. 예인된 바사호의 숱한 잔존 유물에서 보다시피 이 전함의 장식물 태반은 금박으로 치장하고 최고가의 목재를 사용했으며 최상의 정밀도를 자랑했다. 따라서 이 장식물들의 조성에는 어마어마한 재정과 시간이 소모되었을 것이다. 조각상 중 규모가 큰 것은 길이가 무려 3m에 달하며 이런 것이 수두룩하다. 그 밖에도 근 500기에 달하는 각양각색의 조각상들이 주로 선체의 높은 곳이나 맨 위층, 혹은 뱃머리 부분에 집중 배치되었다. 이러한 배치가 선체의 안정성에 영향을 줄 것이라는 점은 불 보듯 뻔하다.

또 하나의 침몰 원인이 배의 균형성과 안정성을 담보하는 밸러스트를 적정량을 무시하고 모자라게 적재한 것이다. 원래 설계에는 무게 400톤 정도의 밸러스트를 배 바닥에 싣도록 했으나, 국왕의 자의적인 명령에 의해 선박의 제원이 몇차례 바뀌는 바람에 선체의 폭이 좁아져 밸러스트를 실을 바닥 공간이 줄어들었다. 그리하여 미달되는 양의 밸러스트를 눈 가리고 아웅 식으로 적재할 수밖에 없었다. 급기야 배는 약풍에도 균형과 안정을 잃고 기우뚱거리다가 쓰러지고 말았다. 이렇게 바사호의 침몰은 국왕의 독단과 조선 책임자들의 맹종이 부른 명명백백한 인재였다.

18

바사호, 중세 스웨덴의 화려한 행궁

전함 바사호는 1961년 4월 24일 침몰 333년 만에 해면으로 인양되어 그 전모를 드러냈다. 그러기까지 여러차례의 유인 시도가 있었으며 숱한 실패를 거듭했다. 거의 베일에 싸여 있던 선박의 실체에 관해서도 인양 후 유물들을 하나하나 정리, 복원하는 과정에서 당대 해양강국의 면모를 증명하는 최강의 전함이었음을 뿐 아니라 가장 선진적인 조선술과 장식술을 총동원해 건조한 어함이라는 사실이 드러났다. 바사호는 전함이자 군주의 행차를 대비해 지은, 행궁(行宮)을 방불케 하는 희대의 구조물이었다. 이러한 선박의 침몰은 스웨덴은 말할 것 없이 인접국들에도 큰 관심사가 아닐 수 없었다.

사실 유물이나 기록으로 남아 있는 해난사(海難史)에서 그 규모라든가 화려함, 관련 연구와 영향 면에서 가장 큰 주목을 받은 침선(沈船) 사건은 이 바사호와 1912년에 발생해 무려 1,500여명의 무고한 생명을 수장시킨 호화 여객선 타이태닉(Titanic)호 사건을 꼽을 수 있다. 두 함선은 침몰부터 인양으로 그 실체가 밝혀지기까지 바사호는 333년, 타이타닉호는 100여년이란 긴 시간이 걸렸고 그사이 실패를 거듭하며 여러 단계의 간고한 과정을 거쳐야 했다. 이제 구체적으로 바사호의 인양 과정과 그 결과로 드러난 '떠다니는 행궁'의 실체를 살펴보기로 하자.

바사호의 유인 시도는 침몰 직후부터 있었다. 함장 쇠프링 한손이 문책으로 궁 법정에서 수감되자마자 배의 '구원자'를 자처하는 일군의 호사가들이 사고 현장에 몰려들었다. 그들 가운데서 선참으로 도착한 영국인 이언 불머(Ian Bulmer)가 3일 만에 단독 인양 작업 허가증을 받았다. 그렇지만 스웨덴 해군 기무처에서는 불머가 계약대로 배를 완전히 인양하기 전까지는 약속한 돈을 일전 한푼 지급할 수 없다고 선포한다. 이에 지레 겁을 먹은 불머는 무단으로 중도에 인양 작업을 포기한다. 그러자 출항 전 안정성 시험을 무리하게 중단시켜버린 해군 대장 클라스 플레밍이 선박과 함께 선상에 장착된 귀중한 화포들을 인양할 책임을 맡게 된다. 그는 '수중 보행자(水中步行者, 즉 잠수부)'라고 회자되는 '긴 다리' 한스 올로프손(Hans Olofsson)을 기용해 인양을 시도했으나 그 역시 1년 반 동안 헛수고만 했다. 사태가 이렇게 되자 플레밍은 왕에게 표문을 올려 "이 일은 우리 예상을 뛰어넘는 복잡하고 어려운 일입니다"라고 고백한 뒤 인양을 아예 포기하고 만다. 그러나 다른 사람들은 여전히 귀중한 64문의 화포에 군침을 흘리며 호시탐탐 인양 기회를 노리고 있었다. 해난 후 10년간 국내외의 많은 탐험가들과 발명가들, 보물 사냥꾼들이 일확천금의 꿈에 부풀어 스톡홀름 현장으로 모여들었다. 그들은 대형 갈고리나 닻을 이용해

잠수종을 이용한 침몰선의 인양
작업

선체를 고정하고 힘으로 움직여보려 했으나 어떤 시도도 역부족이었다. 이렇게 약 30여년간 갖은 인양 노력이 아무런 성과 없이 무위로 끝났다. 그런데 모두가 절망과 실의에 빠져 손을 놓고 있을 무렵 한가닥 희망의 빛줄기가 비쳤다.

그것은 잠수종(潛水鐘)의 도입이었다. 그때까지 바사호 인양이 실패한 주원인은 깊이 수십 미터의 바닷속에서 잠수부들이 산소 부족으로 몇분 이상 작업을 할 수 없기 때문이었다. 1660년대에 이르러 선박 인양에 풍부한 경험을 가진 스웨덴의 알브렉트 폰 트레일레벤(Albrekt von Treileben)과 독일인 안드레아스 페켈(Andreas Peckell)이 이 난제의 해결책을 모색하다가 잠수종이라는 기구를 이용하는 방식을 고안해냈다. 무거운 납덩어리가 달린 컵 모양의 기구를 거꾸로 수중에 띄워놓고 그 안에 서서 해수에 밀려 컵 안으로 몰린 산소를 수시로 공급받으면 심해에서도 오래 작업을 지속할 수 있었다. 이 기구와 침몰된 화포를 밧줄로 단단히 이은 상태에서 무게가 1톤이나 되는 화포를 포대에서 하나씩 해체해 해면으로 올려보내는 것이다. 고도의 인내와 주의가 필요한 작업이었다. 이렇게 해서 1664~65년 2년 사이에 50여 문의 화포를 건져냈다.

이탈리아 신부 프란체스꼬 니꼴라이는 1663년 스톡홀름을 단기 방문하고 돌아와 바사호 인양 작업의 생생한 현장 보고를 남겨놓았다. 그가 쓴 일기에 의하면, 잠수부들은 가죽옷을 입고 가죽신발을 신고 잠수종에 매달린 납덩어리 위에 서 있었다. 그가 "물밑에서 얼마 동안이나 버티는가" 물으니 잠수부는 "반시간쯤"이라고 대답했다. 때는 10월 말, 15분 후에 그 잠수부가 탄 잠수종이 수면 위에 다시 나타났는데, 현지 태생의 건장한 남자인데도 추워서 벌벌 떨고 있었다. 니꼴라이 신부가 자신도 한번 잠수종을 시험해보려고 하자 그는 "물이 차가워 병에 걸리기 쉬우니 절대 안 됩니다"라고 딱 잘라 말했다. 이 '물속을 걷는 사람들' 모두는 전국 각지에서 모인 이 나라의 진정한 영웅호걸들로서 그들의 위훈은 청사에 길이 빛날 것이다. 이 감명 깊은 송사(頌辭)는 바사박물관의 인양 작업 홍보책자에 실려 있다.

이렇게 바사호는 침몰 후 40년 만에 선상에 장착했던 화포의 대부분을 인양하는 데 성공했다. 그러나 아직 선체의 인양에 관해서는 소수의 고고학자, 해양학자를 제외하고는 거의 관심 밖이었고 아무도 엄두를 내지 못하고 있었다. 그러다가 2차대전 후 수중고고학이 발달함에 따라 침몰 후 약 300년이 지나서야 비로소 인양 작업이 사람들의 관심에 오르기 시작했다. 그러고도 얼마간 지난 1956년 9월 13일자 석간신문 속보에 다음과 같은 기사가 실렸다. "오래된 배 한척이 스톡홀름 중부 베크섬 부근 수중에서 발견되었는데, 이 배는 1628년 첫 항해에 나섰다가 침몰한 전함 바사호일 가능성이 있다. 이 배는 한 민간 인사가 5년의 시간을 들여 찾아낸 것이다."

비록 짧은 글이지만 관련 사건은 자못 중대한 것이었다. 이 '민간 인사'는 38세의 해양 엔지니어 안데르스 프란센(Anders Franzen)으로, 그는 20세기 스웨덴이 낳은 뛰어난 해양사학자이자 실종 함정 전문 연구자로서 얼마 안 되는 사료를 수집하고 몸소 배를 타고 바다에 나가 선체 잔해를 인양하기도 했다. 그는 발트해의 해수 특성을 연구하다가 이곳 염수(鹽水)에는 나무를 먹는 벌레가 없다는 사실을 발견했다. 이 때문에 발트해에 침몰한 목조 선박은 물속에 잠겨 있어도 썩지 않고 오랫동안 그대로 보존될 수 있다는 사실을 알아냈다. 이것은 그가 바사호 인양에 착안하게 된 관건적 단서였다.

프란센은 자신이 바사호에 관심을 갖게 된 계기는 구스타브 2세 연구의 권위자 닐스 안룬드(Nils Ahnlund)의 저서를 섭렵하면서부터라고 밝혔다. 그렇지만 안룬드의 저서를 포함해 17세기 자료 중에는 침선의 위치에 관해 각이한 설들이 난무할 뿐 정설이라고 할 만한 것은 없었다. 안룬드 자신도 바사호의 침몰 지점이 어디인지는 정확히 알지 못했다. 프란센은 갈고리 닻 같은 탐지 수단이나 지도와 각종 문헌 기록에 의거해 정확한 침몰 지점을 밝혀보려고 했으나 모두가 허사였다. 이에 프란센은 "나의 주된 전리품은 겨우 녹슨 철제 가마나 여성용 자전거, 성탄절 트리, 죽은 고양이 같은 허섭스레기뿐이었다"라고 허망한 성과를 회상했다.

그럭저럭 몇년이 지난 1956년 8월 25일, 프란센은 배 아래 네 갈고리 닻을 달아 갈고리에 걸리는 것을 집어 올리는 수중 채집기를 직접 제작해 수색을 진행하다가 수중에서 거멓게 변색된 상수리나무 한조각을 발견했다. 며칠 후 그는 잠수부 페르 에드빈 펠팅(Per Edvin Fälting)을 해저에 투입했다. 펠팅은 소음이 뒤섞인 수중 전화로 "여기는 칠흑처럼 캄캄해서 아무것도 보이지 않지만 어딘가 배 같은 큰 물건이 있다는 예감이 들었다. 아니나 다를까, 찾아보니 두줄로 박혀 있는 화포들이다. 이것은 틀림없이 침몰한 바사호다"라고 보고해왔다. 이로써 그토록 애타게 기다리던 바사호의 침몰 지점이 확인되었다. 그 인양 작업의 신호탄이 올랐다.

이때부터 연구자 프란센과 잠수부 펠팅은 바사호 탐사의 주역이 되어 인양 작업 전반을 이끌기 시작했다. 프란센은 연구자이자 탐사자로서 모든 지식과 재능을 바사호의 구제와 인양 작업에 투입했으며, 펠팅은 유능한 잠수부로서 1년 반 동안 무려 1,200시간을 수중에서 인양 작업에 헌신했다.

이제 결정적인 문제는 300여년간 바닷물 속에 잠겨 있던 이 전대미문의 거대하고 화려한 구조물을 어떻게 손상 없이 인양하는가였다. 역사상 이만한 구조물을 인양한 선례나 경험은 전무한 상태였다. 급기야 인양 방법에 관해 여러가지 상상력과 창의력을 동원한 제안들이 쏟아졌다.

첫째는 동결법이었다. 수중에서 선체를 통째로 동결하여 하나의 얼음산으로 만들면 침몰선이 자체 부력으로 해면으로 떠오를 것이고, 이를 적당한 곳으로 옮겨 녹이는 방법이다. 그러나 수중에서 동결하는 일이 녹록지 않은데다가, 과연 자체 부력으로 해면에 떠오르겠는가 하는 것도 의문이었다. 둘째는 탁구공처럼 가볍고 부력이 있는 물건을 배 안에 가득 채워 해면으로 부상시키는 방법이었다. 그러나 현실적으로 '탁구공처럼 가볍고 부력이 있는' 물건을 그만큼 충당하는 것도 어려운 일이거니와, 그 부력으로 무게가 천여 톤이나 되는 육중한 침몰선을 물 위로 떠오르게 한다는 것은 한낱 환상에 불과하다는 것이 중론이었다. 셋째는 터널-부표(浮漂)법이었다. 이는 침선 인양에 보편적으로 쓰이는 방법으로, 침선 바닥에 터널을 파고 굵은 구리줄로 선체와 물을 가득 채운 부표를 연결한 후 부표에서 물을 빼내면 빈 부표에서 발생하는 부력에 의해 배가 수면으로 떠오르게 되는 것이다. 설왕설래 끝에 역대의 관행이 되어온 이 방법이 선택되었다. 작업은 스웨덴의 유명한 인양회사 넵툰(Neptun)사가 맡기로 했다.

바사호의 구제 및 인양 소식이 알려지자 거국적인 '바사 구제운동'이 일어나 각종 모임을 비롯해 개인과 회사 들에서 모금과 지원 활동이 활발하게 벌어졌으며, 해군은 인력과 선박을 지원했다. 드디어 1957년 가을, 잠수부들이 투입되어 선체 밑에 터널을 파기 시작했다. 이 터널 작업에만 2년이 걸려 1959년 8월 말, 6개의 터널과 부표를 잇는 공사가 무사히 마무리되었다. 천만다행으로 선체에는 큰 손상이나 파괴가 없어 거의 침몰 전 옛 모습 그대로 일어설 수 있었다. 이후 모두 18단계로 나눠 선체를 얕은 바닷가까지 끌어올렸다. 여기서 또한 약 2년간 잠수부들에 의해 누수 방지 처리, 떨어져나갔거나 녹슨 부분(특히 선미 부분)의 보수, 화포구의 밀폐 등 천여가지 보수가 진행되었다. 이 모든 작업을 순조롭게 마치고 나서 1961년 4월 24일, 인산인해를 이룬 관광객들과 전세계 방방곡곡에서 모여든 언론매체들이 지켜보는 가운데 333년 만에 전함 바사호가 비로소 육지로 인양되었다. 이어 5월 4일에는 선내에 켜켜이 쌓여 있는 오수와 흙모래를 말끔히 씻어내고 영원한 안식처 베크섬 부두로 옮겨졌다. 이 복원된 '행궁' 어함 바사호의 첫 승선의 영광은 발견과 구제 및 인양의 일등공신들인 연구자 안데르스 프란센과 잠수부 페르 에드빈 펠팅에게 돌아갔다.

지상의 모든 구조물은 규모를 가늠해주는 소정의 제원에 준해 만들어진다. 바꿔 말하면 제원에 따라 구조물의 크기와 모양, 성격, 용도, 적합성이 정해지는 것이다. 전함 바사호의 경우 당초의 설계와 건조 과정의 수정, 그리고 침몰 후 복원된 유물로 배의 제원을 종합해보면 다음과 같다. 길이: 첫 돛대~고물 69m, 이물~고물 61m, 용골 47.5m, 너비: 최대 11.7m, 높이: 용골~주돛 정상 52.5m, 고물 19.3m, 흘수 4.8m, 배수량 1,210톤, 전체 돛 면적 1,275m², 돛 수: 10장, 무기: 화포 64문(24Ib급 48문, 3Ib급 8문, 1Ib급 2문, 박격포 6문), 인원: 선원 145명, 사병 300명(침몰시는 미승선).

바사호는 행궁이라고 불릴 정도로 외형이 화려할 뿐 아니라 내부도 당대의 최고 예술품과 가재도구로 장식해 보물창고를 방불케 했다. 여기에 다가가 300여년간 꽉 닫혔던 문을 열어젖힌다는 것은 호락호락한 일이 아니었다. 배의 하체가 두께 1m의 진흙탕 속에 파묻혀 있어 유물을 찾아내는 것부터가 난관이었다. 유물의 발굴과 반출, 복원을 담당한 고고학자들은 원로 고고학자 페르 룬스트룀(Per Lundström)의 지휘하에 고무옷을 입고 혹여 있을지 모를 진흙 속 세균에 대한 예방 조처를 철저히 하고 유물에 접근했다.

그들은 재래의 방식대로 모든 발견물을 일일이 등록하고 번호를 붙였다. 유물의 위치에 세밀한 주의를 기울여 예컨대 고물에서 발견된 물건들은 함장이나 고급 관리들의 것으로 분류하고, 화포층에서 발견된 물건들은 십중팔구 일반 선원들의 용품이었을 것이라는 판단하에

바사호의 뱃머리 장식과 수호장, 저장실과 발포구

분류, 정리했다. 이런 식으로 첫 2주 동안에만 3,000여건을, 이후 발굴이 마무리될 때까지 5개월간 약 13,500건의 각종 유물이 등록되었다. 유물 대부분은 부서져 흩어진 조각들로서 그것들을 모아서 하나의 완전체로 조립하는 것이 그다음 작업이었다. 선체는 물론 장식품 태반이 나무 재질이었고 그 복원을 위해 요한 블러만이 이끄는 전문 목공팀이 투입되었다. 애당초 설계도면 같은 것은 기대할 수 없는 작업이어서 조립 복원은 전적으로 목공들의 상상력에 의지할 수밖에 없었으며, 약간의 도움이 있었다면 얼마간 남은 녹슨 쇠붙이들뿐이었다.

떠다니는 행궁 바사호는 보물창고처럼 500개의 조각상과 200여개의 장식품을 비롯해 당대의 최고 예술품들로 장려하게 꾸며져 있다. 대표적인 조각상은 이물에 부착된 암수 한쌍의 포효하는 사자상으로 몸길이가 3m를 넘는다. 이를 비롯해 화포구에도 수사자 조각상이 있는데, 예외 없이 날카로운 이빨을 드러내고 임전 태세를 취하고 있다. 바사호의 건조를 주도한 구스타브 2세를 북유럽의 사자에 비유한 데서 알 수 있듯이 사자상은 일차적으로 국왕을 상징하며 혹은 적대시하던 천주교나 독일 황제와 싸우는 스웨덴군을 상징하기도 한다. 당시 스웨덴의 전반적 예술풍조는 독일과 네덜란드의 후기 르네상스와 초기 바로끄풍이었으며, 네덜란드와 독일 출신 예술가들도 스웨덴에서 활동하고 있었다. 그들은 주로 상수리나무와 소나무, 보리수 같은 목재로 조각예술을 꽃피웠다. 바사호의 조각품 중 수작은 대개 독일 조각가 마르틴 레트머(Martin Redtmer)가 남긴 작품들이다. 작품의 주제는 주로 로마신화의 주역으로 등장하는 헤라클레스를 모태로 하며 그밖에 미인어(美人魚)나 인수사신(人首蛇身) 등 환상적 동물상도 눈길을 끈다.

바사호의 포탄과 선원 복장, 은화, 각종 조미료 그릇, 목제 숟가락, 체스와 머리 장식품

바사호는 1961년에 우리가 오늘날 목격하는 전함의 모습으로 복원되었는데, 전체 구조물의 95%는 원래 재질 그대로이며 신구 재질, 즉 새로 보완된 재질과 원래 재질을 한눈에 구별할 수 있게 했다. 새 재질은 표면에 윤기가 돌지만 원 재질은 거무튀튀한 상수리나무 빛깔이다. 이렇게 스웨덴인들의 남다른 노력과 지혜 덕분에 오늘 우리는 300년도 더 이전 17세기의 선박 원형을 접할 수 있다. 이에 관광객들은 저마다 탄복을 금치 못하는 것이다.

침선의 인양과 복원이 어느 것 하나 쉬운 일이 아니지만, 가장 어렵고 조심스러운 것은 유물의 영구 보존을 위한 방부 작업이라고 한다. 보통 침수된 나무는 온화하고 건조한 공기 중에 며칠간 놔두면 수분이 빠지면서 파열 부위가 줄어드는데, 방부 처리를 하지 않으면 부서지기가 일쑤다. 바사호의 경우 문제는 그 양이었다. 체적이 900m³나 되는 육중한 본체와 더불어 무려 13,500개나 되는 부서진 조각들, 500개의 아기자기한 조각품들, 200개의 호화스러운 장식품들, 12,000개나 되는 나무와 마포(麻布), 가죽, 각종 금속으로 만들어진 소형 부품들을 어떻게 제대로 방부 처리할 것인가가 큰 문제였다. 당시까지만 해도 일반적으로 사용하는 방법은 물과 폴리에틸렌 혼합액을 뿌려서 말리는 방법뿐이었다. 폴리에틸렌은 침수된 목재 속에 스며들어 수분을 제거하는 역할을 한다.

바사호가 수면으로 떠올랐을 때 목재 1kg당 수분 함유량은 그 1.5배인 1.5kg에 달했다. 목재의 건조한 상태를 유지하기 위해서는 그중 1.35kg의 수분을 제거해야 한다. 이 비율대로 계산하면 전체 선박 구조물에서 무려 580톤의 수분을 제거해야만 했다. 폴리에틸렌 용액에 담갔다 건져 말리는 당시의 일반적인 방식으로 바사호의 하고많은 조각품과 부품을 처리한다면 실로 부지하세월일 터, 도저히 그렇게는 할 수 없었다. 중지를 모아 나온 새로운 창의적 안이 이른바 '분사식'이었다. 1962년부터 이 방식을 도입하여, 바사호 복원을 위해 임시로 지은 박물관 안은 하루 종일 폴리에틸렌 용액 안개로 자욱했다. 밤낮 없이 20분 간격으로 500개 분사구가 동시에 25분간씩 세차게 용액을 뿜어내는 것이다.

바사호의 보존은 간단없는 과제를 제기하여 항시 새로운 도전에 맞닥뜨리게 만들었다. 그 과제에 성공적으로 응전할 때만이 이 희대의 보물을 후세에 전수할 수 있는 것이다. 예컨대, 지난 2000년도에는 잘 보존되어오던 목재에서 홀연히 누르스름한 유황액이 떨어지기 시작했다. 해저에 300여 년간 묻혀 있던 목재에 스며들었던 유황이 이제 와서 배어나오기 시작한 것이다. 뜻밖의 새로운 과제였다. 이에 바사 박물관은 세계 각국에서 전문가들을 초청해 20년이 지났음에도 여전히 해결 방도를 모색하고 연구 계획을 수립 중이라고 한다. 지대한 관심을 갖고 동방의 한구석에서부터 불원천리 찾아간 관광객 필자로서는 뜨거운 성원을 보내며 조속한 해결을 마음 깊이 기원하는 바이다.

흥분 속에 참관을 이어가던 어느 순간 갑자기 시간이 300여 년 전, 1628년 8월 10일 5시에 멎는 듯하다. 바사호가 신비의 타임머신처럼 윤곽을 드러냈다. 바로 그 시각 침몰로 세상을 등지기 시작한 바사호가 선상의 모든 가시물을 통해 당시 스웨덴 사람들이 향유하던 생활 모습을 그대로 재현해주었기 때문이다. 끝으로 1628년의 타임머신이 전하는 선상 생활의 이모저모를 간추려보자.

바사호는 전함 운영에 필요한 수요를 구체적으로 계산해 필수 정예 선원만을 기용했다. 바사호의 인력 구성을 보면, 해군 대장과 함장, 의무병(이발사 겸직), 신부, 점호수, 도항원(渡航員, 주포수 겸직), 주방장, 주방장 조수, 형집행관이 각각 1명, 장교와 조타수, 갑판군관, 근무병, 목공이 각각 4명, 갑판 선원이 6명, 포수가 20명, 작전장교가 30명, 선상 노동자가 90명, 작전병사가 270명(미승선) 등 총 445명이 각이한 기능을 분담 수행하도록 했다.

그러나 왕실과 운영 주체인 해군 기무처 사이에는 선원 구성과 보수 문제를 둘러싸고 불화가 끊이지 않았다. 해군 대장 플레밍은 국왕에게 올린 표문에서 스웨덴 해군은 보수가 적어 오합지졸을 징병할 수밖에 없으며, 뛰어난 해병들은 보수가 좋은 외국 함대로 뿔뿔이 도망치곤 한다고 불만을 토로했다. 그러나 국왕은 도리어 스웨덴 해병의 보수는 네덜란드 해병에 비해 결코 못하지 않다고 강변으로 맞섰다. 사실 바사호 시대에는 10남 1정제, 즉 남성 10명 중 장정 1명을 징집하는 징병제로 병력을 충당했다. 15세 미만의 아동과 60세 이상의 노인은 제외였다. 그밖에 오늘날의 예비군제도와 유사한 선박소유호등록제가 이후에 제정되었는데, 이 제도는 연해 지방의 마을과 교구에서만 제한적으로 시행되었다.

징병제든 선박소유호등록제든 간에 모두 적잖은 하자를 내포한 제도였다. 그러나 당장 대규모 인력이 필요했기 때문에 부득이 시행하지 않을 수 없었다. 1628년, 바사호가 침몰한 그해에는 선원 문제가 극히 심각했다. 전전해 가을에 스톡홀름으로 회항한 함대는 이듬해 봄 다시 출항할 때 선원의 부족을 염려하여 선원들을 고향으로 돌려보내지 않고 수도에서 대기시켰다. 그러자 군기무처는 스톡홀름 시민들로 하여금 선원들에게 대기 기간 내에 필요한 식량과 숙소를 책임지고 공급하도록 결정했다. 이 무리한 조처에 시민들 사이에서는 "우

리는 소같이 무거운 부담을 떠안게 되었다"라는 원성이 자자했다. 이
것은 당시 징병제의 허점에서 비롯된 난맥상이다.

선원들의 노고에 비해 보수는 터무니없이 낮았다. 1628년 당시 보
통 선원의 연봉은 57크로나에 불과했는데, 선상에서 공급되는 식비
와 의복비를 제하면 손에 쥐는 현금은 그 4분의 1에도 미치지 못했다.
당시 물가는 소 한마리가 5크로나, 거위 한쌍이 0.5크로나, 흑맥(黑麥)
과 맥주 한통이 각각 1크로나와 3크로나였다. 선원에 비해 선상 관리
들의 보수는 몇배나 높았다. 함장과 장교, 점호수의 연봉은 각각 475,
260, 114크로나로 선원의 2~8배에 달했다.

진흙 속에 묻혀 썩지 않고 남아 있는 생활물품에서 이 시대 선원들
의 일상적인 의식주와 생활모습을 엿볼 수 있다. 포대 밑에 깔려 숨진
한 선상 노동자의 지갑에서 12개의 반분(半分) 동전이 발견되었는데,
그 돈으로는 섬에 있는 선술집에서 술 한병을 사 마실 수 있다. 신분
에 따라 선원들의 생활공간과 대우는 천차만별이었다. 보통 하급 선
원들은 화포가 배치되어 있는 비좁은 선창에 400명씩이나 몰려 자기
도 했다. 그런가 하면 함장을 비롯한 고급 선원들은 마치 궁전의 전용
사무실처럼 화려하게 장식한 벽, 의자와 식탁이 구비된 독방에서 기
거했다. 해군 대장과 그의 동료에게는 접이식 침대가 제공되었다.

선원들의 식생활도 가관이다. 주식은 마른 콩과 완두를 섞은 보리
죽이다. 부식은 소금에 절인 소고기, 돼지고기, 말린 생선, 소금에 절
인 생선, 빵 등 단조로운 식품들이었다. 그들은 화포 곁 어스름한 곳
에 7명씩 둘러앉아 나무 쟁반과 사발에 음식을 담아 손가락이나 나무
주걱, 칼집을 사용해 먹었다. 신선한 식품이라고는 전혀 없다고 해도
과언이 아니었다. 그래서 선원들은 괴혈병이나 영양실조에 걸리기가

일쑤였고 대다수가 질병에 대한 면역력이 약했다. 주방은 배의 맨 아래층에 있었는데, 요리사들은 주철로 만든 큰 가마에 불을 피워 음식을 조리했으며, 부뚜막은 벽돌을 쌓아 만들었다. 바사호에는 연통이 따로 없어서 지독한 연기가 선상 노동자들이 생활하는 갑판 곳곳에 뭉게뭉게 흩어졌다.

짠 음식을 먹다보니 맥주는 필수불가결이어서 매일 한 사람이 3리터씩의 맥주를 공급받기로 되어 있었으며, 증류주나 독주는 흔치 않았다. 그럼에도 바사호에서는 주석으로 만든 흰 술병 몇개가 발견되었는데 그중 한병에는 술이 꽉 차 있었다. 꺼내서 분석해보니 이 술은 당밀이나 사탕수수에 물을 타서 발효시키는 증류주인 럼과 비슷한 술이었다. 식생활에서 한가지 특이한 점은 배가 항구에 정박하는 동안은 선상 노동자들은 식사를 자체적으로 해결해야 했다는 것이다. 선내에 비축한 식료품을 절약하기 위해서였다. 그래서인지 선내에서 여러개의 개인용 식품보관함이 발견되었는데, 어떤 것에는 고기와 버터 성분이 남아 있었다.

선내에서 보건의료는 선원들의 생명과 직결되는 중차대한 문제다. 바사호는 외형의 화려함이나 사치스러움에 비해 내부의 보건의료 상황은 한마디로 엉망진창이었다. 이것은 당시의 인명 경시의 사회적 폐단을 그대로 보여주는 것이다. 당시 배들은 열악한 위생조건과 식생활, 밀집거주 환경 등으로 인해 괴혈병과 학질, 이질, 한열병(寒熱病, 오한과 발열이 동시에 생기는 병) 등 각종 전염병이 창궐했고 전사자보다 병사자가 더 많았다. 1628년 해군 제독 헨리크 플레밍은 자신이 지휘한 함정이 폴란드 해안에 정박했을 때 선원 115명 중 살아 있는 선원은 단 19명뿐이었으며 시신은 바다에 던졌다고 국왕에게 올린 표문에서 밝히고 있다. 약간의 의료 지식을 갖춘 이발사가 의사 역할을 겸했는데, 그들이 하는 의료 행위라야 고작 관장이나 최토(催吐, 구토의 촉진), 수혈, 가벼운 약처방이 전부였다. 바사호 선상에서는 모두 25구의 시신이 발견되었는데, 질병과 폭력의 흔적이 역력했다고 한다.

중세 스웨덴은 해양강국으로 막강한 해군력에 의존해 스칸디나비아반도를 휩쓸었다. 그런데 그러한 해군력을 유지하기 위해 스웨덴은 당대 신흥 서구 열강이 말세적 노예무역을 지탱하기 위해 자행한 것과 다름없는 각종 형벌과 악법을 동일하게, 아니, 어떤 경우에는 더 혹독하게 답습하고 있었다. 바사호를 비롯한 당대 스웨덴 함선 내규에 관한 문서들이 발견되면서 그 실상이 드러났다. 그에 따르면 규율 확립의 미명하에 위법행위자에게는 예외 없이 가혹한 형벌을 가하거나 효수형에 처했다. 예컨대, 선원 간에 다툼이 벌어지면 칼로 손바닥을 베거나 돛대에 매어달거나 손가락을 잘랐고, 음식에 불만을 표하면 수갑과 족쇄를 채워 10일간 맹물과 빵 한두조각만 제공했으며, 방화자는 타오르는 화염 속에 던졌다. 그런가 하면 살인자는 피살자와 함께 묶어 바다에 던졌으며, 신성모독이나 군법위반자는 배 밑에 꽁꽁 묶은 채 싣고 가도록 했다. 이렇게 끌려간 자는 숱한 상해를 입고 결국은 수장되고 말았다. 모두가 문명사회에서는 상상도 할 수 없는 반인륜적 악형이다.

이상에서 필자는 조금은 장황하지만 중세 서구 해양강국의 허와 실, 서구 역사의 태생적 민낯에 의한 이중성을 가려내는 데 하나의 사례가 될 수 있을 듯하여 바사호라는 왕실 전함이 당한 참상의 시말을 구체적으로 밝혀보았다. 해양사 연구에도 일조가 되기를 기대하는 바이다.

19

스웨덴의 복지제도와 그 역사적·문화적 배경

흔히들 북유럽 스칸디나비아반도, 그 가운데서도 스웨덴이라고 하면 으뜸가는 복지국가를 연상한다. 그도 그럴 것이 스웨덴은 이 지역에서 인구가 가장 많고 역사적으로도 이 지역의 패자로 군림해왔으며, 복지제도의 도입에서도 자타가 공히 인정하다시피 선구적 역할을 해왔기 때문이다. 그래서 후발국들은 물론 서구의 선발국들조차 적어도 지금까지는 스웨덴을 복지국가의 미래상으로 생각하고 관찰, 연구하고 있다. 관련 연구서만도 오거지서라 할 정도로 부지기수다. 또한 그만큼 이론(異論)이 분분하고 이해의 정도와 진폭이 천차만별이다. 필자 역시 이번의 현장 답사를 통해 그 실상을 조금이라도 알고픈 충동을 가는 곳마다에서 강하게 느꼈다.

이 글에서는 복지 개념을 한번 되새기면서 그 실천의 현장인 이 나라의 복지 연혁과 오늘날의 구체적인 현황을 발과 눈이 자라는 대로 살펴보려 한다.

우선 복지(福祉)의 개념부터 정의해보면, 원래 복(福)은 하늘로부터 선물받은 물질적 풍요를 말하며 지(祉) 역시 신에게서 받은 신성한 선물을 뜻한다. 그런데 '지'는 한자 구성에서 멈춤을 뜻하는 지(止)자와 결합되어 과한 욕심을 멈춘다는 함의를 갖고 있다. 그렇다면 이 복지라는 합성어의 뜻은 '물질적 풍요와 정신적 안정'으로 확장할 수 있겠다. 따라서 그 자의(字意)를 현대적 어감으로 표현하면 '행복한 삶' 정도가 될 것이다. 복지에 해당하는 영어는 'welfare'인데, 여기서 'wel(l)'은 만족스러운, 'fare'는 살아가다의 뜻으로서 환원하면 '만족스러운 삶'이란 의미가 되어 결국은 한자 복지와 영어 welfare가 이음동의어인 셈이다.

일반적으로 복지와 사회복지는 유사 개념으로 쓰인다. 그것은 사회적 제도 내에서만 개인의 행복한 삶(복지)이 보장됨으로써 복지와 사회복지가 불가분의 관계에 있기 때문이다. 사회복지는 임의로 바란다고 해서 저절로 이루어지는 것이 아니라 소정의 구성 요소가 갖춰졌을 때만 명실상부하게 실현되는 것이다. 이 구성 요소에 관해서는 여러가지 이론이 있지만 대체로 다음과 같은 세가지로 요약할 수 있다.

첫째는 공동체의식이다. 사리를 버리고 공리를 추구하는 의식구조와 협동하며 공생하는 정신, 의식적인 겸양과 준법의 윤리도덕 등 선진적인 화합과 평등의 사회적 기제가 이에 속한다. 이것은 사회복지 도입과 유지의 근본 바탕이다. 둘째는 경제적 자원으로, 사회복지 제도에 의한 행복한 삶을 가꾸어나갈 물질적 기반이자 수단을 마련해야 한다. 경제적 자원이 갖춰지지 않았거나 모자랄 때 행복한 삶(복지)이란 공염불에 불과한 허상이다. 북유럽 나라들을 비롯한 몇몇 나라들이 복지국가로 공인되고 있는 것은 그들 나름대로 경제적 선진화를 이룸으로써 사회복지를 감당할 경제적 자원을 확보했기 때문이다. 사회복지의 셋째 구성 요소는 복지 수혜를 위한 전달체계다. 사회복지 자원을 마련하고 구성원들에게 실제적인 복지 혜택이 돌아가도록 하기 위해서는 각종 제도와 정책, 체계를 수립, 운영함으로써 수혜자들 간에 합리적이고 원활한 전달이 이루어져야 한다. 이러한 전달체계가 제대로 마련되어 가동될 때만이 구성원들의 적극적인 지지와 참여 속에 복지사회가 진취적으로 발전해나갈 수 있는 것이다.

이러한 사회복지의 구성 요소들을 감안해 스웨덴이 추구하고 있는 복지제도의 실현 과정과 현황 및 그 역사적·문화적 배경을 구체적으로 살펴보자.

스웨덴에서 복지제도는 오랜 역사적 뿌리에서 발아해 많은 우여곡절을 거쳐 성장, 진화하다가 20세기에 이르러 현대적 복지 모델로 자리 잡기에 이르렀다. 스웨덴 고유의 얀테의 규칙(Jantelagen)이나 라곰(lagom)문화 같은 전통문화가 복지 이념의 씨앗이자 역사적·문화적 배경이었다면, 자본주의적 선발 경제는 스웨덴의 현대적 복지 모델의 온상이자 동력이었으며, 여기에 더해 평화적 영세중립국 정책은 복지국가 건설에 유리한 국제적 환경이 되었다.

이러한 자생적 기반과 동력, 주어진 환경을 제때에 능동적으로 포착하고 현대적 복지 제도와 이념으로 승화시킨 복지 모델 이론의 정초자는 스웨덴 경제학자 군나르 뮈르달(Karl Gunnar Myrdal, 1898~1987. 노벨경제학상 수상)이었으며, 그 이론을 현실화한 실천가는 스웨덴 사회민주당(약칭 사민당) 당수로서 복지국가 정책을 이끈 페르 알빈 한손(Per Albin Hansson, 1885~1946. 초대 복지국가 수상)이었다. 요컨대, 스웨

스웨덴 초대 복지국가 수상 페르 알빈 한손

덴식 복지 모델 창출과 복지국가의 성공적 건설은 후술할 이 나라 특유의 전통적 복지 이념과 그것의 창의적 계승, 선진 경제의 간단없는 추진과 혁신, 그리고 평화적 국제환경에 대한 능동적 적응, 이 세가지 요인이 유기적으로 작용해 이루어낸 값진 결과물이라고 말할 수 있다.

우선 주목을 끄는 의제는 스웨덴 복지 모델과 복지제도(국가)에 관한 창의적 이론과 혁신적 추진이다. 스웨덴의 복지 모델은 1930년대에 이 나라 경제학자 군나르 뮈르달이 제시한 사회민주주의형 모델에 함축되어 있다. 뮈르달은 이 모델에서 생산적 복지 개념을 강조하는데, 그에 의하면 이 개념은 저소득층에게 직접 급여를 나눠주는 '땜질식' 복지가 아니라, 모든 국민에게 생활에 필요한 서비스를 국가가 직접 골고루 제공하는 사회서비스 중심의 보편적이며 포괄적인 복지 개념이다. 즉 의료, 교육, 보육, 아동보호, 노인요양 등 다방면의 사회서비스를 정부가 직접 운영하고 제공함으로써 사회구성원 모두에게 일정 수준 이상의 삶의 질을 평등하게 보장하는 것이다. 이러한 사회서비스 제공으로 인해 결과적으로 스웨덴은 영미 모델을 비롯해 독일이나 네덜란드 같은 나라들의 대륙 모델과 비교할 때 사회인프라 수준이 높아지게 되었다. 그밖에 뮈르달은 노동시장 정책에 있어 실업급여 중심의 미시적이고 소극적인 정책을 지양하고 교육과 훈련 중심의 거시적이고 적극적인 정책 도입을 주장했다.

 뮈르달보다 시기적으로 좀 이르지만 거의 동시대에 복지 문제를 고민하던 한손은 1928년 복지국가(제도)의 근간에 관해 '국민의 집'(Folkhemmet, the people's home)이라는 유명한 명제를 제시했다. 국가는 국민의 집과 같은 역할을 통해 노동자와 전체 사회적 약자를 보호하고 그들로 하여금 일정한 수준의 삶의 질을 보장받고 평등한 사회적 권리를 향유하도록 해야 한다는 것이 이 명제의 핵심 내용이다. 전통적 복지 개념과 뮈르달의 제안에서도 공히 찾아볼 수 있는 이러한 평등적·보편적 복지 이념은 1930년대 이래 지금까지 스웨덴 복지제도의 근간으로서 모든 사회복지 활동을 재량(裁量)하는 기준으로 되고 있다. 1932년 사민당이 집권한 이래 한손 수상이 이끄는 정부는 이러한 이론을 바탕으로 빈곤을 추방하고 인간적인 삶을 보장하는 각종 정책을 꾸준히 시행했다. 사실 사민당 집권 이전에도 전통적 복지 이념을 계승한 중요한 복지제도로 자율적 건강보험에 대한 국가보조금 지원 제도(1891), 고용주 부담 산재보험법(1901), 연금제도(1913), 병가보장법(1931) 등이 꾸준히 제정, 시행되어왔다.

 집권한 사민당 정부는 1938년 복지국가 건설 전반을 조율하기 위해 사회복지위원회(Social Welfare Commitee)를 구성하고 평등주의적 보편주의 원칙하에 연금, 가족수당, 의료보험, 산재보험 등 중요한 사회복지제도를 도입, 확대하는 한편, 당시 유럽 대공황의 영향을 받아 실업과 빈곤 문제가 심각해지자 적극적인 노동시장 정책과 주택건설보조금 제도, 특별실업보험 제도 등 이른바 '스웨덴식 뉴딜정책'을 발빠르게 시행했다. 더불어 사민당은 코포라티즘(corporatism) 정신을 발휘해 당시 강력하던 농민당을 주동적으로 포섭하여 연립정부를 수립했고 이는 복지개혁을 추진함에 있어서 중요한 역할을 했다.

이 과정에서 특기할 것은 노사정의 타협과 협력관계였다. 1938년 국가의 적극적인 중재로 스톡홀름 동남쪽 약 20km 거리에 있는 호숫가의 자그마한 마을 살트셰바덴(Saltsjöbaden)에서 노사정 간에 이른바 '살트셰바덴협약'이 체결되었다. 이 협약에 의해 스웨덴 복지 모델의 기본 정신인 노사정 대타협이 이루어지고 사회적 코포라티즘이 본격적으로 발전하게 됨으로써 복지국가 건설의 중요한 기반이 마련되었다. 코포라티즘이란 정책 결정이 정부와 다양한 이익집단 간의 협의에 의해 이루어진다는 타협과 협력의 이념을 말하며, 노사정 협의가 대표적이다. 노동운동사에서 보기 드문 이러한 합의로 인해 자본가 집단이 사민당의 복지개혁을 지지하게 되었다.

이와 같이 사회복지위원회의 혁신적인 결정에 따라 복지개혁을 추진한 결과 스웨덴은 1950년대 초에 이르러 기본적인 복지제도가 완비되고 복지국가의 틀이 마련되었다. 이러한 토대 위에서 이후 오늘날까지 지속적인 제도 개선과 보완을 통해 완벽한 복지국가를 건설해가고 있다. 통계에 의하면, 1934~99년까지 65년 동안 복지국가 건설이 진행됨에 따라 실업보험 제도(1934)와 연금개혁에 의한 연금축소법(1999) 등 총 30개에 달하는 구체적인 복지 관련 제도와 정책, 법령이 제정, 실행되었다. 이러한 제도와 정책, 법령 들은 혁신적이고 진취적인 내용을 주로 담고 있지만, 미비한 점이나 실패에 따른 귀중한 경험도 간과하지 않고 반영했다. 따라서 필자는 스웨덴의 복지국가 건설 전반을 훑어보면서 이러한 제도와 정책, 법령에서 그네들이 전철(前轍)로 적시하고 경고한 경험 내지 교훈에 더 많이 주목했다. 그것이 선발국을 창의적으로 따라 배우려는 우리에게는 더 필요하고 유익하기 때문이다.

일련의 제도와 정책, 법령으로 보장되는 스웨덴의 복지가 갖는 특징은 대부분 조세수입을 재원으로 하며, 저소득층을 포함한 모든 국민을 대상으로 소득보장과 다양한 사회서비스를 제공한다는 것이다. 이는 그 실행을 위해 결성된 사회단체와 관련 법규에 구체적으로 명시되어 있다. 높은 세금 부담률과 더불어 수십수백가지 혜택을 누리는 스웨덴의 복지는 크게 3개 부처로 나눠 집행된다. 사회복지는 보건사회부가, 교육복지는 교육개발부가, 노동자 복지는 고용부가 각각 분담하고 있다.

보건사회부가 담당하는 사회복지는 금융, 의료, 고령자 돌봄, 아동 보호, 장애인 지원 등에 관한 복지를 포함한다. 보건의료는 담당 기관인 국가의료보험이 중앙정부와 지방자치단체가 징수한 세금으로 대부분의 재정을 충당한다. 의료보험은 공영 위주이지만 민간 의료보험도 병존하며, 전체 보건의료비는 국가 GDP의 9%를 차지할 정도로 높은 수준이다. 양로원과 자택 요양이 포함된 고령자 복지는 지방자치단체가 관할한다. 양육수당 및 부모수당은 16세까지의 자녀에 대한 금전적 지원과 더불어 아동 1명당 480일간의 양육휴가 지원이 주요하며, 저소득자에게는 생계유지 수단으로 생계보조금이 지급된다.

교육개발부가 담당하는 교육복지는 상당히 발달된 편이다. 스웨덴은 일찍부터 인구 감소가 사회적으로 중요한 의제로 제기됨에 따라 유아복지에 큰 관심을 갖고 충분한 투자를 함으로써 꾸준히 높은 수준을 유지하고 있다. 유아교육과 초중등교육은 국공립의 경우 교육비가 전액 면제된다. 국공립학교와 병존하는 소수의 사립학교는 최상위권 학교로 인정되어 입학이 어려울 뿐 아니라 연간 학비만도 최소한 20만 크로나(한화 약 2,700만원)가 소요된다. 또한 독일을 비롯한 몇몇 유럽 선발국들의 중등교육에서 실시하는 김나지움(Gymnasium) 교육이 특화되면서 점차 늘어나고 있다. 김나지움이란 유럽의 9년제 대학예비 교육기관으로 한국의 초등학교 6학년에서 대학 1학년까지에 해당하는 교육과정을 담당한다. 스웨덴의 교육제도를 한마디로 요약하면, 자국민에 한해서 대학까지 전반적인 무상교육을 실시하는 제도다. 교육복지에서 몇가지 특이한 사항은 유럽연합 국민에 한해서는 대학 교육이 무료이고, 교수가 공고를 낸 학과에서만 입학생을 받으며, 과외수업을 비롯한 홈스쿨링은 법적으로 금지된다는 것 등이다.

끝으로, 고용부가 담당하는 노동자 복지는 상당히 세부적으로 구체화되어 있으며 다양하고 유연한 방법으로 차별을 최소화하는 것이 특징이다. 스웨덴은 노동조합과 자본가가 함께 협력하여 회사를 꾸려나가는 공동경영을 하고 있으며, 이에 따라 실시되는 연대임금제는 동일노동에 대한 동일임금을 기조로 노동조합과 자본가 간의 협의를 거쳐 동일 업종 내 저임금 기업의 임금 상승을 촉진하고 고임금 기업의 임금 상승을 억제한다. 따라서 최저임금이 평균임금의 62%에 달하는 등 임금차별을 최소화하고 있다. 연대임금제에 참여할 수 없는 영세업자들은 자연스럽게 퇴출됨으로써 전반적인 일자리의 질이 개선된다. 이 과정에서 생기는 실직자들에게는 국가의 적극적인 노동정책에 의해 더 나은 일자리로의 이동 등 혜택이 주어진다. 전국적으로 15%에 달하는 비정규직 노동자들은 보조금을 받는데, 그 액수는 정규직 노동자들이 받는 임금의 80%에 달한다. 노동자가 자영업자로 전환해 창업을 할 경우 사업계획서를 제출하면 창업 전문가들의 심의와 지원을 받을 수 있다.

퇴직자와 실업자에 대한 보장 역시 당사자들에게 실제적인 혜택이 돌아가도록 상당히 주도면밀하게 짜여 있다. 퇴직으로 인해 생활에 어려움이 없도록 하기 위해 퇴직자들에게 1년간 월급을 지급하되 6개월치는 한꺼번에 준다. 퇴직자들의 전직을 돕는 민간기구인 노동자안전위원회에서도 처음에는 월급의 80%, 이후에는 70%의 보충실업급여를 지불할 뿐 아니라 창업에 필요한 법률과 세무, 제반 절차 같은 실무 지식도 전수한다. 그 대신 퇴직자는 노동자안전위원회에 월급의 0.3%를 지불한다.

실업자의 경우, 그들이 유일하게 의지할 실업보험 제도는 부문별 노조가 마련하는 실업보험기금을 통해 운영된다. 실업에 대비해 노동자는 취업과 함께 실업보험기금에 가입하는데, 이 과정에서 자연스럽게 노조원이 된다. 스웨덴에서 노조 조직률이 70% 이상이라는 높은 수준을 유지하고 있는 이유가 바로 여기에 있다. 보통 노동자는 재직 시 한달 실업보험료로 100크로나를, 노조비로 200~300크로나를 납부한다. 실업보험기금의 재원은 고용주가 55%, 노동자가 45%를 부담한다.

이상에서 필자는 스웨덴 복지제도의 특징과 발전 과정 및 현황을 살펴보았다. 그 결과 완벽무결하다고는 단언할 수 없으나 적어도 이 시점까지 인류가 도달한 수준을 놓고 보면 의심의 여지 없이 스웨덴의 복지야말로 으뜸 복지의 선도 모델이라고 판단할 수 있었다. 그러나 그 판단은 어디까지나 주관적인 것일 뿐 객관적 판단이나 천착은 아닐 수 있다. 판단의 관건은 스웨덴이 어떻게 해서 으뜸 복지국이 되었는가 하는 물음의 해답에 있을 것이다. 그러나 그 해답에 관한 한 아직껏 정설은 없고 문자 그대로 각인각설, 중구난방일 뿐이다.

한때 관심은 있었으나 내공이 부실한 얕은 지식으로 그 물음 앞에 머뭇거릴 수밖에 없는 필자는 그럼에도 역사주의적 관점에서 오늘날 이 나라 복지의 역사적·문화적 배경에 초점을 맞춰보았다. 그 과정에서 그 요인이 스웨덴 사회구성원들이 고유의 협동정신과 상호신뢰 인식을 공유하는 데 있음을 발견하게 되었다. 그러한 인식의 공유가 근대 시기 국가권력의 민주성과 공정성, 150년간의 중립정책에 기초한 경제의 지속적 성장 등에서 비롯되었다는 데 대해서는 여러 연구자들도 대체로 의견 접근을 보이고 있다. 한마디로 스웨덴의 복지는 국가권력 주도로 정책과 법률에 의해 실현 가능했다는 것이다. 일단 이러한 주장을 근대주의로 정의하고, 그 내용의 합리성 여부를 면밀히 검토해야 할 것이다.

그러나 다분히 근대주의에 속하는 그러한 협동정신과 상호신뢰, 권력의 민주성과 공정성, 경제의 지속적 성장 같은 복합적 요인들은 근현세의 어느 순간에 우연히 돌출한 것이 아니라 보다 근원적이며 심원한 역사적 요인에 의해 계승, 작동되는 것이다. 그 근원적·역사적 요인이란 관행처럼 굳어진 전통적 요인을 말하는데, 이러한 주장을 일단 역사주의로 개념화해본다.

스웨덴 고유의 역사와 문화가 스웨덴의 사회적 저력을 축적하고 복지국가를 발전시켜왔다는 일부 주장이 바로 이러한 역사주의 범주에 속한다. 이렇게 역사적으로 특출한 기여를 해온 스웨덴 고유의 문화는 자유, 사회적 규범 준수, 합리적 중용의 정신, 실용주의 등을 핵심 요소로 하며, 이러한 요소를 두루 구비한 시민사회가 그 실체다. 즉 1930년대 이후에 출현한 스웨덴의 사회민주주의적 복지국가는 과거 스웨덴 고유문화의 계승이자 그 자체이며, 따라서 스웨덴 모델을 다른 나라에 쉽게 적용하기는 어렵다는 것이 이 주장의 결론이다.

일부에서는 이렇게 근대주의와 역사주의를 분리해서 스웨덴 복지 제도의 생성 요인을 찾는 데 반해, 다른 일부에서는 이 두가지 주장의 접점에서 복지국가 건설의 요인을 찾는 타협주의를 내세운다. 그들은 스웨덴의 복지제도가 스웨덴 문화 자체에서 비롯되었든 아니면 국가 권력과 정책, 법률에 의해 마련되었든 간에 중요한 것은 시민사회와 지방자치의 역할이라고 하면서 스웨덴 사회민주주의의 핵심 가치인 자유와 평등, 연대, 신뢰는 이러한 시민사회와 지방자치의 역동성과 실용적 개혁주의를 통해서 발전했다고 주장한다. 그들은 또한 시민 사회의 자유주의와 개인주의, 공동체주의가 정치적으로는 사회민주 주의로, 경제적으로는 자본주의로 진화했으며, 이러한 사회민주주의 와 자본주의 간의 타협이 '제3의 길'인 스웨덴의 복지 모델을 성공적 으로 창출하고 발전시켜온 기반이 되었다고 주장한다. 그런데 필자로 서는 스웨덴의 복지 모델을 사회민주주의와 자본주의 간의 타협물로, '제3의 길'의 성과물로 단정하는 데는 보다 심층적인 연구가 필요하 다는 생각이다.

그렇다면 스웨덴이 으뜸 복지국으로 발돋움하게 된 근원적이며 일 관된 요인이라는 역사적·문화적 배경은 과연 무엇일까? 메마르고 딱 딱한 설교 대신 일찍부터 생활 속에 굳어진 스웨덴 고유의 몇가지 문 화현상에서 그 실마리를 찾아보자.

우선 이른바 얀테의 규칙을 들 수 있다. 얀테의 규칙은 북유럽 국 가들에서 일찍부터 통용되어온 사회적 도덕이자 행동규범으로서 기 독교사회의 십계명과 유사하다. 이 '규칙'은 같은 노르딕 국가인 덴 마크에서 기원하여 여러 친족 국가들에 보급, 공통의 문화인자로 정착되어 면면히 이어지고 있다. 그렇지만 그 가운데서도 그 가치와 정신을 원형 그대로 간직하여 사회적 도덕과 행동규범으로서뿐 아니라 현대적 복지국가 건설의 정신적 동력으로까지 승화시킨 모범국은 다름 아닌 스웨덴이라는 것은 모두가 공감하는 사실이다.

원래 얀테의 규칙(덴마크어 Janteloven, 스웨덴어 Jantelagen, 영어 Law of Jante)은 덴마크계 노르웨이 작가 악셀 사네모세(Aksel Sandemose)의 풍자소설『도망자』(*En flyktning krysser sitt spor*, 1933)에서 유래했다. 이 소설은 덴마크에 자리한 허구의 작은 마을 얀테를 묘사하면서 마을 사람들이 지켜야 할 10가지 사회적 도덕과 행동규범을 권고하고 있다. 그 10가지란 1) 당신이 특별하다고 생각하지 마라, 2) 당신이 남들만큼 좋은 사람이라고 생각하지 마라, 3) 당신이 남들보다 똑똑하다고 생각하지 마라, 4) 당신이 남들보다 낫다고 생각하지 마라, 5) 당신이 남들보다 많이 안다고 생각하지 마라, 6) 당신이 남들보다 중요하다고 생각하지 마라, 7) 당신이 모든 일을 잘한다고 생각하지 마라, 8) 남들을 비웃지 마라, 9) 누군가가 당신을 걱정하리라 생각하지 마라, 10) 남들에게 무엇이든 가르칠 수 있다고 생각하지 마라 등이다.

작가 사네모세는 자신이 얀테의 노동자들에 관해 이러한 '규칙'을 제시하기는 했지만 얀테 마을은 여느 인간사회와 다름없으며 이 규칙은 그가 새로이 창작한 것이 아니라 북유럽인들의 정신 속에 대대로 체화되어 있는 것들을 명시했을 따름이라고 말한다. 그리하여 얀테의 규칙은 북유럽 사회의 민낯을 적나라게 드러내고 신랄하게 나무라면서도, 비슷하게 입고 비슷한 차를 타고 다니며 집집마다 비슷한 가구들을 차려놓고 사는 평등의식과 협동정신을 높이 찬양하고 독려한다. 사네모세는 스스로 남들보다 특별하다거나 낫다고 생각해서는 안 된다면서 사익을 앞세우는 개인주의와 능력주의를 비판하고, 공동체의 이익을 우선하고 타인과의 조화와 공존을 더 중시하는 도덕관을 가지라고 살갑게 타이른다. 얀테의 규칙은 평이하고 담박한 언어로 평등이라는 심오한 사상과 이념을 구체적으로 표현하고 있는 것이다.

오늘날 이러한 평등 이념을 복지제도의 문화적 배경으로 계승한 실례로 스웨덴의 낮은 소득격차를 들 수 있다. 의사의 평균 월급은 세후 35,000크로나로, 이것은 맥도날드 아르바이트생이 40시간 근무 기준으로 받는 세후 월급 12,000크로나의 2.9배밖에 안 된다. 이러한 낮은 소득격차는 조세정책에 의해 수입이 많으면 그만큼 많이 납세하게 함으로써 격차를 조절하는 덕분이다. 납세율은 소득의 최저 30%에서 최고 55%까지를 적용한다.

스웨덴 복지의 역사적·문화적 배경이 되는 고유문화에는 얀테의 규칙 말고도 라곰문화와 피카(fika)문화라는 독특한 문화가 있다. 라곰은 스웨덴어로 '적당한' '충분한' '딱 알맞은'과 같이 균형을 뜻하는 말로서 동양철학에서 중용(中庸)과 유사한 개념이며, 라곰문화란 소박하고 균형 잡힌 생활과 공동체와의 조화를 중시하는 삶을 지향하는 문화다. 이 말은 8~11세기 비크시대부터 오늘에 이르기까지 스웨덴 사회에서 중시되는 사회적 덕목인 라게트 옴(laget om, 구성원 모두를 위함)에서 유래했다고 한다.

이 라곰문화 속에서 길러진 스웨덴 사람들은 야심찬 계획보다는 충분히 실현 가능한 계획을 세우고, 삶의 작은 성취를 축하하며, 나를 아끼고 거절하는 법을 배우며, 규칙적으로 생활하고 충분한 휴식을 취하는 것을 중시한다. 또한 이러한 균형 잡힌 삶을 통해 자기에게 필요한 모든 것을 적당하게 소유하며, 자신을 둘러싼 지역사회와 환경과 조화롭게 지내는 것을 삶의 목표로 삼는다. 이렇게 보면 라곰문화는 지나치거나 모자라지 않고 한쪽으로 편향되지 않는, 떳떳하며 변함이 없는 상태나 정도를 권장하는 동양철학에서의 중용과 참으로 흡사한 개념이다.

일반적으로 복지국이라고 인정하는 주요한 기준의 하나가 그 나라 국민이 누리는 행복지수인데, 그러한 행복지수에서는 여가가 하나의 잣대가 된다. 즉 개인이 얼마만큼 근심 걱정 없이 여유롭게 여가를 즐길 수 있는가가 중요하다. 대표적으로 여유로운 여가를 누리는 스웨덴 문화의 배경에는 전통적으로 굳어진 고유의 피카문화가 있다. 스웨덴 사람들은 유럽에서 커피를 즐겨 마시는 것으로 유명한데, 피카란 스웨덴어로 '커피와 함께하는 휴식 시간'을 뜻하는 말로 새로 생겨난 것이다. 이 말이 오랫동안 쓰이면서 휴식 또는 멈춤이 불가결한 사회적 일상처럼 되다보니 스웨덴 사람들에게는 하루에도 몇차례씩 커피에 달콤한 간식을 곁들이며 가족이나 친구, 동료 들과 화기애애한 분위기 속에서 담소를 나누는 피카문화가 자리 잡게 되었다.

피카문화의 등장 시기에 관해서는 이론이 있다. 피카라는 단어가 스웨덴 문헌에 처음 나타난 것은 1913년인데, 커피를 뜻하는 카페(kaffe)의 두 음절이 도치되어 생긴 신조어인 셈이다. 여기서 유의할 것은 피카나 피카문화라는 신조어는 20세기 초에 와서 생겼지만 커피와 커피를 즐기는 문화는 수세기 전부터 이미 유행해왔다는 점이다. 1700년대 초 스톡홀름에 처음으로 문을 연 커피하우스는 현대적인 까페의 전신으로 주로 커피를 마시기 위해 찾는 곳이었는데, 1800년경에는 커피하우스와 제과점을 결합한 콘디토리(konditori)가 등장했

거리에서 라곰과 피카 문화를 즐기는 스웨덴 사람들

다. 이때부터 콘디토리에서 휴일이면 많은 사람들이 가족과 함께 커피에 케이크 등을 곁들여 즐기는 전통이 생겨나기 시작했다. 지금도 스웨덴의 여러 도시들에는 오랜 역사를 지닌 콘디토리가 그대로 운영되고 있다고 한다.

스웨덴에서 피카문화는 수세기에 걸쳐 내려온 핵심적인 고유문화인 셈이다. 그리하여 이 나라에서 일상적으로 주고받는 인사 "피카나 할까요?"(Ska vi fika?)는 유사한 뜻으로 주고받는 영어권의 "커피 한잔 할까요?"(Shall we have a coffee?)보다 사회문화적으로 훨씬 더 중요하고 심원한 의미를 담고 있다. 이것은 단순하게 커피나 마시자는 인사치레가 아니라 분망한 현대 사회에서 빼곡한 일상을 소화하느라 늘 동분서주하는 사람들에게 잠시 숨을 고르고 쉬면서 생각을 깨우고 심신을 새로이 충전하는 여유를 함께 누리자는 귀한 뜻을 담은 표현이다. 실로 숨 가쁘게 굴러가는 삶의 균형을 바로잡는 쉼표 같은 귀중한 문화적 자양분이다. 미혜의 스웨덴 친구로부터 구구절절 이러한 해석을 들었을 때, 그들만이 누리는 남다른 여가문화의 속내가 십분 이해가 가고 그에 탄복하지 않을 수 없었으며 부러움마저 느꼈다.

20

일상에서 드러난 스웨덴의 민낯

스웨덴은 스칸디나비아반도 5개국 중 인구가 1,040만명(2021)으로 가장 많으며 면적은 450,295km²로 한반도의 2배, 유럽에서 다섯번째로 큰 나라다. 역사적으로는 해양강국으로서 이 지역의 패자로 군림해왔다. 현대에 들어서는 두차례의 파괴적 세계대전을 묘하게 비껴왔기 때문에 국제적으로 행운의 나라로 선망의 대상이 되어왔으며, 오늘날에는 으뜸 복지국으로 각광을 받고 있다.

비록 이렇게 역사가 유구하고 주체가 뚜렷한 나라지만, 아이러니하게도 아직까지 국호는 외래어의 음사를 따르고 있다. 스웨덴이라는 국호의 스웨덴어 표기는 스베리예(Sverige)로, 최초 게르만족의 일족으로 알려진 스웨덴인의 족명 스베리예(Sverighe), 스베리케(Sverike), 스배리케(Sværike) 등에서 유래했는데, '스베아의 나라'(Svea rike)라는 뜻이다. 스베아라는 말은 옛 게르만어로 '우리 부족'을 뜻하는 'Swihoniz'

에서 유래했다. 오늘날 국호로 알려진 스웨덴(Sweden)은 네덜란드어 즈베던(Zweden)의 영어 음사로서 스위든[swíːdn]에 가깝게 발음한다.

각설하고, 필자는 이 책의 「책머리에」에서 '민낯'에 관한 필자 나름의 시각을 밝혔다. 이제 그 시각에 따라 스웨덴 사회의 대소사에서 나름대로 그 민낯을 살펴보려고 한다. 다들 투명하고 행복한 세계 일류 복지국가에 무슨 드러낼 민낯이 있겠는가 의아해할 것이다. 사실 겉만 보면 그렇다고 할 수 있다. 국가 전반의 대사(大事)에 한해서는 지난 수십 년 동안 거를 대로 걸러냈기 때문에 들춰낼 민낯이 쉬이 눈에 띄지 않는다. 그렇지만 국민들의 일상사인 소사에는 들춰낼 것이 적잖아 보인다. 이 대목에서 '소사'라고 하는 것은 일상에서 드러나는 자질구레한 일뿐 아니라 잘 알려지지 않은 숨겨진 일이나 크게 변질 경향성이 있는 일 같은 것을 포함함을 밝혀둔다. 스웨덴이야말로 세인이 복지사회 선도국으로 선망하는 나라인 만큼, 외람되지만 호불호를 떠나서 이 나라의 일상에서 드러나는 민낯을 짚어보는 것은 후발국들로 하여금 그 전철을 밟지 않도록 경계하는 데서 사뭇 유익한 경험이 될 것이다.

사실 어떤 사회의 민낯을 가려내려면 그 사회의 성격부터 바로 알아야 한다. 그래야 무엇이 그 사회의 겉낯(겉모양, 꾸밈, 치레)이고 무엇이 민낯(본모양, 내용, 본질)인가를 제대로 식별할 수가 있다. 그렇다면 복지국 스웨덴의 사회 성격은 어떤 것일까? 어떤 사회이기에 복지국이란 별명이 붙는가? 이에 대해서는 시각에 따라 서로 다른 답을 내놓는데, 자본주의 사회라는 점에는 이견이 없으나 세부적으로는 자본주의와 사회주의에 수정이나 변형을 가한 수정 자본주의 혹은 공유제를 바탕으로 하는, 국영체(國營體)가 권력을 행사하는 국가 주도 자본주의라는 두가지 시각이 맞서고 있다.

주지하다시피 지금의 자본주의는 200년 전 맑스주의를 창시한 경제학자 카를 맑스가 원시사회, 노예사회, 봉건사회, 제국주의를 포함한 자본주의사회, 사회주의를 이전 단계로 하는 공산주의사회 등 사회발전 5단계론에서 제시한 네번째 단계로서의 고전적 자본주의를 말한다. 지금까지 현재진행형으로 400여년 동안 유지되어온 자본주의는 시대의 흐름에 따라 이러저러한 변화를 거듭해왔지만 기본적인 외양과 본질은 크게 벗어나지 않았다. 그 대표적 일례가 스웨덴이다. 흔히들 선도적 복지국가라고 하니 탈(脫)자본주의나 별종의 사회쯤으로 착각하는데, 사실은 노사 간 타협이나 협동 같은 일부 표피적인 수정을 거친 자본주의에 불과한 것으로서 본질적으로는 여전히 자본주의사회의 구각을 벗어나지 못하고 있다. 일부에서는 스웨덴 같은 고(高)복지국을 '복지지향적 국가'로, 기타 자본주의 나라들은 '성장 위주국'으로 양분하는데, 전거가 부실하고 설득력이 미약하여 작위성이 다분한 구분이다.

이렇게 복지국 스웨덴을 본질적으로 여전한 자본주의사회로 규정하는 근거는 다음과 같다. 1) 기본적으로 자본주의적 사유제에 의해 부의 축적과 분배가 이루어진다. 부분적으로 사회적 공유제가 병존하지만 그 비중은 상대적으로 미미한데다 사유제에 밀려 점차 축소 추이를 보이고 있다. 예컨대, 주택과 부동산은 사유제이며 국가가 운영하는 영구임대 같은 공유제는 소수일 뿐 아니라 주택 가격이 파격적으로 상승하고 있다. 최근 20년 동안 주택 가격은 4배로 급등했다. 2) 자본주의 시장경제가 유통과 소비, 분배 등 경제활동 전반에 막대한 영향력을 행사하고 있다. 3) 기업의 경우 국유기업이 다수지만 개인이 주식을 소유하는 형태의 '사기업화'가 점차 늘어나고 있다. 4) 노동의 상품화가 심화되고 있다. 기업주가 노동자를 마음대로 해고할 수 있는 가혹한 제도는 아니지만 기업주가 노조와 협의해 동의를 얻으면 노동자의 의사와 무관하게 해고할 수 있다. 단, 이런 경우에도 해고 후 노동자의 생활을 보장하는 실업급여 등 제도가 마련되어 있으며, 해고자가 창업하면 창업지원수당도 받는다. 어찌 보면 이것은 '유연한' 노동의 상품화라고 볼 수 있을 것이다.

그렇다면 자본주의하의 스웨덴이 표면상 어울리지 않을 법한 복지제도를 솔선 채택하고 유지해갈 수 있는 요인은 도대체 무엇인가를 묻지 않을 수 없다. 그 가장 중요한 요인은 고율의 소득세와 저율의 법인세 등의 조세정책이다. 스웨덴은 상대적으로 높은 소득세(60%)와 낮은 법인세(25%)를 적용함으로써 건전한 소득재분배 시스템을 구축했다. 세금을 통한 소득재분배 비율의 경우 스웨덴이 45%라면 한국은 25%로서 약 2배의 차이가 난다. 이렇게 높은 수준의 재분배가 가능한 것은 조직화된 노조의 힘 덕분이라는 것이 중론이다. 국가통계포털(KOSIS)에 따르면 2018년 기준 가장 높은 수준의 노조 조직률을 유지하고 있는(약 70%, 유럽 평균 20%, 한국 11%) 스웨덴 노조는 막강한 영향력을 배경으로 기업주 및 복지기관과 재분배를 비롯한 복지제도와 정책에 관해 협의하고 결정권까지 행사할 수 있다. 이것은 스웨덴을 비롯한 북유럽 복지국가들에서 일찍부터 전례 없는 노동운동의 정치화가 실현된 결과이다. 이들 나라에서 노동운동은 단순한 임금 향상이나 노동환경 개선 같은 경제투쟁에 머물지 않고 나아가 사회 제도와 정책의 개선 등 고차원의 사회정치투쟁도 병행하고 있다.

이 한가지 사실로도 북유럽에서 실행되는 복지제도가 그 나름의 특성을 지니고 있음을 간파할 수 있다. 사실상 유럽의 모든 선발국들은 하나같이 자의 반 타의 반 사회적 복지를 운용한다. 그러나 그 외형과 내용 및 배경 등을 자세히 살펴보면 천차만별이다. 그래서 학계에서는 유럽의 복지제도를 북유럽형, 앵글로색슨형, 대륙형, 남유럽형 등 네가지로 대별하면서 2015년 전후를 기준으로 각각의 성과와 문제점들을 비교 분석했다. 그 가운데 핀란드, 스웨덴, 노르웨이, 덴마크를 포함하는 북유럽형 국가들은 1인당 GDP가 5만~8만 달러에 달하고 고용률은 70% 이상을 유지하고 있다. 사회복지지출 규모는 GDP 대비 25~29%로 경제협력개발기구(OECD) 평균인 20%보다 높으며, 소득불평등지수(Gini계수)는 OECD 국가 중 가장 낮다.

이렇게 비록 복지 면에서는 북유럽형 국가들이 가장 앞서지만, 그들의 겉낯을 벗겨보면 저마다 많은 문제점을 안고 있는 것이 간과할 수 없는 현실이다. 스웨덴 역시 본질적으로 자본주의사회의 구조적 부조리와 모순, 사회적 미성숙에서 비롯되는 문제점들, 가려진 민낯이 드러나고 있다. 오랫동안 두껍게 가려진 만큼 아직 체계적인 연구가 거의 없어 그 시비와 허실이 제대로 가려지지 않은 상황이어서 필자 나름대로 영성적이며 개별적인 사실들만을 나열하는 수준에서 그칠 수밖에 없음을 못내 아쉽게 생각하는 바이다. 다음의 자료는 스웨덴 산업경제연구원(Research Institute of Industrial Economics)과 크레디트스위스 「국제 부 보고서」(Global Wealth Report)의 관련 기록과 논문 들의 내용을 취합한 것이다.

1) 정치 분야
• 과도한 복지 위주 정책으로 인한 경기침체 1984년에 스웨덴 정부가 도

입한 노동자의 경영참가 방식인 '종업원기금제도'를 비롯해 객관적 가능성 여부를 무시한 지나친 복지 위주 정책을 강행한 결과 1990년대에 들어와 심각한 경제위기를 겪게 되었으며 실업률도 6.5%(1998)로 크게 상승하자, 복지제도에 관한 이론이 분분하게 야기되었다.

• 계급격차 현대적 사회복지가 실현되기 시작한 1970년대 이래 전체 인구의 0.2%에 불과한 귀족들이 5분의 1이나 되는 기간 동안 정치적 실세인 총리 자리를 독차지함으로써 귀족을 비롯한 소수층이 나라의 권력을 휘두르는 과두정치라는 비난을 받아왔다.

2) 경제 분야

• 만성적 적자 스웨덴 중앙정부의 재정수지는 만성적 적자를 보여 고조기인 1979년도에는 국민총생산(GNP)의 10%에 달하는 440억 크로나의 적자를 기록한 바 있다. 비록 철강, 기계, 조선, 펄프 등 공업 분야는 괄목할 만한 발전을 이루었으나 식량과 더불어 에너지의 60% 이상을 석탄, 석유의 실물 형태로 수입하다보니 무역의존도가 높지 않을 수 없다.

• 자산격차 스웨덴은 소득 기준으로는 격차가 가장 작은 나라에 속하지만 자산 기준으로는 빈부격차가 가장 큰 나라 중 하나(남아프리카공화국 수준)로서 상위 10%의 소수가 나라 전체 부의 4분의 3을 보유하고 있다. 중간소득계층에 속하는 성인 1인당 자산액은 한국보다 낮다. 또한 현대적 복지사회를 건설하기 시작한 이래 줄곧 상위 1%가 전체 부의 25~40%를 차지하는 독과점 현상이 지속되고 있으며, 최상위층이 보유한 부의 90%는 단순히 상속이 그 획득 수단이다.

• 가계부채 현재 스웨덴의 가계부채는 가처분소득의 2배에 달할 정

스톡홀름의 한산한 거리 풍경

도로 유럽에서 가장 심각한 수준(2014)이며 정부는 그 해결에 전전긍긍하고 있다. 바로 이 문제 때문에 빈부격차가 완화될 조짐이 별로 보이지 않는다. 자산은 많지 않은데 빚이 많다는 것은 비정상적인 난제가 아닐 수 없다.

• 법인세의 불안정성 1970년대 이전에는 고소득자들로부터 거둬들이는 소득세에 비해 법인세가 낮기는 했으나 유럽 내에서는 가장 높은 수준이었다. 1981년에는 57.5%로 60%대의 핀란드나 독일보다 약간 낮고 40~50%의 영국이나 미국, 프랑스에 비해서는 상당히 높은 편이었다. 1980년대에 이르러서는 그 절반 수준으로 급감했다가 2000년대 중반에 다시 몇차례에 걸쳐 점차적으로 인하하는 조처를 취했다. 이것은 조세정책의 난조(亂調)와 불안정성을 의미한다.

• 고율의 창업세 창업하면 67%의 높은 창업세를 내야 하는데 표면상 이유는 빈부격차 해소를 위한 것이지만 전문가들조차 이러한 이유를 불신하고 '정말 알 수 없는 미스터리'라며 그 내막은 현존 경제구조를 고착화하려는 의도라고 평가한다. 빈부격차가 극심해 계층이

거리를 누비는 구식 유궤
전차

비어 있는 낡은 건물

구걸하는 거리의 노파

동이 불가능하기 때문에 '밖에서 보기엔 평등한 것 같지만 안에서 보면 불평등한 사회가 되어버린 나라, 파고들면 파고들수록 아이러니한 나라'라고 일침을 가하기도 한다. 그래서 고액의 창업세를 피해 국적을 스위스 등 다른 나라로 바꾸는 현상도 나타난다.

3) 사회문화 분야

• **후진적 교육법** 중고등학교부터는 전반적으로 암기 위주의 주입식 교육법을 택하고 있으며, 수업 과목은 학교에서 정해주는 소수 과목에만 한하고 선택의 여지가 없다. 왜 이 나라가 선발국답지 않게 이러한 낙후한 교육제도를 고집하고 있는지 또한 수수께끼가 아닐 수 없다. 다들 한낱 기우에 그쳤으면 하는 바람이나 사필귀정이라, 결과적으로 이는 교육의 질을 확연히 떨어뜨렸다. 늦게나마 2010년대에 들어 학력 저하를 감지하기 시작하여 다른 나라들의 교육제도를 도입해야 할지 말지를 놓고 갑론을박의 격론이 일어났으나 '각자가 알아서 하는' 식으로 흐지부지 상태에 머물고 있는 성싶다.

작금 선발국들에서 많이 도입하고 있는 IB(국제바깔로레아International Baccalaureate) 커리큘럼, 즉 토론과 발표 중심의 수업을 통해 학생들의 창의력과 문제해결 능력을 높이는 교육법을 택한 사립학교는 스톡홀름에 단 한군데밖에 없으며 그나마 비싼 학비로 접근하기 어렵고, 공립학교 역시 국왕 칼 16세가 졸업한, 스톡홀름 교외에 위치해 통학이 불편하고 경쟁률이 매우 높은 한군데밖에 없다. 또한 의아한 것은 선진, 후진을 가리지 않고 세계의 거의 모든 나라에서 자유로운 홈스쿨링이 유독 스웨덴에서는 불법이라는 사실이다. 그래서 이러한 교육을 원하는 학부모들은 홈스쿨링이 합법화된 핀란드 등의 나라로 이주하는 경우가 많다고 한다.

· **성범죄와 조직폭력 등의 높은 범죄율** 아이러니하게도 스웨덴을 비롯한 고도의 복지국가들에서 각종 사회범죄율이 의외로 높게 나타나는데, 이러한 현실을 어떻게 설명할 것인가에 대해 납득할 만한 해답을 찾지 못한 채 몇몇 수치만 인용할 수밖에 없어 독자 여러분께 무척 죄송스럽다. 구차하게 덧붙이자면 이러한 범죄의 발생 요인에 관해서는 자연환경적 요인과 사회구조적 요인, 역사적 요인, 민족학적 요인, 심리적 요인, 법리적 요인 등등 다양한 시각에서 살펴봐야 하는데다 지역마다 국가마다 그 표상이 달라 깊은 연구 없이 섣불리 단정할 수 없기 때문이다.

성폭력과 관련해 유럽연합 기본권리국(FRA)이 소속국의 42,000명 여성을 대상으로 조사한 결과를 보면 스웨덴 여성의 46%가 폭력 및 성폭력을 경험해 유럽 내에서 3위를 차지했으며, 유엔의 통계에 의하면 스웨덴에서 강간은 세계 2위로 성 관련 범죄율이 상당히 높은 편이다. 이렇게 만연하다시피 한 심각한 성범죄를 퇴치하기 위해 정부가 비교적 엄격한 범죄 기준을 적용하고 있기는 하다. 여성이 성적인 말을 들었거나 마음에 들지 않는 시선을 받았다고 신고만 해도 성폭력으로 간주된다. 이밖에 각종 사회범죄 가운데서 조직폭력배들의 범행은 세계적 폭력집단 뺨칠 정도로 잔인하고 폭력적이기로 유명하다. 일례로, 악명 높은 바이커 갱들이 군에서 칼 구스타브 무반동포를 훔쳐 상대 갱단의 클럽하우스에 무차별 발사한 일도 있었다. 갱들 사이에 세력다툼이 벌어졌다 하면 그 지역의 모든 경찰이 긴장하고 주민들이 불안에 떨 정도로 사회적 불안이 높다.

· **약화되는 전통 종교** 2018년 기준으로 인구의 약 67%가 개신교 신

자로 그중 61.2%가 루터교회, 3.8%는 자유교회 신자들이다. 작금 주목되는 것은, 말로는 개방정책 운운하지만 실제로는 부족한 노동력을 충당하기 위해 특히 아랍-이슬람세계에서 이민이나 난민 신분으로 무슬림이 대거 입국해 그 수효가 인구의 8%에 달하며, 그에 따라 이슬람교의 교세가 확산되어간다는 점이다. 20세기 전반까지는 루터교회 신자들이 대다수를 차지했으나 1960년대 이후 나라가 급격하게 세속화되면서 1980년대 후반부터는 신자 수가 서서히 줄어들기 시작했다. 설상가상으로 자발적 헌금이 아니라 자산격차에 따라 교회세가 강요되자 많은 젊은 층이 교회를 이탈했다.

2003년에는 루터교회가 정통 교리와 성경의 정신에서 지나치게 벗어났다고 생각한 스웨덴 국교회의 일부 성직자들이 '선교관리구'라는 이름의 새로운 원리주의 종교단체를 결성해 기존 종교단체들과 마찰을 빚는 일이 벌어지고 있다. 이렇게 사회가 세속화되고 신자 수가 줄어들며 종파 간 분쟁이 일어남에 따라 전반적으로 신앙심이 약화되고 전통 종교의 교세는 점차 축소될 수밖에 없었다. 2009년에 실시된 갤럽 조사에서는 인구의 17%만이 교회가 삶에서 중요한 위치를 차지하고 있다고 응답했는가 하면, 2010년 유로바로미터의 설문조사에 따르면 신의 존재를 인정한다고 대답한 신자 비율은 18%에 불과했다.

• 성문화 남녀 비율에서 성년기 여성의 수가 적고 연애와 결혼 등에서 여성의 발언권이 높은 편이다. 몇년씩 동거한 후에 정식 결혼하는 경우가 많고, 여성이 먼저 이혼이나 이별을 요구하면 곧바로 수용된다. 이혼녀는 새로운 짝을 찾기 쉽지만 이혼남은 찾기 어렵다. 성매매가 공공연히 이루어지고 합법화되어 있기도 하다. 결혼하지 않고 출

산하는 혼외출산율이 높은 편인 데 비해 전체 인구 대비 출산율은 해마다 낮아져(1965년 2.31명에서 2020년 1.7명) 세계에서 가장 낮은 나라 중의 하나로서 한국을 비롯한 외국의 고아를 많이 입양하는 대표적 국가이기도 하다. 동성애에 대한 인식이 매우 관대한 편으로 1994년에는 동성결혼을 인정하는 법안을 채택했다.

• 인종주의와 난민 1930년 이래 사민당 집권 시기에는 노동인력을 증대하기 위해 개방적인 정책을 펼쳐 이민과 난민을 많이 받아들였다. 그 결과 이민자와 그 후손들이 전체 인구에서 차지하는 비중이 25%까지 급증했다. 이후 이라크계 스웨덴인과 소말리아, 에리트레아, 아프가니스탄 등의 나라에서 난민들이 대거 유입하고 20세기 말엽부터 세계경제가 불황에 휩쓸리자 이민자들에 대한 복지가 줄어들었다. 그러자 이민자와 난민의 불만이 터져나왔고 급기야 2013년의 폭동으로 이어졌다. 폭동의 도화선은 국적 미상의 60대 남성이 칼을 들고 난동을 부리던 중 경찰이 쏜 총에 맞아 숨진 사건으로, 소말리아, 에리트레아, 이라크, 아프가니스탄, 시리아 출신 청년 이민자들은 당국이 오갈 데 없는 약자를 과잉 진압했다며 항의 시위를 벌였던 것이다.

최근 들어 이민과 난민 들은 스웨덴 대도시에서 게토를 형성하고 있는데, 이 구역은 실업률과 더불어 범죄율도 높은 편이다. 심지어 일부 난민캠프에서는 이슬람교 지도자 이맘들이 이슬람국가(Islamic State, IS) 단원을 모집하는 현수막을 보란 듯이 내걸고 있다. 과격한 근본주의 성향을 띤 무슬림 입국자나 난민에 의해 테러도 심심찮게 발생한다. 그 반사이익은 고스란히 반이민·반이슬람주의를 주장하는 인종주의 극우단체 스웨덴 민주당에 돌아간다. 2000년대 초까지는 세가 약해 2010년 총선에서 전체 349석 중 20석밖에 얻지 못했던 민주당이 이민과 난민의 소요가 증가하자 2014년 총선에서는 49석으로 크게 늘어 일약 제3당으로 부상했다. 이로 인해 민주당과 다른 정당들 간에는 새로운 갈등이 일어나기 시작했다. 다른 정당들은 일제히 민주당과의 연정을 거부하고 민주당 때문에 스웨덴의 국제적 위상이 구겨진다는 이유를 내세워 매해 의례적으로 진행되는 노벨상 시상식에서 배제하는 등 민주당을 고립시켰고, 이는 정당 간 갈등의 불씨가 되고 있다.

21

빅뱅개혁과 청렴사회

　앞절에서 으뜸 복지국 스웨덴의 일상에 자리한 여러가지 부정적인 민낯을 들춰보았다. 그렇게 한 것은 흔히들 으뜸 복지국이라는 간판에 현혹되어 그 배면에 가려진 실상을 외면하거나 왜곡함으로써 갖게 되는 편향적 시각을 균형 있는 것으로 교정하기 위해서였다. 이러한 선진 복지국가들을 복지의 모범으로 따라 배우려는 후발국의 경우 부정적 전철을 밟지 않도록 실상을 올바르게 인식하는 것은 중요한 문제다.

　그렇다고 하여 주관적·객관적 여건의 제약으로 인해 부득이하게 나타나는 민낯을 숙명적인 흠결로 낙인찍거나 확대해석하는 것은 온당치 못한 태도로 의당 지양해야 한다. 인문학·사회학에서 타자 관련 사실을 연구하고 평가하는 데 도입하는 보편타당한 방법론에 따라, 스웨덴의 복지제도를 연구하고 평가함에 있어서도 반드시 그것이 발생한 역사적·문화적 배경을 밝혀낸 가운데서 발생 요인, 전개 과정, 특징, 평가, 결과와 영향 등을 종합적으로 다루어야 한다. 필자의 경험으로 타자에 관한 연구에서 핵심이자 난제는 요인과 특징을 제대로 포착하는 것이다. 그 요인은 구체적으로 스웨덴의 복지제도 수립에 관한 연구에서 언급했기 때문에 여기서는 주로 이 나라가 사회복지 실현에서 보여준 특징 몇가지를 개진해보고자 한다.

북유럽 국가들을 비롯한 여러 국가의 복지제도를 비교해보면 스웨덴 복지제도만이 지닌 가장 두드러진 특징은, 스웨덴 사람들 스스로가 이구동성으로 강조하다시피 이른바 빅뱅개혁과 옴부즈맨제도로 대표되는 개혁성과 청렴성이다. 북유럽 4개국은 공히 글로벌 클린 국가로 정평이 나 있다. 그 가운데 스웨덴은 부패인식지수(CPI) 순위에서 지속적으로 최상위권을 차지하고 있다. 스웨덴이 이렇게 잘살면서 동시에 청렴한 사회를 건설할 수 있었던 것은 원래부터 그랬던 것이 아니라 정부의 과감한 개혁 정책과 높은 시민정신이 바탕이 되었기 때문이다.

여기서 우리는 스웨덴이 복지 모범국으로서의 위상을 계속 이어가는 중요한 요인의 하나가 시대의 소명과 변화에 부응하는 혁신의 길을 꾸준히 걸어왔기 때문이라는 점을 실감하게 된다. 이와 더불어 부패를 척결하고 청렴한 사회를 건설하는 것이 복지사회를 유지하는 또다른 중요한 요인이라는 것은 역사가 증명하는 바다. 따라서 부단한 혁신, 청렴한 사회, 고도의 경제적 선진화(1인당 GDP 5만 달러 이상), 적어도 이 세가지 요인이 모두 갖춰졌을 때만이 명실상부한 복지국가가 될 수 있는 것이다.

역사적으로 스웨덴은 18세기 말 이전만 해도 봉건주의 잔재와 공존하는 전형적인 후진 부패국이었다. 특히 구스타브 3세 시대인 1789년 러시아와의 전쟁에서 패해 자국 영토였던 핀란드를 잃게 되자 국가는 파국적인 위기에 직면했고 공직자의 불법행위가 극에 달했다. 이러한 당면 위기를 극복하기 위해 우선적으로 취한 조치의 하나가 바로 대법원 설치였다. 이어 19세기 중엽에는 과감하게 입헌군주제를 도입하고 관료제를 대폭 정비, 확대하는 빅뱅(Big Bang)개혁(우주대폭발처럼 갑작스럽게 취한 대규모 개혁)을 단행했다. 부패하고 무능한 관료세계에 대해 취한 이러한 대담한 개혁 조치는 오늘날 복지제도 건설을 위한 개혁을 지속적으로 진행하며 투명하고 청렴한 복지사회를 만들어내는 획기적 계기가 되었다.

스웨덴은 유럽혁신지수(EIS) 조사가 시작된 이래 2010년부터 2019년까지 줄곧 1위 자리를 지키고 있으며, 글로벌혁신지수(GII)에서도 2013년부터 2, 3위에 이름을 올리고 있다. 또한 OECD 내 다양한 혁신지수에서 최상위권을 유지하고 있다. 이를 반영해 2019년 미국의 유력 경제잡지 『포브스』(Forbes)가 선정한 '기업하기 좋은 나라' 순위에서는 2위를 차지했다. 혁신적 환경, 강한 국제 연결성, 뛰어난 인재 보유 등의 방면에서 스톡홀름은 미국 실리콘밸리에 이어 세계에서 두번째로 1인당 유니콘(unicorn, 10억 달러 이상의 가치가 있는 신생 기업)이 많은 나라로 기록되었다.

부패에 익숙한 사회에서 살다보니 필자는 스웨덴이 자랑하는 사회의 청렴성에 관해 각별한 흥미를 갖고 이모저모 살펴보았다. 스웨덴은 시종 부패인식지수가 최상위권에 속하는 청렴국가로서 청렴사회를 위한 각종 제도 운영을 특징으로 하는 반부패 시스템이 확고하게 자리 잡고 있다. 스웨덴은 지금으로부터 약 250년 전인 1766년에 세

출퇴근은 물론 평상시에도 이용을 권장하는 자전거

계 최초로 정보 공개 관련법인 '출판언론자유법'을 성문화했다. 2차 대전 이후에는 이 법을 '공공공개법'으로 발전시킴으로써 행정의 모든 업무를 공개해야 한다는 원칙을 세우고, 정보 공개와 청구권 등 정보자유권을 국민의 기본권 중 하나로 헌법에 명시하고 있다.

그뿐 아니라 1809년에 출범한 옴부즈맨(ombudsman)제도가 지금까지도 엄격하게 운영된다. 옴부즈맨제도란 국회를 통해 임명된 조사관이 공무원의 권력 남용 등을 조사, 감시하는 행정통제 제도를 말한다. 이 제도는 행정기능의 확대, 강화로 인해 행정에 대한 입법부와 사법부의 통제가 느슨해져 실효를 거둘 수 없게 되자 이에 대한 보완책으로서 고안된 것이다. 이 제도에 따라 국회가 임명한 조사관(옴부즈맨)이 모든 공무원의 부정부패 행위를 감시, 감독하는 기능을 수행하며,

준사법기관으로서 부정부패 행위에 대해 경고하거나 시정을 명할 수 있을 뿐 아니라 직접 기소권도 행사할 수 있다.

스웨덴 정부는 이러한 반부패 혁신과 공직자 직업윤리 확립을 위해 일련의 구체적 조치들을 취해왔다. 그 조치들을 종합해보면 첫째, 공무원윤리기준 정책의 수립으로, 2006년에 재무부와 기초자치단체 및 광역자치단체연합(SALAR)이 공동으로 부패 문제에 관한 내부고발을 장려하기 위한 관리지침을 만들고 윤리교육을 시행하고 있다.

둘째, 반부패 의지의 실천을 강화하는 것이다. 부패를 청산하고 투명하고 청렴한 사회를 건설하는 사업은 말이나 의지만으로 이루어지는 것이 아니라 철저한 합의제와 공감대의 원칙에 준해 실천할 때만이 가능하다. 그리하여 스웨덴에서는 공공의 이익을 위한 정책이나 조치를 결정할 때 집권당이나 다수당이 힘으로 밀어붙이거나 야당의 대화 요청을 거부하는 폐단이 거의 없다고 한다.

셋째, 엄격한 무관용 원칙의 적용이다. 공직자의 부정부패에 관해서는 당사자의 직위 고하를 불문하고 법에 준해 엄격한 무관용으로 단죄한다. 그 대표적인 일례로 모나 살린(Mona Sahlin) 전 부총리 사건을 들 수 있는데, 그는 조카에게 줄 기저귀와 초콜릿 등 2,000크로나(한화 약 27만원)어치를 공공카드로 구입한 사실이 드러나 여론의 뭇매를 맞고 결국 부총리직에서 물러나고 말았다. 오늘날 스웨덴은 뇌물을 주고받기로 약속만 해도, 통화나 이메일, 문장 등의 증거만 있어도 기소가 가능한 나라가 되었다.

이러한 조치들에 더해 복지제도의 정신적 근간을 이루는 것은 역사적·문화적 전통의 계승, 발전이다. 오늘날 스웨덴이 으뜸 복지국, 글로벌 청렴국으로 자리 잡은 것은 그 유구한 역사적·문화적 전통의

행복지수를 시사하는 거리의 합창 공연

계승과 떼어놓고 생각할 수 없다. 앞절에서 본 것처럼 스웨덴은 북유럽 국가 가운데서도 독특하게 이어오는 문화와 전통이 있으며, 그것이 오늘날 스웨덴을 선진 복지국가로 우뚝 서게 한 배경이자 뿌리이며 원동력으로 분명히 기능하고 있다. 평등의식과 협동정신을 제창하고, 사익을 뒤로하고 공익을 앞세우며, 타인과의 조화와 공존을 중시하는 윤리도덕을 설파하는 얀테의 규칙, 소박하고 균형 잡힌 생활과 공동체와의 조화를 중시하는, 흡사 우리 동양의 중용 문화 같은 라곰 문화, 그리고 힘과 지혜를 재충전하고 생활의 균형을 잡아주는 유유자적한 여가문화, 이 모든 전통과 문화가 없었던들 오늘날의 스웨덴 복지는 존재하기 어려웠을 것이다. 스웨덴 사람들이 이에 대해 더없는 자부와 긍지에 차 있는 것을 현지에서 체감할 수 있었다.

그런데 한편으로 덴마크와 노르웨이, 스웨덴의 북유럽 3개 복지국가들을 차례로 둘러보면서 한시도 필자의 뇌리를 떠나지 않고 온몸을 무겁게 짓누르는 응어리가 있었으니, 그것은 바로 우리 한반도, 우리 민족은 과연 언제쯤, 또 어떻게 시간의 완급을 뛰어넘어 그들과 같은 복지국가, 복지민족으로 우뚝 설 것인가 하는 애절한 괘념(掛念)이었다. 우리는 그들 못지않은, 아니, 그들보다 더 나은, 더 튼실한 역사적·문화적 뿌리와 배경, 전통, 슬기와 도덕을 두루 갖추고 있다. 현대에 와서 국토가 찢기고 겨레가 갈라지다보니 복지가 마냥 일장춘몽으로 비칠 뿐 결단코 바탕 없는 허깨비가 아니다. 오히려 우리 8천만 겨레는 복지국가를 향한 더 희망찬 뿌리를 간직하고 있다.

　우리는 국내외 정세와 통일 환경의 변화에 따라 종래 체제통일에만 한정되었던 미완의 통일론을 민족공동체 전반에 걸친 완전통일론으로 진화시켜야 한다. 즉 미시적으로 평화적 체제통일을 달성하는 데 이어 의식통일과 사회통일, 문화통일까지를 포함한 명실공히 완전한 민족공동체로서의 재통일을 완성해야 한다. 이것이 필자가 일관되게 주장하는 '진화통일론'의 요체다. 이러한 '진화통일'의 바탕에서 거시적으로는 남북한 체제통일에서 비롯한 막대한 편익(便益)을 최대한 효율적으로 활용해 선발 복지 모범국들을 따라잡아야 한다. 그래서 1인당 GDP 5만 달러의 문턱을 넘고, 서로가 상부상조의 미덕을 계승, 발휘하며, 비리와 부패가 척결된 청렴한 복지사회를 실현해야 할 것이다.

22
노벨의 양면교차적 삶

복지 모범국으로 알려진 스웨덴의 수도 스톡홀름의 한복판에서 버 젓이 호객 영업을 하는 감옥 같은 호스텔에서 뜬눈으로 하룻밤을 지 새고 이른 아침부터 투숙할 만한 호텔을 찾아다니느라고 시간을 허 송하다보니 일정에 차질이 생길 수밖에 없었다. 허기가 돌지만 시간 이 아까워 아침으로 햄버거 하나씩(49크로나, 한화 약 6,600원)을 달랑 들 고 첫 관람지인 바사박물관으로 향해 정말로 흥미진진하게 두시간 정도를 보낸 뒤 200m 떨어진 인근의 북유럽박물관(Nordiska Museet)으 로 걸음을 재촉했다.

'북유럽'박물관이란 말에 귀가 솔깃해 찾아갔으나 결과적으로 크 게 실망스러웠다. 북유럽 전체를 아우르는 박물관이 아니라 스웨덴 한 나라, 그마저도 스웨덴 소수민족인 사미족의 민속품 전시 위주였 기 때문이다. 전시품 중에는 사미족이 사용하던 각종 전통 수예품과

북유럽박물관 정문

목각품, 벽 장식품, 악기, 인형, 가면 등 이것저것이 무질서하게 나열되어 있다. 게다가 의아한 것은 쿠바의 까스뜨로와 체 게바라의 얼굴을 배경으로 한 여인의 둥근 도자기 초상과 귀족들의 화려한 정찬 식탁 몇개가 전시품이랍시고 끼어 있던 것이다. 한마디로 박물관다운 갖춤새가 전혀 되어 있지 않은 속 빈 강정이다. 주마간산으로 한바퀴 휙 돌아보는 데 30분도 채 안 걸렸다.

다음으로 찾아간 곳은 도심 북쪽의 노르말름(Norrmalm) 지역에 자리한 유명한 스톡홀름 콘서트홀이다. 원래 이 건물은 1902년에 창단된 로열 스톡홀름 필하모닉의 본거지로서 1926년에 1,776명을 수용할 수 있는 규모의 고층 클래식 건축물로 준공되었다. 내부는 각종 콘서트를 편리하게 진행할 수 있도록 설계되었으며, 현관을 포함한 외

Sevasti

북유럽박물관의 민속의상과 다양한 수공예 제품, 목각품, 체 게바라와 까스뜨로를 배경으로 한 도자 초상과 각종 형구(刑具)

1901년 첫 시상식이 열린 이래 노벨상 시상식장이 되어온 스톡홀름 콘서트홀

부 정면은 10개의 훤칠한 기둥으로 장식되어 있다. 입구 좌측에는 그리스신화 속 오르페우스를 떠받들고 있는 군상이 세워져 있으며, 그바로 앞 광장은 재래시장으로 인파가 붐빈다. 이 콘서트홀이 널리알려지게 된 것은 이곳에서 해마다 노벨상 시상식과 스웨덴 왕립음악원이 주관하는 폴라음악상(Polar Music Prize) 시상식이 거행되고 약200회에 걸친 각종 콘서트가 막을 올리기 때문이다.

홀의 내부 참관은 금지되어 있고 외관도 반바퀴밖에 돌아볼 수 없는 사정이 아쉽기는 하지만, 그래도 해마다 노벨상이라는 인류의 성과를 결산하는 전당에 다가서니 실로 감개무량하다. 순간적으로 인문학자의 양식으로 평소 그 '결산'에 대해 품고 있던 주견(主見)을 한번 엮어보고픈 충동이 일었다. 이 상의 주인공 노벨의 삶과 남긴 업적을 기리고 이어가기 위한 시상에는 아이러니하게도 노벨상 본연의 정신에 위배되는 일련의 구태가 끼어 있어 원래의 숭고한 뜻에 구김살이 잡히는 것이 못내 안타까웠던 것이다. 이제 시상에서의 구태를 일소하고 노벨과 노벨상 전반에 대한 인식에서 진일보하는 것은 이 시대 과학도들에게 주어진 소명이 아닐 수 없다. 이에 필자의 견해를 정리해보기로 한다.

스웨덴 출신 과학자이자 실업가 알프레드 노벨(Alfred B. Nobel)은 1833년 10월 21일 수도 스톡홀름에서 태어났다. 부친은 가난한 집안 출신으로 정규교육이란 받은 적이 없이 자수성가한 건축가이자 발명가(보일러 계통)였으며 모친은 부유한 집안 출신으로 현모양처의 모성애로 자식들을 키웠다. 두 사람 사이에는 8남매가 태어났으나 네 자식을 일찍이 떠나보내고 아들 4형제가 남았는데, 노벨은 셋째 아들이었다. 노벨은 4세 때 부모를 따라 이웃 나라 핀란드로 이주하고, 9세 때 아버지가 먼저 이주해 있던 러시아 상뜨뻬쩨르부르그로 어머니와 형제들과 함께 이주했다. 노벨은 거기서 초등교육을 받으며 유년 시절을 보냈다. 이 초등학교 교육이 그의 생애에서는 처음이자 마지막 정규교육이었다. 이주민으로 러시아어가 생소한데다가 병약한 몸이라서 학교에 제대로 다니지 못하여 노벨은 형제들과 가정교사 밑에서 역사, 문학, 철학과 수학, 물리학 및 화학의 기초를 배웠다. 17세가 될 무렵 이미 노벨은 모국어인 스웨덴어를 비롯해 러시아어, 영어, 프랑스어, 독일어 등 5개 언어를 유창하게 구사할 수 있었다. 1850년, 17세로 청년기에 접어든 노벨은 공학도의 푸른 꿈을 안고 혈혈단신 빠리를 거쳐 미국 유학의 길에 올라 거기서 2년간 견학과 실습 위주로 기

알프레드 노벨과 노벨상 메달

계공학을 공부하다가 크림전쟁이 끝나자 스웨덴에서 폭약의 제조와
응용에 종사하고 있던 아버지의 사업을 돕고자 환국하여 아버지와
함께 폭약의 개량에 몰두했다.

그들이 개량코자 한 폭약은 1847년 이탈리아 화학자 아스까니오
소브레로(Ascanio Sobrero)가 글리세린에 질소를 작용시켜 만들어낸 액
체 상태의 니트로글리세린으로 고도의 폭발력을 가지고 있었다. 운반
과 사용에 불편한 이 액체 상태 폭약을 고체 상태 폭약으로 개량하기
위해 노벨 부자는 9년이라는 긴 세월을 보냈다. 드디어 1863년 그들
은 니트로글리세린과 중국에서 발명한 흑색 화약을 혼합한 고형 폭
약을 만드는 데 성공하고 1867년 그 폭약에 다이너마이트란 이름을
붙여 특허를 신청했다. 다이너마이트의 발명은 노벨이 폭약 연구에서
거둔 중요한 첫 성과물로서 이후 연구의 바탕이며 핵심이기도 했다.
뇌산수은(II)(mercury(II) fulminate)을 기폭제로 사용하는 방법을 고안해

낸 노벨은 아버지와 동생과 함께 폭약 제조의 실험과 공산화에 착수한다. 그런데 1867년에 뜻밖에도 공장이 폭파되는 사고가 발생해 동생과 조수 4명을 잃게 된다. 그러자 정부는 강제로 공장의 가동을 중단시켰고, 노벨은 스톡홀름 교외에 정박하고 있는 한 선박으로 실험실을 옮겨 폭약 제조 실험을 계속하면서 스웨덴과 독일, 영국 등 여러 나라에 자신의 이름을 단 생산공장을 세운다. 급기야 1886년에는 세계 최초의 글로벌 주식회사 '노벨 다이너마이트 트러스트'를 설립하고, 이듬해에는 니트로글리세린과 니트로셀룰로오스 혼합물을 원료로 하는 무연(無煙)화약을 만드는 개가를 올린다.

노벨은 폭약 개발의 전성기를 맞아 1873년 빠리로 거처를 옮기고 활동 반경을 무한대로 넓혀 유럽과 미주 20개국에서 100여개의 회사 내지 공장을 운영했다. 이러한 성과를 인정받아 런던왕립학회와 빠리 기술협회, 스웨덴 왕립과학원 등 유수의 과학 연구기관들에서 노벨을 명예회원으로 추대했고 최고의 과학훈장을 수여하기도 했다. 그는 전세계에서 355종의 특허를 인정받았다. 그러다가 프랑스 정부와 불화가 생겨 1891년 18년간 거주하던 빠리를 떠나 이탈리아 서북부의 '햇볕 도시'로 이름난 해안가 명승지 산레모로 이주, 별세할 때까지 5년간 그곳에서 생의 황혼기를 보냈다. 노벨은 심장질환으로 고통스러운 나날을 보내면서도 그곳에 여러개의 실험실을 차려놓고 화학공업과 기계, 전기, 의료기기 등 여러 분야에서 소요되는 발명품들을 잇달아 내놓았다. 말년에 노벨은 산레모에서 스웨덴에서 가장 오래되었을 뿐 아니라 북유럽의 첫 대학인 움살라(Uppsala)대학(1477년 설립)에서 명예 철학박사 학위를 받았고 노벨상 제정과 관련한 역사적 유언을 발표했다.

과학자로 알려진 노벨에게 명예철학박사 학위가 수여된 데는 그럴 만한 이유가 있었다. 그는 철학, 특히 문학과 관련된 철학에 깊은 관심을 가지고 유럽 철학자들의 저술을 폭넓게 섭렵했다. 당대에 그가 존경하고 따르던 철학자는 사회학에서 적자생존의 법칙을 제시하여 '사회다윈주의의 아버지'로 불리던 영국 실증주의 철학자 허버트 스펜서(Herbert Spencer)였다.

노벨은 문학과 철학에 일가견이 있었을 뿐 아니라 평화에도 특별한 관심을 갖고 있었다. 그는 1893년 평화운동가 베르타 폰 주트너(Bertha von Suttner)에게 보낸 편지에서 유산으로 평화상을 만들어 평화운동가에게 수여하겠다는 의향을 표한다. "나는 기꺼이 내 유산의 일부를 재단에 기부하여 5년마다 수여되는 상을 제정하고 싶습니다. (…) 남자건 여자건 유럽에서 평화의 실현에 가장 공로가 큰 인물에게 수여할 상을 말입니다." 노벨이 자신의 이름을 딴 상의 제정에 관해 언급한 것은 이때가 처음이다. 사실 그는 생전에 세번이나 유언장을 수정했는데, 이렇게 첫 유언장에서는 평화상 제정 의지를 명백하게 밝혔지만 마지막 세번째로 수정된 유언장에는 평화상이 시상 분야에서 빠져 있다. 그 원인은 미상이다.

노벨은 일찍이 폭약을 연구하는 과정에서 시종일관 평화주의 이념을 간직하고 있었다. 그는 니트로글리세린을 연구한 데 이어 이를 이용해 다이너마이트를 발명하고 1867년에 정식 특허를 얻었다. 1869년부터는 빠리의 연구소에서 폭약 연구에 전념했고 1887년에는 대량살상용 폭약인 무연화약 발리스타이트(Ballistite)의 특허를 받았다. 이러한 발명과 특허로 노벨 가문은 유럽 최대의 부호가 되었고 일부 난공사에 이바지한다는 점에서 노벨은 일정하게 자긍심을 가졌지만, 한편으로 전장에서 많은 사람을 살상하는 무기로 사용되는 데 대해서는 말할 수 없는 불안과 비애를 느꼈다. 그 나름 백방으로 살상을 막아보려 애썼지만 달걀로 바위 치기에 불과했다. 그는 자신의 비서가 평화운동에 참가하는 것을 적극 지지하면서 많은 후원금을 내기도 했다.

평화지향적인 노벨의 정서에 강력한 평화 의지를 심어준 뜻밖의 계기는 1888년 프랑스 신문들에 난 오보였다. 다용도 폭약인 다이너마이트의 성공적 발명 소식이 인구에 회자된 뒤 몇몇 신문들이 "죽음의 상인, 사망하다"라는 표제하에 "사람을 더 많이, 더 빨리 죽이는 방법을 개발해 부자가 된 인물"이라고 노벨을 폄하하며 악의에 찬 부고 기사를 내보냈던 것이다. 그런데 사망자는 알프레드 노벨이 아니라 형 루드비그(Ludwig) 노벨이었다. 완전한 오보였지만 이 기사 자체는 노벨에게 청천벽력과 같은 심리적 충격과 공포를 안겨주었다. 소문에는 이러한 끔찍한 세간의 평가에 깜짝 놀란 알프레드 노벨이 속죄를 위해 재산을 기부하기로 했다고 하나 확증은 없다.

다재다능한 노벨은 청년 시절에 영어로 시작(詩作)을 할 정도로 문학에도 재능을 보였으며 몇편의 희곡 작품을 남긴 극작가이기도 했다. 만년에 노벨은 소설을 쓰기 시작하여 1861년에 소설 『가장 환한 아프리카에서』를 써낸 데 이어 이듬해에는 『자매들』이라는 소설을 완성했다. 이 두 작품을 통해 노벨이 평생 품어온 사회개혁 사상의 일단을 엿볼 수 있다. 그의 작품 가운데 유일하게 정식으로 출간된 『네메시스』(1896)에서 보다시피, 노벨은 유년기부터 당대의 대표적 낭만파 시인 셸리(P. B. Shelley, 1792~1822)의 영향을 많이 받았다. 그러나 아마도 현실에 대해 쓴소리를 마다하지 않는 사실주의적 경향 때문에 『네메시스』는 '비방과 모반, 신성모독'으로 간주된 듯 그의 죽음과 더불어 생전에 출간된 100부 가운데 3부 말고는 모두 폐기되었고, 2003년에 가까스로 스웨덴에서 세계어로 출간되었다. 노벨에게 있어서 과학과 문학에 대한 사랑은 선후나 경중이 없을 정도로 '평형가치(平衡價値)'를 지닌 것이었다.

그런데 인류의 과학사에 불후의 업적을 남긴 다재다능한 과학자이자 '사건창조적 위인' 알프레드 노벨의 개인사는 명성에 어울리지 않게 파란곡절의 연속이었다. 노벨은 발명가이자 실업가의 가정에서 태어나 유년기를 무난하게 보냈다. 부친 임마누엘 노벨(Immanuel Nobel)은 가정용 보일러 계통과 기계제조업에서 단조(鍛造)기법을 창안한 발명가였으며, 모친은 의지가 굳고 인내심 강한 지적 여성으로서 노벨의 성장에 큰 영향을 미친 현모로 알려져 있다. 형제들은 석유채굴업으로 대성한 후 유럽에서 굴지의 동력산업을 선도한 기업가들이었다.

비교적 부유하고 평온한 유년기를 보낸 노벨은 청년기에 접어들어 이제까지와는 사뭇 다른 개인사를 써내려간다. 비상하면서도 고독한 성품에 비관주의자이면서도 이상주의자였던 그의 삶은 역설과 모순으로 가득 찬 한편의 드라마였다.

노벨은 한창 청춘의 낭만에 부풀었을 19세에 유럽 여행 중에 우연히 빠리에서 한 아가씨를 만나 처음 사랑을 속삭이며 빠리에 보금자리를 마련했으나(1873) 얼마 지나지 않아 그녀가 병사한다. 그 돌연한 죽음에 충격을 받고 깊은 비애에 잠긴 노벨은 평생 독신으로 살 것을 결심했다는 일설이 떠돌았다. 그러나 그후 일련의 고배를 마신 그의 애정행각으로 미루어보아 이는 신빙성 없는 낭설에 불과한 듯하다. 그로부터 3년이 지난 1876년 오스트리아 어느 백작의 딸을 개인비서로 채용하고 그녀에게 마음을 둔 것이다. 그러나 동상이몽이던 두 사람의 짧은 만남은 무위로 돌아가고 말았다.

이어 그해 가을 노벨은 오스트리아 수도 빈의 어느 꽃가게 점원 소피 헤스(Sofie Hess)와 만나 이후 15년(일설에는 18년) 가까이 연인으로 지낸다. 노벨은 그녀에게 이름난 요양지에 별장을 사주고, 빠리의 부유한 거주지에 화려한 주택까지 마련해주었다. 그러나 소피는 노벨과 성격과 교양 등 여러 면에서 맞지 않았던 듯 그의 말에 마이동풍으로 대했다고 한다. 소피가 사치와 향락에 빠져 구제불능으로 변해가는 데 대해 노벨이 심한 비애와 실망을 느끼던 중 설상가상으로 1891년 봄 소피는 갑자기 이제 곧 다른 사람의 아기를 낳게 된다는 편지를 보내왔다. 노벨은 실망을 넘어 처절한 절망에 빠지고 만다. 그럼에도 이 천하에 둘도 없는 무골호인(無骨好人)은 회신으로 그녀를 위로하면서, 마지막으로 변호사를 통해 거금 30만 헝가리크로네를 위로금으로 보낸다. 이로써 두 사람 간의 속고 속이는 기나긴 억지 연인관계는 막을 내린다.

이렇게 노벨은 성공한 과학자이자 실업가이지만 '사랑에 실패한 인간'이라는 양면교차적 삶을 살았다. 엄청난 발명과 세계적 기업 운영으로 명예와 부를 동시에 거머쥐었지만, 내성적이면서 괴팍한 성격과 고질화된 우울증 등 병약한 심신으로 가정도 이루어보지 못한 채 한평생 고독하게 산, 어찌 보면 안타까운 인생이었다. 만년에는 심각한 협심증과 심장발작으로 병고에 시달리다가 1896년 12월 10일 새벽 2시, 향년 63세로 이탈리아 산레모 자택에서 곡절 많은 세상을 하직했다. 시신은 그달 29일에 고향 스톡홀름으로 옮겨져 가족묘지에 안장되었다.

그의 사후에 업적을 기리는 여러 사업과 행사가 줄줄이 이어졌는데, 그 가운데 가장 규모가 크고 의미 있는 행사는 단연 매해 노벨의 사망일에 국왕이 직접 참석하여 스웨덴(5개 부문)과 노르웨이(1개 부문)에서 동시에 치러지는 노벨상 시상식이다. 다음으로는 노벨과 그의 가족, 노벨상과 수상자들에 관한 자료들을 상설 전시하는 스톡홀름의 노벨상박물관(2001년 건립)을 들 수 있다. 최근에는 2011년 6월 8일에 발견된 원소기호 102번에 노벨을 기리기 위해 노벨륨(nobelium)이라는 이름이 붙기도 했다. 노벨상 시상식과 연회에 사용되는 흰 꽃과 노란 꽃은 반드시 노벨이 만년을 보내다 별세한 이탈리아 산레모에서 생화를 공수해 온다고 한다. 노벨에 대한 후세의 두터운 신망의 표시인 것이다.

23

노벨의 유언장과 노벨상

    노벨은 1895년 11월 27일 빠리에 있는 스웨덴-노르웨이 클럽에서 자신의 유산을 기금으로 상을 제정하겠다는 내용의 마지막 유언장에 서명했다. 그런데 당시는 전문(傳聞)에 의해서 유언장의 개략적인 내용만 알려졌기 때문에 그 구체적인 시행에 있어서는 적잖은 혼선이 빚어졌고 이러한 혼선은 상당 기간 지속되었다. 당초 유언장 원문 전체를 즉시 공표하지 못한 것은 노벨이 거액의 유산을 시상이라는 명목으로 자국민이 아닌 세계인들에게 분배하는 것은 비애국적이라는 비판적인 여론을 의식해서가 아니었을까 추측해본다. 스웨덴 국왕마저도 "스웨덴 사람이 벌어들인 돈이니 스웨덴 국고에 귀속해야 한다"라고 불만을 표했다고 한다. 그러나 노벨의 과학적 기여에 대한 국내외의 신망이 시종 높았기 때문에 이러한 혼선과 비판 속에서도 결국 상의 제정과 운영을 막을 수는 없었으며, 상의 이름을 '노벨상'(Nobel Prize)으로 하자는 데 대해서 이견이 없었다. 노벨 사후 5년 만인 1901년에 노벨재단이 출범하고 그해 12월 10일, 노벨 서거 5주기에 맞춰 치른 첫 노벨상 시상식에서 5개 부문(경제학상은 1968년 추가) 6명에게 영예가 주어졌다.

노벨상을 제정하겠다는 유지가 담긴 친필 유언장 원문이 세상에 공개된 것은 그로부터 15년 뒤였다. 2015년 3월 4일 노벨상박물관측은 '유산'이라는 주제의 전시회에서 일반인들에게 원문을 처음 공개했다. 한장 분량으로 그때까지 반으로 접힌 채 금고에 보관되어 있던 유언장 원문은 동생의 딸 등 조카, 연인 소피, 하인과 정원사 등 30명에 가까운 유산 상속자들의 성명과 관계, 상속액 등을 구체적으로 밝힌 다음 이렇게 이어진다.

유언 집행자는 유산을 안전한 유가증권으로 바꾸어 투자하고, 그것으로 기금을 마련해 그 이자로 매년 전해에 인류를 위해 가장 크게 공헌한 사람들에게 상금 형식으로 분배해야 한다. 상금의 일부는 물리학에서 가장 중요한 발견이나 발명을 한 인물에게, 화학에서 가장 중요한 발견이나 개량을 한 사람에게, 생리학과 의학 분야에서 가장 중요한 발견을 한 사람에게 각각 주도록 한다. 물리학상과 화학상은 스웨덴 왕립과학원에서, 생리학·의학상은 스톡홀름의 카롤린스카연구소에서 각각 수여하도록 한다. 상을 수여함에 있어서 후보자의 국적을 일절 고려해서는 안 된다. 또한 남자건 여자건 조금도 차별하지 않고 가장 공로가 많은 사람에게 수여되도록 하는 것이 나의 확고한 소망이다. 나는 이것을 특별히 당부한다. 그리고 나의 죽음을 확인하거든 화장해줄 것을 부탁한다.

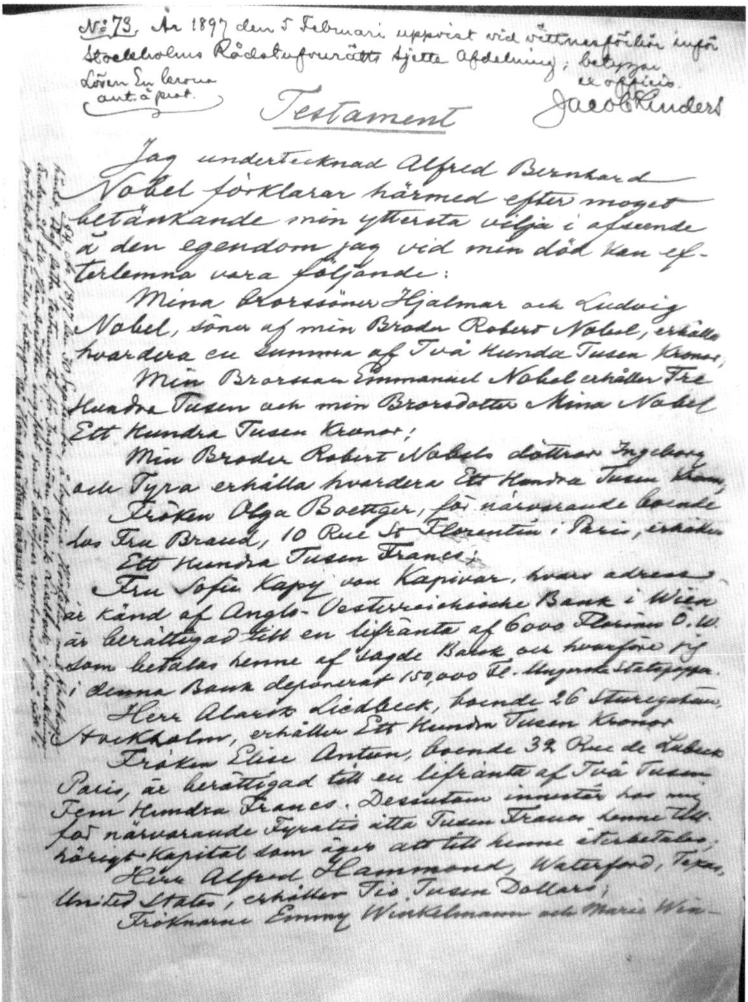
No 73. År 1897 den 5 Februari uppvist vid vittnesförhör inför Stockholms Rådstufvurätts Sjette Afdelning; betygar ex officio.
ant. å prot.
Jacob Kinders

Testament

Jag undertecknad Alfred Bernhard Nobel förklarar härmed efter moget betänkande min yttersta vilja i afseende å den egendom jag vid min död kan efterlemna vara följande:

Mina brorssöner Hjalmar och Ludvig Nobel, söner af min Broder Robert Nobel, erhålla hvardera en summa af Två Hundra Tusen Kronor;

Min Brorson Emmanuel Nobel erhåller Tre Hundra Tusen och min Brorsdotter Mina Nobel Ett Hundra Tusen Kronor;

Min Broder Robert Nobels döttrar Ingeborg och Tyra erhålla hvardera Ett Hundra Tusen Kronor;

Fröken Olga Boettger, för närvarande boende hos Fru Brand, 10 Rue St Florentin i Paris, erhåller Ett Hundra Tusen Francs;

Fru Sofie Kapy von Kapivar, hvars adress är känd af Anglo-Oesterreichische Bank i Wien är berättigad till en lifränta af 6000 Florins Ö.W. som betalas henne af sagde Bank och hvarföre jag i denna Bank deponerat 150,000 Fl. i Ungerska Statspapper.

Herr Alarik Liedbeck, boende 26 Sturegatan, Stockholm, erhåller Ett Hundra Tusen Kronor;

Fröken Elise Antun, boende 32 Rue de Lubeck Paris, är berättigad till en lifränta af Två Tusen Fem Hundra Francs. Desutom innestår hos mig för närvarande Fyratio otta Tusen Francs henne tillhörigt Kapital som äger att till henne återbetalas;

Herr Alfred Hammond, Waterford, Texas, United States, erhåller Tio Tusen Dollars;

Fröknarne Emmy Winkelmann och Marie Win-

노벨의 친필 유언장

유언은 크게 세 부분으로 나뉜다. 첫번째 부분은 유산을 친지와 측근, 생전의 봉사자 등 29명에게 배분할 것과 상속액을 구체적으로 밝히고 있으며, 두번째 부분에서는 상의 제정과 집행에 관한 사항들을 당부하고, 세번째 부분에서는 유언 집행자 지정과 자산 내역, 시신의 처리 등에 대해 밝히고 있다. 상의 제정과 집행 관련 사항들을 좀더 상세히 나누면 다음과 같다. 1) 유산을 안전한 유가증권으로 바꿔 기금을 조성하고 그 이자로 상금을 마련하여, 2) 매년 전해에 인류를 위해 가장 크게 공헌한 사람들에게 상금 형식으로 이자를 분배하며, 3) 대상 분야는 물리학과 화학, 생리학·의학의 3개 분야이고, 4) 상의 수여 주체는 물리학과 화학의 경우 스웨덴 왕립과학원, 생리학·의학은 스톡홀름 카롤린스카연구소이며, 5) 상의 수여에서 목적을 따지지 않는다는 것이다.

그러나 이 유언장은 노벨상 개념의 대강(大綱)일 뿐 그 전모를 오롯이 이해하는 데는 부족한 엉성한 얼개에 불과하다. 따라서 이모저모를 샅샅이 살펴볼 필요가 있는데, 안타깝게도 살펴볼수록 후세의 경조부박한 자의적 조작과 억측, 구태가 곳곳에서 보이며 허무맹랑한 논쟁들도 드러난다.

우선 노벨상 제정에 관한 유언장 원문과 배치되는 현상 몇가지를 짚어보자. 원문에는 상의 수여 조건과 대상 분야, 상의 국제성(국적 불문), 평등성(남녀 불문)의 네가지가 분명하게 규정되어 있다. 그런데 원문에 '인류를 위해 가장 크게 공헌한 사람들에게' 시상한다고 명문화되어 있는데도 불구하고 이후 자의적으로 '인류의 복지에 공헌한 사람' '인류 복지에 가장 구체적으로 공헌한 사람이나 단체' '인류문명의 발달에 공헌한 사람' '평화와 과학의 진보에 공헌한 사람'으로 수상 조건을 다르게 지목하였다.

그런가 하면 대상 분야에서도 그 선정 과정과 시상 주체의 적격성과 공정성, 투명성에 관해 설왕설래가 그치지 않고 있다. 원래 유언장은 시상 분야를 물리학과 화학, 생리학·의학의 3개 분야로 한정했다. 그런데 오늘날에 와서는 여기에 문학과 평화, 경제의 3개 분야가 추가되어 6개 분야로 늘어났다. 무슨 까닭인가? 어디에도 그 이유는 제대로 밝히지 않은 채 운영 권한을 가진 이들의 일방통행식 결정에 세인들의 묵과가 더해져 슬며시 6개 분야의 첫 시상식을 치렀고, 이후 관행으로 굳어진 것이다.

여기서 한가지 분명하게 짚고 넘어가야 할 점은, 정작 추가된 3개 분야(특히 문학과 평화 분야)의 시상 주체들은 추가된 원인에 관해 함구하거나 얼버무리고 있음에도 거의 모든 매체가 그것이 노벨의 유언에 따른 것이라는 허언(虛言)을 마다하지 않고 있다는 사실이다. 앞서 보았듯 노벨 유언장 원문에는 기타 3개 분야에 관해서는 언급이 전혀 없는데 말이다. 그렇다면 언론 보도와 유언장 간에는 왜 이러한 괴리가 생겼을까? 참으로 괴이한 일이 아닐 수 없다.

이렇게 추가 대상이 된 3개 부문 가운데 스웨덴 아카데미가 주관하는 노벨문학상은 노벨상 6개 분야 중에서 가장 말썽 많은 상이다. 일단 문학을 대상으로 정하고 보니 소설, 시, 희곡 등 여러 장르를 아우르는데다 여타 분야들처럼 글로벌한 언어 표현과 내용, 장르 등을 종합해 선발하기는 당시의 격폐된 세상에서 여간 어렵지 않았을 것이다. 급기야 울며 겨자 먹기로 제2회 노벨문학상 수상자는 독일 역사학자(로마사 전공) 크리스티안 몸젠(Christian Mommsen)을 간신히 선발했다. 마찬가지 이유로 2차대전 이전의 노벨문학상 수상자 가운데는 역사가나 철학자 등 인문학자들이 드물지 않았고, 그래서 '노벨문학상'이라고 하기보다 '노벨인문학상'이라고 하는 것이 명실상부하다는 비아냥거림이 일기도 했다.

그러다가 1950년대 이후부터는 주로 소설가나 시인이 수상하기 시작했는데, 특징이라면 반정부 성향의 문인들이 다수를 차지했다는 사실이다. 그런데 이러한 특징의 부정적 결과로 수상자와 작품 선정에서 드물기는 하지만 숭고한 '문학정신'에 위배되는 각종 무리와 비리, 비행이 공공연히 나타나 노벨문학상의 위신과 품격에 먹칠을 했을 뿐 아니라 시상 기준에 대한 의구심과 혼란을 낳았다.

제1회 노벨문학상 수여 당시 가장 유력한 후보였던 러시아의 대문호 똘스또이는 역사적으로 스웨덴과 불편한 관계에 있던 러시아인들에게 기독교적 무정부주의를 주입했다는 이유로 후보에서 제외되었다. 그런가 하면 1920년 수상자인 노르웨이의 소설가 크누트 함순(Knut Hamsun)은 2차대전 당시 친나치 인사로 활동해 국제적 비난을 샀으며, 2019년 수상자인 오스트리아의 극작가 페터 한트케(Peter Handke)는 1990년대 유고 내전에서 인종청소를 저지른 독재자의 장례식에서 그를 두둔하는 조사를 읽은 행적으로 인해 그의 수상 취소를 요구하며 노벨문학상은 최소한의 금도도 없는 '완전한 고무줄 상'이라는 비분강개가 터져나오기도 했다. 이러한 무리수와 더불어 추잡한 비행도 문학상 운영에 잡음을 빚었다. 일례로 2018년 스웨덴 아카데미 파문을 들 수 있는데, 종신위원의 남편이자 아카데미와 끈끈한 관련을 맺어온 장끌로드 아르노의 여성 18명 성폭행 사건에 아카데미가 미온적으로 대처하자 항의의 표시로 종신회원 여럿이 집단 사퇴

한 일이다. 이로 인해 아카데미가 내부 심사를 진행할 수 없을 정도로 마비 상태에 빠지자 그해 문학상 시상은 취소되었다. 이러한 비행뿐 아니라 계속해서 여러가지 무리와 비리를 저지르는 아카데미에 대해 사람들이 오죽했으면 스웨덴 아카데미야말로 '눈 뜬 장님'이라는 야유까지 보내겠는가.

우리나라에서 노벨문학상에 대한 집념은 남달라 보인다. 몇해째 내로라하는 작가들이 자의 반 타의 반 수상의 문을 노크하고 있다. 어떤 이는 대범하게, 어떤 이는 조심스럽게. 그러나 아쉽게도 문은 아직 열리지 않고 있다. 앞에서 열거한 문학상 선정에서의 무리나 비리, 비행 등이 없었던들 열릴 법도 한데 안타깝기만 하다. 한편으로 일각에서는 이러한 걱정에 기름을 끼얹는 또 하나의 요인으로 작품 언어의 환치(換置), 즉 번역의 미흡을 꼽는다. 이를테면 우리의 문학작품을 남들이 이해할 수 있도록 제대로 번역하지 못한 탓에 수상이 불가할 수밖에 없었다는 논리다. 얼핏 보아 그럴듯한 것 같으나 결코 그런 것만은 아니다.

이런 통계가 있다. 2020년까지 노벨문학상 수상 작가의 문학 언어는 모두 25개어인데, 그 가운데서 1회 수상 언어(아랍어, 터키어, 핀란드어, 이디시어 등)가 무려 12개나 된다. 그중에는 유럽 중부와 동부 출신 소수 유대인이 쓰던, 거의 사어(死語)가 되어버린 게르만어 계통의 이디시어가 포함되어 있는데, 이렇게 지구상의 소수 언어, 그것도 흩어져 사는 사람들의 언어로 쓰인 작품이 어떻게 번역되어 알려졌기에 노벨문학상 수상 작가를 배출했는지는 수수께끼다. 이런 통계가 시사하는 바는 원어와 번역어 불문하고 표현과 전달 수단에 불과한 언어의 '우열'은 결코 수상의 잣대가 될 수 없다는 사실이다.

문학 본연의 사명과 역할로 보아 수상작 선정 기준은 어디까지나 인간 영혼의 승화와 정신적 가치의 공유 여부에 두어야 한다는 것은 불문율이다. 그러나 유감스럽게도 노벨문학상 운영 과정을 살펴보면 본연의 정도를 벗어난 외도(外道)에 상상 이상으로 현혹되어왔음을 발견하게 된다. 이제부터라도 더이상 그런 전철을 밟지 않는 것이 문명대전환기를 맞은 오늘날 노벨문학상의 시대적 소명일 것이며, 한국 문학계도 이러한 시대적 소명에 걸맞게 자신을 채근(菜根)하면서 진일보한 작품으로 역동적인 도전을 이어가야 할 것이다. 여기서 진일보한 작품이란 시대의 소명에 부응하면서 한 차원 높은 영혼의 승화와 가치 공유에 이바지할 수 있는 작품을 말한다.

이런 뜻에서 필자는 줄곧 그런 유의 문학작품으로 '귀향(歸鄕)문학'이 가장 적격이라는 소신을 간직하고 있다. 필자는 몇년 전 주로 탈향과 이산을 주제로 하는 '분단문학'의 상징 고 이호철(李浩哲) 작가의 팔순 기념일에 이제부터는 '귀향소설'로 제2의 문학 인생을 시작하라는 축하문을 보낸 바 있다. 고인은 평시 이향민 출신답게 분단문학으로 노벨문학상 수상을 기대해왔다. 또한 지난해에 필자는 팔레스타인의 저명한 시인 자카리아 무함마드의 대표작 선집 『우리는 새벽까지 말이 서성이는 소리를 들을 것이다』(오수연 옮김, 강 2020)를 한국문명교류연구소 예술총서 1권으로 등재하면서 "이제는 '귀향의 시'를"이라는 제하의 발문을 붙이기도 했다. 민족분단이라는 동병상련의 처지에 있는 한반도와 팔레스타인을 비롯해 지구상 도처에서 탈향과 이산, 난민으로 상징되는 수많은 분단민족들의 절체절명의 숙원은 바로 아픔을 거둬내고 보금자리였던 고향으로 돌아가는 것이다. 그러하니 귀향문학이야말로 이 시대 노벨문학상이 보듬어야 할 주제가 아니겠는가.

노벨상 가운데 추가로 논란이 분분한 것은 노벨평화상도 마찬가지다. 유일하게 학문적 성취와는 무관한 업적에 대해 시상하는 평화상은 수상자 선정에서부터 수상 자격과 이유에 이르기까지 여러 면에서 특색을 지니고 있으며, 그만큼 논란도 많다. 정치적 편파성 시비가 끊이지 않으며, 의도적으로 수상자를 모해하거나 심지어 히틀러 같은 천인공노할 파쇼독재자를 후보로 추천하는 등 일반의 상식에 어긋나는 사태가 연출되어 사람들로 하여금 머리를 갸우뚱하게 한다.

평화상이 여타 상들과 달리 상대적으로 논란이 많은 원인은 그 개념이나 기준이 명확하게 정의되지 않은 '평화'라는 애매모호한 주제 때문으로, 상이한 다자의 이해관계가 얽힌 가운데 시상의 당위성이나 수상 자격 등에 관해 논란이 생길 수밖에 없는 것이다. 수상자가 정치적 수장이거나 사회 유력인사인 경우 논란은 더욱 치열하다. 따라서 상의 주관 기관이 어떻게 불편부당하게 논란의 진위와 시비를 가려 공정성을 기하는가가 항시 문제가 된다.

노벨평화상은 수상자 추천 과정부터 특이하다. 그 특이함은 한마디로 수상자가 되기는 힘들지만 후보로 추천받기는 식은 죽 먹기라는 말로 요약된다. 시상 초기에는 어느 나라건 국회 같은 입법부의 성원 한명이 추천하기만 하면 후보로 접수되었는데, 하도 자격 미달자의 추천이 많아지자 2001년부터는 노르웨이 국회의원으로 추천자를 제한했다. 노벨평화상 후보에 추천된 것으로 알려진 대한민국 전두환 전 대통령의 사례가 바로 이런 경우라고 하겠다. 애당초 자격을 운운할 여지조차 없는 민주화운동 무력탄압의 수괴에게 평화의 철퇴를 내려 수상에서 퇴출시킨 것은 너무나 당연한 일이었다. 한편, 노벨상은 발표 시점에 생존한 인물에게 시상하기 때문에 평화상의 경우에는 안타까운 일도 있었다. 1948년 유력한 수상 후보였던 인도의 마하트마 간디는 수상자 발표를 얼마 앞두고 암살당했다. 그런데 노벨상에는 사후 추서를 불허한다는 규정이 있어 아쉽게도 그의 수상은 무산되고 말았으며 결국 그해의 노벨평화상은 이례적으로 공석이 되었다. 그후 간디에 대한 평화상 추서를 여러모로 검토했지만 끝내 성사되지 못했다.

노벨평화상 수상을 둘러싼 소동은 시상의 계절이 돌아오면 마치 연례행사처럼 시상식이 열리는 노르웨이 의사당 주변에서 치열하게 벌어지곤 한다. 어떤 기자는 그 광경을 복마전에 비유하였다. 좋게 보면 홍보전이고, 욕되게 보면 로비전이다. 그러나 다들 해마다 반복되는 소동 정도로 간주하고 크게 의미를 부여하지는 않는 분위기다. 노벨평화상은 노르웨이 국회의 추천에 의해 구성되는 노르웨이 노벨위원회가 독립적으로 주관하며, 따라서 평화상 시상식만은 스웨덴 수도 스톡홀름의 콘서트홀이 아닌 노르웨이 수도 오슬로의 국회의사당에서 거행했으며 1990년부터는 오슬로시청에서 개최된다. 평화상과 관련된 모든 행사와 업무가 노르웨이에서 진행되는 이유에 관해서는 공식적으로 밝혀진 바 없다. 일설에 따르면 당시(20세기 초) 노르웨이가 스웨덴 왕국에 예속된 지방행정구역에 불과했기 때문에 스웨덴 국왕이 중앙과 지방의 균형발전을 도모하기 위해 지방을 배려하는 차원에서 6개 부문 노벨상 가운데 평화상 한가지만이라도 모든 행사를 노르웨이가 주관하도록 했다고 한다. 그렇다면 참으로 현명한 조처다.

다른 상들과는 달리 노벨평화상은 2010년경부터 개발도상국이나 반미 정서가 짙은 국가에서 수상자가 많이 배출되었다는 것도 특이한 점이다. 이것은 1, 2차 세계대전을 겪으면서 국제적으로 반전 평화를 갈망하는 기운의 상승을 반영한 흐름이라고 말할 수 있다. 이 새로운 시대적 흐름 속에서 기라성 같은 평화주의자들이 연이어 탄생함으로써 노벨평화상은 비교적 건전한 방향으로 나아가고 있다는 것이 중론이다. 작금에는 전쟁을 반대하고 평화를 지키려는 평화운동의 초국가적·초지역적 확장성 덕분에 개인뿐 아니라 집단이 수상하는 경우가 많다. 이러한 수상 단체·기구 들은 인종과 정치 성향을 불문하고 반전과 분쟁의 평화적 해결 등 세계평화를 수호하는 활동에서 괄목할 만한 기여를 하고 있다. 국제평화국(1910), 국제적십자위원회(1917, 1944, 1963), 국경 없는 의사회(1999), 유엔(2001), 기후변화에 관한 정부간 협의체(2007), 화학무기 금지기구(2013), 튀니지 국민4자대화기구(2015) 등 28개 조직이 그들이다.

필자는 노벨상, 특히 노벨평화상을 상기할 때면 특별한 감회에 젖는다. 선진국 문턱에 다가섰다고 자부하는 우리 한반도에 천혜의 인연이 없어서인지는 몰라도 노벨상 수상은 달랑 평화상 하나뿐, 대망의 학술상은 하나도 없다. 이 하나밖에 없는 김대중 전 대통령의 수상을 놓고도 국내외에서는 최근까지도 이러저러한 논란이 끊이지 않고 있다. 주지하다시피 김 전 대통령은 나라와 민족의 분단 극복과 한반도를 비롯한 동북아시아의 평화 정착을 위해 한평생 헌신한 분으로서 노벨평화상을 당당하게 수상할 수 있는 적격자이다. 그리하여 김 전 대통령은 자의 반 타의 반 1987년부터 14년 동안 매해 유력한 후보의 한분으로 물망에 올랐고 급기야 2000년 12월 수상의 영예를 안았다. "한국과 동아시아 전반의 민주주의와 인권에 대한 공로, 그리고

노벨평화상을 수상한 김대중 대통령

남북한 화해와 평화에 대한 노력"이 바로 그의 수상 이유였다. 누가 뭐래도 노벨평화상 수상은 우리 겨레의 경사가 아닐 수 없다.

그럼에도 불구하고 김 전 대통령의 수상에 대해 국내외, 특히 국내 보수세력은 '로비에 의한 수상'이라는 황당한 모략을 꾸며냈다. 그 발단은 수상 당시 노벨위원회 부위원장 군나르 스톨세(Gunnar Stålsett)가 2016년에 한 다음과 같은 흐리멍덩한 인터뷰 내용이었다. 그는 "당시 〔한국〕국정원 주도로 이루어진 노벨상 캠페인이 김대중 대통령을 노벨평화상 수상자로 확정 짓는 데 결정적인 영향을 주지는 않았으나, 이 사건을 당시 알았더라면 그를 노벨상 수상자로 지목하지 않았을 것"이라고 회고했던 것이다. 그로부터 4년이 지난 2020년에는 『뉴욕타임스』에서 뽑은 '의문의 노벨평화상' 중 하나로 김대중 평화상 로비 문제가 다시 도마에 올랐다. 이때『뉴욕타임스』는 김대중 전 대통령의 노벨평화상 수상에서 적지 않은 업적으로 꼽혔던 '북한과의 평화와 대화'가 현재 남북이 여전히 대치 상태에 있음을 고려해볼 때 이미 물 건너간 일이고 '무효'라는 억지 논리를 펴면서 '의문의 노벨평화상'의 하나로 치부했던 것이다.

사실 이러한 모략의 진원지는 국내 보수세력이라고 추단할 수 있다. 당시 한나라당 모 의원을 필두로 한 한나라당 원외위원장들은 시상 현장인 노르웨이 오슬로까지 가서 '김대중 노벨상 저지 시위'를 하겠다는 계획까지 공공연히 밝혔다. 부끄러운 자중지란이다. 이것이 하도 어처구니없는 짓이라서 그랬던지 당시 한나라당 이회창 총재는 "나라의 위신이 깎일 수 있는 당내 일부의 모난 행동이 한나라당의 공식 입장인 것처럼 외부에 비쳐지는 것이 부담스럽다"라면서 이 '모난 행동'을 만류한 것으로 전해진다. 이 대목에서 필자는 고려대 전 총장 김준엽 선생이 쓴 경구, 집 안(국내)에서는 아웅다웅하더라도 일단 바깥(국외)에 나가서만은 국격과 겨레의 존엄을 위해 서로 싸우거나 헐뜯지 말라는 발언이 가슴 저리게 떠오른다.

세상만사는 사필귀정이라, 잠시 끓어오르던 모략은 얼마 안 가서 시상 주체측이 밝힌 촌철살인의 발언으로 그 본색이 백일하에 드러났다. 2001년 11월 노르웨이 베르겐에서 열린 한반도 관련 국제심포지엄에서 어느 독일 학자가 느닷없이 노벨연구소 소장 올라브 니엘스타(Olav Njølstad)에게 "김대중 대통령이 로비를 통해 노벨상을 받았다는 주장이 사실인가?"라고 물었다. 이에 올라브 니엘스타는 의연하게 이렇게 답했다. "한국으로부터 로비가 있었다. 그런데 기이하게도 정치적 반대자 등으로부터 상을 주면 안 된다는 로비였다. 그럼에도 불구하고 우리는 노벨상을 수여하기로 결정했다." 2년 후 국내의 어느 일간지가 이 문제에 관한 노벨위원회의 공식 입장을 묻자 답신에서 이 위원회의 사무총장 예이르 루네스타(Geir Lundestad)는 다음과 같은 보다 명확하고 단호한 입장을 전해왔다. 그는 "나는 김대중 대통령이 2000년에 노벨평화상을 비합법적인 방법으로 받았음을 암시하는 어떠한 주장에 대해서도 반대한다"라며 "노벨위원회가 그에게 상을 주는 대가로 돈을 받았을 것이라는 주장은 매우 무례하며, 위원회의 심사 절차 등에 관해 아무것도 모르고 있음을 드러내는 것"이라고 일침을 놓았다. 이렇게 해서 한때 김대중 전 대통령의 노벨평화상 수상을 놓고 시끌벅적 떠들어대던 모략극은 꼬리를 내리고 말았다.

끝으로, 노벨의 유언장과 노벨위원회 결정에도 없는 '불청객'으로 수상 분야에 버젓이 끼어 있는 노벨경제학상에 대해 한마디 덧붙이겠다. 이 상의 공식 명칭은 '알프레드 노벨을 기념하는 경제학 분야의 스웨덴 중앙은행상'(The Sveriges Riksbank Prize in Economic Sciences in memory of Alfred Nobel)으로, 경제학 분야에서 뛰어난 업적을 남긴 학자에게 수여하는 노벨상의 한 분야로 정의하고 있다. 그러나 엄밀한 의미에서 말하면 노벨상이 아니라 스웨덴 중앙은행상이다.

이 상은 스웨덴 중앙은행이 은행 설립 300주년을 기념하여 제정한 상으로서, 노벨상 가운데 가장 늦은 1969년부터 시상하고 있다. 따라서 수상자도 전체 6개 분야 수상자 975명 중 89명으로 가장 적다. 경제학상 시상 주체는 스웨덴 중앙은행이지만 심사 주체는 물리학상, 화학상과 함께 스웨덴 왕립과학원이며, 시상식은 평화상을 제외한 기타 4개 분야 시상식과 동시에 똑같은 형식으로 치른다.

애당초 정통성과 합법성에서 미심쩍은 점을 안고 태어난 노벨경제학상은 시행 초기부터 말썽이 많았다. 우선, 노벨의 유언장에 언급이 없는 상으로서 정통성이 결여되어 있을 뿐 아니라, 운영 문제에 있어서도 총괄은 학술과 무관한 중앙은행이 담당하는 데 반해 수상자 선발과 심사는 별개의 연구기관인 왕립과학원이 책임을 짐으로써 법적 취약성을 보이며, 진행에서 통일성이나 원활성이 결여되어 혼선이 빚어지기도 한다.

다음으로, 시종일관 논쟁거리로 남아 있는 것이 상의 편향성이다. 후보 선발과 평가 기준을 미국의 경제학 연구 성과 위주로 하다보니 수상자 중 미국 출신이 절대다수를 점하고 있으며 상의 확장성에 상당한 제약이 되고 있다. 구체적 통계가 이를 증명한다. 소위 '노벨경제학상'은 2021년까지 53회에 걸쳐 88명에게 시상되었는데, 2014년까지의 전체 수상자 75명 중 미국 출신이 가장 많은 32명으로 42.7%나 된다. 다음으로 영국 수상자 12명, 노르웨이와 캐나다, 프랑스 각각 3명, 네덜란드와 스웨덴, 이스라엘이 각각 2명의 수상자를 배출했다. 다른 5개 분야 노벨상을 다 거머쥔 일본조차도 아직 경제학상만은 공백이다.

이상에서 해마다 범세계적 연례행사로 화려하게 치러지는 6개 부문 노벨상 중 노벨의 유언장에 없는 3개 부문(문학상, 평화상, 경제학상) 시상에 관해 이모저모를 살펴봤다. 이 3개 부문은 명문화된 정통성 없이 후세에 노벨의 명의를 빌려 만들어낸 작품인 만큼 많은 논란 속에 가려진 민낯이 속속 드러나고 있기 때문이다.

24

노벨상, 이제 그 구태를 벗어나야 한다

우리가 지난 100여 년 동안 세계 학술계를 주름잡아온 노벨상과 그토록 인연이 닿지 않았다는 자괴의 응어리를 가까스로 누르면서 스웨덴 현장에서 보고 듣고 느끼고 알게 된 노벨상의 허와 실, 그 문제점과 구태를 필자 나름대로 정리해보았다. 숭고한 명예의 전당에서 벌어지고 있는 현실은 때로 의아스럽고 참담하기까지 하다. 인류는 바야흐로 문명사적 대전환기를 맞고 있다. 더이상 구태에 안주할 수 없다. 이 시대의 소명에 부응하여 켜켜이 쌓인 문제점들을 말끔히 치우고 환골탈태의 체질 개선을 해야 할 것이다. 이를 위해 필자는 이번 기회에 남들이 언급을 껄끄러워하는 노벨상의 '구태 탈출'을 촉구하며 직언과 고언을 마다하지 않으려고 한다. 혹여 주책없고 몰염치하다는 나무람이 있더라도 기꺼이 감수할 작정이다.

해마다 9~12월 노벨상의 계절이 다가오면 세계 학술계, 특히 노벨상 대상 분야에 속하는 과학계와 언론에서는 수상자의 자격을 비롯해 상 선정의 공정성 등을 놓고 날카로운 비판과 질타가 거듭된다. 그럼에도 불구하고 좀처럼 개선의 기미는 보이지 않고 구태는 여전히 만연해 있다. 2018년의 노벨상 계절에 터져나온 비판과 질타만 예로 들어도 문제의 심각성을 짐작할 수 있다. 여기서 주목할 것은 상당한 신빙성을 갖춘 그러한 비판과 질타를 공공연히 토하는 사람들 대부분이 노벨상 수상자들이거나 저명한 과학자들이란 사실이다. 따라서 그들의 목소리를 그대로 전하는 것이야말로 문제의 실상에 가장 가까이 접근하는 지름길일 것이다.

구태로 가장 많이 지적되는 것이 수상의 편향성 내지 독식이다. 노벨상이 시행된 1901년부터 2021년까지 총 975명의 수상자가 배출되었는데, 그중 미국이 398명으로 단연 1위이고, 2위는 137명의 영국, 3위는 111명의 독일, 4위는 70명의 프랑스, 5위는 32명의 스웨덴의 순이다. 이에 비해 세계 인구의 약 55%를 차지하는 아시아의 수상자는 58명에 불과한데, 그중 일본이 29명으로 1위이고 그뒤를 인도(12명)와 중국(10명)이 쫓고 있다. 알다시피 한국의 경우에는 김대중 전 대통령(2000년 평화상) 한명뿐이다.

그런데 노벨위원회 홈페이지에 보면 한국 태생의 수상자 한명이 더 등재되어 있다. 바로 1987년에 노벨화학상을 받은 찰스 존 피더슨(Charles John Pedersen, 1904~89)으로, 그는 부산에서 노르웨이인 아버지와 일본인 어머니 사이에서 태어나 8세까지 부산과 평안도 운산에서 살다가 부모를 따라 일본으로 가 고등학교를 마치고 도미해 미국에 정착, 생화학을 연구하여 만년에 노벨화학상을 수상했다. 그의 최종 국적은 미국(노르웨이계 미국인)이다. 그가 출생지 연고로 한국 국적을

©Nobel Media/Photo: Alexander Mahmoud

취득했으면 모를까, 그러지 않았으니 그를 한국인 노벨상 수상자로
보는 이는 아무도 없다.

두번째는 수상자 선정 기준이 노벨의 의도에서 크게 벗어났다는
고질적인 문제로, 각 분야의 과학자들이 신랄하게 제기해오고 있다.
미국 샌디에이고 캘리포니아대학의 우주과학자 브라이언 키팅(Brian
Keating) 교수는 2018년 저서 『노벨상의 실패』(*Losing The Nobel Prize*)에
서 "지금의 노벨상은 고리타분한 전통을 고수하면서 과학의 진보와
세계평화를 염원한 알프레드 노벨의 의도를 크게 벗어나고 있다"라
고 직격탄을 날렸다. 2009년 노벨화학상 공동 수상자인 구조생물학
자 벤카트라만 라마크리슈난(Venkatraman Ramakrishnan)은 『유전자 합성
기』(*Gene Machine*)란 저서에서 "과학자들의 입장에서 보면 노벨과학상
수상이 마치 복권처럼 변하고 있는 것 같다"라고 꼬집으면서 "예측할

2017년 노벨상 시상식(왼쪽)과 1901년의 첫 시상식 모습

수 없는 곳에서 수상자가 결정된다"라고 수상 기준과 조건에 관해 강한 불만을 표출하기도 했다.

노벨상 수상 문제에서 세번째 구태는 기존의 개인주의적 연구 전통을 답습하면서 새로운 시대의 요청에 부응하는 협력적·융합적 연구 풍토를 기피하는 데서 여실히 드러난다. 독립적·자유주의적 영국 일간지 『가디언』은 2018년 10월 1일 기사에서 과학평론가들의 말을 인용해 "노벨상이 21세기 과학계를 주도하고 있는 현대적 융합연구 방식과 무관한 과학자들을 수상자로 선정해왔다"라고 하면서 전래의 개인적 연구 방식만을 고수하는 구태의연한 관행을 엄중하게 경고했다. 이어 노벨상 수상을 통해 수상자들이 신격화된 나머지 21세기의 새로운 연구 풍토인 협력적 융합 방식을 훼손하고 있다고 우려를 표하면서, 이로 인해 일부 과학자들이 협력연구를 기피하고 개인적 영달만을 추구하게 된다며 현행 노벨상 선정 구조에 강한 의문을 제기했다. 따져보면 이러한 우려나 의문은 단순한 기우가 아니라 노벨상의 미래와 직결되는 중요한 문제로서 더이상 미루지 말고 곧바로 재정립에 착수해야 할 것이다.

협력연구와 학제간연구, 중복 저술 등 초개인적인 집단적·협력적 연구가 크게 늘어나고 있는 오늘날의 과학 연구에는 대규모 연구팀이 참여하는 것이 상례다. 예컨대, 입자물리학에서 힉스입자 연구에는 40여년간 수많은 다국적 연구자들이 함께 참여했다. 그러나 힉스입자 연구로 2013년 노벨물리학상을 받은 연구자는 영국의 피터 힉스(Peter Higgs)와 벨기에의 프랑수아 앙글레르(François Englert) 두명뿐이었다. 사실 연구 업적으로 따지면 미국의 로버트 브라우트(Robert Brout)도 이 두명의 수상자에 비견할 자격을 구비했지만 사망자(그는 2011년 사망했다)는 수상할 수 없다는 노벨위원회가 제정한 어불성설의 규정에 따라 제외된 것이다. 협력연구의 경우 세명까지만 수상할 수 있다는 규정 역시 많은 논란을 낳고 있다.

네번째 노벨상의 구태로 많은 과학자들과 여론의 지탄을 받고 있는 것은 폐쇄적인 성불평등 현상이다. 남성 편향으로 인해 여성 수상자 비중이 턱없이 낮은 것이다. 1901년 노벨상이 제정된 이래 2021년까지 121년 동안 전체 수상자 975명 중 여성 수상자는 고작 58명으로서 6%에 불과하다. 일찍이 20세기 초반에 스웨덴 왕립과학원 산하 노벨물리학상위원회의 서기로 근무했던 라르스 베리스트룀(Lars Bergström)은 여성 수상자가 적은 이유로 "여성 과학자보다 남성 과학자를 더 인정하는 경향이 한몫을 차지한다"라고 밝혔다. 이와 더불어 여성 과학자의 사회적 지위가 낮아 연구 성과가 응분의 평가를 받지 못하고 묻혀버리기도 일쑤였다. 그 대표적인 예가 두번째 여성 물리학상 수상자 마리아 메이어(Maria Mayer)에 대한 사회적 홀대다. 그녀가 1963년 원자핵 껍질 모델 연구로 당당하게 노벨물리학상을 수상했을 때 미국 신문들은 "샌디에이고의 한 가정주부가 노벨상을 받게 되었다"라는 식의 비아냥거리는 보도를 서슴지 않았다. 실제로 메이어는 수상 전까지 15년 동안이나 변변한 직장을 구하지 못해 이름 앞에 '자원 봉사'(voluntary)란 수식어가 붙은 명함 한장을 들고 일자리를 구하기 위해 전전긍긍했다고 한다. 선진성을 자랑하는 미국 과학계조차 이러한 민망스러운 민낯을 보여주다니 경악을 금치 못할 뿐이다.

또 하나 비슷한 예를 들어보면, 영국 케임브리지대학 대학원생 조슬린 벨 버넬(Jocelyn Bell Burnell)이 1967년에 주기적으로 전파나 엑스선을 방출하는 별을 뜻하는 펄서(pulsar)를 발견했으나 그의 지도교수 앤터니 휴이시(Antony Hewish)가 아직 물리학상을 받지 못했다는 이유로(지도교수는 1974년에 수상) 제자인 그녀는 수상에서 제외되었다. 영국 왕립천문학회장과 물리학연구소장을 역임한 저명한 천체물리학자이지만 버넬은 평생 노벨상 수상자 명단에는 이름을 올리지 못한 채 만년인 2018년에야 비로소 '실리콘밸리의 노벨상'이라고 일컫는 '브레이크스루 기초물리학상'을 수상하는 데 만족해야 했다. 버넬이 노벨물리학상 수상에서 탈락한 사실을 놓고 서구 학계에서조차 이것은 '노벨상 역사에서 최악의 잘못'이라고 자괴를 감추지 못했다.

다섯번째는 노벨상의 구조적 흠결로서 필수불가결한 중요한 학문 분야가 대상에서 빠져 있다는 사실이다. 다수 학자들이 말하는 수학과 융합기술 두가지 분야의 실례를 들어 그 실상을 살펴보자. 우선 수학상 문제다. 현행 노벨상 시상 분야에서 수학상은 처음부터 빠져 있었다. 이에 대한 노벨위원회의 변(辯)은 당초 노벨의 유언장에 수학상이 언급되어 있지 않았기 때문이라는 한마디다. 물론 이것은 사실이다. 그러나 수학은 모든 자연과학의 기초학문으로서 그 자체로 중요할 뿐 아니라 왕왕 자연과학과 기술공학의 발전을 유도하는 기능을 해왔다. 따라서 이 점을 신념처럼 믿고 있는 여러 학자와 연구자 들은 수학상 누락에 대해 일찍부터 문제를 제기하고 시정을 요구했다.

혹자는 노벨의 유언장에 수학에 관한 언급이 없는 것에 대해 그가 수학에 관심이 없었거나, 아니면 깊이 이해하지 못했기 때문이라는 억설을 펴기도 한다. 사상 최초로 다이너마이트를 개발하고 로켓 제작에까지 손을 뻗었으며 세계 각국에서 355종의 특허를 따낼 정도로 세기의 과학발명가이자 실업가인 노벨이 수학에 등한해서 깊이 이해하지 못했다는 것은 자가당착의 어불성설에 불과하다. 또 혹자는 노벨의 연인이 어느 수학자와 사랑에 빠져 이에 앙심을 품은 노벨이 수학 분야의 상을 만들지 말라고 유언했다고도 한다. 그러나 이것은 그야말로 호사가들이 내뱉는 한낱 헛소리 그 이상도 이하도 아니다.

세계 수학계에서는 노벨수학상 제정이 요원한 일이라고 판단해 수학자들 스스로 노벨상에 필적할 만한 상, 그것도 하나가 아닌 두개 상을 제정했다. 필즈 메달(Fields Medal)과 아벨상(Abel Prize)이 그것이다. '수학의 노벨상'이라고 불리는 필즈 메달은 캐나다 수학자 존 찰스 필즈(John Charles Fields)의 유언에 따라 1936년부터 시상해온 상으로, 국제수학연맹(IMU)이 4년마다 개최하는 세계수학자대회에서 40세 미만의 유망한 수학자들에게 주어진다. 이와 비견되는 상인 아벨상은 노르웨이의 저명한 수학자 닐스 헨리크 아벨(Niels Henrik Abel)을 기념해 명명하고 2003년부터 시상해온 상으로 매해 노르웨이 왕실에서 수여하는데, 역시 '수학의 노벨상'으로 일컫는 국제적 권위의 수학상이다. 이 대목에서 필자는 '수학의 노벨상'은 있어도 '노벨수학상'은 없다는 현실을 곱씹게 된다.

수학상 문제와 더불어 노벨상의 구조 면에서 여전한 구태로 들 수 있는 것이 융합기술 같은 중요한 미래 선도 학문이 아직껏 도외시되고 있다는 사실이다. 작금 미래 유망 산업의 신기술로 나노기술과 바이오기술, 정보기술 등이 회자되는데, 이들 기술은 모두 이른바 융합기술(convergence technology)에 속한다. 융합기술이란 서로 다른 두개 이상의 과학기술이나 학문 분야가 결합됨으로써 시너지 효과를 극대화하는 기술을 말하는데, 각이한 여러 분야 연구자들의 동참과 협력을 전제로 한다. 이 융합기술은 분명하게 미래의 산업을 주도할 복합기술로 예측되기 때문에 한국을 비롯한 선진국들에서는 미증유의 창신(創新)한 연구 성과들을 얻어내고자 그 개발에 전력투구하고 있다. 최근에는 이러한 융합기술 원리를 인문사회학 분야에도 적극 도입해 다양한 분야를 통섭하는 융합적 연구가 활발하게 진행 중이다.

이렇게 융합기술이 미래지향적인 학문으로 정착되고 발달함에 따라 개인이나 일국을 초월한 세계적 범위의 집단적·협력적 연구가 추진되고 있다. 이 과정에서 연구자들은 글로벌 연구기관이나 연구를 격려하고 지원하는 적절한 상의 운영을 필연적으로 제기해왔다. 실제로 수년 전부터 적잖은 과학자들이 '융합기술상'을 노벨상의 새로운 분야로 제정할 것을 기회 있을 때마다 건의하고 있다. 그러나 아직까지 노벨위원회측으로부터 긍정적인 반응은 없는 것으로 안다. 사태가 이쯤 되면 노벨상은 새것을 기피하는 구태의 올가미에 걸렸다는 비난을 면하기 어렵다.

같은 맥락에서 최대 3인만이 공동 수상자로 선정될 수 있으며, 평화상을 제외하면 기관이나 단체는 수상할 수 없다는 현행 규정(후에 추가된 불공정한 선정 규정)은 융합기술 시대의 협력연구나 학제간연구에서 배출되는 다수 적격자들의 수상을 제한하는 구태의 또다른 표현이다. 앞서 보듯 2013년 힉스입자 발견으로 인한 수상자는 2인에 그쳤지만 실제 이 연구에 참여한 과학자는 6명이었다고 한다. 한편, 2017년 노벨물리학상은 중력파 관측에 대한 공로를 인정받아 라이너 바이스(Rainer Weiss) 등 3명의 과학자에게 돌아갔다. 그러나 직간접적으로 이 연구에 동참한 과학자는 1,000여명에 달했다고 한다. 이에 대해 영국의 『이코노미스트』지는 사설에서 구태의연한 "노벨상의 3인 규정은 과학이 상아탑 속의 몇몇 천재에 의해 이루어진다는 개념을 강화"할 뿐이라고 비판하면서, 〔평화상을 제외하면〕 기관이나 단체를 수상자로 선정할 수 없다는 규정 역시 팀을 이루어 활약하는 과학자들을 배제하는 처사라고 꼬집었다. 하버드대학의 과학사학자 나오미 오리스키스(Naomi Oreskes)는 "몇몇 과학자들을 수상자로 선정해 영웅시하는 것은 과학 전체에 악영향을 미칠 수 있다"라고 우려를 표명했다. 영국 왕립학회 회장을 역임한 저명한 천문학자 마틴 리스(Martin Rees)는 노벨과학상을 전통적으로 생리학·의학, 물리, 화학 분야에서만 선정하는 데 강한 의문을 제기하면서 "수학은 물론 컴퓨팅, 로봇공학, 인공지능과 같이 새롭게 부상하는 과학 분야를 도외시하고 있다"라며 "지금 노벨과학상은 많은 사람들이 판단하는 과학에 대한 상식을 벗어나 있다"라고 노벨상의 구태를 요약하기도 했다.

그렇다면 숭고한 학문의 징표를 가늠하는 노벨상 운영에서 왜 이러한 구태가 지속되고 있을까? 그 원인에 관한 명쾌한 해석이 있다.

브라이언 키팅은 "이런 폐단은 노벨상위원회의 폐쇄성에 기인한다"라고 단언하면서 현행 노벨상 선정 방식은 전근대적이라고 지적했다. 같은 맥락에서 벤카트라만 라마크리슈난 역시 "폐쇄적인 선정 방식으로 인해 필연적으로 노벨과학상이 주어져야 했던 인물들을 대상에서 탈락시켰다"라고 직언을 마다하지 않았다. 모두 노벨위원회가 허심탄회하게 귀담아들어야 할 충고다.

　이상에서 필자는 노벨의 생애와 그가 과학의 발달과 평화 수호를 위해 가장 값진 유산으로 남겨놓은 노벨상의 이모저모, 상 운영에서 나타나는 숱한 비과학적이고 불공정하며 진부한 구태 가운데 중요한 몇가지를 선정해 살펴보았다. 두말할 나위 없이 노벨상은 121년 전에 닻을 올린 제정 취지에 따라 응분의 기여를 해왔다. 그러나 시대의 급속한 흐름에 부응하지 못하는 폐쇄성 등으로 인해 그 이상과 기능이 석양낙조(夕陽落照)를 방불케 하는 것도 사실이다. 이런 점이 기우에 그쳤으면 하는 바람 속에 현장을 누빈 필자의 고언을 한마디로 줄이면 '노벨상, 이제 그 구태를 벗어나야 한다'라는 것이다.

제4부

창의적 중립외교로 개척해온
강소국의 여정

———

핀란드

25

발트해의 효녀 헬싱키

2017년 5월 31일 9시 45분, 아침 안개가 자욱한 수도 헬싱키항에 도착했다. 어제 스웨덴의 스톡홀름에서 5만 톤급 12층 크루즈 실랴 심포니(Silja Symphony) 5층 906호실에 승선, 발트해를 가로질러 항해하는 데 16시간 55분이 걸렸다. 하선해 택시로 약 15분간 달려 시 중심에 자리한 야드 콘셉트(The Yard Concept) 호스텔에 여장을 풀었다. 중급 호스텔로 1인 1일 숙박비는 130유로(한화 약 176,000원)다. 오후 2시 체크인이라기에 짐을 로비에 맡겨놓고 서둘러 거리 구경에 나섰다. 부근의 간이식당에서 샌드위치로 아침식사를 때우고 식당 종업원의 친절한 시내 관광 안내까지 받고서 문을 나섰다.

당초 이번 유럽 주유를 계획하면서 핀란드 여행에서 얻을 결과물로는 도대체 이 작은 나라가 자연지리적 험지에서 숱한 역사의 우여곡절과 수모를 겪으면서 어떻게 선진 강국이 되었는가 하는 미제(未

濟)의 해답을 거머쥐는 것이었다. 비록 촉박한 일정이지만 모든 행각은 이 결과물의 천착에 초점을 맞추려고 내심 궁리에 궁리를 거듭했다. 그 첫날, 간밤에 흥건히 내린 비는 후줄근한 거리 바닥을 말끔히 씻어주었고 오래간만에 쪽빛 하늘이 드러났다. 다행히 가봐야 할 곳들이 호스텔 주위에 널려 있어 관광에 발품을 팔기로 하고 구체적인 동선을 꼼꼼히 짰다. 날이 개니 산타 할아버지로부터 때아닌 특전을 받은 셈이다.

답사 일반이 그러하거니와, 특히 핀란드같이 작지만 강한 나라의 실상을 있는 그대로 관찰하고 확인하기 위해서는 면밀한 현장 답사를 통해 증거가 될 만한 실물을 '인증샷'으로 재현해야 한다. 그래서 핀란드 답사의 첫날은 숙소 주변에 집중적으로 배치되어 있는 대표적 유물들을 심층적으로 탐방하는 데 모두 할애하기로 했다. 첫 발길이 닿은 곳은 부둣가에 면해 있는 마켓광장의 재래시장이다. 광장 한복판에 '발트해의 딸'(정식 명칭은 하비스 아만다Havis Amanda상)이라는 약 7m 높이의 동상이 해변가를 향해 서 있다. 관광객들은 저마다 헬싱키의 상징이라는 이 동상을 배경으로 기념사진을 찍기에 여념이 없고, 그런 뒤에는 동상의 의미에 관해서는 별 생각 없이 무심코 스쳐 지나간다. 시장 어귀에는 한떼의 젊은이들이 야외무대에서 한창 공연을 하고 있었다. 시장은 별로 크지는 않지만 신선한 각종 채소와 육류, 어류 등의 식료품과 각양각색의 핀란드 특산 수예품이 매대마다 듬뿍듬뿍 쌓여 있다. 시장 한모퉁이에 삼삼오오 모여 앉아 간편한 아침식사를 즐기는 광경이 낯설지 않다. 제아무리 선진국이라고 해도 재래시장에서 호객 소리가 요란한 것은 세상 어디나 매일반이다.

마켓광장에서 10분쯤 걸어서 핀란드정교회 본산인 우스펜스키 대

헬싱키의 상징인 마켓광장의 '발트해의 딸' 동상

성당(Uspenskin katedraali)에 이르렀다. 그런데 뜻밖에도 정문에는 아무
런 설명도 없이 '오늘은 휴관'이라는 안내문만이 덩그렇게 붙어 있
다. 방문객 대부분은 안내문을 한번 힐끔 쳐다보고 별 군소리 없이 발
길을 되돌린다. 아마 이러한 일이 관행으로 굳어진 현지 예배객들인
것 같다. 그러나 우리 일행처럼 기대를 갖고 찾아온 외국인 관광객들
은 너나없이 언짢은 표정을 지으며 서성거린다. 화려한 내부 장식으
로 소문난 성당이어서 일부러 찾아왔는데 눈앞에서 놓치게 되니 큰
아쉬움이 아닐 수 없다. 우리는 외관만 한번 둘러보고 사진 몇장을
남긴 채 돌아섰다. 헬싱키 시내가 한눈에 내려다보이는 카타야노카
(Katajanokka)섬의 나지막한 언덕 위에 자리한 이 대성당은 러시아 건축
가 알렉세이 고르노스따예프(Alexey Gornostaev)가 설계를 맡았는데, 공

핀란드정교회의 본산 우스펜스키 대성당 전경

사는 그의 사후인 1862년에 시작해 6년 만에 완공되었다. 대성당의 이름은 슬라브어로 '성모 안식'을 뜻하는 우스페니에(uspenie)에서 유래했다고 한다. 성당 지하에는 1914년부터 1917년까지 핀란드정교회 본당 주교 대리로 봉직하고 사후에 시성(諡聖)된 알렉산드르 호또비쯔끼(Aleksandr Hotovitsky)의 이름을 딴 예배당이 있다. 이 대성당은 서유럽에서 가장 큰 정교회 성당으로, 입장료는 무료이며 연간 방문객이 약 50만명(2018)에 달한다.

이어 찾아간 곳은 원로원(Senaatintori) 광장을 끼고 있는 헬싱키 대성당(Helsingin tuomiokirkko)이다. 루터교 대성당(The Lutheran Cathedral)이라고도 하는 이 대성당은 헬싱키의 랜드마크로서 핀란드 루터파 교회의 총본산으로, 1917년 핀란드 독립까지는 '성 니콜라우스 교회' 또

헬싱키의 랜드마크인 루터교 대성당

는 그저 '큰 교회'라고 불렸다. 카를 루트비히 엥겔(Carl Ludwig Engel)이
설계해 1830년에 착공, 22년간의 공사 끝에 1852년에 완공한 이 성당
은 신고전주의 양식으로 밝은 녹색 돔과 흰색 주랑이 화려한 조화를
이룬다. 중앙 돔은 네 측면 어디서나 보이며, 지붕 위에는 아연으로
된 예수의 12제자상이 세워져 있다. 당초에는 중앙의 돔만 있었으나
후에 네 귀퉁이에 돔을 추가했다. 성당 내부는 상당히 정중하고 엄숙
하게 꾸며졌으며 양면 벽에는 우아한 성화들이 걸려 있다. 오늘날 핀
란드 인구의 약 68%(2020)가 루터교 신도인 만큼 이곳에서는 수시로
국가적인 종교행사와 전시회, 파이프오르간 연주회 등이 거행된다.
　헬싱키 대성당에서 나오는 길에 원로원 광장에 들렀다. 광장 한복
판에 우람한 동상 하나가 도도히 서 있기에 가봤더니, 뜻밖에도 러시

초대 핀란드 총독이던 러시아 황제 알렉산드르 2세 동상

아 황제 알렉산드르 2세의 동상이다. 어찌된 영문인가 어안이 벙벙했다. 알렉산드르 2세는 110년간의 러시아 지배 당시 초대 핀란드 총독이 아닌가. 저주받아야 할 식민통치자의 동상을 허물어버리지 않고 그대로 남겨 기리다니 사상 희유의 일이다. 알아보니 러시아 지배 (1809~1917) 직전인 스웨덴 통치시대에는 핀란드어 사용을 법적으로 금지했으나 러시아 지배로 바뀌면서 러시아 식민당국은 스웨덴어와 더불어 민족어인 핀란드어의 공용어 사용을 허용했을 뿐만 아니라, 핀란드인이 주축이 된 원로원을 출범시켜 제한적이기는 하지만 핀란드에서 의회민주주의 길을 터놓았으며, 유럽에서는 최초로 모든 성인

에게 선거권을 부여하는 '선정'을 베풀었다는 것이다.

게다가 러시아 식민통치가 종언을 고한 1917년 이후에도 독립한 핀란드는 러시아 식민통치의 잔재를 완전히 청산하지 못한 채 2차대전을 맞았고, 러시아와 수십만의 희생자를 낸 두차례의 전쟁(1939~40년의 '겨울전쟁'과 1941~44년의 '계속전쟁')까지 치르면서도 운명적으로 중립정책을 모색하며 인접한 러시아와의 선린관계 유지를 생존전략으로 삼아왔다. 급기야 식민통치의 원흉 격인 알렉산드르 2세에게까지 울며 겨자 먹기로 특유의 관용을 베풀어 그 동상을 오늘날까지 버젓이 보존하고 있는 것이 아닐까 하는 추론을 감히 해본다. 이 대목에서 핀란드식 중립외교 정책의 허와 실, 그 양면성에 관해 다시 한번 숙고하게 된다.

원로원 광장을 빠져나와서는 물어물어 샛길로 다음 목적지인 핀란드 국립박물관으로 향했다. 어느새 점심시간이 훌쩍 넘어 시장기가 돌았다. 케케묵은 골목 식당에서 해산물 튀김으로 대충 점심을 때우고 종종걸음으로 박물관에 도착했다. 사실 지난 30년간 종횡 세계일주를 행하면서 굳어진 관행이 한가지 있는데, 바로 어느 곳에 가든지 여장을 풀기 바쁘게 최우선으로 찾아가는 곳이 국가적 규모 내지 국립 박물관이라는 사실이다. 이러한 박물관이야말로 그 나라에 관한 종합적 지식을 생생하게 제공해 낯선 곳을 찾은 허전함을 달래줄 뿐만 아니라 여정의 프레임까지 세세히 제시해주기 때문이다. 이번 핀란드 답사처럼 여정이 촉박할 경우에는 더더욱 그러하다.

육중한 석조 자재와 장식, 58m 높이의 사각형으로 지어진 박물관의 외관으로 봐서는 중세에 지어진 오래된 성당으로 착각할 만하여 현대의 박물관 건물이라고는 도저히 상상이 안 되었다. 그도 그럴 것

핀란드 국립박물관 외관

이, 이 박물관은 1812년 헬싱키로 천도할 때까지 수도였던 투르쿠 (Turku, 현 핀란드의 두번째 항구도시이자 중요한 공업기지)에 있는 중세의 유명한 루터교 성당(1229년 완공)의 건축양식을 온고지정(溫故之情)을 담아 그대로 본떠 지은 건물이기 때문이다. 1905~10년에 지은 이 박물관은 건축가 헤르만 예셀리우스(Herman Gesellius)와 아르마스 린드그렌 (Armas Lindgren), 엘리엘 사리넨(Eliel Saarinen) 3명이 공동으로 설계했으며, 건물은 중세 한때를 풍미한 이른바 '스칸디나비아 민족낭만주의'의 풍격을 지닌 대표작으로서 '고탑(高塔)'이라고도 부른다. 4층 건물의 총면적은 3,100㎡에 달한다. 상설전시실에는 지난 170여년 동안 발굴된 각종 고고학과 역사학, 인류학 관련 유물들이 일목요연하게 전시되어 있다.

박물관 수장품 가운데는 이러한 역사적·문화적 유물뿐만 아니라

핀란드 국립박물관에 전시된 무늬가 새겨진 석기, 채색 암벽화와 각종 철제 도구

고대 성곽 모형과 고대 선박 모형, 석조 기마병, 화려한 문양의 다구병(多口甁)과 전통 예복

중세 이래 핀란드의 독특한 예술을 감상할 수 있는 수작들도 다수 선을 보이고 있다. 일례로, 중세 핀란드의 저명한 화가 악셀리 갈렌칼렐라(Akseli Gallen-Kallela)가 1928년에 민족서사시 『칼레발라』(Kalevala)를 주제로 프레스코 화법으로 그린 천장화가 박물관 현관 천장을 장식하고 있는데, 이 천장화는 일찍이 20세기 초 빠리에서 개최된 만국박람회에 출품된 작품을 모본(模本)으로 한 것이다. 또한 눈길을 끄는 것은 핀란드 출신 탐험가이자 과학자 구스타프 노르덴셸드(Gustaf E. A. Nordenskiöld)가 발견해 세계문화유산으로 등재된 미국 콜로라도 메

사버드(Mesa Verde)의 고대 푸에블로족 절벽 주거지와 유물 관련한 특별전시관이다.

전시된 유물에 준해 핀란드의 역사시대를 개략적으로 추적해보면, 구석기시대 말~신석기시대 초인 기원전 약 9000년 전 마지막 빙하기가 끝날 무렵에 사람이 살기 시작한 이래 기원전 약 5000년경 신석기시대에는 즐문토기를 비롯한 토기문화가 발달했고, 기원전 약 3000년경부터는 청동기시대에 접어들어 농경문화의 발달과 더불어 발트해 지역 간에 교역이 발생했다. 이 시기에 이르러 핀란드 지역에는 문화적 성격을 달리하는 남서핀란드문화와 헤메(Häme)문화, 카리알라(Karjala)문화의 3대 문화권이 형성되었다. 여기까지의 선사시기에 핀란드 역사의 주인공은 그 실체가 아직 명확하게 밝혀지지 않은 '원주민'이었다.

그러다가 기원전 수천년 무렵에 중앙아시아 지역으로부터 우랄알타이어족에 속하는 핀족(Finns, 오늘날 핀란드인의 조상)이 서진을 계속해오다가 기원후 1세기경에 지금의 핀란드 남부에 정착하여 핀란드 민족국가의 기틀을 마련하면서 역사무대에 등장했다. 그리하여 북유럽 스칸디나비아반도의 여러 나라 가운데 유일하게 핀란드만이 우랄알타이어족에 속하는 핀어를 공용어로 사용하게 되었을 뿐만 아니라, 후술하다시피 핀란드만의 여러가지 사회문화적·체질인류학적 고유성과 특성을 지니게 되었다.

필자가 이 박물관을 둘러보면서 특별히 감명 깊게 주목한 유물은 즐문토기다. 필자는 졸저『실크로드 사전』(2013)의 '즐문토기' 항목에서 신석기시대 북방 유라시아에 동서를 가로지르는 이른바 '즐문토기문화대'가 형성되었는데 그 서단은 핀란드이고 동단은 한반도라고 확증하면서, 그 사이를 이어 형성된 '즐문토기문화대'는 북방 초원실 크로드의 시원이라고 주장했다. 물론 이것은 연변에서 출토된 빗살무늬토기 유물을 증거로 한 주장이었다. 그러나 그 서단인 핀란드에서의 현장 검증은 거치지 못했기 때문에 내심 걱정을 해오다가 이번 답사 기회에 꼭 그 걱정을 덜고 확신을 가다듬으려 했다.

다행히도 이 박물관에서 서울 암사동 선사유적에서 출토된 빗살무늬토기와 기형과 무늬, 재료와 색깔 전반이 신통히도 엇비슷한 수십 점의 빗살무늬토기에 눈길이 닿았을 때, 놀라움과 기쁨에 저도 모르게 소스라치고 말았다. 순간 이곳에 오기 전 스웨덴과 노르웨이의 여러 박물관에서도 동류의 토기 유물을 발견했을 때의 감격이 삼삼히 떠오르면서 선사시대 북방 즐문토기문화대의 서진은 결코 핀란드에서 멈춘 것이 아니라 그 서쪽 멀리까지 계속 확장되었을 개연성을 재삼 상기하게 되었다. 그 개연성의 사실로의 전환을 금후의 연구과제로 남겨놓은 채, 그리고 문화강국답게 박물관을 잘 꾸며놓고 합리적으로 운영하고 있는 데 대해 마음속 깊이 찬사를 보내면서 뜻깊은 박물관 참관을 마쳤다.

박물관을 나서니 어느새 해는 뉘엿뉘엿 서산으로 기울어지고 있었다. 호스텔로 돌아올 때는 그토록 자랑거리가 많은 이 나라 수도의 민낯을 조금이라도 제대로 알아보기 위해 일부러 큰길을 놔두고 골목길, 그것도 될수록 후미진 골목길을 택해 걸었다. 어느 나라나 수도는 그 나라의 얼굴이기 때문에 수도만 잘 알아도 그 나라 전체를 얼추 짐작할 수가 있는 것이다. 물론 일정이 촉박해 여러곳을 두루 돌아보지 못한 채 명승지나 관심 있는 곳 몇군데만을 주마간산으로 돌아보고 나서 이러쿵저러쿵 말치레를 하는 것부터가 결례이기는 하지만, 이번 핀란드 답사만은 그나마도 작위적 면죄부에 안주할 수 있게 된 데는 다음과 같은 두가지 요인이 작용했다. 그 하나는 일찍부터 선망의 대상으로 관심이 많았던 핀란드에 관해 비교적 적절한 사전 예습을 했다는 것이고, 다른 하나는 다행히 북유럽의 언어는 물론 사회 전반에 관해 익숙할 대로 익숙한 조카손녀 미혜가 시종 동행, 안내를 맡아줌으로써 많은 도움을 받았다는 것이다.

호스텔에 거의 다다를 무렵에 갑자기 오늘의 첫 관광 코스로 마켓 광장 중심에 서 있는 헬싱키의 상징물 '발트해의 딸' 동상을 무심코 스쳐지난 일이 후회로 떠올라 다시 찾아갔다. 동상의 기단에 걸터앉아 물끄러미 쳐다보니 무언가 영감이 떠오르는 성싶어 그 의미를 곰곰이 음미했다. 비견(鄙見)이지만 일단 '딸'을 '효녀'와 '미녀'로 각기 해석해봤다. 우선, 헬싱키는 온몸을 던져 핀란드의 오늘을 위해 성심성의껏 '효도'를 해온 것이 아니겠는가. 물론 700년간이나 외래 식민세력의 치하에 있다보니 일국의 수도라는 위상은 아예 무시되었으며 독립국의 수도 대접을 받은 지는 채 100년도 안 되지만, 그 역할과 중요성으로 인해 공식 수도와 진배없는 위상을 누리며 봉사해왔으니 말이다.

다음으로, 헬싱키는 '미녀'와 같이 우아하고 아름다우며 온화한 도시다. 헬싱키는 북극권(북위 66도 33분 이북 지역)에 근접한 북위 60도(알래스카의 앵커리지와 캄차카반도 최북단과 거의 같은 위도)에 자리한 도시지만 발트해에 에워싸여 상대적으로 온화한 습윤 대륙성기후에 속하며, 연평균기온은 약 6도이고 가장 춥다는 2월의 평균기온은 −4.7도로 한국의 춘천(북위 38도)이나 미국 시카고(북위 42도)의 1월 평균기온과 비슷하다. 이러한 천혜의 조건과 더불어 헬싱키 도시와 그 주변은 우거진 푸른 숲과 거울처럼 맑은 호수로 장관을 이루고 있으며, 도시의 건물들은 근세 건축의 특성을 그대로 살린 한폭의 아기자기한 파노라마를 연상케 한다. 미녀의 아름다운 자태 그대로다.

미혜와의 석별을 하루 앞둔 저녁이라서 호텔방에서 오늘의 일과를 중심으로 그동안 해명을 미루어오던 여러가지 문제점에 관해 많은 이야기를 주고받은 후 답사 메모를 정리했다. 한마디로 수도 헬싱키는 그 면모가 핀란드의 축소판이라고 말할 수 있다. 상술한 바와 같이 원래 헬싱키 지역 주민들의 조상은 1세기경 중앙아시아 우랄 지방의 핀족이 이곳까지 서진해 정착, 터전을 마련한 외래 이민이다. 13세기부터는 인접국 스웨덴의 식민지로 있다가 1550년 스웨덴 식민당국에 의해 도시가 개발되기 시작했다. 18세기 초에는 역병과 화재로 인해 도시가 크게 피폐해졌으며, 19세기 초에 발생한 또다른 대화재에 의해 도시의 4분의 1이 잿더미가 되어 구제불능의 나락에 떨어졌다.

그러다가 1809년 러시아-스웨덴전쟁에서 승리한 러시아가 핀란드를 합병해 형식상 자치적 성격을 띤 핀란드대공국(大公國)을 출범시켰다. 이때부터 헬싱키의 근대적 도시화가 추진되기 시작해 오늘날의 도시 구도를 갖추어나갔다. 러시아 10월혁명의 여파는 이 나라에도 세차게 밀려와 결국 백군과 적군(친러시아) 간의 내전이 일어나면서 나라는 극도의 혼란에 빠졌다. 독일군의 개입으로 내전은 백군의 승리로 마감했지만 그 손상은 막대했다. 핀란드는 다른 동유럽 국가들과 달리 소련의 위성국 지위를 허용하지 않음으로써 여러가지 외교적 마찰을 겪어오다가 2차대전을 전후로 정세가 급박해지자 양국 간의 갈등이 격화되어 겨울전쟁과 계속전쟁이라는 두차례의 전쟁을 겪어야 했다. 계속전쟁 때 소련군은 헬싱키 상공에 무려 16,000개의 폭탄을 투하해 도시를 거의 폐허로 만들었다고 한다.

이러한 전쟁의 후과 때문에 헬싱키의 현대적 도시화는 뒤늦게 1970년대에 이르러서야 본격화되었다. 더불어 핀란드 전국의 선진화, 복지화도 그만큼 지연되어 인근 북유럽 국가들에 비해 후발일 수밖에 없었다. 그럼에도 불구하고 단기간 내에 여타 복지국들을 추월해 세계의 선진화와 복지를 선도하는 나라로 우뚝 서게 되었다는 것은 문자 그대로 일대 기적이 아닐 수 없다.

오늘날의 헬싱키는 면적 715km²에 인구 약 65만명(교외 지역 포함 152만명)을 거느린 도시로서 수도치고는 작은 편에 속한다. 100만명 이상 도시 중에서는 세계에서 가장 북쪽에 위치한 도시로서 겨울에는 좀처럼 해가 뜨지 않고 여름에는 밤다운 밤이 별로 없어 저녁만 조금 지나면 다시 동녘이 밝아오는 백야지대다(백야지대의 문제점에 관해서는 앞의 16절 참고). 그리하여 연간 일조량은 총 1,858시간인데 그중 70%가 여름에 집중되어 있으며, 11~2월에는 평균 43시간밖에 되지 않는다. 이러한 자연환경과 더불어 대부분의 평지가 숲과 호수로 뒤덮여 있어 농경 발달에 한계가 있고 경제발전의 불균형을 초래하고 있다.

이러한 불리한 자연환경 속에서, 그리고 700여년간의 외래 식민통치의 핍박 속에서 간단없는 우여곡절과 거듭되는 기복을 극복하면서 인류문명의 선진화 고지에 선착한 핀란드의 유장한 궤적은 헬싱키의 존재를 떠나서는 결코 상상할 수가 없다. 그 '왜소한 체구'에도 불구하고 헬싱키는 시종일관 핀란드의 중흥을 위해 모든 것을 앞장서 끌고 가는 기관차, 선봉장의 역할을 수행해왔다. 오늘날은 핀란드 대외 교역품의 절반 이상이 헬싱키항을 통해 세계 각지로 유통되며, 40여개의 국제항로로 세계 각국과 소통하고 있다.

헬싱키의 도시 중심부를 한바퀴 돌아보면서 받은 가장 깊은 인상은, 작지만 강한 나라가 될 수 있는 비결은 단절이나 겉치레, 허장성세에 있는 것이 아니라 전통의 계승과 검소, 착실한 내공에 있다는 것이었다. 시내에서는 고압적인 고층건물을 별로 찾아볼 수 없다. 한결같이 소박하고 수수하다. 이용의 편리성을 우선시하는 실용주의적 건축관에 입각해 현대성과 전통성을 잘 배합한 것이 건물들의 공통성이다. 특급호텔 같은 건물의 장식에서도 튀는 색깔은 피하고 은은한 색깔을 선호하며, 실내 비품에서도 전통적인 목조 가구가 인기라고 한다. 이러한 성향 때문인지 버젓한 대로인데도 매끈한 현대적 아스팔트 포장과 투박스러운 전통적 돌포장이 병존하는 것이 여러곳에서 눈에 띄었다. 핀란드가 고집하고 있는 이런 현상에 부딪칠 때마다 김부식이『삼국유사』에서 백제 문화를 평가하면서 한 검이불루 화이불치(儉爾不陋 華爾不侈), 즉 검소하나 누추하지 않고, 화려하나 사치스럽지 않다는 어구가 떠올라 되뇌곤 했다. 여기 지구의 대척점에 있는 핀란드에 우리의 것과 비슷한 의식구조의 문화가 공존하고 있다는 것은 실로 이상야릇한 현상이 아닐 수 없다. 혹여 우리는 다 같이 우랄족의 후예여서가 아닐까.

이제 이 국제도시의 역할과 위상, 특징에 관한 세인들의 평가 몇가지를 모아 소개하고자 한다. '북방의 백야 도시' '해가 지지 않는 도시' '북방의 청결한 도시' '세계 유수의 과학기술의 도시' '지구상에서 가장 살기 좋은 도시의 하나' '지구상에서 행복지수가 가장 높은 도시의 하나' '고전미와 현대문명을 하나로 융합시킨 도시' '도시의 건축과 자연풍광을 절묘하게 결합시킨 꽃의 도시' '활력이 넘치는 문화도시' '유럽의 9개 문화도시의 하나' '신구(新舊)가 혼연일체된 도시' 등 헬싱키에 관한 평가는 구구하다.

26
다관의 강소국

'다관(多冠)의 강소국'이란 시쳇말로 풀이하면 '여러 영예의 타이틀을 가진 작지만 강한 나라'라는 뜻이다. 이 글에서의 '영예'는 일반적인 의미가 아니라 세계적 범위의 영예를 가리킨다. 이렇게 말만 들어도 흥미롭고 알고픈 나라가 바로 핀란드다. 그렇다면 어떻게 이 작은 나라가 그토록 많은 세계적 영예의 타이틀을 따낼 수 있었을까? 비결은 무엇이고 또 그 교훈은 무엇인가? 여기에 뭇사람의 관심이 쏠리는 것은 너무나 당연한 일이다.

앞절에서도 약간 언급했지만, 핀란드는 인문지리학적으로 한랭한 북극권(북위 60~70도)에 자리하여 세계에서 가장 북쪽에 있는 나라 가운데 하나다. 세계적으로 인구는 116위에 해당하는 약 553만명(2021, 남한의 약 11%)이며 면적은 65번째인 338,455km²(남한의 3.37배)인데, 그 중 약 75%가 숲이고 약 188,000개의 호수(국토의 10%, 인구 29명당 1개)

와 약 178,000개의 섬을 포함하고 있다. 그래서 핀란드는 숲과 호수, 섬의 나라라고 한다. 하도 질퍽거리는 습지와 호수가 많아서 토착민들은 자신들이 사는 고장을 '수오미'(Suomi, '수오'는 습지를, '미'는 땅을 의미. '핀란드'는 스웨덴어)라고 불렀다. 호수에 관해 한가지 부언한다면, 핀란드는 물론 스칸디나비아반도와 러시아의 핀란드 접경지역에 수많은 호수들이 널려 있는데 그 형태가 대체로 길고 뾰족하며 한 방향으로 가지런하게 자리하고 있다는 점이다. 이는 빙하기에 스칸디나비아반도와 핀란드를 뒤덮었던 빙하의 침식작용의 결과라는 것이 지리학자들의 중론이다.

숙명적으로 찾아오는 지루한 백야에 의한 일조량 부족은 인간의 삶뿐만 아니라 생업을 비롯한 사회경제활동 전반에도 부정적인 영향을 미치게 마련이다. 한마디로, 핀란드의 인문지리적 자연환경은 핀란드의 역사발전에 긍정적인 요인보다는 부정적인 요인으로 작용할 소지가 더 많다. 그러한 부정적 요인들을 긍정적 요인으로 승화시키기 위한 인간의 각고의 노력에 의해서만 자연의 승복(承服)과 문명의 진화는 이루어진다. 이러한 만고불변의 섭리를 핀란드의 역사는 오롯이 실증해주고 있는 것이다.

핀란드인들은 이러한 인문지리적 환경과 더불어 어찌 보면 그보다 더 가혹한 지정학적 환경의 강요를 감내해야만 했다. 역사적으로 핀란드는 외래 이민족(편족)에 의한 원주민 동화(同化) 과정을 거치며 민족국가의 기틀을 마련했다. 이러한 동화 과정은 불가피하게 민족 간의 치열한 갈등과 충돌을 수반했다. 더욱이 중세에 이르러서는 700여 년 동안 동서에 인접한 대국 러시아와 스웨덴의 틈바구니에 끼어 항시 상실과 궤멸의 위기와 불안 속에서 자구책 모색에 전전긍긍하지 않을 수 없었으며, 생사의 기로에서 사라져가는 민족의 정체성과 되찾은 민족의 자주성을 수호하려는 피 끓는 거국적 투쟁도 벌여야 했다. 그 결과 정치적·사회적 의식은 어느정도 개발되었지만 말이다. 외세 치하에서 자본주의적 산업혁명을 제대로 거치지 못했기 때문에 1950년대까지만 해도 농업 위주의 후발국 상태에 머물렀으며, 스칸디나비아반도의 여러 나라들을 비롯한 여느 서구 선진국보다 한발처져서 뒤늦게 1966년 사회민주당이 집권하면서부터 복지국가 건설의 꿈을 키웠고 1970년대 초반에 이르러서야 선진 복지국의 문턱을 가까스로 넘어설 수가 있었다.

그러나 일단 선진 복지국의 문턱을 넘어서자 점입가경 일취월장, 문자 그대로 핀란드는 고속으로 면모를 일신해 당대의 세계 여러 주요 발전지표의 앞자리를 차지함으로써 세상을 깜짝 놀라게 했다. 급기야 그러한 놀라움은 핀란드에 대한 관심의 폭주로 이어졌으며 핀란드 연구의 붐을 일으켰다. 모두의 관심과 연구의 요체는 그러한 비약적 발전이 가능했던 요인과 핀란드의 특수한 경험과 교훈에 온축된 일반화에 대한 추구다. 필자도 그중 한 사람이다.

앞에서 보다시피, 핀란드는 인문지리학적·지정학적 한계로 인해 역사적으로 이웃 나라들에 비해 상대적으로 가난하고 많은 우여곡절을 겪어야 했기 때문에 1950년대까지도 인구의 절반 이상이 1차산업에 종사하는 후진 농업국가였다. 2차대전 후 일찍이 산업화를 실현한 인근 나라들이 국유화를 시행할 때에도 핀란드는 이를 기피했으며 보호무역주의에도 실패했다. 그리하여 생존전략의 일환으로 1973년에 유럽경제공동체와의 자유무역을 위해 무역장벽을 완화하는 한편, 산업의 시장경쟁력을 강화하고 농업과 임업 중심의 경제체제에서 첨단

산업을 핵심으로 하는 선진산업국 체제로의 전환을 적극 모색했다. 그 결과 1998년 휴대폰 생산량이 세계 1위에 오르는 첫 '영예의 타이틀'을 따냈다. 2019년 기준으로 산업별 종사자 비율을 보면 농림업 3.7%, 상업 11.2%, 금융·보험 14.7%, 건설 7.5%, 교통·통신 10.4%, 공공서비스 34.9%, 공업 31.4% 등이다. 주목되는 공업 분야의 비율은 전자 21.6%, 기계·자동차·금속공업 21.1%, 삼림산업 13.3%, 화학공업 10.9%로 나타났다.

핀란드는 1970년대 초부터 2000년 초까지 불과 30년 동안 남들은 수세기에 걸쳐서야 해냈던 산업화를 앞당겨 실현하면서 창의적인 노르딕 모델(북유럽 국가들의 사회경제 모델)을 바탕으로 모범적인 선진 복지국가를 건설함으로써 후발국들의 선망의 대상이 되었다. 그리하여 각국의 선진화와 복지화 수준을 지표화하는 각종 세계적 통계기구에서는 앞을 다투어 핀란드의 놀라운 변신에 관한 통계자료를 연신 발표했다.

세계경제포럼(WEF)이 해마다 출간하는 「세계경쟁력보고서」에 따르면 핀란드는 2001~04년 4년 연속 국가경쟁력 면에서 선두를 지켰다. 2010년대 보고서에서도 핀란드는 국가경쟁력을 평가하는 경제, 교육, 삶의 질, 인간 개발, 시민의 자유 등의 부문에서 계속 부동의 상위권을 유지하고 있으며, 2015년 세계은행(WB)의 인적자본지수와 국경없는기자회가 발표하는 언론자유지수에서도 1위를 점했다고 한다. 이와 더불어 2011~16년의 취약국가지수에서는 가장 안정적인 국가로 평가받았으며, 세계경제포럼의 「세계성격차지수보고서」에서 차별 없는 나라 2위로, 유엔 자문기구 지속가능발전해법네트워크가 발표하는 2018년과 2019년의 「세계행복보고서」에서는 행복지수 1위이며 반부패국가지수도 세계 최고 수준에 이름을 올렸다. 국가경쟁력지수의 산정 지표 가운데서 최고 분야를 보면 산학협력, 첨단 제조방식, 다양한 학교교육 환경, 학교 인터넷 보급률, 기술혁신 능력, 고유제품 개발 능력 등이다.

이상은 핀란드가 획득한 '영예의 타이틀'에 관해 공식 통계기구들에서 발표한 순위 자료다. 그밖에 여러 언론매체와 연구서 들에서 핀란드에 관해 언급한 크고 작은 자랑거리는 이루 헤아릴 수 없이 많다. 그중 몇가지만을 추려보면, 정부에 대한 신뢰도가 높고 부패가 없는 청렴한 나라, 세계 1위의 안전국, 유럽 최초(1906)로 모든 성인에게 선거권을 부여하고 보통선거를 치른 나라, 명실상부한 양성평등 실현국, 인구 대비 대학이 가장 많은 나라(2019년 기준 35개), 인구 대비 올림픽 금메달 비율이 가장 높은 나라 등 부문별로 다양하다. 근간에 핀란드의 양성평등과 관련해 특별히 회자되는 사항은 2019년 12월 35세의 사상 최연소 여성 총리 산나 마린(Sanna Marin, 사회민주당 대표)의 탄생과 연정에 참여한 5당 대표가 모두 여성일 뿐만 아니라 그중 4명은 30대의 젊은이라는 격세지감의 낭보다.

이상에서 필자는 세인이 선망하는 '다관의 강소국' 핀란드의 영예스러운 이모저모를 살펴보았다. 그러나 옥에도 티가 있는 법, 우주만물에 완벽이란 없다. 핀란드의 경우도 마찬가지다. 이번 유럽 주유에서 필자는 저마다의 옥 속에 박혀 있는 티를 '민낯'에 비유해 그 실상을 지적하고 밝혀내는 데 각별히 유념했다. 그 결과 이 나라 핀란드에서도 화려한 외표(外表)에 가려진 그늘을 이곳저곳에서 발견할 수 있었다. 21세기에 접어들어 핀란드의 경제성장은 상당한 굴곡을 겪으며 요동치고 있다. 2008~16년 사이에 경제가 -2~-3%의 성장을 기록하자 정부는 2016년 초부터 기존의 복지정책을 일부 폐기하거나 축소하고, 그 대신 기본소득제로의 전환을 시도했다. 복지의 기본 지표 중 하나인 1인당 GDP는 2010년부터 하강 추세를 나타내더니 2015년에는 42,784달러에 불과했다. 이것은 최고 수준인 2008년의 53,554달러에는 크게 못 미치는 수치다.(2018년부터 약간 회복 중이긴 하다.)

사회 분야에서 여성 노동력에 관한 양성평등은 이미 상당한 수준으로 진척되어 법률가와 의사는 여성이 절반을 차지했고 기업에서 고위직에 있는 여성의 비율도 늘고 있지만 남성에 비하면 아직은 적은 편이다. 여성은 남성에 비해 정규직에 고용되기가 어렵고 젊은 여성에게 계약직 일자리가 많다는 것도(20대 여성의 4%가 파견 사원) 양성평등과 여성 노동력 문제에서 극복해야 할 편파적 현상이다. 복지 실현과 사회개혁에서는 실업 문제가 고질적 난맥상을 드러내고 있다. 실업률은 1994년에 16.6%로 높아졌다가 불경기에서 벗어나면서 해마다 개선 중이라고는 하지만 2021년 기준 8.5%라는 높은 비율을 여전히 유지하고 있다. 여기에 더해 심각한 문제는 러시아와 발트 3국에서 유입되는 노동자가 증가하고 일자리를 찾지 못해 매춘 같은 성산업 종사자가 해마다 늘어나고 있다는 사실이다. 이와 같은 사회상에 연동되어 남루한 옷차림으로 거리에 웅크리고 앉아 빈손을 벌리고 있는 애처로운 걸인들이 심심찮게 눈에 띈다는 것도 결코 예사로운 일일 수 없다.

각종 통계지수를 보면 핀란드는 치안 모범국으로 분류되어 있다. 그러나 이 대목에서 또한 이 나라가 인구 대비 세계 3위의 총기 소지국이라는 사실에 놀라지 않을 수 없다. 일부에서는 숲이 많아 수렵용 총기가 필요해서 그렇다고 하지만 잘 납득이 되지는 않는다. 숲의 밀도가 핀란드보다 훨씬 높은 나라들에서도 총기 소지가 불법인 경우가 있기 때문이다. 이 조용하던 나라에 거세진 신자유주의의 물결 속에서, 또 많은 나라로부터 숱한 이민과 난민이 들이닥치는 상황에서 총기 소지가 그간 구축해온 사회안전망을 허물어버리지나 않을까 심히 걱정된다. 그렇지 않아도 최근 여러곳에서 총기난사 사건이 연발해 무고한 인명을 앗아가는 사회악이 재생산되고 있다. 그래서 일부에서는 총기 소지를 엄격히 규제해야 한다는 주장이 나오고 있다고 한다.

인명 피해와 관련해 또다른 끔찍한 일은 상대적으로 높은 자살률이다. 핀란드에서는 1960년대 이후 자살률이 급증하기 시작해 1980년대 들어서는 세계 최고 수준을 기록한 바 있다. 특히 청소년 자살률이 OECD에서 내내 상위권을 차지했다. 그래서 북유럽의 '자살 대국'이라는 치욕적인 별칭도 가지고 있었다. 정부가 1990년대부터 자살예방 프로그램을 시행하면서 다행히 자살률이 절반 이상으로 떨어져 인구 10만명당 자살자 수가 1990~2010년 사이에 30.2명에서 17.3명으로 감소했다.(한국은 같은 기간 8.8명에서 33.5명으로 급증했다.) 그러나 여전히 여타 북유럽 국가들에 비해서는 높은 편이다. 그리하여 정부는 언론매체에서 자살이라는 용어 사용을 자제해줄 것을 요청했다. 선진국, 복지국을 자랑하는 핀란드가 '자살 대국'이란 오명을 쓰고 있는 이유에 관해서는 여러 설이 구구한데, 종합해보면 크게 두가지다. 하나는 핀란드인들의 부정적(소극적) 국민성이고, 다른 하나는 침울한 기후 등 자연환경을 꼽는다.

앞에서 척박한 환경 속에서 역사의 파란곡절을 극복해온 핀란드인들에 대해 언급했지만, 아이러니하게도 현장에서의 견문과 외국인들

• 도표로 본 다관의 강소국 핀란드

> • **면적**: 338,455km², 세계 65위(남한의 3.37배, 북극권 국가로 국토의 75%가 숲)
> • **인구**: 약 553만(2021), 세계 116위(남한의 11%)

┃ 다관(多冠)

	항목	연도	연도	비고
1	국가경쟁력	2001~04	선두	
2	행복지수	2018~19	1위	
3	치안국	2011~16	1위	
4	반부패국	2018~19	세계 최고	
5	언론자유지수	2015	1위	
6	성차별 없는 나라	2011~16	2위	
7	성인 선거권 부여	1906	유럽 최초	
8	인구 대비 대학 수		최다	총 35개 대학
9	인구 대비 올림픽 금메달		최다	
10	35세 최연소 총리	2019		

┃ 민낯

	항목	연도	내용
1	경제 마이너스 성장	2008~16	매해 2~3% 마이너스 성장
2	1인당 GDP 하락	2010~17	2008년 53,554달러에서 2015년 42,784달러로 하락
3	실업률	1994~2006	16.6→7.7%, 2021년 8.5%로 높은 비율 유지
4	자살률	1980년 최다	1960년 후 급증, '자살 대국'
5	인구 대비 총기 소지		세계 3위
6	당뇨병 발생률		세계 1위, 10만명당 40명
7	전근대적 놀이문화		휴대폰 멀리 던지기 등

의 답사기에서 이들의 긍정적 국민성의 대척점에 있는 또다른, 그와 정반대되며 심지어 자살까지 유발하는 부정적 국민성을 알게 되었을 때는 실로 놀라지 않을 수 없었으며, 필자의 무지와 천식에 만시지탄을 금할 수 없었다. 리처드 D. 루이스(Richard D. Lewis)는 화제작 『핀란드: 고독한 늑대의 문화』(*Finland, Cultural Lone Wolf*, 박미준 옮김 『미래는 핀란드에 있다』, 살림 2008)에서 이 부정적 국민성에 관해 다음과 같은 생생한 기록을 남기고 있다.

핀란드인은 다른 사람에게 좀처럼 자기 속내를 보이지 않는 성격이 흔하다. 핀란드에서 룸메이트로 핀란드인과 6개월간 살면 5개월 정도 되어서 처음으로 말을 튼다고 할 정도다. (…) 이런 모습 때문에 핀란드인들은 고독한 늑대 같다는 편견이 있다. 핀란드를 대표하는 영화감독 아키 카우리스마키가 만든 영화들은 이런 핀란드인들의 무뚝뚝한 감수성을 영화에 잘 녹여내고 있다고 평가받는다. 감독 본인도 퉁명스럽고 시니컬하게 인터뷰하기로 유명하다.

또한 개인주의 성향이 극단적이라 TV프로그램 「비정상회담」에 일일 대표로 출연한 레오 란타는 버스를 기다릴 때도 줄을 서지 않고 따로따로 기다린다고 증언했다. 핀란드 사람들은 이성에게도 특유의 강한 무뚝뚝함으로 대하는 것으로 유명하다. 과묵한데다가 스킨십도 잘하지 않는다. 이에 대해 레오 란타는 성조(聲調)가 거의 없는 핀란드어의 특징이나 기후의 영향이 커서 그런 것 같다고 언급했다.

그밖에 핀란드의 민낯을 드러내는 자질구레한 일들이 적잖다. 가령 당뇨병 발병률이 10만명당 40명으로 세계 최고이며, 한때는 신생

아 5명 중 1명이 췌장병에 걸려 사망하기도 했다. 그런가 하면 '휴대폰 멀리 던지기'나 '사우나 선수권대회' 같은 이색적인 게임이 성행하기도 한다. 1999~2010년까지 유행했던 사우나 선수권대회는 사우나에 들어가서 가장 오래 버틴 사람이 승자가 되는 게임이다. 그런데 어떤 참가자가 주최측에서 금지한 진통제를 복용하고 급사했다. 이것이 계기가 되어 이 이상야릇한 대회는 중단되어버렸다고 한다. 뿌리 없이 일시적 흥행을 좇아 급조된 게임은 단명할 수밖에 없다.

27

핀란드 부흥의 3대 정신적 지주

다관의 작지만 강한 나라 핀란드가 벅차게 진화해온 역사를 잠시 훑어보노라면 일상에서 통용되는 변증법이나 상식으로는 도저히 풀이가 안 되는 낯선 현상들이 많이 발견되어 놀라움에 입이 벌어질 지경이다. 살을 에는 한랭대의 습지에서 살아남았고, 무에서 유가 창조되며, 작음이 오히려 강함이 되고, 동상을 세워 식민 수괴를 기리며, 인구 5.2%와 0.04%만이 사용하는 스웨덴어와 사미어까지 국가 공용어로 인정하는 관용(87.3%가 핀란드어 사용), 사상 미증유의 700년 식민 통치하에서도 꿋꿋이 지켜온 민족의 정체성과 정기, 칠전팔기로 기사회생하는 오뚜기……

그렇다면 이 모든 것을 가능케 한 요인, 원동력은 과연 무엇일까? 핀란드 사람들은 그 요인과 원동력을 '3S'에서 찾고 있다. 3S란 핀란드 부흥의 3대 정신적 지주를 상징하는 세 단어의 첫 글자를 합성한 것이다. 그 세 단어란 핀란드인들이 가장 애지중지하며 자랑하는 보편적 문화시설 사우나(sauna), 위대한 민족음악가 시벨리우스(Jean Sibelius, 1865~1957), 그리고 불굴의 투지와 용기, 인내를 뜻하는 핀란드어 시수(sisu)다. 삶의 서로 다른 측면들을 갈무리하고 있는 이 세 단어의 뜻을 새겨보면 그것이 핀란드 부흥의 3대 정신적 지주가 된 까닭을 가히 짐작할 수 있을 것이다.

그중 첫째로 사우나는 핀란드에서 보편적 시설로서 핀란드인들을 위해 의학적 기능과 사회적 기능을 함께 수행해온 불가결의 전통문화이기도 하다. 아득한 옛날 북방 한랭지대인 핀란드와 러시아의 원주민들이 추위에 웅크린 몸을 풀기 위해 고안해낸 목욕의 한 형태인 사우나는 오랜 세월을 거치면서 의학적 기능과 사회적 기능을 동시에 갖춘 일상 문화시설로 발달했다. 그리하여 국가와 민족, 사회 전반의 안정과 행복을 진작하는 정신적 지주의 하나로 자리 잡았을 뿐만 아니라 세계적으로 퍼져나가 국제적 유대의 한 고리가 되었다.

일반적으로 사우나는 열로 돌을 달군 후 뜨거운 돌에 물을 끼얹어 발생하는 증기를 쐬며, 핀란드에서는 특히 어린 자작나무 가지 묶음으로 몸을 가볍게 두드리는(vasta spanking) 욕법을 즐긴다. 사우나에서 시간을 보내는 것은 핀란드인들이 가장 즐기는 여가활동의 하나라고 한다. 그러다보니 인구 553만명밖에 안 되는 나라에 무려 320만개(인구 1.7명당 1개)의 사우나가 처처에 널려 있다. 아파트와 별장 오두막, 수영장, 헬스클럽, 호텔, 공항 라운지, 패스트푸드점 등 어디를 가나 없는 곳이 없다. 심지어 대형 관광버스 안에도 사우나가 설치되어 관광객들의 휴게실로 이용된다.

이러한 사우나의 밀도는 이곳에서 사우나의 기능과 용도가 그만큼

가정용 사우나의 내부

인간의 삶과 절실하게 밀착되어 있음을 말해준다. 핀란드 사람들에게는 일주일에 적어도 두번 이상 사우나를 하는 것이 관행이다. 사우나는 의학적으로 혈액순환과 소화를 돕고 피부를 부드럽게 하며, 신진대사와 피로 회복을 촉진하고, 정신을 맑게 하며 정서를 안정시킨다. 그런가 하면 사회의 일체감을 선양하고 화합을 이루는 역할도 한다. 사우나는 가족이나 친구들이 함께 모여 즐기는 사교 공간으로서 사우나를 같이 하자는 제안은 우정의 표현이라고 한다. 핀란드인들은 행복을 논할 때 평온함과 고요함을 선결 조건으로 간주한다. 그러한 평온함과 고요함을 제공하는 장소가 다름 아닌 사우나다. 따라서 집이나 건물을 지을 때 사우나부터 짓거나 건물에 사우나가 갖춰져 있지 않으면 준공을 불허하는 이유가 바로 이러한 여러 요인들 때문이다. 사실 오늘날 우리를 포함해 여러 나라에서 공통적으로 쓰이는 사우나라는 말은 비록 그 욕법은 각기 다르지만 어원은 핀란드어(핀족어)에서 유래한 것으로, 핀란드 사람들은 자국어 사우나가 국제 통용어가 된 데 대해 대단한 자부심을 간직하고 있다.

핀란드 부흥의 3대 정신적 지주 중 두번째는 국보급 음악 영웅 잔 시벨리우스의 이름이 상징하는 낭만주의적 애국애족과 저항의 정신이다. 그의 삶과 작품에 나타난 이러한 정신은 곧 국민들에게 정신적 자양분으로 받아들여져 거대한 실천적 에너지로 승화됨으로써 오늘의 핀란드를 만들어내는 데 정신적 지주가 되었다.

1865년 핀란드 남부의 소도시 헤멘린나(Hämeenlinna)에서 2남 1녀의 장남으로 태어난 시벨리우스는 7세 때부터 이모에게서 피아노 기초교육을 받기 시작했다. 클래식 음악을 좋아하던 군의관 출신 아버지의 관심 속에 누이는 피아노를, 동생은 첼로를 연주하며 가끔은 3남매가 피아노 3중주를 합주하기도 했다. 15세가 되던 즈음에는 바이올린에 매료되어 악단 지휘자를 찾아가 연주법을 배웠는데, 적성에 맞아서인지 놀랄 만큼 일취월장하자 바이올린에 뜻을 두었다. 그러나 음악가는 생활이 불안정하다는 이유로 집안 식구 모두의 반대에 부딪혔다. 내성적이던 시벨리우스는 결국 집안의 반대를 거역하지 못하고 헬싱키대학 법학부에 학적을 올렸다. 하지만 법학에는 애당초 흥미가 없었고 반면에 음악에 대한 열정은 날이 갈수록 뜨거워지기만 했다. 고민 끝에 그는 법학 공부와 병행해 음악을 계속 공부하기로 작심하고 헬싱키음악원에 입학했다. 음악원에 입학하기 전 이미 실내악 소품 20여편을 작곡한 실력이 인정되어 음악원 입학은 무난했다. 시벨리우스는 이제 날개를 펴고 그간 아쉬웠던 음악이론과 작곡을 체계적으로 배울 수 있었다.

결국 그는 지긋지긋한 법대를 중퇴하고 작곡에만 전념하게 되었다. 교내에서 유능한 음악 천재로 활약하면서 장차 명불허전의 바이올리니스트의 길을 걸을 꿈을 키워갔다. 그러던 어느날 뜻밖에도 한 거장의 바이올린협주곡을 연주하던 도중 너무 긴장한 나머지 큰 실수를 범해 비난을 받게 된다. 이 연주회 사건을 계기로 시벨리우스는 자신은 무대 체질이 아니라는 것을 절감하고 바이올리니스트의 신분을 포기하고 작곡가로의 변신에 관해 깊이 초심고려(焦心苦慮)한다. 이렇게 기로에서 고민의 늪에 빠져 허우적거릴 때 그는 운 좋게도 지음지교(知音之交)인 이탈리아 출신의 피아니스트이자 교수 페루초 부소니(Ferruccio Busoni)를 만난다. 시벨리우스의 천재성을 잘 아는 부소니는 그에게 독일 유학을 권유하면서 당대 독일의 거장 브람스에게 추천서까지 써준다. 핀란드의 국비장학생으로 선발된 시벨리우스는 음악의 고향으로 선망되던 독일과 오스트리아에서 여러 대가들에게 사사하며 작곡과 기악을 심층적으로 공부함으로써 시야는 더 넓어지고 미래에 대한 이상과 신념은 더 단단히 굳어졌다.

한편, 19세기에 들어와 러시아의 혹독한 식민통치와 불합리한 민족차별 정책을 경험하면서 핀란드 국민들은 점차 민족의식에 눈뜨기 시작했으며 고유한 민족문화를 정립, 발전시켜야 한다는 절박한 필요성과 당위성을 깨닫게 되었다. 이러한 역사적 배경 속에서 시벨리우스는 26세가 되던 1891년에 민족서사시『칼레발라』를 저본으로 한 교향곡『쿨레르보』(Kullervo) 전 5악장을 작곡했다. 이 교향곡은 자랑스러운 민족 전승을 토대로 한 예술성 높은 명곡으로서 1892년 헬싱키에서 초연 당시 엄청난 성공을 거두며 대단한 반향을 불러일으켰다. 이 교향곡은 그의 출세작으로 자리매김되었고, 이를 계기로 이름

민족음악의 아버지 잔 시벨리우스와 교향시 『핀란디아』 악보

을 널리 알린 그는 이후에도 민족 전승과 민족의식에 관련된 일련의
명곡들을 내놓고 핀란드의 민족음악을 세계적 수준으로 격상시킴으
로써 명실공히 핀란드 민족음악의 아버지로 부상했다.

그는 1892년에 유학을 마치고 고향에 돌아와 모교인 헬싱키음악원
에서 교편을 잡고 작곡과 바이올린을 가르치면서 주류 음악계에 당
당히 진입했다. 그리하여 1897년 정부는 32세의 젊은 나이에도 불구
하고 그의 공로를 높이 평가해 관련 법까지 개정하여 그에게 종신연
금을 주기로 결정했다. 생계 걱정 없이 작곡에만 전념하라는 국가의
배려였다. 이에 고무된 시벨리우스는 2년 후인 1899년에 그의 대표작
으로 애국심의 결정체이자 핀란드의 제2의 국가로까지 찬양되는 교
향시 『핀란디아』(Finlandia)를 발표했다. 이 명곡의 평가에 관해서는
구태여 사족을 달 필요 없이 합창곡 「핀란디아 찬가」의 가사만 소개

해도 족할 것이다.

아, 핀란드여, 보라, 이제 밤의 위협은 저 멀리 물러났다.
찬란한 아침에, 종달새는 다시 영광의 노래를 부르고,
천국의 대기가 충만하였다.
어둠의 힘은 사라지고 아침 햇살은 지금 승리했으니,
너의 날이 다가왔다, 오 조국이여.

아, 일어나라, 핀란드여, 높이 들어올려라.
너의 과거는 자랑스럽게 등극하였다.
아, 일어나라, 핀란드여, 노예의 흔적을 몰아내고
새로운 세상 보여주어라.
억압에 굴복하지 않았으니,
자랑스러운 아침이 시작되리라, 조국이여.

핀란드 부흥의 3대 정신적 지주의 세번째인 시수는 인내와 용기, 끈기와 극기, 회복탄력성 등의 다양한 의미를 포함하는 단어로 핀란드 고유의 정신문화와 국민성을 가리키는 표현이다. 이 말을 정확하게 외국어로 번역하는 것은 도시 불가능하다는 것이 어학자들의 한결같은 견해다. 예컨대 이 말에 담긴 용기 하나만 보아도, 용기는 용기이되 암울하고 두려운 현실에 맞서 보기에 승산 없는 싸움을 할 때 나타나는 그러한 용기를 가리킨다. 승산 없는 싸움을 하면서도 역경에 맞서 결연함을 내보일 수 있다는, 실패하고 또 실패하더라도 그 결정과 행로를 밀고 나갈 수 있다는 그러한 성격의 개념이다. 외국인들

핀란드와 소련 간의 겨울전쟁 당시(1940.11.) 병사들 모습

에게는 짐짓 아리송한 개념이 아닐 수 없다.

핀란드인들이 흔히 외국인들에게 이러한 모호함을 해소하고 제대로 된 이해를 도모하고자 관습적으로 인용하는 예시가 하나가 있는데, 바로 2차대전 기간에 있었던 러시아-핀란드 간의 겨울전쟁 당시 발휘한 용감무쌍함이다. 2차대전이 발발한 지 불과 3개월 만인 1939년 11월 30일, 대국 소련은 불시에 탱크와 전투기 등으로 중무장한 보병 45~46만의 대군을 앞세워 재래식 무기에 의존한, 총 병력이 34만에도 못 미치는 약소국 핀란드를 침공했다. 누가 봐도 핀란드의 항복은 시간문제였다. 그러나 소련이 예상하지 못한 것은 핀란드인들의 비장의 무기인 견인불발의 용맹성이었다. 운명이 경각에 달렸을 때 그들에게 회생의 동기를 부여하고 사기를 북돋운 말, 그것이 바로 마법의 단어 시수였다. 이 말은 핀란드군에게 스스로에 대한 믿음을 갖고 절대로 항복하지 말라고 격려했고, 두려움의 여지를 남기지 말고 결단을 내리며, 모든 불안을 제거하고 자신의 힘을 최대한 이끌어 낼 것을 주문했다.

일부 역사가들은 혹한과 조밀한 숲 때문에 소련이 패전했다고 하는데, 결코 그런 것만은 아니다. 압도적 전력 차이에도 불구하고 끈질기게 버텨 소련의 완전 점령을 면한 데는 핀란드 국민의 시수 정신이 크게 한몫했다는 사실을 외면할 수 없다. 이렇게 보면 시수는 온갖 고난을 이겨내는 마법의 말이고, 어려움을 어떻게 극복할 것인가에 대한 답이며, 심원한 삶의 철학이라고 하겠다.

28

5무(無)의 평등주의 노르딕 교육

북유럽 4대 복지국 가운데 핀란드가 세인들의 특별한 관심을 모으는 이유는 핀란드 특유의 '교육 기적' 때문이다. 교육에 조금이라도 관심을 가진 개인과 단체 들은 한때 그 속내를 알아보고 벤치마킹하기 위해 앞을 다투어 이 나라를 찾아왔다. 심지어 오래전부터 학문과 교육의 선진성을 자랑해오던 이웃 나라 독일의 녹색당마저도 2010년도 신년 공약에서 "우리 녹색당은 핀란드 학교를 벤치마킹할 예정이다"라는 의사를 표명했다. 이렇게 핀란드가 일약 세인이 선망하는 교육의 성지로 변해 발길이 폭주하게 된 계기는 핀란드 자체가 아니라, 국제학업성취도평가(PISA)에 따른 연구보고서 한장이었다.

OECD 주도로 2000년부터 15세 학생들의 수학, 과학, 읽기 성과를 측정하여 세계 각국의 교육 현황을 평가하는 이 프로그램이 발표하는 연구보고서에서 핀란드는 2000년, 2003년, 2006년 연속으로 1, 2위를 성취하는 등 내내 상위권을 차지하고 있다. 같은 상위권 국가들 중에서도 연간 수업시간이 OECD 평균보다 적고, 사교육이 없는 것이 큰 특징이다. 평등주의 노르딕 교육(egalitarian nordic education)이라고 알려진 핀란드의 교육은 무조건적인 평등이 아니라 형평성과 공정함을 중요시하고 낙오자가 없도록 하는 교육이다. 핀란드 교육은 높은 학업성취도와 더불어 학교 간 격차가 적음으로써 교육의 수월성(秀越性)과 형평성을 모두 확보하는 선진 교육이다. 학습 능력이나 신체 조건이 좋지 않은 학생들에 대해 학교가 최선을 다해 배려함으로써 모든 학생들이 올바르고 건전한 시민정신을 갖춘 성인이 되도록 하는 것을 교육의 최종 목표로 삼고 있다. 여기서 노르딕 교육이란 핀란드를 비롯한 북유럽의 실정에 맞는 창의적인 교육을 말한다.

핀란드는 이러한 숭고한 교육목표를 달성하기 위해 구태의연한 후진적 교육제도를 과감하게 혁파하고 실정에 걸맞은 여러가지 장점과 특징을 지닌 혁신적 교육제도를 고안, 시행함으로써 미증유의 교육기적을 창출할 수 있었고 세인의 이목이 집중되는 결과를 낳았다. 그런 만큼 핀란드 교육에 관한 연구도 다방면으로 진행되어 괄목할 만한 성과를 거두었다. 그러나 시간이 지남에 따라 불변의 백년대계처럼 인기를 모으던 이 교육제도도 점차 틈새의 흠결이 생기면서 보완의 필요가 나타나고 있다. 최근에는 국내외에서 분분한 논의가 일기 시작했으며, 심지어 그 전망에 대한 회의론마저 대두하고 있다. 따라서 실사구시의 심층적 연구가 요청된다.

교육 전문가들의 견해를 빌려 핀란드 교육이 지닌 장점을 소개하면 첫째, 타고난 잠재력을 극대화할 수 있는 교육제도와 교육과정이다. 경쟁이 아닌 협동 중심의 학습을 통해 각자의 능력과 창조성을 키

5명으로 이루어지는 협동 중심의 집단학습

우는 것을 목표로 한다. 교육과정의 개별화에 따라 학생들은 자신에 맞게 각이한 내용을 배우고 각이한 학습과제를 다루며 팀별로도 각이한 내용을 학습한다. 이렇게 각자가 자신의 능력과 수준에 맞는 내용을 선정해 학습함으로써 개념과 원리 같은 난해한 이론이 포함된 교재라도 그 내용을 깊이 있게 터득하며, 이 과정을 통해 학생들이 독자적인 통찰력을 키워 궁극적으로 각자의 잠재력을 최대한 발휘할 수 있도록 한다. 특히 학업성적이 다른 학생들끼리의 협력학습은 각자의 잠재력을 극대화하는 중요한 방법의 하나다. 학생들을 성적이나 신체 조건에 따라 인위적으로 나누지 않고 서로 다른 재능과 조건을 가진 학생들이 모두 함께 같은 교실에서 수업을 받고 나면 수준별로 다른 학습과제가 주어진다. 이러한 과정에서 학생들은 상대방이 가진 차이점을 발견하고 이해하며 존중하는 법을 배우며 배려심도 키우게 된다.

둘째, 남과의 경쟁보다 자신과의 경쟁에서 이길 수 있게 하는 교육

자율적 학습을 위해 아카데미 서점 내에 설치된 아동 전문 코너

이다. 교사가 자율적으로 교육과정을 설계하고, 그에 따르는 학생들은 저마다 학습목표가 다르기 때문에 구태여 불필요한 경쟁을 야기하는 번거로운 시험을 치를 필요가 없다. 학생 자신이 능력에 맞는 학습목표를 설정하고 그것의 달성 여부만 평가받으면 그만이다. 그런데 이러한 자율적 교육제도의 성공 전제는 교사들의 높은 전문성과 실천능력이다. 이와 같은 전제가 충족되어야만 교사와 학생이 공히 염원하는 교육의 자율화라는 높은 목표가 실현될 수 있는 것이다. 핀란드 정부는 전례 없는 평등주의적 노르딕 교육개혁을 시작할 때부터 이 점에 착안해 우수한 교사들의 양성에 각별한 주의를 돌렸다.

핀란드 사회에서 교사는 매우 존경받는 직업이기 때문에 교육대학 입학 경쟁률은 평균 10 대 1 정도다. 교사에게 교육과정에 대한 자율권이 부여된다는 것은 사회가 교사들을 믿고 존경한다는 메시지를 담고 있다. 물론 거기에는 교사 스스로의 우수한 자질과 막중한 책임감, 교사 본연의 사명감과 성실함이 전제되어 있다. 교사 대부분은 교육학을 전공한 사범대학 이상의 졸업자로 석사 이상의 학위를 소유하고 있다. 그들은 학생들에게 자신의 학습 능력을 파악하고 목표를 설정하도록 지도할 뿐만 아니라 그 목표를 달성하기 위한 노력, 즉 시간, 금전, 언어, 체력 등의 구체적인 관리에 대해 가르쳐주고 자신과의 경쟁에서 이길 수 있도록 자상하게 살펴준다.

셋째, 교육의 본질을 구현하는 효과적인 교육 행정과 제도의 운영이다. 교육재정이 2011년 기준 국가 공공지출의 약 14.2%(한국 약 7.6%)로 전반적인 무상교육을 실시하는 핀란드의 공교육은 사회와 교육공동체를 형성하고 있어 도서관과 체육시설, 식당, 강당 등을 시민들과 함께 이용하며 행정 민원창구도 학교에 설치되어 있다. 그러면서 각종 행정 업무와 도서 관리, 식당 관리, 안전 관리 같은 일은 모두 전문 인력이 책임지고, 교사는 학생들의 학업성취를 위해 가르치는 일에만 전념한다. 학교 구성원들이 번다한 행정 업무나 공문 처리에 정력과 시간을 빼앗기는 일이 없도록 하고, 교육재정을 적극적으로 아끼고 낭비를 근절하며, 재정을 포함한 모든 행정력을 교육 본연의 업무 수행에 집중적으로 쏟아붓는 것이다.

넷째, 완벽한 교육복지 체제의 구축이다. 선진 복지국인 핀란드는 교육사업을 복지국 건설의 선결 조건으로 간주하고 교육복지에 국가재정을 아낌없이 투자함으로써 완벽한 교육복지 체제를 구축, 성공적으로 운영하고 있다. 각종 공교육을 무상으로 실시하며, 무상의무교육이 시행되는 16세까지의 아이들 모두에게 경제적·사회적·신체적

차별 없이 각자의 잠재력을 최대한 개발할 수 있는 기회와 여건을 철저하게 보장한다. 그 덕분에 공부 잘하는 아이들만을 육성하지 않고 오히려 학습 능력이 처지는 아이들이 잘할 수 있도록 개별적으로 지원하는 독특한 시스템까지 구축되어 있다. 학업에서 뒤떨어지는 아이들을 돕기 위해 국가는 일반 예산의 1.5배를 지원하기까지 한다. 이러한 시스템을 뒷받침하는 것은 그 운영을 당연시하는 사회 분위기와 교육철학이며, 그 담당자인 전문화된 교사들이 적극적으로 앞장서 참여하고 있다. 그리하여 아이들은 차별 없이 골고루 평등주의에 입각한 교육을 받을 수 있고 학부모들은 사교육의 부담에서 벗어날 수 있는 것이다.

학생들의 일상과 직결되는 교육복지의 몇가지 실례로는 우선 모든 학교의 무상급식을 들 수 있다. 핀란드는 일찍이 1948년부터 각급학교에서 무상으로 급식을 제공해왔다. 흥미로운 것은 그 의미를 부각하기 위해 급식에 관해 언급할 때는 단순히 무상급식이라고 하지 않고 그 대신 '따뜻한 무료식사'라고 표현한다는 것이다. 국민의 세금으로 모두의 아이를 키우는 온정을 느끼게 하는 화법이다.

다섯째, 교사들에 대한 넉넉한 복지 혜택이다. 핀란드에서는 '좋은 선생님을 모시는 것이 좋은 교육 환경의 첫걸음'이라고 하면서 교사들을 사회적으로 각별히 대우한다. 2019년 기준 15년 경력 초등학교 교사의 연봉은 세금(25~30%)을 포함해 연 43,000달러 정도이고 여기에 위로금(보너스) 명목으로 연 59,000달러가 추가된다(2019년 핀란드 1인당 GDP 48,782달러). 그런데 이것은 기본급이고 교사가 학교에서 하는 활동에 따라 추가로 수당이 지불된다고 한다. 그밖에 대학생에 대한 복지 혜택도 상당하다. 대학에서는 기숙사를 지어 학생들에게 저렴하게 대여하며(원룸 정도면 한화 월 30만원), 외국인 유학생의 1년 생활비도 천 달러 내외로 싼 편이다.

일찍이 놀라운 교육혁신으로 집중 조명을 받아온 핀란드의 교육은 이상의 장점과 더불어 일련의 특징을 지니고 있어 더더욱 호기심과 궁금증을 자아낸다. 잘한 점, 좋은 점을 지칭하는 장점과 달리 특징이란 상대적으로 나타나는 차이점을 가리키는 말이다. 졸문에서는 교육제도와 행정에서 기존의 진부한 구태를 탈피하거나 변화시켰을 뿐만 아니라 창신, 즉 새로이 만들어낸 것을 일괄하여 특징의 범주에 포함시켰다. 그래서 알게 된 몇가지 주요 특징들을 추려보면 다음과 같다.

첫째는 교육제도다. 일국의 교육제도는 크게 초등학교에서 대학까지의 정규학교와 유치원(preschool)이나 성인 학교, 기타 특수학교 등의 비정규학교 두가지로 대별된다. 졸문에서는 핀란드의 정규학교 제도에 관한 언급에 한정하되, 그중 교육단계와 5무(無)제도의 두가지 주요 내용을 다룬다.

1) 교육단계: 핀란드는 정규학교 교육을 3단계로 나누고 있다.

① 초등교육: 학제상 초등교육(1차교육) 단계는 9년제를 따르며, 보통 7, 8세에 시작해 15, 16세에 끝난다. 절대다수가 공립학교이고 사립학교는 매우 드물며, 사립학교 설립에는 의회의 까다로운 승인 절차를 밟아야 한다. 사립학교로는 종교재단에서 세운 학교나 특수한 대안학교가 있다. 초등교육 단계의 첫 1년 동안은 언어 교육에만 학점(4~10점)이 매겨지는 등 처음부터 언어 교육에 중점을 두는데, 평가는 구두 평가 위주이고 점수 평가는 지자체에 따라 규정을 달리한다. 일반적으로 학생들은 1년에 두번씩 봄가을 학기에 과제 수행 등에 관한 보고 카드를 제출한다. 흔치는 않지만 유급이 필요한 경우 학생과

학부모의 상담을 거쳐 교사와 교장이 결정한다.

② 2차교육: 한국의 고등학교 과정에 해당하는 2차교육 단계는 직업학교와 학업 위주 학교로 이원화되어 있다. 직업학교는 취업을 대비해 전문적인 교육을 통해 직업 능력을 배양하고, 학업 위주 학교는 전인교육을 목표로 대학 과정을 준비한다. 그러나 이러한 이원적 체계가 고정불변으로 엄격하게 지켜지는 것은 아니다. 직업학교를 졸업한 학생이라도 대학 교육을 받을 자격을 가지며 학업 위주 학교를 졸업했더라도 직업교육 프로그램에 참가할 수 있다. 또한 두 종류의 학교를 동시에 다니는 것도 가능하다.

③ 3차교육: 대학 과정에 해당하는 고등교육 단계로서 전통적인 종합대학(university)과 전문대학(polytechnic)으로 이원화되어 있다. 종합대학의 초점은 연구이며 이론적 교육을 제공한다. 전문대학은 실용적 기술 학습에 초점을 두고, 연구를 진행하지는 않지만 산업개발 프로젝트 같은 데 참여한다. 보통 직업학교와 전문대학은 지자체에 의해 운영되며 간혹 사립도 있기는 하다. 경찰대학 같은 특수대학은 예외적으로 내무부가 운영하지만 모든 종합대학은 국가가 운영한다. 일반적으로 종합대학의 학사학위 취득에는 3~4년이, 전문대학은 3.5~4.5년이 걸린다. 종합대학의 학위는 학사-석사-준박사-박사의 4종이다.

2) 5무제도: 가장 눈에 띄는 특징은 시험, 학비, 조기교육, 낙오, 외국어 사교육 등의 다섯가지 폐단을 없앤 5무제도다.

① 시험: 무상의무교육 실시 연령인 16세까지는 학생들의 학업성적 등을 비교 평가하지 않으며, 성적표는 있으나 등수는 없다. 학생들 스스로 자신이 학기 초에 목표로 세운 ABCD 등급에 얼마나 도달했

는가를 평가하며, 9학년이 되었을 때 한번만 국가에서 시행하는 일제고사에 참가할 뿐이다. 핀란드 교육당국은 이러한 시험제도 폐지로 인해 학생들의 평균 학력이 높아졌다고 한다.

② 학비: 평등주의 노르딕 교육의 근본정신에 입각해 무상교육과 무상급식은 물론 보건의료와 교과서 및 보조교재, 학교가 주관하는 외부 활동 등에도 국가가 필요경비를 지원한다. 또한 공교육 위주이고 사립학교는 거의 없는데다 사립학교라 해도 수업료를 받는 것을 엄격히 금하고 있다. 성인들도 시민단체나 노동 관련 기관(총 206개), 국민교육기관(88개), 스포츠교육센터(14개), 여름대학(20개), 학습센터(11개) 등의 사회교육기관에서 평생교육의 혜택을 받을 수 있다.

③ 조기교육: 지금까지의 조기교육의 환상에서 벗어나 취학 전까지 외국어는 물론 별도의 모국어 교육도 하지 않을 뿐 아니라 글자와 숫자 공부보다 자연과 함께하는 체험교육을 중시하며, 어린 시절부터 놀이를 통한 지식 습득을 우선시한다.

④ 낙오: 비록 가정환경이 어렵더라도 교육에서만은 차별적 환경을 절대 불허하며, 육체적 장애나 지적 장애가 있는 학생들에게는 수준별 맞춤교육을 실시한다. 공부에 게으르거나 학습 의욕이 모자라는 학생들에게는 지식 주입이 아닌, 개성을 살리고 창의력을 키울 수 있는 프로그램을 적용하여 장차 자신에게 적합한 직업에 종사하도록 준비시킨다. 그 결과 학생들 가운데 별도의 낙오자가 생기지 않으며 모두가 미래 사회의 역군으로 자라난다.

⑤ 외국어 사교육: 영어를 포함한 외국어 사교육을 금지하고 있는데, 그 이유는 공교육 체제 안에서 제대로 교육받기만 하면 회화는 좀 차질이 있더라도 독해와 작문은 자유로운 수준에 이를 수 있기 때문

이다. 외국어 교육의 기본은 모국어 구사력을 제고하는 것이다. 실제로 일반 학교에서 이런 영어교육법을 도입한 결과 핀란드는 비영어권 국가 중 영어를 가장 잘하는 나라 가운데 하나로 꼽히며, 다언어를 구사하는 핀란드인도 많은 편이다. 이렇듯 공교육에서 정규수업만 받아도 일정한 수준 이상의 교육이 이루어지기 때문에 외국어 사교육은 불필요한 것으로 간주된다.

둘째는 교육과정이다.

① 놀이교육: 놀이가 교육과정의 하나로서 매우 중요시된다. 특히 유치원 교육과정에는 문자 교육이 없이 모두 놀이를 통해 자율성과 협동성, 창의성을 배우고 어린이들의 사고력을 넓히며 공동체의식을 키우도록 하고 있다.

② 재수: 핀란드가 평등주의를 교육의 기본 원칙 중 하나로 주장한다고 해서 덮어놓고 평준화만을 추구하는 것은 아니다. 핀란드 교육에도 엄연히 선의의 경쟁이 있으며, 선호하는 대학에 들어가기 위해서는 3수, 4수하는 경우도 있다. 고등학교의 경우 대학 진학률에서 학교 간 격차가 있는 것도 분명하다. 그럼에도 불구하고 교사와 학생, 학부모, 사회가 서로 신뢰하고 존중하여 선순환 관계를 유지하는 것이 핀란드 교육의 특징이다.

③ 수업 시간과 반 구성: 수업 시간은 학년별로 다른데, 보통 아침 8~9시에 시작해 오후 1~2시 사이에 끝난다. 5학년을 예로 들면 일주일에 25시간 수업을 하며 각 수업 시간은 45분(고등학교는 75분)이다. 주당 25시간 수업 중에서 9시간은 미술, 음악, 만들기, 체육 수업을 한다. 각 학급은 초등 단계에서 10~15명, 중등 단계에서 15~20명, 고등 단계는 20~25명으로 구성된다. 필수과목과 개인 선택과목에 대해 학

학부모들이 학생들과 함께 운동회에 참여하는 모습

생 스스로 시간표를 짜고, 개인의 학습목표를 설정한다.

셋째는 교육행정이다.

① 교장의 역할: 특이하게 학교 교장도 의무적으로 수업을 맡는다. 이것은 교장으로 하여금 교육 본연의 요구대로 학생 중심으로 학교를 운영하고 학교 구성원들이 각기 맡은 바 의무를 잘 수행하도록 관리 감독하게 도움으로써 행정지도력을 강화한다.

② 학부모 참여: 학부모들은 학교 사업에 깊은 관심을 가지고 자발적으로 다양한 활동에 활발하게 참여해 돕는다. 각 학급마다 학부모회가 조직되고 이것이 모여 학교 전체를 망라하는 총학부모회를 구성하여 학부모들의 참여나 학교와의 관계를 적절하게 조율한다. 학교의 중요한 사항들은 학교 이사회가 결정하는데, 이사들 대부분을 학부모들이 맡고 있다. 일부 학부모들은 수업 시간에 교사들을 돕는 역

할까지 한다.

이상에서 보다시피 핀란드는 평등주의 노르딕 교육이라는 창의적 교육방침에 따라 일련의 장점과 특징을 지닌 혁신적인 교육 제도와 정책을 수립, 실천함으로써 세계 교육계에 큰 반향을 불러일으켰다. 그러나 이러한 미증유의 노르딕 교육은 시간이 지나면서 실천 속에서 이러저러한 흠결과 미비점이 노출되기 시작했다. 그리하여 핀란드 본국은 물론 그 전개 과정을 주의 깊게 지켜보던 세계 교육계에서도 여러가지 이론이 제기되고 있다. 미답의 혁신적인 제도인데다 각국이 처한 교육 환경이 다른 만큼 이론이 분분한 것은 어쩌면 당연지사라고 말할 수 있다.

필자는 현장에서 느낀 소감 정도의 얕은 지식을 갖고 있을 뿐 연구나 담론의 경지까지는 이르지 못했지만 문제점은 분명하게 감지되어 언급을 피할 수 없겠다. 그래서 『이코노미스트』 2016년 5월 14일자에 실린 '무너지는 헬싱키'(Helsinking) 제하의 기사를 발췌하여 필자의 어설플 법한 언급을 가늠하고자 한다. 이 글에서 전직 핀란드 교육부 관리 파시 살베리(Pasi Sahlberg)는 작금 가동되고 있는 전반적인 세계교육개혁운동(GERM)이 경쟁을 부추겨 핀란드 교육을 감염시키고 있다고 걱정하면서, 핀란드 내부에서 흘러나오는 '이질적인 호들갑 소리'를 이렇게 전한다. 즉, 교육 전문가들은 교육제도가 당면한 심각한 문제 때문에 2009년 이래 핀란드의 PISA 성적이 하락했다고 개탄한다. 구체적으로 과학과 수학은 여전히 상위권을 유지하지만 읽기 점수는 하락했으며 성별 격차도 크다. 또한 이민자 가정에서 자란 학생들의 성적이 좋지 않은 편인데, 더 세분화하면 이민 가정의 여학생들과 원주민 가정의 남학생들의 성적이 곤두박질치고 있다. 또한 학생 8명 중 1명은 공부하는 데 필요한 읽기 능력을 소유하지 못해 애를 먹고 있다는 것이다.

이러한 사실과 전혀 별개의 문제도 있다. 핀란드의 어린 학생들은 놀랍게도 학교에 있는 동안 매우 침울해진다. 14, 15세 학생들 가운데 절반은 교사가 자신을 잘 돌봐주지 않는다고 생각하고 고립감을 토로한다. 또 학생들은 교실 환경이 여느 OECD 나라보다 못하다고 불만을 표하기도 한다. 아동행정감찰관 투오마스 쿠르틸라(Tuomas Kurtilla)의 전언에 의하면 14, 15세 여학생의 20~25%가 학교에서 상담을 필요로 한다고 한다. 그만큼 여학생들 속에 문제점이 많다는 이야기다. 핀란드의 교육, 특히 성인교육에서 가장 큰 문제는 글을 읽고 쓰는 능력에 대한 경시다. 글을 읽고 쓰는 능력의 배양은 핀란드 교육의 뿌리 깊은 전통이라고 강조하는 헬싱키대학의 시르쿠 쿠피아이넨(Sirkku Kupiainen) 교수에 따르면 50년 전만 하더라도 핀란드 루터교회는 읽기 능력이 떨어지는 사람의 결혼을 허용하지 않았으나, 2000~09년 사이에 하루 평균 30분 이상 읽기를 하는 학생 수는 절반에서 3분의 1로 줄어들었고 교사들은 스마트폰의 유혹에 사로잡힌 학생들을 보며 실망하고 한탄하게 되었다고 말한다. 오늘 한국의 상황과 꼭 닮은꼴이다. 제발 타산지석의 교훈이 되었으면 한다.

29

한국어학 연구의 선구자 구스타프 욘 람스테트

작은 나라 핀란드를 졸지에 강한 나라로 우뚝 서게 한 주요한 동력의 하나는 선진문화인데, 그러한 선진문화의 샘물이자 가늠자가 바로 전국 방방곡곡에 흩어져 있는 3천여개의 크고 작은 서점이다. 체류 이틀째의 답사는 마침 호텔에서 지척에 있는 북유럽 최대 규모의 서점이라는 아카데미 서점(Akateeminen Kirjakauppa) 참관으로부터 시작했다. 평생 책과의 씨름을 주업으로 하는 사람으로서 큰 기대를 안고 활짝 열린 널찍한 서점 정문에 들어섰다. 붐비는 고객들을 유심히 살펴보니 해맑은 어린아이들부터 덥수룩한 수염에 구부정한 허리를 한 늙은이에 이르기까지 다양한 계층이라는 것이 놀라웠다. 여기는 종이책의 인기가 여전하다.

서점은 큰길가에 자리한 고층건물로 1, 2층은 분야별 전문서적을 판매하는 매대다. 북유럽을 비롯해 세계 각지에서 출간된 형형색색의

북유럽 최대를 자랑하는 헬싱키의 아카데미 서점 외관

서적들이 서가마다 빈틈없이 꽉 차 있다. 그 숱한 서적들도 서지학적 분류법에 따라 배치되어 있기 때문에 서점에서 흔히 겪는 찾기 수고가 여기서는 오래전에 가뭇없이 사라졌다고 한다. 몇권의 두툼한 신간을 주문해봤더니 몇분 내에 매대 위에서 주인을 기다리고 있었다. 선진 문화강국의 모습 그대로다.

주지하다시피 핀란드는 다언어 국가로서 일찍부터 언어학 연구를 선도해왔다. 2020년 기준으로 핀란드에서 가장 많이 사용되는 언어는 핀란드어(87.3%)이며, 스웨덴어(5.2%), 러시아아어(1.5%), 에스토니아어(0.9%), 영어(0.4%), 소말리아어(0.4%), 아랍어(0.27%), 쿠르드어(0.28%), 중국어(0.25%), 알바니아어(0.23%), 베트남어(0.21%), 태국어

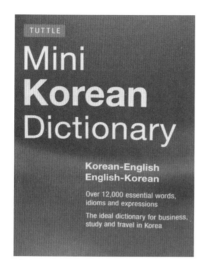

서점의 외국어 코너에 전시된 『한국어 소사전』과 『500개의 한국어 기본 동사』

(0.19%), 터키어(0.17%), 스페인어(0.17%), 독일어(0.12%), 사미어(0.04%) 등이 그 뒤를 잇는다. 핀란드어는 인도유럽어족에 없는 조사가 발달해 있으며 양성모음과 음성모음이 존재한다. 기본 어순은 주어-술어-목적어 순으로 즉독즉해가 가능할 정도로 영어와 독일어, 스웨덴어와 어순이 거의 같다. 이렇게 다종 언어가 병존하다보니 일찍부터 언어학이 발달했다.

한때 폴리글롯(polyglot, 다언어 구사자)의 들뜬 꿈에 부풀었던 필자는 이상야릇한 회포에 사로잡혀 서점 구석구석을 훑어봤다. 소위 다언어 국가답게 사멸어와 생존어를 가리지 않고 다중다양한 언어로 쓰인 각양각색의 책들이 눈에 들어온다. 보는 것만으로도 숙원의 응어리가 풀리는 것 같았다. 그 가운데 제일 먼저 눈길이 가는 곳은 동양 서적 코너, 거기서도 부지불식간에 우선적으로 눈길이 꽂히는 곳은 한국어 코너다. 그 순간 뇌리에 떠오르는 것은 우리 한국어학 연구의 선구자이며 한국어 국제화의 이론적 기초를 닦은 이 나라 출신의 위대한 언어학자 구스타프 욘 람스테트(Gustaf John Ramstedt)의 모습이었다.

람스테트는 1873년 10월 22일 핀란드 남부 우시마(Uusimaa)주의 작은 도시 탐미사리(Tammisaari)에서 출생하여 1950년 11월 25일 헬싱키에서 작고했다. 대학 입학 전 종합교육 단계에서는 신학과 동양 언어를 공부하다가 산스크리트어와 기타 여러가지 언어에 심취해 공부를 마친 후 헬싱키대학에 진학했다. 처음에는 핀우그리(Finn-Ugri, 헝가리어와 핀란드어, 에스토니아어 포함)어학을 전공하다가 나중에는 알타이어족에 속하는 여러 언어를 공부했다.

재학 시절 은사의 추천과 도움을 받아 1898~1912년 14년간 7차례에 걸쳐 러시아, 시베리아, 몽골, 중국 신장 우루무치 지역 등 여러곳을 순방하면서 몽골어와 돌궐어, 퉁구스어 등 여러 언어를 탐구했다. 특히 1909년 몽골에서 마연철비문(磨延啜碑文)에 새겨진 룬(rune)문자(위구르 등 돌궐족이 8세기부터 사용한 문자)를 발견해 해독함으로써 위구르 역사와 고대 위구르어 연구에 획기적인 전기를 마련했다. 이 과정에서 몽골어 연구와 더불어 외몽골 독립운동에도 관심을 갖게 되어 1911년 러시아와 외몽골 간에 상뜨뻬쩨르부르그(레닌그라드)에서 진행된 외몽골 독립회담의 몽골측 통역으로 참가하기도 했다.

람스테트는 7차의 외국 순방 중간에 1906년부터 3년간 헬싱키대학에서 몽골-돌궐 역사언어학을 강의했으며, 1917년에는 알타이어학 교수로 임명되었다. 이 기간에 그는 주로 알타이어 품사와 관련된 연구 성과를 모아 『알타이어의 수사』(1907)와 『몽골어와 돌궐어 동사의 어간(語幹) 구조』(1912)를 저술했다. 그의 동양 언어를 비롯한 동양

한국어학 연구의 선구자 람스테트

전반에 관한 해박한 지식과 그 심화 연구를 고려해 핀란드 정부는 독립 직후(1919) 그를 10년간이나 초대 주일 공사로 파견했다. 이 외교관 재직 기간은 그가 관심을 갖고 있던 조선어(한국어)와 일본어를 집중적으로 연구할 수 있는 절호의 기회였다. 재임 기간과 이후의 휴직 기간에 그가 저술한 저서의 양과 질, 내용을 보면 그가 알타이어학자로서 일본어보다 한국어에 더 큰 관심을 갖고 중시했다는 사실을 확인할 수 있다. 그러한 저서들로는 『한국어 고찰』(1928) 『한국어 문법』(1939) 『일본어의 역사』(1942) 『깔미끄어 사전』(1935) 등이 있다. 알타이어족 연구를 위해 현장 답사를 우선시했던 람스테트이고 보면 이러한 한국어 관련 노작들을 준비하고 집필하는 과정에서 몇번쯤 한반도에 다녀갔으리라고 추측해도 별 무리가 아니라고 생각된다. 그러한 기록을 아직 발견하지 못한 것이 후학으로서 사뭇 안타깝기만 할 뿐이다.

우리가 람스테트를 한국어학 연구의 선구자라고 하는 것은 19세기 후반부터 한국어 계통론을 둘러싸고 국내외 언어학계에서 이론이 분분해 갈피를 잡지 못하고 있을 때 그가 알타이어학의 학문적 정초자로서 이러한 이론에 종지부를 찍을 수 있는 '한국어의 알타이어족 계통론'을 1928년에 제시했으며, 그것이 거의 정설로 굳어져 한국어 계통론의 '교본'으로 자리 잡았기 때문이다. 일국의 국어 계통론이란 비교언어학적 방법에 의해 국어와 다른 언어의 친연관계를 연구하는 학문이다. 많은 언어 가운데 어떤 언어들은 발생론적으로 공통된 기원에서 분열하거나 파생함으로써 그들 간에 일정한 공통성을 바탕으로 한 친연관계를 유지하고 있다. 이렇게 친연관계가 있는 언어를 동계언어(同系言語)라고 하며, 동계언어를 총괄해 어족(語族)이라고 부른다.

한국어 계통론은 시종 한국어가 어떤 언어와 어떠한 친연관계를 갖고 있는가를 비교언어학적 방법에 의해 연구하는 데 초점이 맞춰졌다. 그 결과 한국어와 주변 나라들의 언어 간에는 어순을 비롯한 유형적인 면의 상사성이 있을 뿐만 아니라 얼마간의 유사 낱말들도 공유하고 있다는 사실이 밝혀졌다. 이것은 한국어와 주변국 언어들 사이에 언어학적 친연관계가 있다는 명백한 증거로서 한국어 형태론을 밝히는 데서 첫걸음이다. 그러한 언어로 첫눈에 띄는 것이 몇몇 나라들에서 국어로 쓰이는 알타이 제어와 이웃의 일본어다.

일찍이 19세기 후반부터 서구의 내한 선교사들에 의해 최초로 한국어와 알타이 제어 간의 친연관계가 언급되기 시작했다. 프랑스 출신의 동양학자이자 민속학자이며 일본어학자이기도 한 레옹 드 로스니(Leon de Rosny, 1837~1914)는 1864년에 한국어 형태론의 초기 논저로 지금까지도 주목받고 있는 논문 「한국어의 이해」에서 한국어와 우랄 알타이어의 유형적 상사성을 지적한 바 있다. 프랑스 선교사로 역작 『한국교회사』(Histoire de l'Église de Corée, 1874)를 저술한 달레(C.-C. Dallet)도 논문 「한국 인식에 관한 비판적 고찰」(연도 미상)에서 같은 주장을 했고, 1882년 중국 선양(瀋陽)에서 최초의 한글 성경인 「예수성교 누가복음 전서」(1882)를 펴낸 선교사 로스(John Ross)도 마찬가지다. 특히 로스니는 전술한 논문을 문자, 한자어, 한국어 개관, 한국어 문법의 4개 부분으로 나눠 다루면서 한국어와 일본어, 만주어, 몽골어 간에 여러가지 면에서 나타나는 유사점을 분석했다. 그러나 초기 연구로 개관에 그친 이 글은 피상적인 관찰에 지나지 않았으며 구체적인 언어학적 비교는 개진하지 못했다.

이렇게 19세기 후반에 주로 서구의 내한 선교사들에 의해 시작된 한국어 계통론에 관한 피상적인 논의는 20세기에 들어서면서 전문 언어학자들에 의해 과학적인 비교언어학의 연구방법이 도입되면서 획기적인 전기를 맞아 명실상부한 학술적 면모를 갖춰나갔다. 그 효시는 소련의 상뜨뻬쩨르부르그대학 언어학 교수로 음성학자이기도 한 예브게니 뽈리바노프(Yevgeny D. Polivanov, 1891~1938)의 두권의 역작 『대학용 동양언어학 입문』(1927)과 『일반언어학 논집』(연도 미상)의 출간이다. 한국어, 일본어, 중국어, 투르크어뿐만 아니라 음성학과 음운학에도 조예가 깊던 뽈리바노프는 저서에서 선행 연구자들과 달리 최초로 음운론과 형태론의 두 측면에서 한국어와 알타이 제어 간의 친연성에 관한 과학적 논증을 시도했다. 특히 그의 연구에서 주목되는 것은 두 언어 간 음운대응의 규칙성을 설정하려는 진지한 노력이다. 그가 대응의 실례로 고른 적잖은 낱말들의 비교가 적절성과 신빙성을 갖춤으로써 후학들의 언어학적 비교연구에 큰 영향을 미치고 선도적 역할을 수행했다.

그러나 뽈리바노프는 음성학과 형태학 두 측면에서 한국어와 알타이 제어 간의 친연성을 논증하려고 여러모로 시도했음에도 고작 그 단서나 제공했을 뿐 구체적 내용을 밝혀내지는 못했다. 그런데 그가 전술한 입문서를 발표한 이듬해(1928)에 알타이어학의 태두 람스테트가 앞서 언급한 명저『한국어 고찰』을 발표해 학계의 주목을 끌었다. 탁월한 언어학자 람스테트가 알타이어족 연구에 남긴 불후의 업적은 첫째, 투르크어, 몽골어, 만주어, 퉁구스어 등 알타이 제어 사이에는 끈끈한 언어적 친연관계가 있다는 사실에 근거해 '알타이어족설'을 제창하고 그 학문적 기반을 닦음으로써 언어학의 학문적 연구와 발전에 기여한 것이다. 둘째, 여러 논저들에서 구체적 언어사실을 감안해 한국어와 알타이 제어 간에 친연관계가 있다는 한국어 계통론의 이론을 정립함으로써 한국어학 연구의 전기를 마련했으며, 한국어 국제화의 길을 터놓은 것이다. 그는 알타이 제어의 계통성을 구명함에 있어 외견상의 유형적 유사성에 급급하거나 비슷한 낱말들만을 나열하는 식의 구태를 지양하고, 진정한 비교언어학적 방법에 의해 일정한 음운대응을 관찰하고 문법 형태소를 구체적으로 분석해 그 일치성 여부를 논증하고 확인하는 데 초점을 맞췄다.

람스테트는 지리적 격절성 등 여러 근거를 제시하면서 한때 유행하던 이른바 '우랄알타이어족설'을 부정하고 '알타이어족설'만을 주장하여 학계의 지지를 얻었다. 그리고 여러 알타이어족의 기원적 본거지를 러시아 극동 남동부 스따노보이(Stanovoy, 外興安嶺)산맥 근처로 지목했으며, 알타이 단일어족 시기는 지금으로부터 4,000여년 전까지 거슬러 올라간다는 가설을 제시했다. 그가 추정한 각각 다른 언어를 사용하는 민족들의 분포도를 살펴보면, 발원지 스따노보이를 중심으로 마름모꼴을 설정했을 때 북의 꼭짓점에 퉁구스인, 동에 한국인, 남에 터키인, 서에 몽골인이 각기 위치한다. 그러면서 그는 한국어는 이 단일어족에서 매우 이른 시기에 갈라져나온 것이 분명하다고 주장했다.

람스테트가 한국어에 관해 전문적으로 연구하고 발표한 논문 및 저서 중에서 중요한 몇가지를 소개하면『한국어 고찰』「한국어의 체언적 후치사」(1933)「한국어의 '것'(kes)」(1937)『한국어의 위치에 대하여』(1939)『한국어 문법』『한국어 어원 연구』(1949) 등으로, 그밖에도 놀랄 만큼 다양한 연구서들이 있다. 이 저서들 중 마지막 역작인『한국어 어원 연구』는 한국어와 알타이 제어 간 친연관계를 입증할 만한 많은 자료를 제시하고 있으며, 여기서 람스테트는 한국어가 알타이어학에서 어느 언어 못지않게 중요한 위치에 있음을 강조한다. 그밖에 알타이 제어에 관한 연구 속에 한국어 연구를 포함시킨 중요한 저서로는『알타이 제어에 있어서의 구개음화』(1932)『깔미끄어 사전』등을 들 수 있다.

람스테트를 이어서 한국어와 알타이 제어의 친연관계를 한층 깊이 있게 연구한 학자는 러시아 출신의 뽀뻬(Nikolai N. Poppe, 1897~1991)다. 그는 탁월한 몽골어학자이자 알타이어학자로서 람스테트가 정립한 알타이어족설을 한층 심화시켰는데, 그의 연구 대상에는 한국어도 포함되었다. 그의 역작『알타이 제어 문법 비교』(1960)는 내용에서 음운론에 한정된 것이지만 한국어 낱말들을 비교 대상으로 삼고 있다. 그만큼 한국어에도 관심이 많았던 그는 람스테트와 마찬가지로 일단 알타이 제어와의 친연관계로 한국어 계통론을 정립했다. 그러나 정립 과정에서 음운대응이 제대로 되지 않는 등 난제에 부딪힐 때마다 한국어의 계통은 그리 단순하지 않다는 고민에 빠지곤 했다.

이렇게 19세기 후반부터 근 1세기 동안 주로 람스테트와 뽀뻬를 비롯한 서구 언어학자들이 주창한 이른바 알타이어족설에 의해 한국어의 어학적 계통은 알타이어족에 속한다는 것이 거의 정설로 굳어졌다. 그러나 아이러니하게도 한국어에 관한 연구가 가일층 심화되고 세분화됨에 따라 알타이어족설 주창자들마저도 이러저러한 근거를 이유로 종래의 정설에 의혹을 제기하거나 부정하는 자가당착적 주장을 내세움으로써 한국어 계통론은 기로에 내몰려 난맥과 혼란을 겪고 있는 것이 작금의 안타까운 현실이다. 전반적 추세는 한국어의 비 (非)알타이어족설이 마냥 우세를 점하고 있는 성싶다. 물론 학문 연구에서 수정이나 반전은 예사로운 일일 수 있다. 그래야 진일보할 수 있기 때문이다. 중요한 것은 실사구시적 연구와 논쟁을 거쳐 신속하게 올곧은 단안을 내리는 것이다.

람스테트는 "한국어는 앞으로 더 연구를 요하는 불가사의한 언어"라고 했고 "한국어를 쉽게 알타이어군에 포함시킬 수는 없다"라고 말하기도 했다. 은연중 한국어의 알타이어족설을 부정하는 뜻으로 들린다. 람스테트에 비하면 뽀뻬는 보다 노골적으로 한국어의 비알타이어족설에 무게를 두었다. 그는 『알타이 제어 문법 비교』에서 알타이 제어와 한국어의 관계가 그다지 명확하지 않다고 하더라도 한국어에 적어도 알타이어의 기층이 있는 것은 명확하다고 하면서 신중한 태도를 보였다. 그러나 5년 뒤 1965년의 저서 『알타이어학 개설』에서는 한국어의 계통에 관해 비록 어정쩡하지만 자기 나름의 견해를 개진하고 있다.

　그는 한국어의 위치는 확실하지 않다고 전제한 다음, 한국어의 계통에 관해 다음 세가지 개연성을 제시했다. 1) 한국어는 알타이 제어와 친연관계가 있다. 2) 원시 한국어는 알타이어 통일체가 존재하기 전에 분열했으며 분열 연대는 매우 이르다. 3) 한국어에는 알타이어 기층밖에 없다. 뽀뻬가 제시한 이 세가지 개연성을 종합해보면, 한국어는 기원적으로는 비알타이어인데, 이것이 기층 언어인 고대 알타이어를 흡수했든가 아니면 기층 언어인 알타이어 위에 얹혔을 가능성이 있다는 것이다. 이와 같이 탁월한 알타이어학자인 뽀뻬마저도 한국어의 계통이 얼마나 짙은 안개에 싸여 있는가를 여실히 보여주었다.

　람스테트와 뽀뻬를 비롯한 서구 언어학자들이 진행한 선도적 한국어 계통론 연구를 접하게 된 한국의 어학계도 뒤늦게나마 한국어 계통론 연구에 관심을 돌리게 되었다. 이숭녕(李崇寧), 김선기(金善琪) 등의 학자들에 의해 해방 후 알타이 제어와의 친연관계를 핵심으로 하는 한국어 계통론 연구가 시작되었으며, 1960년대부터는 이기문(李基文), 김방한(金芳漢) 등의 학자들을 중심으로 한국어 계통론 연구가 본격적인 궤도에 오르게 되었다. 이기문은 구체적인 언어사실에 근거해 한국어와 알타이 제어의 관계를 개괄했다. 김방한은 음운론과 형태론의 몇가지 측면에서 한국어와 알타이 제어를 비교연구했으며, 특이하게도 한국어 밑바닥에 잠정적으로 '원시 한반도어'라고 부를 법한 미지의 언어가 있지 않았을까 하는 흥미로운 가설을 제시하기도 했다. 20세기 후반을 맞아 한국 어학계도 한국어의 비알타이어족설 같은 문제점들에 대한 정답 구하기에 진력하고 있지만 괄목할 만한 성과는 아직껏 눈에 띄지 않는다.

한국어 계통론과 관련해 비알타이어족설이 작금 거의 주류로 부상하고 있는데, 그 주요 근거, 즉 한국어가 알타이 제어와 다른 점은 다음과 같은 몇가지에서 분명히 나타난다.

1) 목적어가 '를'형과 '가'형의 두가지로 쪼개진다(영화를 본다/코끼리는 코가 길다).

2) 문구가 합성동사로 어휘화한다(비가 오다→비오다).

3) 주어-목적어-술어의 어순은 알타이어와 한국어 외에도 적지 않다(약 45%).

4) 한국어에는 다문화적 특징이 반영된 단어가 많다(벼(한국)-펴(인도)-포평(베트남)). 한국어와 남인도 타밀어 간에는 1,200여개의 대응어가 존재한다.

5) 알타이어는 대부분 후설음(後舌音)이나 한국어는 기본적으로 남태평양음에 속하는 전설음(前舌音)이다.

이밖에도 여러가지 예가 있다. 한마디로, 지금 한국어 계통론은 알타이어족설 여부를 놓고 한국 어학계뿐만 아니라 세계 어학계에서도 왈가왈부 이론이 분분하여 큰 장벽에 부딪힌 채 걸음을 멈춘 상태다. 어학계 일부에서는 한국어의 여러가지 독특성을 감안해 가장 친연성이 많은 일본어와 합쳐 하나의 새로운 '어족'을 창안하자는 안이 제기되고 있다. 우리 한국어학계가 정진분발해서 세계 어학계와의 학문적 공조하에 과학적 답을 찾아내야 할 것이다.

차제에 한국어 계통론과 관련해 부언하고자 하는 것은, 이상의 북방 알타이어족 말고 남방의 해양어족과도 상관성이 있어 보인다는 일설이다. 그 남방 해양어가 바로 인도 원주민 언어로서 오늘날까지도 인도 남부를 중심으로 인도양과 태평양 일부 해양권역에서 쓰이는 현존 타밀(Tamil)어다. 한국문명교류연구소는 고대 한민족 문화와 남방 해양문화 간의 역사적 관계를 추적하는 과정에서 뜻밖에도 한반도와 남인도 일원의 타밀 간에 일찍부터 내왕과 교류를 바탕으로 한 친연관계가 작동하고 있었음을 발견하게 되었다.

그동안 연구소는 연구원들이 주축이 되어 '타밀문화연구반'을 결성하고 원주민 교사로부터의 타밀

최초의 타밀어 관련 한글 서적『타밀어 입문』(양기문, 2014)

어 학습, 타밀어 기초교재 편찬, 타밀의 역사·문화 관련 국제학술대회 참가 및 논문 발표, 타밀 지역 현지 탐방 등 타밀의 역사와 언어문화를 연구했으며, 이 과정에서 초보적으로나마 한반도와 타밀 간에는 일찍부터 여러가지 언어문화적 친연관계가 이루어졌음을 밝혀냈다. 일찍이 미국 출신의 내한 선교사 호머 헐버트(Homer Hulbert, 1863~1949)는 1905년「한국어와 인도 드라비다어의 문법비교」란 논문을 발표했다. 그는 80쪽에 불과한 이 소논문에서 한국어와 타밀어가 공유하는 40여개 동음동의어(同音同義語)를 실례로 들면서 두 지역과 두 언어 사이의 언어문화적 친연관계를 예단했다.

그의 주장과 후학들의 연구에 의하면 두 언어 사이에는 다음과 같은 몇가지 상관관계가 발견된다. 1) 두 언어는 약 1,000개의 동음동의어를 공유하고 있다(예: 암마/엄마, 안니/언니, 궁디/궁둥이, 풀/풀, 날/날·날짜, 큰길/대로, 모땅/몽땅, 니사금/왕, 석탈에/석탈해). 2) 문법적으로 어순이

같다(예: 난 그건 모린담/나는 그것을 모른다). 물론 앞에서 한국어의 비알타이어족설 근거의 하나로 어순의 공통성 문제를 제기한 것도 그렇지만 어순의 공통성이 언어 간 친연관계의 전체적 근거는 될 수 없다고 해도, 하나의 근거는 될 수 있는 것이다. 3) 가야 상층어가 타밀어였다는 일설이 있다.

끝으로, 언어학자이자 외교관이었던 람스테트의 또다른 학문적 업적을 상기하지 않을 수 없다. 그는 맹아 상태에 있던 에스페란토(Esperanto, 국제 공용어, 세계어)의 교육과 보급에도 남다른 열의를 보였다. 1887년 폴란드 안과의사 자멘호프(Ludwik Zamenhof)가 국제적 의사소통을 위한 공용어로 창안한 에스페란토의 보급은 만민평등과 세계평화를 추구하는 일종의 범세계적 언어운동이다. 람스테트는 이러한 숭고한 목적을 가진 운동에 당초부터 크게 고무되어 창안 불과 4년 후인 1891년에 에스페란토를 습득하면서 이 운동에 적극 참가했고 핀란드 에스페란토학회 회장직을 맡아 교육과 보급에 헌신했다. 그는 주일본 대사 재임 기간에 토오꾜오제국대학 객원강사로 알타이어학을 강의하면서 일본에서의 에스페란토 보급에도 크게 기여했다고 한다.

30
자주국방의 상징 수오멘린나 요새

　그동안 북유럽 4개국을 답사하면서 필자는 우리 한반도의 현실과 상관성이 짙은 두가지 문제에 특별한 관심을 갖고 그 실상을 파악하는 데 촉각을 세웠다. 그 하나는 복지 문제이고, 다른 하나는 중립 문제였다. 그런데 복지 문제에 대해서는 나라별로 이것저것 다루었지만 중립 문제에 한해서는 일반적인 것 이상의 뚜렷한 문제의식이 떠오르지 않아 언급을 탐탁잖게 여겨왔다. 그러나 핀란드만은 중립 문제에서 앞서의 나라들과 달리 자기 나름의 창의적인 궤적을 따라왔을 뿐만 아니라, 작금 한국에서 새삼스러이 거론되는 '중립통일론'과 맥이 닿는 점이 있을 성싶어 이 나라의 중립외교 정책을 한번 훑어보려고 한다.

　그러기 위해 핀란드 정부가 1992년 중립정책을 받치는 두 기둥을 비군사동맹과 자주국방으로 재구성한 현장 한곳을 직접 찾아가보기

헬싱키의 주요한 해상 방어기지 수오멘린나 요새 전경

로 했다. 그곳은 바로 지금은 유명 관광지이자 휴양지로 변모한 수오멘린나(Suomenlinna) 요새다. 헬싱키에 머문 지 사흘째인 2017년 6월 1일 목요일 오전 10시, 호텔 인근에 있는 마켓광장 선착장에서 50명가량이 승선하는 소형 유람선을 타고 요새로 향발했다. 어른 1인당 탑승권은 12유로다. 구질구질 내리는 궂은비에 일렁이는 파도를 잘도 헤가르며 배는 30분 만에 요새 선착장에 접안했다. 핀란드어로 '핀란드의 요새'란 뜻의 수오멘린나는 1917년 핀란드가 제정러시아의 지배에서 벗어나 독립하면서 1918년부터 부르기 시작한 이름이고, 이전 스웨덴 통치시대의 이름은 스웨덴어로 '스웨덴의 요새'란 뜻의 스베아보리(Sveaborg, 1750년 명명)였다.

이 요새는 헬싱키 앞바다에 촘촘히 널려 있는 섬들 중 6개의 섬을 연결하여 축조한 것으로서 18세기 중반의 건축기술이 집약된 독특한 군사건축물이다. 핀란드가 인접 스웨덴왕국 치하에 있을 때인 1747년, 스웨덴의 스톡홀름 시의회는 일방적으로 러시아와 인접한 동쪽 국경을 요새화하고 헬싱키 외곽의 군도(群島)를 핀란드 주둔군의 군사기지로 사용하기 위해 요새 건설을 의결했다. 이 결정에 따라 헬싱키 부근의 6개 섬으로 구성된 군도가 요새 부지로 선정되자 서둘러 설계를 마친 후 1748년에 축조 공사가 시작되었다. 당시 스웨덴과 군사동맹을 맺고 있던 프랑스가 초기 건설자금의 대부분을 무상으로 제공함으로써 시공은 순조로웠다. 스베아보리 요새 건설은 18세기 스웨덴에서 진행한 건설사업 중 규모가 가장 큰 사업으로서 국내외의 큰 관심을 불러일으켰다.

이 대공정이 지향한 최종 목표는 인근의 몇개 섬들을 연결해 요새화함으로써 선박의 항구 출입을 통제하려는 것이었다. 공사는 당시 30대 중반의 핀란드 주재 스웨덴 장교 아우구스틴 에렌스베르드(Augustin Ehrensvärd, 1710~72)의 설계와 감독하에 진행되었다. 그는 스웨덴 귀족 출신의 유능한 포병장교였다. 그 중요성을 감안해 공사는 스웨덴 최고의 공학자와 기계 전문가 들의 적극적인 지원과 협조하에, 한창일 때는 6,500여명의 인력이 동원되어 신속하게 추진되었다. 에렌스베르드는 헬싱키의 특수한 지리적 여건에 부합하도록 보방(Sébastien Le Prestre de Vauban)의 군사요새 축조 이론을 창의적으로 접목시킴으로써 이 거대한 요새의 시공에 성공했다. 보방은 프랑스 부르봉왕조 시대의 귀족 출신 장군으로, 특히 루이 14세 때 프랑스 서북부 국경지대에 많은 요새를 구축하여 국경 방어에 크게 기여했다. 소위 보방식 군사요새 축조법이란 16~17세기 프랑스와 이탈리아에서 성행한, 삐죽삐죽한 방어선을 갖춘 별 모양의 요새(星形要塞, star fort)를 지칭한다.

당초에 에렌스베르드는 철저한 헬싱키 방어를 위해서 두가지 계획을 세웠다. 하나는 헬싱키 인근의 군도를 연결하는 요새망 구축이고, 다른 하나는 헬싱키 주위의 몇몇 전략 거점들을 요새화하는 것이었다. 그러나 그의 생전에는 두번째 계획은 손도 대보지 못한 채 첫번째 계획만 시행에 착수했다. 스베아보리라고 이름 붙인 이 요새망이 건설됨으로써 선박의 헬싱키항 출입을 통제할 수 있었으며 항구 방어에 만전을 기할 수 있었다. 그런데 이 계획은 실행 과정에서 뜻밖의 하자들을 노출했다. 그리하여 에렌스베르드 사망 2년 후인 1774년에는 첫 수정과 보완을 가하지 않을 수 없었으며 그의 사망으로 인해 공사 진행은 지지부진을 거듭하다가 18세기 말에 이르러서야 가까스로 최종 완공을 보게 되었다.

요새 건설은 시공 초기부터 시종 인접한 대국 러시아와 음으로 양으로 갈등과 충돌을 피할 수 없었다. 당초 스웨덴은 이 요새의 건설 목적이 헬싱키항의 선박 출입을 통제하기 위한 것이라고 표명했지만 기실은 러시아 선박의 출입을 통제하고 감시하기 위해서였던 것이다. 일찍이 스웨덴이 핀란드를 병합하기 이전부터 러시아는 핀란드만에 있는 끄론시따뜨(Kronshtadt)를 비롯한 몇곳에 군사기지를 설치하고 스웨덴을 수시로 위협하고 있었다. 러시아의 뾰뜨르대제는 발트해 동부 해역에서 스웨덴 해군력에 도전하기 위해 끄론시따뜨를 러시아 해군의 신식 모항(母港)으로 지정하고 자국의 해군력을 부단히 강화하고 있었다. 이에 맞서 스웨덴도 요새 축조 작업을 계속 추진해나갔다. 특히 스웨덴 국왕 구스타브 3세는 요새 건설에 많은 관심을 가지고 독려를 아끼지 않았다.

그러나 시간이 흐름에 따라 스웨덴의 국력이 쇠하면서 주변의 신흥 열강들이 요새에 대한 야욕을 드러내기 시작했다. 1808~09년의 러시아-스웨덴전쟁에서 맺은 조약에 의해 러시아가 핀란드 전역을 지배하게 되었다. 이때부터 수오멘린나의 운명은 러시아에 의해 좌지우지되었다. 러시아는 110년간이나 요새를 불법 점거하면서 자국의 전략적 목적을 달성하기 위해 요새를 가일층 강화하고 이름도 자의로 비아뽀리(Viapori)라고 개명했다. 요새에는 약 4,000명의 러시아군이 항시 주둔하고 있었다.

이때부터 요새의 구조물들은 문자 그대로 누더기로 누추해진다. 요새 곳곳을 돌아보노라면 마치 누덕누덕 기운 천조각을 밟고 지나는 느낌이다. 애써 원래 모습을 떠올리려 덧칠해보지만 오히려 더 민망스럽다. 크림전쟁 중이던 1855년 프랑스군과 영국군이 요새를 겨냥해 마구 포격을 퍼부은 바람에 성한 구조물은 거의 자취를 감췄다고 한다. 전후 보수니 재건이니 하면서 속 빈 풍선을 잔뜩 띄웠지만 그 꼴이 그 꼴이었다. 몇 채의 건물은 해체하거나 낮춰 지었으며, 흙으로 둑을 쌓아 새로운 해안방어선을 모색했다고도 한다. 요새는 1차대전 이전까지는 방어 계획의 일환으로 주로 창고로 사용되다가, 대전 기간에는 뾰뜨르대제의 이른바 '해상요새 계획'에 따라 탈린(Tallinn, 현 에스토니아의 수도)과 함께 핀란드만을 전면 폐쇄하여 러시아의 수도 상뜨뻬쩨르부르그의 안전을 보장하는 방패막이로 삼았다.

그러다가 1차대전이 끝나면서 요새는 러시아의 통치에서 벗어나 독립한 핀란드의 품으로 돌아왔다. 돌아오자마자 맞은 첫 행운은 요새 이름을 핀란드어인 수오멘린나, 즉 핀란드의 요새로 바꾼 것이다. 1918년의 핀란드 내전 이후에는 한때 포로수용소로 이용되기도 했다. 이 요새가 마지막으로 본연의 군사적 기능을 발휘한 것은 2차대전 동안 헬싱키의 공중감시기지로 사용되었을 때다. 이후 1972년까지 요새의 명색을 유지하기는 했지만 1963년부터는 주로 관광지와 휴양지로 이용되고 있다. 이렇게 근 200년의 모진 풍상 속에서 비록 누덕누덕 허름해지기는 했지만 6km의 성벽과 190여채의 건물이 가시적인 유물로 남아 있어 오늘날 명소로 관광객을 맞고 있는 것은 그나마 다행스러운 일이라 하지 않을 수 없다. 1991년 유네스코는 당대 유럽 군사구조물에서 차지하는 독특한 대표성을 인정해 수오멘린나를 세계문화유산으로 등재했다.

이상은 수오멘린나의 수난사이기도 하지만 굴곡진 핀란드 역사의 축도이기도 해서 조금은 장광설이지만 마다하지 않고 늘어놓았다. 이제 요새 구석구석을 돌아보면서 그 수난사와 축도를 한번 확인해보고자 한다. 어느 곳에 가서도 마찬가지지만 이곳에 와서도 습관처럼 처음 찾아간 곳은 박물관이었다. 상륙해서는 우선 요새박물관에 들렀다. 2층 건물인 박물관의 1층은 요새의 축조 과정을 소개하는 관련 기록과 유물이 전시되어 있으며, 2층은 스웨덴시대, 러시아시대, 독립 이후 시대에 걸쳐 요새가 성쇠를 거듭하면서 발전하고 변모해온 과정을 역시 많은 기록물과 유적·유물로 보여주고 있다.

다음으로는 7유로의 입장권을 별도로 구입해야 들어가는 마네시(Maneesi)군사박물관을 찾아갔다. 입장권을 따로 구입해야 한다는 사실 하나만으로도 이 박물관의 위상을 짐작할 수 있다. 명불허전이라, 요새 본연의 기능에 걸맞은 각종 방어전용 무기들과 해군을 비롯한 전반적 군사력의 성장과정을 적잖은 실물 무기와 군사훈련 사진 등의 전시를 통해 전해주고 있다. 1989년에 개관한 이 박물관은 핀란드

수오멘린나 군사박물관 외관

국방부 직속으로 국방대학이 직접 관리 운영하며, 소장품만도 20여 만건에 달하고 매해 5만여명의 관광객들이 찾고 있다. 단층 건물인 박물관은 군사(軍事) 진열 코너, 중형무기 코너, 체험 코너 등 3개 영역으로 구성되어 있다. 가장 이목을 끄는 것은 실물 중형무기들인데, 500년 전의 대포와 유명한 88mm 구경 고사포, 소말리아 해적선, 소련제 MTO-66 대(對)전함미사일 등이 포함되어 있다. 19세기 말부터 지금까지 이어온 핀란드군의 17종 군복도 눈길을 끈다. 체험 코너에서는 야전용 2층침대 같은 간단한 장비를 만들어보느라 비지땀을 흘리는 젊은이들의 기특한 모습도 보인다. 요새 내에는 이 두 박물관 말고도 잠수함박물관, 해군박물관, 완구박물관 등 모두 6개의 박물관이 있다. 이렇게 박물관의 밀도가 높은 데서도 작은 문화강국의 단면을 엿볼 수 있다.

희생자 추모비

　시간 관계로 박물관 참관은 이상의 두곳으로 줄이고 전체적인 야
외 탐방으로 발길을 이어갔다. 군사박물관을 나와 요새의 주 광장인
대광장(Suuri Linnanpiha)을 지나는데 갑자기 큰 바람이 일고 하늘이 먹
구름으로 뒤덮이더니 콩알만 한 우박이 바가지로 쏟아진다. 우산을
펼 겨를도 없이 성벽 문안으로 뛰어들었다. 졸지에 이러한 우박 세례
에 부딪히니 수백명 관광객들은 저마다 얼굴에 짙은 수심기가 서리
기 시작한다. 천만다행으로 30분쯤 지나니 바람과 먹구름, 우박이 약
속이나 한 듯 가뭇없이 사라지고 해님이 얼굴을 빵긋 내민다. 신기한
자연의 조화이며 은혜였다! 다음날 신문보도를 보니 200년 만에 내린
큰 우박이라고 한다. 이 푸르싱싱한 녹초가 우거진 대광장은 요새 건
설의 총감독이었던 에렌스베르드의 설계에 따라 1760년대에 완공되
었고, 1855년 크림전쟁 때 크게 훼손된 것을 전후에 재건했다고 한다.

지금까지도 이용되는 조선소

우박을 피해 성벽 문턱에 앉아 있노라니 정면에 세워진 나지막한 희생자 추모비가 한눈에 안겨왔다. 비가 멎자 인근의 조선소 참관에 나섰다. 이곳은 유럽에서 가장 오래된 조선소의 하나로 1760년대의 스웨덴 군함은 여기에서만 해군 설계사 샤프만(Fredrik H. af Chapman)의 감독하에 건조할 수 있었다. 지금은 고대 범선의 복원장으로서 필자가 방문했을 때는 20여명의 기술자들이 한척의 대형 범선을 복원하는 중이었다.

이어서 작은 징검다리를 건너 다른 섬에 자리한 '왕의 문'(Kuninkaan-portti)을 찾아갔다. 해안포 진지와 탄약고, 군용창고 등 군사시설이 촘촘히 배치되어 있는 언덕과 해안을 따라 한참 걸어가다가 '왕의 문'이라는 커다란 안내판을 발견하고 성벽 문을 나서니 일망무제의 바다가 펼쳐진다. 이곳이 바로 수오멘린나의 상징인 왕의 문이다. 높

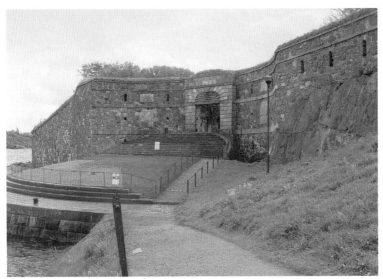

1752년 국왕 프레드리크가 다녀간 '왕의 문'

해안포 진지

이 10m는 족히 되는 성벽으로 둘러싸여 꽤나 아늑하고 고즈넉한 곳이다. 이곳은 요새의 정초자인 스웨덴 국왕 아돌프 프레드리크(Adolf Fredrik)가 1752년 요새 건설 상황을 시찰하기 위해 왔을 때 접안, 상륙한 지점으로서 1753~54년 기간에 선착장이 건설되었으며 이후 이곳이 요새의 주 입구가 되었다.

수오멘린나는 세계에서 가장 오래된 해안 방어 군사요새로서 총면적은 0.8km²이며, 남아 있는 유물로는 완벽하게 보존된 길이 6km의 성벽과 105문의 대포, 190여채의 각종 구조물이 있다. 지금은 주로 관광 수입에 의존해 생계를 이어가는 주민 약 850명이 거주하고 있다. 요새박물관 매대에서 기념품으로 사슴 무늬가 새겨진 유리잔 5개(개당 5유로)를 사들고 약 6시간의 요새 관광을 마치고 돌아오는 배에 올랐다. 이곳으로 올 때 왕복 승선권을 예매했기에 예약 시간에 맞춰 선착장에 도착했는데 웬걸, 배는 이미 만선이다. 할 수 없이 바닥에 자리를 깔았다. 승무원에게 까닭을 물어도 모르쇠, 현지인들은 원래 그렇다는 식으로 무덤덤하기만 하다. 여기서 뜻밖에 작은 민낯 하나를 발견했다.

31

창의적인 핀란드식 중립외교

대학 시절 가장 흥미로웠던 수강 과목은 석학 장 태성(張鐵生) 교수님이 가르치신 국제관계사와 그분의 제자가 담당한 외교학이었다. 후일 외교 일선에서 동분서주하면서 지식이 얄팍해 업무가 막힐 때면 그때 수강한 내용을 반추하곤 했다. 흔치는 않았지만 가끔 스위스를 비롯한 북유럽 몇개 나라들이 표방하는 이른바 '중립외교'와 맞닥뜨릴 때면 은근히 의구심이나 위축감이 생겨 움츠러들기가 일쑤였다. 돌이켜보면 냉전과 열전이 무시로 엎치락뒤치락하던 그 엄혹한 격변의 시대에 강의나 교재에서 딸딸 외우기만 해서 집적한 지식이란 결코 살아 숨 쉬는 지식이 아니라서 현실의 매듭을 푸는 데 한계가 따르지 않을 수 없었다. 특히 중립외교처럼 새롭게 떠오르는 문제에 관한 이론이나 담론은 양적으로나 질적으로나 상당히 적고 얄았다. 그리하여 중립이나 중립국, 중립주의란 그저 범접하기 어려운 호젓한 수도

원에 갇혀 약동하는 세계와는 담을 쌓고 오로지 자기만의 세계를 고집하는 이념이나 공간, 권력구조쯤으로만 치부했다.

그러나 2차대전 후 냉전체제와 이웃으로 살지 않을 수 없게 된 대부분의 중립국들은 생존전략을 비롯한 이러저러한 이유를 내세워 고전적(전통적) 중립의 틀을 벗어나 자의 반 타의 반으로 반(反)중립적 행각에 경도되고 말았다. 이러한 현실적 변화 앞에서 학계는 침묵할 수 없었으며 합리적이고 과학적인 해석 내지 답안을 요구받았다. 이에 학계에서는 중립 문제에 관한 나름대로의 담론의 장을 펼쳤으나, 필자의 과문으로는 아직 학문적 정립이 제대로 이루어지지 않은 성싶다.

한국의 경우 대륙 세력들의 틈바구니에 끼어 생존해야 하는 절박한 지정학적 운명 때문에 구한말부터 나라의 중립 문제가 화두에 오르기 시작했다. 특히 분단 이래 통일담론의 일환으로 중립화 문제가 간간이 의제화되어왔으나 아쉽게도 번번이 별 진전 없이 뒷전으로 밀려나고 말았다. 그러다가 최근 통일을 위한 이른바 '평화프로세스' 기운이 높아지는 추세에 발맞춰 일각에서는 한반도의 평화적 중립을 촉진하기 위한 민간기구의 발족과 관련 성명 발표, 학술 포럼 개최 등의 활발한 움직임을 보이고 있다.

필자는 국내외의 이러한 조짐과 추이를 감안해 중립외교의 발상지라고 할 수 있는 북유럽 나라들을 답사하면서 현장에서 그들이 전하는 경험과 교훈을 습득하는 것을 답사 과녁의 하나로 잡았다. 북유럽 4개국 가운데서도 특히 핀란드가 이 문제와 관련한 보고로 여겨져 여기서 핀란드의 중립외교 문제를 다뤄보고자 한다. 시작은 아무래도 중립에 관한 지금까지의 통설을 간략히 훑어보는 것이 되겠다. 그래야 비교론적으로 핀란드식 중립외교의 창의성과 그 시말을 제대로 가늠할 수 있기 때문이다.

중립(neutrality)이란 일상에서는 어느 편에도 치우치지 않고 공평하게 처신한다는 뜻으로 쓰이나, 국제관계에서는 그 자의(字意)를 살려 국가 간의 분쟁이나 전쟁에 관여하지 않고 중간 입장을 지킨다는 국제법 용어로 되어 있다. 중립에서 파생한 중립주의(neutralism)는 대립하는 쌍방의 어느 한편과도 동맹관계에 있지 않고 정치적·외교적으로 중립적 입장을 견지하는 이념을 말한다. 또한 국가 간의 관계에서 어떠한 경우에도 중립적 지위를 유지하기로 선언하거나 국제적으로 보장받는 것을 영세(혹은 영구)중립(permanent neutrality)이라고 한다. 사실 이해충돌과 이합집산이 다반사인 국제관계의 현실에서 어떠한 경우에도 중립적 지위를 유지한다는 것은 말처럼 쉬운 일이 아니다. 약소국인 경우는 더더욱 그러하다. 그래서 현존 영세중립국으로 명단에 오른 나라는 스위스, 오스트리아, 스웨덴, 핀란드, 아일랜드, 코스타리카, 투르크메니스탄, 바티칸, 리히텐슈타인 등 9개국뿐이다. 그러나 오늘날 이들 나라 중에서 스위스 말고는 영세중립국이라고 장담할 만한 나라는 별로 없어 보인다. 일반 중립국의 경우 분류 기준이 애매모호할 뿐만 아니라 지위 또한 가변적이다. 일반 중립국에 대한 분류법을 보면 국제적으로 인정하는 중립국(스웨덴 등)과 중립 표명국(일본 등), 과거 중립국(대한제국, 미국 등), 현대 중립국 등으로 대별된다.

본질적으로 평화와 공존을 기조로 하는 중립이 탐욕적일 수밖에 없는 국가권력과 결합해 중립국가를 표방하면서 중립국가의 국제법적 지위와 의무 및 권리 등을 놓고 논쟁과 갈등, 충돌이 빈발하자 일련의 중립법규가 안출(案出)되었다. 중립법규를 체계적으로 완성했다고 평가하는 1909년의 런던선언은 중립국이 지켜야 할 구체적 의무로 1) 전쟁 수행에 관계되는 직간접적인 원조를 교전국의 일방이나 쌍방에 제공해서는 안 된다는 회피 및 자제의 의무, 2) 중립국의 영토가 교전국의 전쟁 수행에 이용되는 것을 적극적으로 막아야 할 방어 및 저지의 의무, 3) 교전국 쌍방이 전쟁 수행을 위한 전시금제품(戰時禁制品)을 규제하고 해상봉쇄를 단행할 때 중립국민들은 이와 같은 불이익을 감수할 묵인 및 용인의 의무 등 세가지를 제시했다.

이러한 중립에 관한 기존 통설에 비추어 이제 핀란드가 추구해온 중립외교의 궤적을 추적해보자. 핀란드는 지정학적으로 스웨덴과 러시아 두 강대국의 틈바구니에 끼어 항시 존립을 위협받는 불안 속에 살아왔다. 실제로 핀란드는 약 700년 동안이나 번갈아가면서 스웨덴과 러시아의 식민속국이 되다보니 당당한 국제사회의 일원으로서의 권리이기도 한 중립 문제는 아예 제기할 수가 없었다. 그러다가 1917년 러시아 치하에서 벗어나 독립국가로 위상이 변화함에 따라 가까스로 쟁취한 독립국가의 생존을 유지하기 위해서는 이 양대 강국과 특수한 국제관계인 중립관계를 형성하지 않을 수 없게 되었다. 한편, 호시탐탐 핀란드에 대한 새로운 지배를 노리고 있던 이 양대 강국도 핀란드를 둘러싼 삼각관계에서 중립관계를 제외하고는 적절한 관계 설정이 불가능했던 것이다.

이제 공은 핀란드 쪽으로 넘어왔다. 독립을 선포한 바로 그해 12월에 러시아의 지지를 받는 적색당과 독일의 지지를 받는 백색당 사이에 전략적 완충지인 핀란드를 장악하기 위한 내전이 발발해 3만명의 희생자를 낸 대참사가 발생했다. 백색당의 승리로 내전이 끝나자 핀란드의 신생 독립국 정부는 1920년 러시아와 평화조약을 체결했으며,

1932년에는 이 조약을 상호불가침조약으로 대체했다. 한편, 1939년에 소련은 독일과 비밀리에 불가침조약을 맺고 핀란드에 영토 할양을 강요했다. 그러나 독립 후 20년 가까이 민족부흥의 3대 정신적 지주에 의지해 견결한 민족자주의식을 키워온 핀란드는 이러한 무리한 요구를 일언지하에 거절했다. 그러자 같은 해 11월 소련은 45~46만의 중무장 대군으로 핀란드를 침공했다. 그러나 뜻밖에도 핀란드의 거센 저항에 부딪쳐 쌍방 간에는 세인을 놀라게 한 이른바 '겨울전쟁'이 벌어졌다. 장비와 병력의 절대 열세에도 불구하고 핀란드군은, 비록 국토의 10%를 잠정 양도하지 않을 수 없었지만, 세계전쟁사상 보기 드문 승리를 거두었다. 이 전쟁에서 핀란드군 전사 시모 헤위헤(Simo Häyhä)는 3개월간 소련 병사 542명을 사살, 역사상 가장 많은 전과를 올린 저격수로 기네스북에 올랐다. 그만큼 핀란드 군인들의 애국적 기상과 용기는 하늘을 찌를 듯했다고 한다.

중요한 것은 이런 상황을 맞아 핀란드는 전통적 강대국 스웨덴이 아닌 새로운 강대국 독일과 소련의 틈바구니에서 암묵적으로 중립외교를 모색하고 있었다는 사실이다. 1943년 스탈린그라드전투에서 독일이 대패하자 핀란드는 독일의 보복이나 독일과의 동반 몰락을 피하면서 소련과의 적대관계도 종식시켜 자주적 독립국가의 위상을 유지할 방책을 구상하고 있었다. 당시 대통령 뤼티(Risto Ryti, 재임 1940~44)는 소련과의 평화조약 체결을 위해 독일의 군사지원 제의를 개인 자격으로 수락한 데 대해 책임을 지고 대통령직에서 사임함으로써 개인의 희생을 통해 국가가 생존할 길을 열었다.

전후 핀란드 정부는 나무만 보고 숲을 보지 못하는 단견과 소련과의 관계 개선만을 강조하는 편견에 사로잡혀 1946년 특별법을 제정, 뤼티 대통령을 포함한 8명의 전직 고위지도자들을 재판에 넘기고 2~10년의 금고형을 언도했다. 그러나 훗날 오로지 나라 사랑의 일념에서 자기를 희생하면서 실천한 그의 현명한 임기응변의 외교전술과 균형 잡힌 중립외교가 정도(正道)였다는 것이 밝혀졌다. 그리하여 1956년 그의 장례식은 만민의 존경과 애도 속에 국장으로 치러졌다. 이를 두고 사필귀정이라고 하겠다.

전후 핀란드 정부는 동서 냉전체제의 출현과 그 변화에 따른 국제질서의 재편, 특히 인접 대국 소련을 비롯한 구미 여러 나라들과의 전통적 관계 변화를 감안해 일찌감치 중립주의를 자진 선포하고 중립국을 자임했다. 핀란드 정부의 이러한 재빠른 행보는 국제사회로부터 공히 인정을 받았으며, 그에 따른 의무를 수행하기 위해 핀란드는 중립외교를 적극적으로 펼쳤다. 핀란드가 특히 자기식 중립외교 활동에서 발휘한 창의성은 학계의 관심을 불러일으켰으며 외교사에 일정한 족적을 남겼다. 물론 핀란드의 파격적인 중립외교 행적을 놓고 탈중립적이라느니 약삭빠른 기회주의라느니 하는 등의 비판과 이론도 줄곧 있어왔다. 때로는 자의 반 타의 반 중립의 본연을 저만치 일탈하는 경향도 없지는 않았다. 여기에 깊은 관심을 가지고 현장을 누빈 필자로서는 이러한 비판이나 이견에 대해 필자 나름의 비견이나마 피력하지 않을 수 없다.

2차대전 종전부터 오늘날에 이르기까지 근 80년 동안 핀란드가 제창한 중립외교의 과정을 대충 훑어보면 크게 소극적(수동적) 중립외교와 적극적(주동적) 중립외교의 두 단계로 나뉜다. 이 두 단계의 분계선은 1990년대 초에 발생한 동서 냉전체제의 붕괴다. 종전부터 냉전체제의 붕괴까지의 약 45년간을 아우르는 소극적 중립외교 단계의 특징은 중립에 관한 기존 통설의 범주 내에서 소련을 비롯한 인접 대국들과 평화적 중립관계를 설정하고 유지하는 데 집중함으로써 중립외교의 토대를 구축한 것이다. 이에 비해 냉전체제 붕괴로부터 오늘날에 이르기까지의 약 35년간을 포괄하는 적극적 중립외교 단계의 특징은 냉전체제의 붕괴라는 국제정세의 획기적인 변곡점을 맞아 선진 복지국가라는 내재적 요인의 뒷받침 속에 중립 본연을 넘어설 정도로 국제사회 활동에 적극 참여할 뿐만 아니라 선도적 역할을 자임하는 것으로 나타나고 있다.

구체적으로 그 과정을 살펴보면, 소극적 중립외교 단계에서 핀란드는 우선 외교에서의 핀란드화(finlandization)를 추진하면서 '헬싱키 프로세스'라는 안보협력 체제를 구축해나갔다. 핀란드화란 동서 냉전시기(1945~91)에 핀란드가 채택한 외교안보 노선을 일컫는 국제정치 용어로서, 지정학적 약소국이 주변 강대국들과 마찰하지 않고 평화적으로 중립을 지키면서 독립을 보장받는 대외정책을 가리킨다. 1960년대 독일에서 처음으로 이 용어가 등장했을 때는 중립에 대한 핀란드의 모호한 태도에 대한 경멸적 의미를 담고 있어서 핀란드인들이 언짢게 여겼는데, 나중에 그 진의가 밝혀지면서 받아들여졌다고 한다. 사실 약소국이 중립을 표방하더라도 주변 강대국에 의해 좌지우지될 수밖에 없는 현실 속에서 중립 표방은 무의미하다는 반론도 야기된 바 있다.

헬싱키 프로세스는 냉전시기 유럽의 동서 두 진영에 속한 나라들이 합의한 다자간 안보협력 체제를 말한다. 각각 소련과 미국으로 대표되는 동서 두 진영으로 나뉘어버린 북미와 유럽 35개국은 1975년 7월 헬싱키에 모여 유럽의 안전보장과 상호협력에 관한 최종의정서

('헬싱키 선언')를 채택했다. 합의 내용은 주권 존중, 무력 사용과 위협 중단, 영토 불가침, 인간의 기본권 존중, 국가 간 협력 등 10개 항목이며 그 이행은 냉전체제가 종식될 때까지 지속되었다. 이 협정 원칙에 따라 핀란드는 대외안보 정책의 최우선 과제를 군사분쟁 방지에 두고, 중립외교 정책의 기조를 다음과 같은 세가지에 두었다.

1) 국제사회 내에서 핀란드의 지위를 강화하고, 핀란드의 독립과 영토를 수호하고, 핀란드 국민의 안전과 복지를 개선하며, 핀란드 사회가 효율적으로 기능할 수 있도록 보장한다.

2) 전지구적으로 사회의존성이 심화되는 속에서 핀란드는 국제 안정, 평화, 민주주의, 인권, 평등 및 법치주의를 강화한다.

3) 유럽공동체 회원국으로서 공동 외교안보 정책과 범대서양관계를 강화한다.

이러한 기조 위에서 핀란드는 유엔, 유럽연합, 평화를 위한 동반자관계(PFP) 등이 후원하는 평화유지 및 위기관리 활동에 열성껏 참여했다. 특히 1960년대에 동서 간 긴장이 완화되기 시작하자 소련과의 우호관계를 유지하는 가운데 유럽의 경제통합에도 우회적으로 참여했다. 그리고 소련과 관세협정을 체결한 데 이어 유럽자유무역연합(EFTA)과는 주(主) 가맹국협정을, 동유럽 경제상호원조회의(COMECON)와는 경제과학기술협력협정을 각각 체결했고 유럽공동체와 특별자유무역협정도 체결했다. 이렇게 서구와의 교류가 활성화됨에 따라 동서 교역 통로로서의 역할도 가일층 강화되었다. 이렇게 핀란드는 서구와 동구 양쪽을 유리하게 활용함으로써 1970년대의 석유위기를 성공적으로 극복할 수 있었다.

또한 핀란드는 1956년 수에즈위기(제2차 중동전쟁) 당시 평화유지군 파견 문제에서 중재 역할을 훌륭하게 수행한 일례에서 보다시피, 1955년 유엔에 가입한 이래 중립을 견지하면서 강대국 간의 이해관계를 평화적으로 조율하는 능력을 보여왔다. 1975년에는 유럽안보협력회의(CSCE)를 수도 헬싱키에 유치하는 조정자 역할까지 했다. 중립을 견지하면서도 강대국 간 합의가 있는 곳에서 적극적으로 활동함으로써 유엔 회원국들의 신임을 얻어 안전보장이사회 성원국으로 두 차례(1969~70, 1989~90)나 피선되었고, 유엔의 각종 경제 및 사회 개발 위원회와 기구에서도 활동한 바 있다.

핀란드는 소극적인 중립외교를 전개한 초창기부터 국제환경 변화와 그에 대응하는 자국의 역량 간에 발생하는 한계를 객관적으로 평가하고, 이를 기반으로 새로운 환경과 정세에 신속하고 합리적으로 적응하는 데서 두각을 나타냈다. 자국의 이익을 최대한으로 보장하는 실용주의적 중립외교 노선을 추구해온 것이다. 손익계산에 능한 핀란드인들은 상대적으로 손실이 적은 부문에서는 양보를 아끼지 않았으나 자유민주주의와 주권, 영토, 독립, 중립 등 중차대한 근본 문제에서는 원칙을 확고하게 고수해왔다. 두 대국 사이에서 원칙을 고수하면서 생존할 수 있었던 주요인은 복지제도를 기반으로 한 사회안전망 구축으로 사회통합이 실현된데다 지도층의 헌신을 통해 풍족한 사회자본이 축적되면서 국가를 중심으로 범국민적 대동단결이 이루어졌기 때문이라는 것이 중론이다.

핀란드가 이렇게 불리한 지정학적 여건과 치열한 동서 냉전체제의 국제환경 속에서 상대적으로 소극적일 수밖에 없는 중립외교를 통해 약소국 외교에 성공한 대표적 국가로 자리 잡게 된 것은 현명한 지도자들의 헌신과 지도력을 떠나서는 상상할 수 없다. 종전과 더불어 대

통령에 임명된 파시키비(Juho K. Paasikivi, 재임 1946~56)는 전시 소련과
의 평화조약 협상을 주도했던 유능한 외교관 출신으로서, 핀란드가
지리적 위치를 바꿀 수 없는 이상 "동쪽의 이웃(러시아)과도 사이좋게
지내야 한다"라며 서방과 소련 사이의 중립적 외교 노선을 천명했다.
핀란드의 중립평화외교의 기틀을 마련한 그는 보수당 출신이지만 합
리적 실용주의자였다. 그는 "있는 그대로의 현실을 직시하는 것이 지
혜의 시작이다"라는 유명한 잠언을 남겼다.

　파시키비의 뒤를 이어 대통령에 취임한 케코넨(Urho Kekkonen, 재임
1956~82)은 전임 대통령 파시키비와 같은 외교 노선을 추구하여 '파
시키비-케코넨 독트린'이라고 불릴 정도였다. 그는 무려 26년간이나
대통령직을 유지하면서 핀란드는 국제관계 문제의 "재판관이 아니
라 의사가 되어야 한다"라고 강조했다. 집권 초기의 정치적 불안정과
1950, 60년대의 대소관계 위기(소련의 헝가리와 체코슬로바키아 무력 진주
로 인한 핀란드의 위기) 등을 튼실한 권력의지와 카리스마적인 리더십으
로 극복한 케코넨 대통령은 소극적 중립외교 단계 말엽에 가서는 이
러한 노선에 한계를 느끼고 한층 업그레이드된 적극적 중립평화 노
선으로 과감한 전환 조치를 취했다.

　케코넨은 중도우파인 농민당(현 중앙당) 출신이면서도 적극적인 대
소 우호정책의 입안자로서 흐루쇼프와 브레즈네프 등 소련 서기장들
과 사우나 외교를 통해 막역한 관계를 맺었다. 그뿐 아니라 재임 초기
에는 미국의 케네디 대통령마저 그 진의를 의심할 정도로 소련과 전
폭적인 신뢰관계를 구축했고, 이를 바탕으로 국내 권력기반이 안정되
고 세계적인 데땅뜨(해빙) 물결이 일기 시작하자 적극적인 평화외교
정책을 추진했다. 케코넨은 미국과 소련, 서구와 동구 간 소통의 메신

저로서 평화의 중재자 역할을 자임하고 나섰다. 그 바람직한 결실이 그가 주도한 역사적인 헬싱키 평화협정 체결로 나타났던 것이다. 전술한 대로 1975년 7월 헬싱키에서 열린 유럽안보협력회의에서는 동서 양 진영의 35개 나라 정상이 한자리에 모여 최종의정서를 채택, 인권 존중과 국경 및 체제 존중에 합의하는 평화협정을 맺었다.

또한 1990년 코이비스토(Mauno Koivisto, 재임 1982~94) 대통령은 대통령 개인 명의로 미국의 조시 부시 대통령 내외와 소련의 고르바초프 서기장 내외를 헬싱키로 초청해 정상회담을 개최했는데, 이것은 그의 다년간의 외교활동 중 백미로 꼽힌다. 그는 러시아어를 독학으로 익히고 소련의 고위인사들과 인적 네트워크를 구축해 소련 권력층의 사정에 정통했으며, 레이건과 부시 등 미국 대통령들은 그의 박식과 외교적 역량을 존중했다고 한다.

이러한 순항 속에서 세계와 더불어 핀란드도 1980년대 말 베를린 장벽의 붕괴를 시발로 한 동서 냉전체제의 종언을 맞으면서 중립외교에서 일대 전환을 겪는다. 즉 그때까지의 전통적인 소극적 중립외교에서 미래지향적인 적극적 중립외교로의 전환(1992~)이다. 이 전환의 진두지휘자는 1968년부터 세차례나 총리를 역임한 코이비스토 대통령이었다. 가난한 노동자의 아들로 태어나 어린 나이에 직업 활동을 시작하고 전쟁에 참전했던 그는 박사학위를 받고 중앙은행장과 재무장관, 총리를 거쳐 대통령이 되어서는 급변하는 세계정세를 깊이 통찰하면서 핀란드형 복지국가, 합의민주주의, 중립평화외교의 구상을 완성했다.

1992년 1월 핀란드 정부는 중립정책을 비군사동맹과 자주국방의 양 기둥으로 재규정한다고 공식 선포했다. 그러기 바쁘게 핀란드는 구소련과 맺었던 우호협력·상호원조조약을 폐기한 데 이어 그해 7월에는 러시아와 안보협력 대신 양국 간의 일반적 협력을 보장하는 조약을 체결함으로써 독자적이고 대등한 주권국가로서의 위상을 제고했다. 한편, 1994년에는 PFP에 가입하여 NATO와 긴밀한 협력관계를 구축했으며, 1995년 1월에는 유럽연합에 가입함으로써 서방과의 안보 및 경제 협력을 강화하는 길로 나아갔다. 이 대목에서 한가지 특별하게 전언할 것은 핀란드의 NATO 가입 문제를 두고 아직까지도 설왕설래가 자자하다는 사실이다. 서양의 일방적 군사안보기구인 NATO에 자진 가입하는 것은 중립 노선의 포기라는 부정 여론(2018년 조사에서 부정 여론 65%)과 국제관계의 변화에 따라야 한다는 긍정 여론이 맞서고, 핀란드의 지정학적 위치로 인한 러시아의 우려가 더해지면서 찬반 논란은 종시 가라앉지 않고 있다. 그밖에 핀란드는 1999년과 2006년 두차례 유럽연합 의장국을 역임했고 한차례 유럽안보협력기구 의장국을 맡기도 했다.

전후 70여년 동안 핀란드는 불리한 지정학적 여건과 국제정세의 격랑 속에서도 러시아(소련)의 위성국이 되지 않았다. 오히려 서구와의 관계를 꾸준히 증진하면서도 인접 대국 러시아와 좋은 관계를 유지하는 중립외교를 앞장서 실천해왔다. 돌이켜보면 냉전과 탈냉전의 격변기를 지나면서 약소국 핀란드처럼 생존외교에 성공한 나라는 드물다. 그럼에도 불구하고 작금 핀란드의 중립외교, 특히 적극적 중립외교 단계에서 보여준 주동적이며 진취적인 일련의 외교활동에 대해서는 초(超)중립적이라는 비판이 일면서 핀란드의 중립과 중립국 정체(政體)에 의구심을 낳고 있다. 이 문제의 정답은 보다 심층적인 연구에 기대를 걸 수밖에 없다. 26년간 대통령으로 재임하면서 소극적 중립외교에서 적극적 중립외교로 전환의 틀을 마련한 케코넨은 자서전에서 핀란드 중립외교의 구도를 이렇게 개괄하고 있다. "핀란드 외교정책의 기본 과제는 핀란드의 지정학적 환경을 지배하는 이해관계에 핀란드의 실존을 맞추는 것이다. (…) 핀란드의 외교정책은 예방외교다. 위험이 코앞에 닥치기 전에 미리 감지해서 위험을 피하는 데 도움이 될 조치를 취하는 것이다. 가급적 눈에 띄지 않게!" 그야말로 노련한 정치가, 외교가의 충언이다.

참고문헌

● **사전류**

김웅종 『서양사 개념어 사전』, 살림출판사 2008

내셔널지오그래픽 엮음, 서영조 옮김 『세계여행사전』, 터치아트 2010

이재호·김원종 편저 『서양문화지식사전』, 현암사 2009

정수일 편저 『실크로드사전』, 창비 2013

황보종우 편저 『세계사 사전』, 청아출판사, 2003

魚住昌良 監譯 『西洋中世史事典』, 東洋書林 1999

千葉德夫他 譯 『西歐中世史事典, ミネルヴァ書房 1997

● **단행본**

김용구 『세계외교사』, 서울대학교출판문화원 2011, 10쇄

김필년 『동-서문명과 자연과학』, 까치 1992

金海龍 『東西方美學比較硏究』, 黑龍江朝鮮民族出版社 2004

리모 김현길 『혼자, 천천히, 북유럽』, 상상출판 2020

朴命錫 『東과 西 ── 그 意識構造의 差異』, 探究堂 1987

박이문 『동서의 만남』, 일조각 1985

서강대학교 국어국문학연구실 편 『동서양문화의 이해』, 새문사 1990

閔錫泓 『西洋史槪論』, 三英社 1998, 2판 3쇄

睦睛海 『東西哲學의 比較』, 敎育科學社 1992

자크 르고프 지음, 유희수 옮김 『서양 중세 문명』, 문학과지성사 2015, 4쇄

이바르 리스너 지음, 김동수 옮김 『서양, 위대한 창조자들의 역사』, 살림 2005

J. 레슬리 미첼·루이스 그래식 기번 지음, 김훈 옮김 『탐험의 역사』, 가람기획 2004

R. A. 스켈톤 지음, 안재학 옮김 『탐험지도의 역사』, 도서출판 새날 1995

마크 젠킨스 지음, 안소연 옮김 『탐험의 시대』, 지호 2008

테리 조든-비치코프·모나 도모시 지음, 류제헌 편역 『세계문화지리』, 살림 2002

주겸지 지음, 전홍석 옮김 『중국이 만든 유럽의 근대』, 청계출판사 2003

래리 주커먼 지음, 박영준 옮김 『악마가 준 선물, 감자 이야기』, 지호 2000

J. J. 클라크 지음, 장세룡 옮김 『동양은 어떻게 서양을 계몽했는가』, 우물이 있는 집 2004

브라이언 타이어니·시드니 페인터 지음, 이연규 옮김 『서양 중세사: 유럽의 형성과 발전』,
　집문당 2015, 12쇄
마이클 파이 지음, 김지선 옮김 『북유럽 세계사』 I, II, 소와당 2018
노드코트 파킨슨 지음, 안정효 옮김 『동양과 서양』, 고려원 1987, 3판
로버트 피터슨 지음, 정미나 옮김 『북유럽인 이야기』, 현암사 2019

金子腱二 『東洋文化西漸史』 I, II, 富山房 1943
納撒尼爾·哈里斯 等(美國) 著, 張帆·李彦文 等 譯 『圖說世界探險史』, 山東畵報出版社 2006
藤本 强 『東は東, 西は西: 文化的考古學』, 平凡社 1994
約翰 霍布森(英) 著, 孫建黨 譯, 于向東·王琛 校 『西方文明的東方起源』, 山東畵報出版社
　2009
宇野精一 責任編集 『東洋と西洋』, 東京大學出版會 1976, 第4刷
劉善齡 『西洋發明在中國』, 三聯書店 2001
陳鷹翔 『萬物簡史: 精神卷·物質卷』, 大衆文藝出版社 2005
Peter C. Mancall, *Travel Narratives from the Age of Discovery*, Oxford University Press 2006

• 안내 홍보물
『세계지도』, 랜덤하우스코리아 2008, 6쇄
Ki-Suk Lee·Young-Han Park, *The World Atlas for Travelers*, Seoul: Ji Woo Sa 2000

Kon-Tiki, The Kon-Tiki Mueum, Oslo, Norway 중국어·일본어·러시아어
Nationalmuseet, National Museum of Denmark, København, Denmark
Norsk Folkemuseum, Oslo, Norway
Oslo Tour Map, Norway
Ribe Tour Map, Denmark
Rosenborg Castle(왕궁 성당), Denmark
Sogne Folkemuseum, Denmark
Stockholm Tour Map, Denmark 영어·중국어
Suomenlinna Sveaborg, Finland 핀란드어·일본어
The Cathedral: The Heart of Helsinki, Finland
The Norwegian Fisheries Museum, Stockholm, Sweden
Vasa, Vasa Museum(일명 瓦薩沈船博物館), 艾靈 馬茨 作者, Interverbum 飜譯, Davidsons
　Tryckeri AB 印刷 2009 중국어
Viking Ruten, Ribe Viking Center, Denmark
Vikinger, Ribe Viking Center, Denmark 2017
Vikings, Gudrun Publishing, Denmark 덴마크어·영어